Claudia Liath

Das magische Jahr

Für
Dara, Urmel, Mikey, Charly, Miezi, Mini, Amy, Sandy

© 2016 Claudia Liath

Alle Rechte liegen bei der Autorin

Herstellung und Verlag:

BoD - Books on Demand, Norderstedt

ISBN 978-3-8370-4306-8

Inhalt

Von Mond zu Monat

Für die Menschen vergangener Zeiten, die noch im Einklang mit der Natur lebten, gab es nichts als den langsamen Lauf der Tage und den behäbigen Wandel der Jahreszeiten. Ein Tag folgte dem anderen und eine Jahreszeit der vorherigen. Das Jahr teilte sich in Sommer und Winter, manchmal in Frühling, Sommer und Winter. Astronomische Ereignisse bestimmten Viehtrieb, Aussaat und Ernte, Brache und Ruhe.

Auch der Mond spielte bei der Zeitmessung eine wichtige Rolle. Ein *Mond* war die Zeit zwischen zwei gleichen Mondphasen, meist von Neumond bis zum Tag vor Neumond und dauerte ~ 29 Tage. Gezählt wurden dabei nicht die Tage, sondern die Nächte. Im Englischen gibt es noch den Begriff *fortnight* für eine Zeitspanne von vierzehn Tagen, ein halber Mond. Das heutige Wort Monat, abgeleitet von *Manodh, Manad, Monot,* oder *Moanne,* hat seine Wurzeln im Mond. Ein Mondjahr umfasst rund 354 Tage und besteht aus insgesamt dreizehn Monden, von denen einer „nur" ein halber Zyklus ist, denn ein Jahr hat entweder dreizehn volle oder schwarze Monde, so daß ein Mond unvollendet bleibt. Der Unterschied zum Sonnenjahr wird durch Schaltmonate ausgeglichen. Für den berühmten *Kalender von Coligny* beispielsweise bildete ein Mondjahr die Grundlage.

Ein Mond oder später *Monadh* unterstützte die zeitliche Orientierung, die Jahreszeiten aber teilte man in der Regel in Sommer und Winter, manchmal auch in Säen, Wachsen, Ernten und Ruhen. Heute wird das ursprüngliche Jahr durchweg in vier große Bereiche unterteilt, in Frühling (Aussaat), Sommer (Wachstum), Herbst (Ernte) und Winter (Brache).

Die Einteilung des Jahres in vom Mond unabhängige Sonnen-Monate erfolgte zuerst in Ägypten und wurde später von *Julius Cäsar* für das Römische Reich übernommen. Den *Julianischen Kalender* brachten die Römer mit sich, so daß nicht ganz sicher ist, inwiefern die Übernahme der neuen Zeiteinteilung in Nordeuropa freiwillig vonstatten ging. Letztendlich setzte sich im 16. Jhd. der *Gregorianische Kalender* durch, der das Jahr in 365 Tage, 12 Monate und 4 Jahreszeiten einteilt und bis zum heutigen Tag gebräuchlich ist. Der *Gregorianische Kalender* berücksichtigt ebenfalls nicht den Mond, sondern die Dauer eines Erdumlaufs um die Sonne.

Diese Kalender werden als *Sonnenkalender* oder *Solarkalender* bezeichnet und gelten für ein *solares* Jahr. Ein solches Jahr beinhaltet zwölf Monate sowie vier Jahreszeiten: Frühling, Sommer, Herbst und Winter, die sich nach dem Sonnenstand berechnen. Ein Monat beschreibt im allgemeinen Sprachgebrauch eine Spanne von vier Wochen; plus minus einige Tage, denn ein Kalendermonat hat je nach Länge 28 (Februar), 30 (April, Juni, September, November) oder 31 (Januar, März, Mai, Juli, August, Oktober, Dezember) Tage, in Schaltjahren der Februar 29 Tage. Durchschnittlich rechnet man 30,4 Tage.

Tiere richten sich ausschließlich nach Zyklen, etwa dem Winter oder dem Sommer, Zeiten der Wanderung, der Brunft oder der Aufzucht der Jungen. Ihren Tag in Stunden oder das Jahr in Monate einzuteilen, würde für sie nur wenig Sinn machen. Die Aufteilung von Zeit in Monate, Tage, Stunden, Minuten und Sekunden ist daher ein rein menschliches Phänomen, denn nur Menschen orientieren ihr Leben an Uhren und Kalendern, oftmals gegen ihren ureigenen Rhythmus und den der Natur.

Der moderne Mensch ist mittlerweile von den natürlichen Rhythmen so weit entfernt wie niemals zuvor. Die Beschäftigung in oder mit der Natur wird mehr und mehr als esoterische Spinnerei oder gar unnötiger Luxus wahrgenommen, während sich das Leben nicht selten komplett in den virtuellen Raum verlagert. Arbeit, Termine und der ständige Aufenthalt in geschlossenen Räumen lassen kaum Zeit, die verschiedenen Jahreszeiten überhaupt zu bemerken. Zeit ist Geld, daher besteht die erste und häufig einzige Aktion vieler Betriebe darin, den Arbeitnehmer permanent zur Eile anzuhalten. Der größte Teil der Tage, Monate und sogar Wochen zieht indes unbeachtet vorbei. Es wird Frühling, Sommer, Herbst oder Winter, ohne daß man es bewusst wahrnimmt. Oftmals sind es nur die steigenden oder fallenden Temperaturen, die darauf aufmerksam machen, daß nun bald andere Kleidung angesagt ist, oder die Biergärten schon sehr bald öffnen.

Nur wenigen Menschen ist es heutzutage noch vergönnt, den Wechsel der Jahreszeiten hautnah zu verfolgen. Schuld daran sind nicht zuletzt die geänderten (Überlebens-)Bedingungen. Während im Altertum jeder Einzelne für sein eigenes Auskommen sorgen musste, ist ein durchschnittlicher Arbeitnehmer, der inzwischen offenbar nur noch existiert, um mit seiner Arbeitskraft die halbe Welt vor dem Ruin zu bewahren, heute gezwungen, nicht nur für sich selbst zu wirtschaften, sondern zusätzlich für den Wohlstand seines Arbeitgebers (stellvertretend für eine schmarotzende „Oberschicht") zu sorgen und nebenbei ein abstraktes Gebilde aus Staat, Banken, Sozialsystem, Krankenkassen und Versicherungen zu finanzieren, von dem wiederum nur der Vermögende wirklich profitiert, während allen anderen kaum genug zum Leben bleibt.

Der in der Tretmühle der Erwerbsarbeit gefangene Durchschnittsbürger ist heutzutage alles andere als frei. Durch ein (für ihn in der Regel nachteiliges) Gesetzeswerk, an dem er kaum Mitspracherecht hat, fest in ein System eingebunden, dem er nicht entfliehen kann und das ihm gerade genügend Rechte zugesteht, um den Anschein von Freiheit zu erwecken, ist er gezwungen, sein Leben und seine Gesundheit dem permanenten Wirtschaftswachstum zu opfern. Auch mit den Regeln und Vorschriften, die angeblich *zu seinem Besten* erlassen werden, kann er sich schon lange nicht mehr identifizieren, sondern muß das, was vom Gesetzgeber über seinen Kopf hinweg beschlossen wird, über sich ergehen lassen.

Ein großer Teil der Bevölkerung lebt nicht mehr, er wird gelebt und ist nicht mehr als ein Massenverbrauchsgut für die Wirtschaft. Seitdem die Römer Steuerrecht und Geldwirtschaft einführten, war es nie so einfach, die Massen zu kontrollieren und Druck auszuüben. Nur solange zu arbeiten, wie es nötig ist, um gut über die Runden kommen zu können, ist auf der Nordhalbkugel der Welt unmöglich geworden, denn sämtliche Pflichtbeiträge werden das ganze Jahr über erhoben. Daneben ist es das oberste Gebot von Wirtschaft und Globalisierung, flexibel und nicht ortsgebunden zu sein, was Heimatverbundenheit und feste Rhythmen ohnehin ausschließt. Der Umgang miteinander wird durch Technik ersetzt, was die Menschen einander entfremdet und egoistischer werden lässt.

Die moderne Gesellschaft sieht sich inzwischen über alle natürlichen Rhythmen erhaben. Sie wird nicht mehr anhand der verschiedenen Tätigkeiten innerhalb eines Jahres, in dem alles seine Zeit hatte, zusammen gehalten, sondern funktioniert eher wie ein Bienenstock oder Ameisenstaat, in dem es nur wenige Ruhepausen gibt. Reguläre Arbeitszeiten von bis zu 16 Stunden sind längst keine Seltenheit mehr. Zwangsläufig bleibt dabei ein großer Teil Freizeit und Erholung der Strecke.

Ein bewusstes Miterleben der Jahreszeiten verkommt zur kaum beachteten Nebensache. Und auch die Lebenszyklen der Tiere sind längst schon vollständig unter menschlicher Kontrolle. Langsam aber beständig verliert die Menschheit ihre Verbindung zur Natur, der Quelle aller Existenz. Keine menschliche Gemeinschaft war ihr jemals weiter entfremdet als die heutige Gesellschaft.

Kaum einer darf dann schlafen, wenn er müde ist, oder wirklich dann essen, wenn er Hunger hat, sogar der Gang zur Toilette muss häufig warten, was zu physischen und psychischen Krankheiten führt, die in den letzten fünfzig Jahren sprunghaft angestiegen sind. Anstatt aber auf den Körper zu achten, wird er mit den verschiedensten Medikamenten traktiert, die ihn um jeden Preis funktionstüchtig erhalten sollen.

Würden die Menschen heute noch nach den alten Kalendern leben, die sich am Lauf der Jahreszeiten orientierten, wäre es sicherlich einfacher, dem natürlichen Rhythmus zu folgen und auf die Bedürfnisse des Körpers zu achten.

📖 **Wissenswert:** Das Gärtnerjahr kennt sogar zehn Jahreszeiten. Von Dezember bis Februar ist *Winter*. In dieser Zeit hat der Frost die Vorherrschaft übernommen, und es sieht nicht so aus, als würde jemals wieder etwas wachsen. Die Wochen von Februar bis April werden als *Vorfrühling* bezeichnet und bringen kaum merklich die ersten Veränderungen. Erste Frühblüher und Kräuter kommen ans Tageslicht, und auch die Tierwelt beginnt sich zu regen. Von März bis Mai überschneidet sich der Vorfrühling mit dem *Erstfrühling*, in dem die Natur vollends erwacht, die Bäume ihre Blätter bekommen und alle Vögel wieder zurückgekehrt sind.

Den Zeitraum von April bis Juni bezeichnet der Gärtner als *Vollfrühling*. Es ist die Zeit nach der ersten Blüte, aber ebenfalls die Tage der Eisheiligen (zwischen dem 12. und 16. Mai), in denen es noch einmal empfindlich kalt werden kann, mit Temperaturen, die an den Vorfrühling erinnern. Gleichzeitig ist der Juni aber auch als *Frühsommer* bekannt, denn wenn Holunder und Getreide blühen, lassen die wärmeren Tage nicht mehr lange auf sich warten. Die Monate Juli und August gehören zum *Hochsommer*. In diesen Wochen beginnt die Ernte von Beeren und Gemüse. Auf den Feldern wird das Wintergetreide geschnitten.

Mit den letzten Tagen im Juli beginnt der *Spätsommer*, der im September endet. Die letzten Früchte reifen und die Tage werden wieder kürzer, die Abende kühler. Gleichzeitig setzt im September auch der *Frühherbst* ein, denn wenn der Holunder reift und die Tiere sich auf den Winter vorbereiten, ist der Sommer so gut wie vorbei. Im Oktober beginnt mit dem Fallen der Kastanien, Eicheln und Bucheckern der *Vollherbst*. Es ist nicht mehr warm, aber auch noch nicht kalt, obwohl die ersten Nachtfröste sich langsam ankündigen. Die letzten Tage im Oktober sowie der komplette November gehören zum *Spätherbst*, der oftmals schlechtes Wetter bringt. Es wird kalt, regnerisch und ungemütlich. Die Bäume sind weitgehend kahl, und ein schneidender Wind rüttelt energisch an den Ästen.

Diese doch sehr präzise Einteilung der wechselnden Jahreszeiten gewährt einen Einblick in die sich ständig wiederholenden Zyklen der Natur und macht begreiflich, dass alles seine Zeit hat. Erdbeeren wachsen nicht im Winter. Wenn man sie doch bekommt, als Importware oder aus dem Gewächshaus, schmecken sie fade und schal. Darüber hinaus wird deutlich veranschaulicht, daß man die immer wiederkehrenden Zyklen eines Jahres nicht von geschlossenen Räumen aus erleben kann, sondern immer nah am Geschehen sein muß, um die feinen Anzeichen überhaupt zu bemerken, die erst später zu den großen und sichtbaren Veränderungen führen, die als Frühling, Sommer, Herbst und Winter bekannt sind.

Das Hexenjahr mit den acht Jahreskreisfesten

Das heidnische Jahresrad beginnt und endet in der winterlichen Dunkelheit - obwohl in den meisten alten Kulturen die Frühlings-Tagundnachtgleiche als Jahreswechsel galt. Es dreht sich parallel zur Sonne und läßt sich wie die Mondphasen, Jahr und Tag in vier Bereiche unterteilen. Alles in allem beschreibt es einen unendlichen Kreislauf, der untrennbar mit den Jahreskreisfesten verbunden ist. Jedes dieser Feste markiert einen Eckpunkt des Jahres.

Wenngleich viele Elemente der modernen Hexenfeste vorrangig aus dem recht jungen *Wicca-Glauben* stammen, ist ein nicht unerheblicher Teil der weitaus älteren nordisch-keltischen Glaubenswelt in die Jahreskreisfeste mit eingeflossen. Aus antiken Kulturen haben die Darstellung einer den Gott (Sonne, Korn oder Vegetation) gebärenden Göttin (Erde) und der aus dem Tod wiederauferstehende Gott die Jahrtausende überdauert und wurden lediglich in den neuzeitlichen Jahreskreis integriert.

Die Aufteilung des Jahresrades in vier Bereiche oder Phasen symbolisiert die Lebensstadien von Gott und Göttin. Beinahe überall tritt die Göttin, vor allem die Mondgöttin, dreigestaltig auf: als Jungfrau, Mutter und Ahnin. Älter sind jedoch vier Mondphasen, denn wer genau hinsieht, wird entdecken, daß die Ahnengöttin fast immer mit dem abnehmenden *und* dem schwarzen Mond verbunden wird. Sieht man den Schwarzmond dagegen als eigenständigen, wenn auch nur kurzen Zyklus, einen abgespaltenen Aspekt der Greisin, so symbolisiert er die Schwarze Jungfrau, die sich mit dem Erscheinen der schmalen Sichel zur Lichten Jungfrau wandelt.

Der Zyklus des Gottes sieht ähnlich aus: Im Winter (Nacht) wird die Sonne geboren. Sie wächst heran im Frühling (Morgen), erreicht im Sommer (Mittag) den Lebenshöhepunkt und vergeht im Herbst (Abend), um letztendlich im Winter wiedergeboren zu werden. Das Jahr des Korngottes besteht aus Brache, Aussaat, Wachstum, Ernte und wieder Brache.

Obwohl die alten Europäer nicht direkt ein Sonnenkind verehrten, das zu Mittwinter geboren wurde, ist auch die Vorstellung der wiedergeborenen Sonne sehr alt und findet sich überall auf der Welt.

Es ist nicht verwunderlich, daß die überwiegend agrarisch lebenden Zivilisationen der Sonne mehr Bedeutung zumaßen als dem Mond. Doch während der Sonnenkraft heutzutage gemeinhin „maskuline" Attribute (dynamisch, aktiv, Leben erhaltend) zugeschrieben werden, war die Sonne in zahlreichen Kulturen eine weibliche Macht. Auf Erden wird ihre Kraft meist durch das Feuer verkörpert.

Ein Jahreskreis umfasst insgesamt acht Feste: Vier *Sonnenfeste* und vier *Mondfeste*, die manchmal auch als *Feuer- / Wasserfeste* bezeichnet werden. Wie das oft dargestellte Rad mit den acht Speichen, zwischen denen es schneit, Blumen erblühen, das Getreide heranreift und die Blätter fallen, orientieren sich die Feste am Werden und Vergehen alles Lebendigen. Einige dieser Feste haben in der Tat einen historischen Hintergrund, andere wurden auf Basis jüngerer oder regionaler Bräuche und Festlichkeiten hinzugefügt und haben sich inzwischen eingebürgert.

Die Sonnenfeste:

- *Jul*, Wintersonnenwende / Mittwinter am 21. Dezember
- *Ostara*, Frühlingstagundnachtgleiche / Frühlingsfest am 21. März
- *Litha*, Sommersonnenwende / Mittsommer am 21. Juni
- *Mabon* (Mabonadh), Herbstäquinox / Erntefest am 23. September

Diese Feste beziehen sich auf den Stand der Sonne und fallen auf festgesetzte Daten, die auch im heutigen Kalender den Wechsel der Jahreszeiten markieren. Da die ältesten Bauwerke (Steinzeitkalender) nach dem Stand der Sonne ausgerichtet sind, nimmt man an, dass die Sonnenwenden und Tagundnachtgleichen bereits seit dem Jungpaläolithikum bekannt sind. Die Sonnenfeste werden mit der aufgehenden Sonne am Tag des Geschehens gefeiert und sollen germanischen Ursprungs sein; wenngleich die Germanen einen Mondkalender verwendeten und man die Feste auf den Vollmond *nach* dem Sonnenfest datiert. Die Sonnenfeste unterteilen vor allem den agrarischen Jahreskreis, bestimmen Aussat und Ernte.

Die **Mondfeste**, die eigentlichen Hochfeste, liegen zwischen den Sonnenfesten. Ihr Datum ist im Grunde variabel, da sie gemeinhin am ersten Vollmond beziehungsweise Neumond *nach* dem festgesetzten Datum gefeiert werden.

- *Imbolc* / Lichterfest am 01.Februar, ein Vollmondfest
- *Beltane* / Feuerfest am 30. April, ein Vollmondfest
- *Lugnasadh* / Kornfest am 31. Juli, ein Vollmondfest
- *Samhain* / Totenfest am 31.Oktober, ein Neumondfest

Der gängigen Theorie zufolge sind die Mondfeste im keltischen Raum entstanden und beginnen mit Einbruch der Dunkelheit. Da die Kelten glaubten, daß der neue Tag mit dem Einsetzen der Abenddämmerung beginnt, wurde jeweils vom Vorabend bis in die Nacht hinein gefeiert. Diese Feste stehen symbolisch für drastische Veränderungen in der Natur und sind eng mit landwirtschaftlich prägnanten Daten verbunden, denn sie „trennen" Frühling und Sommer, Herbst und Winter. Historiker gehen davon aus, dass die Mondfeste vor allem für die Viehhaltung von besonderer Bedeutung waren, markieren sie doch Termine wie die Geburt der Jungtiere, Weideauf- und Abtrieb sowie die vorwinterliche Selektion.

Im Jahresverlauf wechseln die Feste einander ab:

Samhain (Hochherbst / Herbstmitte, die Vegetation stirbt)

Jul / Mittwinter (Winterbeginn, Tod und Wiedergeburt der Sonne)

Imbolc (Hochwinter / Wintermitte, das Licht erstarkt)

Ostara (Frühlingsbeginn, die Natur erwacht aus ihrem Winterschlaf)

Beltane (Frühlingsmitte, die Vegetation wächst und erblüht)

Litha (Sommerbeginn, die Sonne ist auf dem Höhepunkt ihrer Kraft)

Lughnasad / Lammas (Hochsommer / Sommermitte, Erntezeit)

Mabonadh (Herbstanfang, die Natur bereitet sich auf das große Sterben vor)

Am Lauf der Gestirne ausgerichtete Bauwerke wie die *neolithischen Henges* (zum Beispiel Stonehenge) oder *Kreisgrabenanlagen* wie das Sonnenobservatorium von Goseck (Überreste der Megalithkultur), legen einen Jahreskreis mit entsprechenden Festen nahe. Dabei werden speziell die Kreisgrabenanlagen häufig als *Kalenderbauten* bezeichnet. Auf der *Himmelsscheibe von Nebra* sind die Sonnenwenden, Tagundnachtgleichen sowie die sichtbaren *Plejaden*[1] verzeichnet, allesamt Ereignisse, die für das Bauernjahr sehr wichtig waren.

Mit dem Erscheinen der keltischen und germanischen Volksstämme im Norden Europas gelten diverse Vegetationsfeste, Reinigungsfeste, Winteraustreibungsriten, Opferfeste, Sonnwendfeste, (Ernte-)Dankfeste oder Feuerfeste durchaus als historisch belegt. Ob diese Feste tatsächlich so gefeiert wurden, wie man es sich heute vorstellt, ist ungewiss, aber nicht unmöglich.

Zu tief waren diese Tage im Bewußtsein der Menschen verankert, um vom christlichen Glauben einfach ausgelöscht zu werden. Daher stammen sämtliche Traditionen und Bräuche des Christentums fast ausschließlich aus dem nordischen (oder römischen) Heidentum, überdeckt mit einem dünnen Mantel christlicher Überlieferungen. Der Weihnachtsbaum ist identisch mit dem Lebens- oder Weltenbaum, aus dem Ostara-Hasen, beziehungsweise Hase und Ei aus babylonischen Fruchtbarkeitsriten, wurden Osterei und Osterhase, aus dem Haustblót das Erntedankfest. Obschon zweitausend Jahre Christentum ihre Spuren hinterlassen haben, ist es schwer, die moderne Gesellschaft tatsächlich als urchristlich bezeichnen.

📖 **Wissenswert**: Viele Diskussionen zum Thema heidnische Jahreskreisfeste scheitern spätestens an der Frage nach dem historischen Beleg (Ausgrabung / schriftliche Überlieferung / sprachlicher Nachweis).

---

[1] Eine Sternenanordnung, die erst im zeitigen Frühjahr zu erkennen ist – quasi der Startschuss für die Bodenbearbeitung.

Wobei zunächst einmal die Frage im Raum stehen darf, ob Religion überhaupt auf wissenschaftlichen Fakten basieren *kann*, beansprucht sie für sich doch den *Glauben*, nicht das *Wissen*. Auch für die Offenbarungsreligionen fehlt nicht selten die historische Quelle. Glaube und Spiritualität sind etwas sehr Intimes und Persönliches und waren schon immer mehr als nüchterne Wissenschaft, die auf Fundstücke und schriftliche Überlieferungen baut. Historische Belege und archäologische Funde liefern lediglich Erkenntnisse für eine moderne Interpretation, ermöglichen aber weder eine originalgetreue Rekonstruktion einer Kultur oder Epoche, noch geben sie Aufschluss über die tatsächliche Vorstellungswelt vorangegangener Generationen. Sämtliche „Beweise", so greifbar sie auch sein mögen, können nur von außen betrachtet werden. Sie bleiben dadurch stets verfälscht. Und auch die Archäologie kann nur vermuten. Mit gegenwärtigen Denkstrukturen, Rationalität und der griechisch-römischen Logik sind die vorchristliche Symbolsprache, die Sagen und Mythen ohnehin nur sehr schwer zu erfassen.

Gerade das Heidentum hält bei seiner Rekonstruktion ganz besondere Schwierigkeiten bereit, da es sich um eine aus dem Volk heraus entstandene, praktisch gelebte Religion handelt(e), basierend auf der Beobachtung der Natur und daraus resultierend regionalem Brauchtum – durch den Einfluss anderer Völker und Religionen einem ständigen Wandel unterworfen. Niemals war es starr wie das geschriebene Wort, blieb aber im Groben stets gleich. Noch heute ist es fortwährend im Fluss, um sich an die geänderten Bedingungen und neuen, rastlosen Zeiten anzupassen. Während das Altheidentum (traditionelles Heidentum) sich an Beweisen orientiert, an gesicherten Erkenntnissen, Überlieferungen und dem Wenigen, was sich christlich überfärbt in den Volksbräuchen erhalten hat, prägt das Neuheidentum ein deutlich moderner Einfluss.

Kritiker sprechen in diesem Zusammenhang gerne von einem *historisch nicht belegbaren Heidentum*, entstanden wahlweise im Zuge der Gegenreformation, zur Zeit der Nationalromantik des 19. Jahrhunderts, oder im 3. Reich und ignorieren dabei, dass ein flächendeckend identischer heidnischer Kalender mit fest datierten Feiertagen schon aufgrund der lokalen Gegebenheiten unmöglich war. Zumal *das* Heidentum als homogene Religion nicht existierte. Erschwerend kommt hinzu, dass es *die Kelten* mit einer einheitlichen Religion und Kultur so wenig gab wie *die Germanen* und beide nur schwer auswertbare Spuren hinterlassen haben.

Die Sorgen und Nöte der Menschen, ihre Ängste, Wünsche, ja, ihr ganzes Leben manifestiert sich in den überlieferten Bräuchen, den Sagen und Legenden. Rituelle Handlungen, Feste und Traditionen gehören daher immer in den Kontext einer Landschaft und der dort entstandenen Kultur. Viehhaltung und Ackerbau basieren auf leicht abweichenden Zyklen, abhängig von Jahreszeit, Klima und Bodenbeschaffenheit, so dass Zeitpunkt und Art der Feste stark variieren konnten.

Darüber hinaus gestaltet sich der Beginn der Jahreszeiten, abhängig von der Region, noch heute sehr unterschiedlich. Der moderne (neu-)heidnische / wiccanische Kalender gründet nicht auf hieb- und stichfesten historischen Belegen, er ist in der Tat ein neuzeitliches Konstrukt und eine willkürliche Aneinanderreihung von Festen zu festgelegten Daten in einer Zeit, die sich kaum mehr an der Landwirtschaft orientiert.

Dessen ungeachtet gibt es zu den Jahreskreisfesten genügend Anhaltspunkte, um eine moderne Interpretation zu schaffen, die nicht vollständig aus der Luft gegriffen wurde, sondern auf realen Geschehnissen beruht. Von den Germanen gelten Jahreskreisfeste zum Herbstende / Winteranfang, Mittwinter (~Mitte Januar), Sommeranfang sowie zur Sommersonnenwende als belegt, die allesamt Opfer für Wachstum, eine reichhaltige Ernte oder Schutz vor den Launen der Natur zum Inhalt hatten. Daneben war in unruhigen Zeiten der Friede ein nicht unerhebliches Thema. Von den Kelten sind Feste zum Herbstende / Winteranfang, Wintersonnenwende, Sommeranfang sowie zur Sommersonnenwende bekannt. Neben diesen *Hauptfesten* vermutet man zahlreiche regional unterschiedliche Nebenfeste, wie zum Beispiel Feste zur Segnung / Einbringung der Saat, Schutzopferfeste oder diverse Erntefeste. Als Auslöser für einen Wetterwechsel hatte vor allem der Mond einen starken Einfluss auf den Zeitpunkt der Feierlichkeiten.

Die zahlreichen „authentischen" Berichte vor Zeitzeugen wiederum sind mit der nötigen Vorsicht zu genießen, vor allem dann, wenn es sich um rituelle Gewalt handelt. *Tacitus* war nie in Germanien. Die *Cäsaren* wiederum mussten einen Krieg rechtfertigen und waren gewiss nicht an einer wahrheitsgetreuen Darstellung der *Barbaren* interessiert, und auch die *Edda* soll bereits einen deutlich christlichen Einfluss aufweisen.

Da die Geschichtsschreibung stets die der Herrschenden und der Sieger ist, lohnt sich im Umgang mit Quellen und angeblichen Beweisen sicherlich eine kritische Betrachtungsweise. Viele Berichte dienten lediglich dazu, den Gegner zu dämonisieren. Zudem ist nicht sicher, wie viel Wahrheit der literarischen Ausschmückung oder Übersetzungsfehlern zum Opfer gefallen ist. Bis heute ließen sich im Zusammenhang mit den Jahresfesten weder ein reiner Menschenopferkult noch ritueller Kannibalismus eindeutig belegen, und auch für den *Weidenmann* (oder den *Blutaar*) gibt es keine wissenschaftlich haltbaren Beweise.

Funde deuten darauf hin, dass Menschenopfer bei den Jahreskreisfesten keine besondere Rolle spielten, sondern vielmehr in Zusammenhang mit dramatischen Ereignissen (Katastrophen), gesellschaftlichen Umwälzungen oder geänderten Umweltbedingungen stehen. Weit verbreitet waren dagegen die symbolische Tötung (des Vegetationsgottes), Speiseopfer, Brandopfer und Votivgaben.

Das Jahresrad

Winter

Das Hexenjahr beginnt mit dem Winter, dem November, Dezember und Januar und umfasst eine stille, tote Zeit, eine Zeit der Erinnerung, des Geschichtenerzählens und der Schau ins Innere. Eine Zeit, in der es dunkel wird und kalt und rauhe Winde den ersten Frost bringen.

Sommer und Herbst sind vergangen. Das bunte Laub raschelt nicht mehr unter den Füßen, sondern liegt still da und verrottet langsam. Auf den Spinnweben des Altweibersommers erstarrt der Tau zu Rauhreif. Die Bäume sind kahl und recken ihre blattlosen Äste in den grauen Schneehimmel. In der Natur wird es immer kälter und stiller. Nach und nach verstummt das Vogelgezwitscher. Auf dem Wasser liegt eine dünne Eisschicht. Alles scheint zu erstarren, während ein dicker Mantel aus Schnee und Frost das Leben unter sich begräbt. Klirrend kalte Winterstürme reißen in den Hecken unerbittlich die letzten Blätter von den Zweigen.

Ein ständiges Dämmerlicht senkt sich auf die Landschaft. Der Himmel ist trüb und wolkenverhangen. Die Sonne scheint nur wenige Stunden und ist nicht mehr als ein kleiner Punkt im fernen kalten Dunst. Ihre Strahlen sind fahl und viel zu kurz, um die Erde zu wärmen. Alle Welt erscheint leblos und tot. Doch das Leben ist nicht erloschen, es hat sich nur zurückgezogen, um im Bauch der Erde auf die Rückkehr der Wärme zu warten. In der Kälte und der formlosen Dunkelheit erholt sich das Alte, wird im Totenreich des Winters Neues geboren.

Überall im Norden war der Winter lang und eine gefürchtete Zeit, viele Wochen der Not und des Hungers, in denen es zahlreiche Tote gab; doch auch eine Verschnaufpause, ein Moment der Ruhe und der inneren Einkehr, der Geschichten und Legenden. Das Leben verlagerte sich nach innen. Die Menschen blieben in den Häusern und verrichteten häusliche Arbeiten wie das Flicken, Spinnen, Schnitzen oder Töpfern. Am Webstuhl entstanden Stoffe für neue Kleider. Arbeitsgeräte wurden gewartet und auf das nächste Frühjahr vorbereitet.

Mit dem bunten Herbst begann eine quälend lange Zeit der Ungewißheit. Alles Leben zog sich in den Mutterschoß der Erde zurück und nahm Licht und Wärme mit sich, so dass niemand wirklich sicher sein konnte, dass beides irgendwann einmal zurückkehrt. Für die agrarisch lebenden Völker des Nordens war aber die Sonne als Wärme- und Lebensspenderin von immenser Wichtigkeit, denn sie bedeutete Leben und Hoffnung. Für sie barg der Winter mehr Gefahren als der Sommer, und der Tod durch Erfrieren war weitaus gefürchteter als der Hitzetod.

Fast alle Mythen der nordischen Kulturen ranken sich um diesen eisigen und unergiebigen Zeitraum aus Unsicherheit, Hunger, Not, Sonnentod und Sonnengeburt, in dem die Wintergeister mit den Stürmen über das Land brausten. (Herd-)Feuerfeste und Lichterfeste wie *Samhain*, die *Mütternacht*, *Jule / Weihnachten* oder *Imbolc* sind ein Produkt der winterlichen Kälte und Dunkelheit, das darauf abzielte, sich die Gunst der Sonne zu sichern. Im Süden würden sie nur wenig Sinn machen. Für die Bewohner der Wüsten etwa ist die Sonne keine lebensspendende Kraft, sondern eine alles vernichtende Macht. Ihr Symbol des Lebens ist das Wasser.

Vor allem die Kelten, die nur ein Winter- und ein Sommerhalbjahr kannten, sprachen den Wochen der Dunkelheit eine ganz besondere Bedeutung zu, wurde nach ihrem Glauben doch alles in der Dunkelheit geboren und ging ins Dunkel ein, wenn es sein Ende fand. Feiern begannen stets am *Vorabend* des jeweiligen Festes. Für sie war der Winter ein heiliger, wenngleich ungemütlicher und entbehrungsreicher Zeitabschnitt, in dem die Sonne neue Kraft schöpfte.

Zu dieser kalten und unwirtlichen Jahreszeit herrscht die *Dunkle Jungfrau* über die Welt. Andere kennen sie als *Schwarze Mutter* oder einfach *Schwarze Göttin*. Sie trägt noch den Dolch der Schnitterin, doch wie bei allen Todesgöttern findet sich auch bei der Schwarzen Jungfrau ein Fruchtbarkeitsaspekt, denn sie ist es, die vor dem Kessel der Wiedergeburt steht. Sie ist diejenige, die zwischen den Welten wandelt und schwanger das Leben durch den Tod trägt.

Die Dunkle Jungfrau hat zwei Gesichter. Sie steht für Schatten, Stillstand, Schlaf, das Leben im Tod und bedeutet doch gleichzeitig Beständigkeit, Wandlung und Erwachen. Sie ist die Wölfin, die ihre Jungen frisst, aber auch die Schlange, die ihre Haut abstreift. So, wie nach dem Schwarzmond die helle Sichel des Neumondes erscheint, wandelt sich die Dunkle Jungfrau zur Lichten Jungfrau, wenn der Winter vergeht und dem Frühling Platz macht. Somit kann die Schwarze Jungfrau durchaus als Hexenaspekt der Ahnin interpretiert werden – und umgekehrt. Als Teil der Ahnengöttin ist die Dunkle Jungfrau gleichermaßen eine Herrin der Unterwelt. Sie ist der Spiegel, in den alle sehen, die auf die andere Seite wollen, die Illusion, die jeden auf die Probe stellt, der nach der Wahrheit sucht.

Verkörpert wird die Dunkle Jungfrau vor allem von der Skorpionin *Selket*. Die Skorpiongöttin *Selket* gilt als Schutzgöttin der Toten. Sie führt die Seelen in die Unterwelt und beschützt das Leben Die Schwarze Jungfrau ist aber ebenso *Persephone*, die im Hades weilt oder *Nephtys* in ihrer Trauer um Osiris, *Ereschkigal*, die ihren Preis fordert, die dunkle *Kali*, die auf den Knochen ihrer Feinde tanzt und *Sekhmet*, die das Land verbrennt, damit etwas Neues entstehen kann.

17

In der Gestalt von *Cerridwen, Hel* oder *Hekate* betritt sie im Herbst die Unterwelt, wandelt sich zu *Selket* oder *Nephtys* und verlässt als *Perseis* nach dem Schwarzmond die Unterwelt, um als schmale Sichel am Himmel zu erscheinen. Damit wird aus der *Schwarzen Jungfrau* ganz allmählich die *Lichte Jungfrau*.

Die Dunkle Jungfrau regiert den Schwarzmond, drei Tage der Dunkelheit und Wandlung, in denen der Mond sich aus der Welt zurückzieht. Ihre Lektion ist das Akzeptieren und Loslassen.

Wer mit der Energie der Dunklen Jungfrau arbeitet, sollte sicher sein, daß er das, was er erfährt auch verarbeiten kann. Andererseits ist sie oft hilfreicher als die Ahnin, die Bewahrerin der Erinnerung, wenn man sich endgültig von Altem und Überflüssigem lösen will.

Der Dunklen Jungfrau begegnet man am besten auf Schwellen und an Übergängen, während des schwarzen Mondes, in der Dämmerung und in der dunkelsten Stunde, kurz bevor die Finsternis sich zum Licht wandelt. Die ihr zugeordneten Farben sind Schwarz und Dunkelblau. Ihre Himmelsrichtung ist der Norden und gemeinsam mit der Ahnin symbolisiert sie die Erde. Da beide zusammen ein Ganzes bilden, sind die Grenzen zwischen der Alten und der Dunklen Jungfrau oftmals fließend bis kaum vorhanden, und jeder sollte für sich selbst entscheiden, wie er sie erfahren und ihnen begegnen möchte – und ob er die beiden überhaupt trennt.

Ihr zur Seite steht der *Schatten* des Gottes, denn genau wie bei der Ahnin gibt es beim Herrn der Unterwelt zwei Arten der Deutung. Je näher der Winter rückt, desto mehr überwiegt der Todesaspekt. Er ist nicht mehr der Herr der Unterwelt, sondern die Essenz des Lebens, die den Tod übersteht. Der Schatten befindet sich in einer Zwischen- oder Übergangsphase, in der alles um ihn herum an Bedeutung verliert. Um von der Göttin wiedergeboren werden zu können, muß er sich von seinem alten Ich lösen, verkörpert vom Herrn der Unterwelt. Körperlos, als Schatten oder Seele, kann er nun in seinen neuen Körper eintreten.

Wer mit seiner Energie arbeiten möchte, sollte sich vorsehen und seine Gefühle im Griff haben. Die Kraft die frei wird, hilft dabei, mit einem scharfen Schnitt alles hinter sich zu lassen, um von vorne anzufangen. Wer sich nicht sicher ist, ob er das wirklich möchte, sollte noch einige Nächte darüber vergehen lassen. Wird die Energie von beiden in die verkehrte Richtung gelenkt, drohen Verluste und schmerzhafte Trennungen. Wie die Dunkle Jungfrau findet sich ihr männliches Pendant an Übergängen und Schwellen sowie in allen Umformungen.

November

Im Jahresrad ist seit jeher ganz besonders der triste, graue November eng mit Tod, Ahnenfeiern und Totengedenken verbunden. Man entzündet Lichter und gedenkt derer, die gegangen sind. Die Gräber werden auf die kalte Zeit vorbereitet und erhalten ihre Winterbepflanzung. Diese Wurzeln reichten so tief, dass nicht einmal das Christentum und christliches Brauchtum die alten Traditionen auslöschen konnten. Also wurden sie kurzerhand übernommen und mit einem eigenen Stempel versehen.

Der erste November wurde zu *Allerheiligen*, der zweite November zu *Allerseelen*, einem Tag, an dem man unter anderem wie in alter Zeit die Gräber schmückt und erleuchtet. Diesem Tag folgen der *Buß- und Bettag* als Tag der Besinnung und der *Totensonntag*, an dem allgemein der Verstorbenen gedacht wird[i]. In manchen Gegenden haben sich aus der vormals heidnischen Tradition, Sonnenbrote zu backen und zu verteilen, *Gebildbrot* wie beispielsweise Seelenzöpfe oder Seelenbrote, bis in die heutige Zeit erhalten – wobei man den Ursprung inzwischen im römischen Brauchtum vermutet.

Seinen Namen verdankt der November dem lateinischen Wort *novem* (neun), weil er nach dem altrömischen Kalender der neunte Monat des Jahres war. In Deutschland nannte man ihn *Herbstmanoth* (Herbst- oder Erntemonat), oder *Reifmonat*, da um diese Zeit der erste Rauhreif auf den Gräsern liegt. *Windmonat* verweist auf die schweren Herbststürme, die im November über das Land brausen. Der Umstand, daß vor dem Winter das überzählige Vieh aussortiert und im Tod den Göttern geweiht wurde, brachte ihm bei den Germanen den Namen *Blót Manoth* ein, was frei übersetzt so viel bedeutet wie „Opfermonat". Daneben kennt man ihn in fast ganz Nordeuropa als *Schlachtmonat* oder *Blutmond*.

Wie kein anderer Monat wird der November mit Blut verbunden. Aber es waren keine grausigen Blutriten und keine schauerlichen Blutopfer, die dargebracht wurden, sondern eine vorwinterliche Auslese, die es den Menschen erlaubte, heil über den Winter zu kommen. Der Hintergrund der schauerlichen Mären, die über das „gruselige Samhainfest" und den folgenden „blutigen" November verbreitet werden, ist der, daß große Mengen Fleisch sich in der winterlichen Kälte besser verarbeiten lassen als im Sommer mit seinen zahlreichen Insekten. In Zeiten, die ohne Kühlhäuser und Futtermittelhändler auskommen mußten, war es zwingend notwendig, eine Auswahl zu treffen und alles Vieh zu schlachten, das die kalten Monate nicht überstehen würde.

Neuere Bezeichnungen wie *Nebelung* oder *Nebelmond* beschreiben den November vielleicht am besten. Aus den leichten Nebelschleiern des vergangenen Sommers werden im November wallende Schwaden, die schwer von der erkaltenden Erde aufsteigen und sich einem dicken Mantel gleich über die Landschaft legen.

Die alten Mythen, Sagen und Legenden sprechen vom Nebel als Weltenschleier. Ihm wird die Eigenschaft nachgesagt, Tore zu anderen Welten zu enthüllen. Genauso schnell kann er jedoch den Eingang wieder verbergen und den Wanderer im Nichts verschwinden lassen. Die keltische Anderswelt *Annwn* soll von einem Ring aus Nebelschwaden umgeben sein, und auch *Niflheimr* (Nebelwelt), wo sich die *Hel* befindet, dachte man sich als Welt aus Dunkelheit, Nebel und Eis. *Niflheim* galt als formloses Dunkel, in dem die Toten Ruhe fanden und gestärkt auf die Erde zurückkehren konnten. Mit der Hölle, für die das Reich der Hel wenigstens namensmäßig Pate stand, haben allerdings weder *Niflheim* noch die *Hel* viel gemeinsam.

📖 **Wissenswert**: Bereits in der Antike war man der Ansicht, der November würde die Sonne verschlingen. Ebenso wird der den November beherrschende *Skorpion* (Sternzeichen) als Todesbote und Winterzeichen gedeutet, der die Sonne mit seinem giftigen Stachel schwächt. Diese Deutung entstammt der alten Astrologie, die den Skorpion noch als Drache oder Schlange sah, welche (wie die Midgardschlange) hin und wieder die alte Welt vernichtete, damit eine neue entstehen konnte.

Spätestens mit den dichten Nebelwänden, die sich träge übers Land schieben, wird es langsam winterlich kalt, windig und ungemütlich. Der Herbst beendet sein buntes Farbenspiel. Die Tage sind trübe, trist und grau. Nun, da die Sonne ihre Macht endgültig verloren hat, werden sie immer kürzer und frostiger. Erste Winterstürme ziehen vorüber, und aus dunklen Wolken fällt Regen, der nur zu oft in Schnee übergeht. In der Natur wird es still, während die Wintergöttin das Land nach und nach in tiefen Schlaf versenkt. Die Bäume haben ihr Laub abgeworfen, und das frische Grün weicht bleichem Wintergras. Viele Vögel sind in großen Schwärmen gen Süden gezogen. Andere Tiere haben Höhlen aufgesucht oder sich für die Zeit des langen Ruhens in der Erde vergraben. Denen, die diese Möglichkeiten nicht nutzen können, ist ein dickes Winterfell gewachsen.

Auch das Leben der Menschen spielt sich mehr und mehr in warmen Räumen ab, denn draußen ist es empfindlich kalt geworden. Abends brennen die ersten Kerzen, während die Lust auf warmen Tee und Süßes wächst. Melancholische Gedanken kommen nun öfter als im Sommer.

Viele Menschen mögen den November nicht, ist er doch ein Vorbote des Winters mit schlechtem Wetter und dunklen Tagen, die auf die Stimmung drücken. Aber auch der ungeliebte November kann schöne Momente bringen, wenn die Sonne ein letztes Mal durch die grauen Wolken scheint, oder beim Spaziergang die bunten Blätter unter den Füßen rascheln. Wenn dann mit der immer früher einsetzenden Dämmerung auch der Frost spürbar Einzug hält, wird allmählich die bunte Herbstdekoration abgeräumt und durch Kränze, immergrüne Zweige, Kugeln und erste Schneemänner ersetzt, die von der Ankunft des Winters künden.

Thema im November – Vogelfutter herstellen

Nachdem die großen Schwärme das Land verlassen haben, um in wärmere Gefilde aufzubrechen, wird es merklich kälter. Die ersten Fröste, die den Boden hart und unergiebig werden lassen stecken schon in den Startlöchern. Daher wird es im November allmählich Zeit, Futterplätze einzurichten und Häuschen für die Daheimgebliebenen aufzustellen. Als Gegenleistung für einen Sommer voller Gesang ist die Verköstigung im Winter nicht zuviel verlangt.

Vogelfutter kann man kaufen, man kann es aber auch kostengünstig selber herstellen: Sehr einfach geht das, indem man beispielsweise ein geeignetes Fett zum Schmelzen bringt, es mit Nüssen und Kernen vermischt und auf geeignete Schalen (Näpfe aus Blech oder Ton) verteilt. Überaus beliebt sind auch Sonnenblumenkerne, die im Herbst aufgefangen und später verfüttert werden. Ebenso kann man nach dem Ausreifen der Samen den ganzen Blütenkopf abschneiden, trocknen und bei Frost und Schnee als Winterfutter anbieten.

Etwas schwieriger ist ein Tontopf, der an stabile Äste gehängt werden kann. Man braucht dazu einen Blumentopf, einen ca. 30 – 40 cm langen Holzstab, Schnur, sowie eine runde Pappscheibe. In den Stab ein Loch bohren, um die Schnur daran zu befestigen. Dann die Pappscheibe durch die Schnur schieben und beides durch das Loch im Topf ziehen, bis der Boden bedeckt ist, der Stab aber noch über den Rand ragt. Von außen gut verknoten. Die Scheibe deckt das Loch von innen zu, damit die Masse nicht auslaufen kann.

Zuletzt das Fett zerlassen und mit Kernen (z.B. Sonnenblumen- oder Kürbiskerne), Nüssen und Haferflocken anreichern. Danach den Topf auf den Boden stellen und die Masse einfüllen. Dabei darauf achten, daß der Holzstab in der Mitte bleibt und nicht an den Rand gedrückt wird. Ist alles ausgehärtet, den Blumentopf umgekehrt n einen Baum hängen.

Wichtig: Der Stab muss weit genug über den Rand stehen, damit die Vögel sich daran festhalten können.

Der Mond im November

Dichte Wolken umgeben den stillen Novembermond, hüllen ihn ein und verstecken ihn vor der ruhenden, nackten Erde. In den wenigen Momenten, die er zu sehen ist, scheint es, als läge er im Wasser oder leuchte aus der Tiefe eines finsteren, alles verschlingenden Meeres heraus auf eine sterbende Welt. Frostiges Licht trifft auf raschelndes Gras und braune Erdschollen, die der kalte Atem des Windes in den frühen Morgenstunden mit glitzerndem Rauhreif überzieht.

Der Novembermond ist in erster Linie als *Schneemond* bekannt, weil in diesen Tagen der erste Schnee fällt oder wenigstens schon in der Luft liegt. Mit dem März teilt er sich den Namen *Windmond*, weil in diesen beiden Monaten die schlimmsten Stürme auftreten. Manchmal nennt man ihn auch *Trauermond* oder *Dunkelmond*. Er steht stellvertretend für Verlust, Rückzug, Tod und Kälte. Die Vegetation stirbt und erinnert die Lebenden an ihre eigene Sterblichkeit. Eine sich ausdehnende nächtliche Dunkelheit erobert die kürzer werdenden Tage und verstärkt das Gefühl der Vergänglichkeit. Der erste Wintermond lässt mit leisem Wehklagen den Herbst ausklingen, verspricht aber gleichzeitig eine tröstende Stille und Geborgenheit. Rituale, die Schutz und Heilung zum Inhalt haben, sind nun besonders kraftvoll. Da eine dunkle und besinnliche Zeit anbricht, sind Meditationen und Reisen in die Tiefen der Persönlichkeit besonders intensiv und aufschlussreich.

Birkenmond (Anfänge)

Mit dem Birkenmond im November oder Dezember, je nachdem, wann Vollmond ist, beginnt das keltische Mondjahr. Er löst den Eibenmond ab und steht synonym für Anfang und Neubeginn, was vor allem die Durchführung neuer Pläne begünstigt. Wie die Birke vereint auch der Birkenmond Geburt, Wegstrecke, Tod und Neuanfang. Und wie die Birke selbst hat auch der Birkenmond eine enge Verbindung zur Feenwelt und erleichtert Kontakte der Sterblichen zu den Unsterblichen. Wenn silberne Mondstrahlen über den grauweißen Stamm der Birken wandern, sollen nach altem Glauben dort, wo sie die Landschaft kreuzen, Tore zur Anderswelt erscheinen. Einige kennen diesen Mond auch als magischen *Holundermond*, der den Zugang zur Quelle der Weisheit öffnen kann.

Im gesamten Norden wurde die Birke untrennbar mit der Großen Mutter in Form der Hüterin und Beschützerin verbunden. Sie galt als Inkarnation der Allmutter, die das Land mit Fruchtbarkeit segnet, neues Leben ermöglicht und dieses am Ende des Weges Geborgenheit in ihrer liebevollen Umarmung finden läßt. Birken verbanden seit jeher Unterwelt und Wiedergeburt. Sie wuchsen an heiligen Orten, beziehungsweise in heiligen Hainen. Die Germanen weihten die Birke der Erdgöttin *Frigga/Hludana*.

Bei den Kelten war die Birke ein Baum, der allen anderen Bäumen vorgezogen wurde. Der Feuergöttin *Brigidh* geweiht, wurde sie als Personifikation der sorgenden Mutter angesehen. Daher ist es nicht verwunderlich, dass die Kelten der Birke einen derart hohen Rang einräumten. Birkenenergie wirkt sehr kraftvoll bei Neuanfängen und geplanten Veränderungen, weswegen das keltische Jahr mit der Birke begann.

Weil die Birke (neben Weide und Hasel) zu den früh blühenden Bäumen gehört, war sie schon immer eng mit Neuanfang und Reinigung verbunden. Sie symbolisierte den Übergang vom Winter zum Frühling, das Erwachen der Natur. Als Maibaum gehört sie untrennbar zum Beltane-Fest. Man schmückt sie mit Bändern und bindet kleine Gebildbrote an ihre Zweige. Moderne Bräuche wie das Maibaum-Klettern, das Maibaum-Stehlen, das klischeehafte Spektakel der Walpurgisnacht oder das alljährliche Besäufnis zum 1. Mai haben nichts mehr mit den ursprünglichen Feierlichkeiten gemeinsam. In Form der Rune *Beorc/Berkana* ist die Birke zudem Ausdruck natürlicher und ungekünstelter Weiblichkeit.

📖 **Wissenswert:** Die Wörter *Berkana/ Beorc* (Rune), *Birke* (Baum) und *Berchta* (Göttin) lassen sich von *peraht / beraht* für „glänzend" oder „silbrig". herleiten. Die Birke gehört zu den Pionieren unter den Bäumen und gilt als der anpassungsfähigste Baum. Nach der Eiszeit prägte sie zusammen mit Kiefern und Wacholder die Tundren und Moorlandschaften.

Birkenzweige verhießen dem, den sie streiften, eine besondere Fruchtbarkeit. Stäbe aus Birkenholz galten als hervorragende Zauberstäbe. Auch heute noch bevorzugen viele Hexen und Magier Stäbe aus Birkenholz zur Bündelung und Verlängerung ihres Willens. Der Tradition entsprechend besteht ein Hexenbesen aus Birken- und Weidenzweigen mit einem dicken Eschenstab. Erscheinen Birken im Traum oder während einer Meditation, bedeutet das in den meisten Fällen Besuch aus der Anderswelt.

Die beiden Runenmonde im November

In der Dunkelheit des Schwarzmondes erzittert der Himmel unter gewaltigen Tritten, und wenn dann die schmale Sichel des neuen Mondes die Form von Stierhörnern annimmt, hebt *Uruz*, der Urstier, den Kopf, um besser auf die Erde blicken zu können. Mit seinem Erscheinen um Samhain herum, einer Zeit, in der für gewöhnlich das zweite *Disablot* (Disenopfer) gebracht wurde, weist Uruz auf das vorwinterliche Schlachten hin. Darüber hinaus erinnert er an den Sonnengott, der sich endgültig geopfert hat, damit die Welt leben kann und jetzt in eine Phase der Wandlung eintritt.

Uruz steht synonym für die Urkraft der Erde in Form der Erdmutter und Verwurzelung, aber auch für Transformation und Geburt und ist eine Bestätigung des alten Naturgesetzes, welches besagt, daß nichts endgültig verschwindet, sondern sich unablässig wandelt. Obwohl Uruz gerne als männlich-aktiv gedeutet wird, birgt diese Rune gleichzeitig eine gewaltige weibliche Energie, nämlich die unvergängliche Erdkraft, die Urkuh, aus der alles Leben hervorging. Daher unterstützt diese Rune insbesondere alle Erd- und Frauenrituale. Auch Schamanen arbeiten gerne mit der unbändigen Kraft von Uruz oder Ur.

Die Rune des Auerochsen[2] kann dem, der mit ihr arbeitet, eine ungeheure Entschlossenheit und Vitalität verleihen, eben die Stärke, die es braucht, um den Winter zu überstehen und sich sämtlichen Widerständen zu stellen. Daneben ist sie hilfreich bei neuen Projekten oder unterstützt dabei, sich zu erden. Als Rune von Heim und Herd hilft Uruz, die kalte, unwirtliche Dunkelheit des Winters zu ertragen.

Dass Uruz zu den Runen gehört, die auf den Kopf gedreht ihre Bedeutung ins Gegenteil verkehren, wird bei dieser kraftvollen Rune immer deutlicher spürbar. Die umgedrehte Rune verkörpert die Geringschätzung der Erde in all ihren Formen, ja die Missachtungs des Lebens selbst. Angefangen beim Entsorgen von Müll in der freien Natur bis hin zum *Fracking*.

Bis vor gut fünfzig Jahren galt die Erde als vom Menschen *bezwungen*. Sie wurde mit schweren Maschinen aufgerissen, trockengelegt, überflutet, als Müllhalde missbraucht und vergiftet. Chemikalien entsorgte man kurzerhand in Kanälen, die anschließend zugeschüttet wurden - in dem festen Glauben, mit dem Müll zugleich das Problem beseitigt zu haben. Das alles geschah solange, bis man herausfand, dass bei allem, was getan wurde, nicht nur die Erde betroffen war, sondern auch alles Leben, das von diesem Gebiet abhing, inklusive der Gesundheit der Menschen in den Wohnsiedlungen, die auf diesen Kanalsystemen errichtet wurden.

Seitdem ist die Menschheit leider kaum vorsichtiger geworden, denn noch immer steht der Profit im Vordergrund. Wie ein Ertrinkender klammert sie sich an das, was sie tötet. Obwohl niemand so recht weiß, wohin damit, wird in großen Mengen radioaktiver Müll produziert. Auf der Suche nach Erdöl und wertvollen Metallen plündert man rücksichtslos die Bodenschätze. Ganze Landstriche verschwinden unter Dunstschleiern aus Pestiziden. Tiere verbrennen in Rodefeuern oder sterben im toxischen Klärschlamm. Gigantische Müllhalden stinken zum Himmel, während kontaminiertes Wasser im Boden versickert. Die meisten Menschen gehen mit Leihvideos achtsamer um, als mit ihrer Umwelt.

Der folgende Vollmond ist geprägt von *Isa*, oder *Is*, der Rune des Stillstands. Die Ernte ist eingefahren, die letzten Blätter fallen von den Bäumen und das erste Eis überzieht in der Nacht die Bäche und Gräben. Ruhe kehrt ein, und schon bald wird die Welt unter Eis und Schnee begraben liegen. *Isa* läutet eine Zeit der Stagnation ein, eine Phase der Unbeweglichkeit, in der Vorhaben und Projekte besser noch eine Weile warten sollten. Sie ist wie ein Hindernis, das den Weg versperrt. Andrerseits fördert die Rune Eingebungen aus der Götterwelt oder dem eigenen Inneren, die zu gegebener Zeit umgesetzt werden können.

---

[2] Eine ausgerottete Rinderart, bei der man mit dem *Heckrind* inzwischen eine Rückzüchtung versucht.

Isa unterstützt die Konzentration auf das Wesentliche, so dass Nebensächlichkeiten plötzlich als solche erkannt werden und man keine Energie mehr in tote oder sterbende Projekte investiert. Insgesamt rät Isa jedoch nicht dazu, sämtliche Pläne vollkommen aufzugeben, sondern wirkt eher verzögernd. So bekommt jeder die Gelegenheit, seine Vorhaben noch einmal in Ruhe zu überdenken. In der Magie verwendet man Isa hin und wieder, um den Zauber zu fixieren.

Anmerkung: Da die Runenmonde nicht identisch mit den Kalendermonaten sind, stimmen die angegebenen Zeiten innerhalb eines Monats auch nur bedingt und sollen ein Anhaltspunkt sein.

Spirituelles im November

Der November ist ideal, um Klarheit zu gewinnen, wo genau man steht und ob man diesem Weg weiterhin folgen will. Die Tage der geheimnisvollen Nebel sind eine Zeit der Träume, des Orakelns und der Visionen. Die Toten stehen der sterblichen Welt zwischen Samhain und den Rauhnächten näher als zu irgendeiner anderen Zeit im Jahr, und ihre Anwesenheit begünstigt jegliche wahrsagerische Arbeit. Sie sollten jedoch mit Respekt behandelt und nicht das restliche Jahr über vergessen werden. Wer prophetische Träume herbeirufen und / oder verstärken will, sollte mit Beifuß räuchern oder ihn maßvoll als Tee zu sich nehmen.

Der November ist die beste Zeit, um zu realisieren, daß nichts ewig währt, und daß es möglicherweise an der Zeit ist, sich von behinderndem Ballast zu trennen, womit gleichermaßen materielle wie feinstoffliche Lasten gemeint sind, die im Lauf der Zeit zu einer Bürde geworden sind.

Loslassen

Mit einem kleinen Ritual, das auch an Samhain durchgeführt werden kann, ist es möglich, das Loslassen unterstützen: Schreiben Sie auf, was Sie belastet und Ihnen schwer auf der Seele liegt. Notieren Sie alles, was nicht gut für Sie ist und aus Ihrem Leben verschwinden soll. Zünden Sie dann eine braune oder dunkelblaue Kerze an, die mit einem Öl geweiht wurde, das Trennungen begünstigt. Anis, Eichenmoos oder Kampfer würden sich dafür anbieten.

Räuchern Sie mit reinigendem Kiefernharz, erfrischender Melisse, klärendem Sandelholz oder stärkendem Basilikum. Denken sie einige Zeit über die Dinge nach, von denen Sie sich lösen möchten und lassen Sie den Wunsch in Ruhe Gestalt annehmen. Verbrennen Sie dann den Zettel mit Ihren Notizen und stellen Sie sich vor, wie alle Sorgen in Flammen aufgehen, aus denen neue Gelegenheiten geboren werden.

Sprechen Sie es laut aus. „Ich löse mich von ..." Das geht am besten, wenn Sie jeden Trennungswunsch auf einem eigenen kleinen Zettel notieren, der in selben Moment ins Feuer gelegt werden kann.

Visualisieren Sie anschließend Ihre Pläne für das neue Jahr, alles, was von nun an ins Leben kommen oder anders laufen soll und bitten Sie Götter und Ahnen um Unterstützung bei den geplanten Aktivitäten. Asche und Reste von verbrannten Kräutern, verkohltem Papier, Räucherkohle und anderem sollten einem fließenden Gewässer übergeben werden. Sehen Sie nicht hinterher. Drehen Sie sich auf dem Heimweg nicht um. Lassen Sie einfach los.

Feste und Feiertage im November

Der **1. November** ist der Festtag der keltischen Göttin *Cailleach* (alte Frau, Hexe / die Verhüllte), welche über das Wetter und die Jahreszeiten gebietet. Im Sommer war sie eine schöne junge Frau, im Winter eine hässliche alte Vettel. Einer anderen Überlieferung zufolge wird die Cailleach alljährlich zu Samhain geboren oder erwacht aus ihrem Schlaf, damit der Winter Einzug halten kann. Der November steht ganz im Zeichen von Cailleach als personifiziertem Winter, der alten Frau, die nach dem Herbst den Tod in die Welt bringt. In Gestalt der Ahnengöttin taucht sie die Welt in Eis und Schnee, um einige Monate der Ruhe zu gewährleisten. An Imbolc wird Cailleach dann von *Brigidh* abgelöst. Sie legt ihren Stab unter einen Holunderbusch und verwandelt sich in einen Stein.

Die Cailleach ist keine einzelne Göttin, sondern umfasst eine Reihe hexenhafter Gestalten, die aus einer älteren Berg- oder Erdmutter hervorgegangen sein sollen. Einige beherrschen das Wetter, andere das Wasser. Etliche sind die Verkörperung des Winters (oder des Sommers). Manche erschaffen ganze Bergzüge und lassen sie wieder in sich zusammenfallen. Alle vereinen in sich das Erschaffen und Vernichten.

Unter verschiedenen Namen wie *Carlin, Cailleach Dubh, Caillagh ny Groamagh, Hexe von Beare* bekannt, wurde diese Göttin bereits verehrt, lange bevor die ersten keltischen Siedler ankamen - und konnte sich auch gegen die mitgebrachten Gottheiten recht gut behaupten.

Den **1. und 2. November** kennt man in Mexiko als *Los dias de los muertos* (Die Tage der Toten). Die Tage der Toten sind die höchsten mexikanischen Feiertage, an denen die Verstorbenen eine Gelegenheit bekommen, aus dem Grab heraus die sterbliche Welt zu betreten, um ihre noch lebenden Verwandten zu besuchen. Da die Gräber das Tor sind, durch das die Ahnen nach Hause zurückkehren, werden sie geschmückt und alles festlich hergerichtet. Um den Verstorbenen den Weg zu weisen, bindet man Ringelblumen als kleine Sonnen in Kränze und Bogen.

Auf den Gräbern stehen zur Stärkung Opfergaben bereit. Darüber hinaus wird ein Festmahl vorbereitet, um es mit den Toten zu teilen. Es gibt außerdem Unmengen an Kuchen und Süßigkeiten. Kreuze haben ihre ursprüngliche Bedeutung behalten, sie symbolisieren die vier Elemente (mit dem Sonnengott in der Mitte).

📖 **Wissenswert:** Die Toten werden nicht nur als die Ahnen einer Familie, eines Clans oder einer Sippe gesehen, sondern als Essenz des Lebens - alle Götter, Pflanzenseelen, Tierseelen und Menschenseelen, die jemals existiert haben. Ein zentrales Thema, das oft auftaucht, ist *La Muerte, Frau Tod* oder *die Tödin*, die einzige Frau (nach Aussage der Mexikanerinnen), der jeder Mann ganz bestimmt ein Leben lang treu sein wird.

Der **8. November** ist der Tag von *Gwynn ap Nudd*, dem walisischen Feenkönig und Herrn der Anderswelt. Gwynn (oder Gwyn) ist die jüngere Version von *Arawn*, dem König der Unterwelt und wie *Odin* ein Führer der *Wilden Jagd*, die sich nun bereit macht, in die sterbliche Welt einzutreten. Er ist der Sohn von *Nudd Llud Llawereint* (Nudd Silberhand / Nudd mit der silbernen Hand), der das walisische Pendant zum irischen *Nuada Airgetlamh* (Nuada mit der Silberhand) darstellt. Beide werden als Götter des Mondes und der Unterwelt angesehen. Der Zusatz *mit der silbernen Hand* gilt gemeinhin als ein Hinweis für Mondstrahlen, so wie *Lugh Lamfhada* (Lugh mit dem langen Arm) als Sonnengott gedeutet wird.

Mit dem *Nincnevin-Fest*, das am **10. November** stattfand, wurde in Schottland der Göttin der Jagd in Form von *Diana* gedacht. Ältere Quellen berichten von einer Göttin *Nicneven*, die zu Samhain mit ihrem Gefolge umherzog. Im Mittelalter wurde Nicneven zu *Dame Habonde* oder *Herodiana*.

Der **11. November**, bekannt als *Lunantshees*, war in Irland den gleichnamigen Wächtern des Schwarzdorns gewidmet, den großen und kleinen Baumgeistern, die in den dichten Schlehdornhecken hausten. Überdies markierte der Tag den offiziellen Winterbeginn. Die letzten großen Märkte wurden um diesen Termin herum abgehalten, ehe bis zum Frühling die Zeit des Ruhens begann.

Bekannter ist dieser Tag als *St. Martin* oder *Martinstag*. Es ist der Gedenktag der Beerdigung des *Martin von Tours*. Sankt Martin, ein katholischer Heiliger und Schutzpatron der (u. a.) Armeen, Soldaten, Schankwirte, Bauern und Hirten, wurde bekannt für die Teilung seines Mantels mit einem Bettler. Aufgrund des Brauchtums wird der Versuch angenommen, mit dem Martinstag einen älteren, heidnischen Feiertag zu überlagern. Sowohl von den Germanen als auch von den Kelten sind derartige Feste im selben Zeitraum bekannt. Einige Geschichtsforscher vermuten gar einen ganzen Festzyklus zwischen Oktober und Februar.

Die Tradition, Sankt Martin ein Tier zu opfern und mit seinem Blut die Erde oder Gemarkung zu weihen, weist starke Parallelen zu alten Fruchtbarkeitsbräuchen auf. Der Gänsebraten hat seinen Ursprung in den herbstlichen Schlachtfesten. Vor allem bei den Germanen hatte das Verzehren von Gänsen als *Wodansgans* in der *Winternacht* (*Vetrnóttablót*) lange Tradition, erinnerten doch die Rufe der Wildgänse, die in diesen Tagen umherzogen, sehr an die Wilde Jagd. Im Zuge der Christianisierung ersetzte dann die Martinsgans die Wodansgans. Das traditionelle Gansessen am Martinstag wird heute damit erklärt, dass Gänse den im Stall versteckten Martin verrieten. Später dienten Gänse am Martinstag, der das Bauernjahr beendete, als Zahlungsmittel.

Das übliche Gebildbrot, zum Beispiel der *Weckmann* oder *Piepenkerl* aus Hefeteig, wird ebenfalls als Ernteopfer gedeutet und soll auf germanische *Sonnenbrote* zurückgehen, mit denen eine gute Ernte im nächsten Jahr erbeten wurde.

📖 **Wissenswert**: Die Annahme, bei den Germanen wären in panischer Angst vor den winterlichen Stürmen *Sonnenbrote* gebacken und ausgelegt worden, um die Wilde Jagd von den Menschen abzulenken, beruht auf kirchlicher Negativ-Interpretation alter Bräuche. Menschen, die eng mit der Vegetation verbunden und mit den Zyklen des Jahres vertraut waren, eine derartige Furcht vor der Natur zu unterstellen, entbehrt jeder faktischen Grundlage.

Darüber hinaus vermutet man eine Vermischung des Bacchus-Kultes mit nordischen Bräuchen. So soll die *Martinsminne* Grundzüge eines Weinopferfestes aufweisen. Die Laternenumzüge erinnern stark an vorchristliche Licht- und Feuerbräuche, mit denen das letzte Licht gestärkt werden sollte. Andere wiederum sehen in den Lichtern die Seelen der Verstorbenen, die der Wilden Jagd folgen. Das *Martinsfeuer* dagegen könnte sich aus Herdfeuerfesten (Sommerverbrennen / Samhain) entwickelt haben, deren Asche verstreut wurde, um die Felder wieder fruchtbar zu machen.

Der Reiter auf dem Schimmel ist kein anderer als Allvater *Odin / Wodan*, der allmählich die Wilde Jagd um sich schart. Als Wilder Reiter (*Schimmelreiter, Wittschimmel, Nachtjäger, Hans Märten, Hackelbernd*) ruft er die Wilde Meute zusammen, und in der Tat mehren sich nun die schweren Winterstürme, bei denen das bekannte Brausen in der Luft liegt und der Wind heult, als wäre eine aufgeregte Hundemeute unterwegs.

Im Alpenraum ist eine dämonisierte Version Odins bekannt als *Wilder Ochsner, Wilder Alber* oder *Alperer*. Diese furchteinflößende Gestalt soll wegen ihrer Sünden umgehen und jeweils über ein Jahr alle begangenen Missetaten ansammeln. Schwer beladen mit den Sünden eines Jahres fährt der Ochsner dann am Martinstag in die Hölle hinab, um sie dort abzugeben. Der Alperer war zudem auch ein Gestaltwandler, der als Hund oder Drache (*Drak*) auftreten konnte.

Um den Martinstag herum tauchen zudem die ersten wilden Gestalten auf, wie zum Beispiel die *Buttnmandln*. In einigen Gegenden bringt der *Nussmärtel* oder *Pelzmärtel* an diesem Tag den Kindern kleine Geschenke.

Manche sehen im **14. November** lediglich den astronomischen Winteranfang. Andere ordnen diesem Tag das *Vetrnóttablót(r)*, auch *Vetriblóta*, *Vintrnatsblót* oder *Blóta in moti vetri* (Winteropfer) zu.

Das Winteropfer, auch *Winternacht* (altnordisch) oder *Winterfylleth* (angels.) ist auf den zweiten Vollmond nach dem *Haustblót* datiert. Viele Neuheiden feiern das Fest entweder am ersten Vollmond im Oktober oder zu Neumond im November. Angaben zum historisch korrekten Datum schwanken. Abhängig von der Region beging man die Winternacht vermutlich zwischen dem 14. Oktober (Skandinavien), dem Winteranfang im hohen Norden und dem 14. / 15. November im gemäßigten Klima.

Oft wird das Blóta i moti vetri dem *Alfa(r)blót*, *Haustblót* oder dem *Disablót* gleichgesetzt, beziehungsweise das *Disablót* als Bestandteil des Festes angesehen. Auch definiert man es als germanisches Gegenstück zum Samhain-Fest. Vieler Gemeinsamkeiten zum Trotz findet man jedoch das mit Samhain verbundene Brauchtum, insbesondere Ahnenverehrung und Totengedenken, im germanischen Raum eher in Verbindung mit dem Julfest. Die Zeit, in der nach germanischem Verständnis die Tore zwischen den Welten offen standen, waren die Rauhnächte.

📖 **Wissenswert:** Ungeachtet der abweichenden Thematik vermischen sich bei der modernen Rekonstruktion, hauptsächlich aufgrund der zeitlichen Nähe, herbstliche Erntedankfeste (Dankopfer) und vorwinterliche Opferfeste (Schutzopfer). Das *Vetrnóttablót* soll demnach kein Dankopfer für die Ernte gewesen sein, sondern ein vorwinterliches Festmahl, verbunden mit einem Opferritual und Gebeten, die vor den Gefahren der dunklen und kalten Zeit bewahren sollten. Ein Gott, der häufig in Verbindung mit der Winternacht genannt wird, ist daher *Odin / Wodan* in seiner Funktion als Sturm- und Totengott. Ebenso der Wintergott *Ullr*. *Freyr* wiederum bat man um Fruchtbarkeit für die Erde. Man feierte, bat die Götter um Beistand und hielt auch sportliche Wettkämpfe ab.

Am **15. November** feierten die Römer ihre Göttin *Feronia*, die zurückgezogen lebende Göttin des Urfeuers im Kern der Erde, der Sexualität und des Lebensfeuers.

Am **16. November** gehört die Nacht der *Hekate*, der griechischen Göttin der Magie und Prophezeiungen, der Geburt und des Todes. Wie Hekate, deren symbolischer Ort die Dreiwegekreuzung ist, stellvertretend für Entscheidungen und Richtungssuche, sollten auch die Menschen einen Moment lang innehalten und den nächsten Schritt im Leben noch einmal überdenken. Ferner ist es Sitte, an Drei-Wege-Kreuzungen Speise- und Trankopfer darzubringen.

Der **22. November** war in der nordischen Tradition *Ydalir* gewidmet, dem Gott des Bogenschießens und Skifahrens.

Am **23. November** wurde *Wayland* dem Schmied gedacht, dem Schutzherrn der Schmiede und des Metalls.

Der **25. November** gehört ganz den weiblichen Mysterien, die an diesem Tag gefeiert werden. Dieser Tag ist allen Göttinnen der Unterwelt geweiht, die den Seelen ihren Übergang erleichtern, vor allem *Arianrhod, Persephone* oder *Hel*. Es ist ein Tag der Frauen, der weiblichen Rituale und der Verehrung aller weiblichen Ahnen. In der christlichen Tradition ist dieser Tag *St. Katharina* (von Alexandrien) gewidmet, die aus der keltischen Erdgöttin *Ambeth* hervorgegangen sein soll. Er markiert den Beginn der stillen Zeit, an dem die Weidesaison endet und das Leben sich endgültig ins Haus verlagert.

Auch der **30. November** ist als *St. Andreas* fest in der christlichen Tradition verwurzelt und gilt als wichtige Orakelnacht, mit der zudem winterliche Fruchtbarkeitsmagie und Dämonenabwehr beginnen, so dass vorchristliche Ursprünge vermutet werden.

Dezember

Den Monat Dezember bestimmt ein ständiges Halbdunkel, denn nun brechen die kürzesten Tage des Jahres an. Zur selben Zeit wird er mit Licht und Wärme in Verbindung gebracht, da an *Mittwinter*, zur Wintersonnenwende, die Sonne nach einem kurzen Moment der Angst und völliger Finsternis neu geboren wird.

Der Dezember wurde ebenfalls nach seiner Position im alten römischen Kalender benannt, denn *decem* bedeutet nichts anderes als „zehn". Also war er nach dem November der zehnte Monat.

Im alten Jahreszyklus nannte man ihn *Ærra Géola* (Vorjul, frühes Jul) oder *Julmanoth / Julmond*, eine Bezeichnung, die später vom *Christ- oder Heiligmonat* abgelöst wurde. Neben *Julmond* hat sich die Bezeichnung *Geolmanoth* oder *Geola* überliefert. Es war der Monat, in dem die Sonne neu geboren wurde und mit *dem Jølablót* ein neues Sonnenjahr begann. Ferner kannte man ihn als *Weih(e)mond*, was sich auf die Rauhnächte, die geweihten Nächte, beziehen soll. Zudem wird der Name *Julius Cäsars* als Namensgeber vermutet.

Auch als *Wintermoanne* oder *Wintarmanoth* war der Dezember bekannt, ist er doch der Monat, in dem der Winter nachhaltig spürbar wird. Gemessen am November ist der Dezember kälter, schneereicher und dunkler. Mit dem Dezember hat der Frost endgültig Einzug gehalten und überzieht das Land mit seinem eiskalten Atem. Nach altem Glauben übergab der alte Lichtgott dem neuen Gebieter sein winterliches Reich.

Den Dezember prägen ganz besonders zwei Ereignisse, der „Sonnentod" und die „Sonnengeburt". Er ist zugleich der finsterste und der hoffnungsvollste Monat im ganzen Jahr, mit dem die längsten Nächte und damit die dunkelsten Wochen des Jahres anbrechen. Es gibt Tage, an denen die sensorgesteuerte Straßenbeleuchtung gar nicht erst ausgeht. Auch sonst ist der Dezember mit seiner Kälte, dem Schnee und dem strengen Frost kein besonders freundlicher Monat. Wäre da nicht eine Besonderheit, die ihn von den anderen Wintermonaten abhebt: Zu Mittwinter wird im Zuge der Sonnenwende die Sonne aus der Finsternis heraus wiedergeboren.

Natürlich markiert die Wintersonnenwende in hiesigen Breiten nicht die tatsächliche Mitte des Winters, der teilweise bis in den April hinein geht, sondern „nur" einen Wendepunkt der Sonne. Heute ist die Sonne längst entmystifiziert. Jedes Schulkind kennt die Gesetzmäßigkeiten nach denen sie sich am Himmel bewegt, die Wendepunkte und die damit verbundenen Phänomene wie die Polarnacht oder die Mitternachtssonne. Der Jahreszyklus wird längst nicht mehr am Sonnenlauf oder Mondstand gemessen, sondern ist eher rational als jahreszeitlich bestimmt. Im Glauben der Ahnen allerdings war die Wintersonnenwende ein magisches Datum, das viel Brauchtum und auch ehrfürchtiges Schaudern beinhaltete, denn das Jahresrad mit dem Säen, der Ernte und der Brache war heilig und wurde zu einem Großteil dem Wirken göttlicher Mächte zugeschrieben.

Der wallende Novembernebel zieht sich langsam dorthin zurück, von wo er gekommen ist. Was bleibt, ist ein kalter Dunst, der in dünnen Schwaden vom eisigen Boden aufsteigt. Die Landschaft schlummert im eiskalten Griff des Frostes, manchmal wie mit Zuckerguss überzogen, unter einer tiefen Schneedecke. Dennoch kehrt spürbar Lebenskraft zurück – trotz der Kälte und der immer noch kurzen Tage. Die Sonne scheint öfter und heller als noch im November, aber ihr Licht ist kalt und ihre Strahlen noch viel zu kurz, um die Erde zu wärmen. Spuren im harschen Schnee beweisen, dass nicht alle Welt sich zur Ruhe begeben hat, ehe der Wind sie verweht. Das Leben ist nicht tot, es schlummert nur und sammelt Kraft, um wieder erwachen zu können. Verborgen unter Eis und Schnee beginnen die ersten Keimlinge mit dem Wachstum, aber das braucht viel Energie und Zeit.

Wenn tanzende Schneeflocken sachte zu Boden rieseln und in der Nacht ein eiskalter Wind um die Mauern pfeift, an den Türen rüttelt und durch die Ritzen zieht, kann häufig nicht einmal eine dicke Decke das Frieren verhindern. Nichtsdestotrotz überkommt die Menschen ganz allmählich ein Gefühl der Andacht und Erhabenheit. Unsichtbar legt sich im Schutz der längeren Nächte eine festliche Atmosphäre auf Straßen und Häuser, die nichts mit fassadenkletternden Weihnachtsmännern, blinkenden Lichterketten oder grellbunten Leuchtsternen zu tun hat, sondern wie eine sanfte Sommerbrise aus der samtigen Dunkelheit der Nacht kommt. Es beginnt die dunkelste, aber gleichzeitig auch kraftvollste Zeit im Jahr.

Mit den letzten Novembertagen naht die *Adventszeit*, die gemeinhin von dem lateinischen Wort *advenire* (ankommen) abgeleitet wird. Beinahe unbekannt ist die Bezeichnung *an der Wend(e)* für Advent, welche auf die kommende Sonnenwende sowie einen neuen Jahreszyklus anspielt. Anders als heute, wurde in den Wochen vor Yule das Licht nicht mehr, sondern nahm ab, ehe es in der magischen Nacht neu entzündet wurde. Mit der Adventszeit beginnt die Zeit der Geister, der Hexen, Holden und weißen Frauen, der Wichte und Kobolde. Ganz allmählich öffnen sich die Türen zur anderen Welt. Und auch die Wilde Jagd beginnt sich zu regen.

Thema im Dezember - Kerzen gießen

Kerzen in Eigenregie zu gießen ist natürlich das ganze Jahr über möglich, aber vor Yule bekommt diese Tätigkeit einen ganz besonders feierlichen Aspekt. Selbstverständlich kann man Kerzen auch im Supermarkt kaufen, das ganze Sortiment von großen Kerzen über kleine, runde, farbige bis hin zu Duftkerzen. Aber Supermarktkerzen sind in der Regel seelenlos, ein industriell gefertigtes Produkt, dem jegliche Individualität fehlt. Selbst gemachte Kerzen, ob Duftkerzen oder Kräuterkerzen, können nach eigenen Vorstellungen gestaltet werden. Sie sind obendrein ein tolles Geschenk, wenn es nicht so teuer ausfallen soll und eine schöne Möglichkeit, selber kreativ zu werden.

Für die Kerzenherstellung braucht man zuerst geeignetes Wachs, das es im Rohzustand, meist als Gießwachsriegel, im Internethandel gibt. Mit etwas Glück bekommt man es im gut sortierten Bastelladen oder als saisonale Aktionsware in verschiedenen Supermärkten oder Gärtnereien. Paraffin kann man fast überall kaufen. Es gilt allerdings als gesundheitsschädlich und stark rauchend. Bienenwachs ist sehr teuer, verbreitet aber eine sehr wohlig-warme Stimmung. Passende Dochte und Gießformen sind normalerweise im Paket enthalten oder können zugekauft werden.

Weite Gläser, Töpfe oder andere Behälter sind ebenfalls zum Gießen geeignet. Für Kerzen ohne „Hülle" aus Glas, Ton oder anderem Material eignen sich Joghurtbecher, die hinterher aufgeschnitten werden können. Zur Herstellung von Duftkerzen benötigt man zusätzlich ätherische Öle. Für Kräuterkerzen empfehlen sich getrocknete Kräuter und Gewürze, Blüten oder auch getrocknete Scheiben von Orangen oder Zitronen. Besonders schön zur Geltung kommen Rosenblüten, Sternanis, Gewürznelken, Stechpalmenblätter oder Carambolascheiben in hellen Kerzen oder Bienenwachs.

Liegt alles bereit, muss zuerst das Wachs geschmolzen werden. Weil das Fett sich in den meisten Fällen nur sehr schlecht wieder entfernen lässt und ätherische Öle im Essen nicht besonders gut schmecken, rangieren Sie zum Kerzengießen am besten eine alte Schüssel oder Form aus Metall aus, die gut in einen anderen, als Wasserbad fungierenden Topf paßt. Hat sich das Wachs verflüssigt, wird es in Form gebracht. Legen Sie zuerst den Docht in die Form und sorgen Sie dafür, daß er nicht ins Wachs rutschen kann. Am besten verknotet man ihn an einer dünnen Stricknadel, die über die Öffnung gelegt wird. Danach wird das flüssige Wachs in die Form gegossen und nach dem Erkalten daraus gelöst.

Ätherische Öle gibt man vor dem Gießen ins leicht abgekühlte Wachs und rührt sie gut ein. Um Kräuter, Gewürze, Früchte oder Fruchtscheiben mit einzugießen, werden diese entweder dem Wachs zugegeben (und sinken nach unten durch) oder lagenweise eingearbeitet. Die letztere Methode eignet sich bestens für dicke, breite Kerzen, damit nicht alles an einem Punkt verschwindet: Zuerst bodendeckerd Wachs eingießen, leicht abkühlen lassen und die gewünschten Materialien einfüllen. Sind diese angetrocknet, wird mit der nächsten Lage begonnen. Damit sehr breite Kerzen gleichmäßig abbrennen, empfiehlt es sich, drei oder mehr Dochte an verschiedenen Stellen einzusetzen.

Besonders hübsch zu Yule sind Kerzen mit einer Umrandung aus Zimtstangen. Bestens gelingt diese Umrandung, wenn man zuerst eine Schicht Wachs gießt und dann die Stangen vorsichtig in das noch weiche Wachs drückt. Sind sie befestigt, kann langsam das restliche Wachs zugegossen werden. Dekoriert wird mit einer Banderole aus Naturbast oder einer Mischung aus goldenen, roten und grünen Bändern. Aus alten, ausgedienten Tontöpfen kann schnell ein Windlicht werden: Einfach die Öffnung verschließen und mit Wachs befüllen. (Nicht vergessen vorher den Docht einzusetzen und an einen Stab zu verknoten, der quer über den Rand gelegt wird)

📖 **Wissenswert**: Die Geschichte der Kerze begann mit einem einfachen Kienspan und hat bis heute zu einer schier endlosen Flut neuer Formen, Farben und Inhaltsstoffe geführt. Hergestellt werden Kerzen meist industriell durch Ziehen, Gießen. Wickeln oder Pressen. Das Pressen ist die günstigste Art der Kerzenherstellung und wird für sehr einfache Kerzen wie Teelichte oder Grabkerzen verwendet. Hierzu bringt man das gekörnte Paraffin durch Druck in Form. Beim Ziehen wird der Docht mehrmals durch das Wachs gezogen, bis die gewürschte Dicke erreicht ist. Kerzen aus Bienenwachs entstehen häufig durch das Wickeln, wobei man erwärmte Wachsplatten lagenweise um den Docht legt.

Als Wachs diente zuerst Bienenwachs, das inzwischen von Stearin (Palmoder Kokosfett, häufig mit einem Anteil Rindertalg oder Schweinefett, manchmal wegen einer besseren Bindefähigkeit auch mit Paraffin versehen) und Paraffin (aus Erdöl) abgelöst worden ist. Stearin gibt beim Abbrennen weniger Ruß und Schadstoffe ab und ist deswegen in Hinsicht auf den ökologischen Nutzen dem Paraffin vorzuziehen. Ein großer Nachteil sind Brandrodung, Monokultur und das Ausrotten seltener Tierarten zugunsten der Palmöl-Plantagen.

Wenngleich Kerzen in der Nacht nicht mehr die einzige Lichtquelle darstellen, werden sie doch immer noch gerne verwendet, um eine geheimnisvolle, romantische, entspannte oder feierliche Atmosphäre herzustellen. Ein sanfter Kerzenschein schafft zu jeder Zeit und zu allen Gelegenheiten eine wunderbar weiche und umhüllende Umgebung. Er schmeichelt der Optik und taucht auch kalte Räumlichkeiten in ein wärmendes Licht.

! Aller Gemütlichkeit zum Trotz ist der Umgang mit Kerzen nicht ungefährlich. Daher sollten sie nie unbeaufsichtigt brennen oder in der Nähe von brennbaren Gegenständen aufgestellt werden. Gardinen aus Synthetik, Holzteile oder Trockensträuße fangen schneller Feuer als üblicherweise angenommen. Ebenso müssen Kinder und Haustiere von brennenden Kerzen ferngehalten werden.

Bläst man eine Kerze aus, steigen aus dem Wachs Dämpfe auf, die sich entzünden und die Kerze wieder zum Brennen bringen können. Diese Rauchdurchzündung ist an sich harmlos; gefährlich wird es erst, wenn ein größerer Brand ausgebrochen, oder der Raum mit entzündbaren Gasen gefüllt ist. Daher ist es auch nicht ratsam, bei einem außer Kontrolle geratenen Feuer die Tür zu öffnen und die Flammen mit Sauerstoff zu versorgen, der zu einer Verpuffung führen kann.

Der Mond im Dezember

Der Dezembermond wird verkörpert von der bleichen, gesetzt in sich ruhenden Scheibe. Wie alle Weisen hüllt er sich in Schweigen, während vereinzelte Wolkenfetzen langsam über sein Antlitz ziehen.

Verschwommen und leicht unwirklich steht dieser Mond am samtschwarzen Himmel und blickt seelenvoll auf die Erde hinunter. Die Luft um ihn herum prickelt vor Erwartung, denn in dieser unwirtlichen Dunkelheit, inmitten von Kälte und Schnee, wird nun bald das neue Jahr geboren.

Der Dezembervollmond ist ein erhabener, ruhiger Mond voller Frieden, Hoffnung und Vorfreude. Volkstümlich bezeichnet man ihn als *Eichenmond*, denn der Eichenkönig, der Herrscher des Sonnenhalbjahres erblickt das Licht der Welt. Einige nennen ihn *Mond der langen Nacht*. Und obwohl die kältesten Tage erst noch kommen, ist der Dezembervollmond auch als *Kaltmond* bekannt.

Ebereschenmond (Visionen, Spiritualität)

Der Ebereschenmond quillt beinahe über vor Visionen, Magie und Zauberei. Manche nennen ihn daher *Astralmond*. Dieser Mond besitzt eine wilde und chaotische Energie, ist dabei aber von großer Kraft. Er ist mehr als geeignet für Orakel aller Art.

Meditationen sind intensiver als zu anderen Zeiten, veränderte Bewusstseinszustände leichter zu erreichen. Vor allem *Seiðr*, von Trancereisen und *Utiseta*, bis hin zu Begegnungen mit Krafttieren, geht einfacher von der Hand. Häufig treten in dieser Zeit Lehrer von der anderen Seite ins Leben der Lernenden, die sich hauptsächlich über Träume mitteilen, oder sie begegnen Seelenverwandten, die ihnen zu neuen Eindrücken oder ungeahnten Fertigkeiten verhelfen.

Der Ebereschenmond schult die Intuition sowie die geistigen Fähigkeiten und läßt den Einzelnen manchmal auf Menschen treffen, die sein Leben bereichern und ihn den Weg, auf dem er geht, klarer sehen lassen.

Der Mond der Eberesche beleuchtet sowohl die Straßen der sterblichen Welt als auch die Pfade der Anderswelt. Er begleitet und beschützt alle, die darauf gehen und ermöglicht ihnen eine sichere Heimreise. Fällt der Ebereschenmond in die Raunächte, ist seine Wirkung ungleich stärker.

Die Eberesche ist der Baum des *Gehörnten* und gleichbedeutend mit dem Leben, das im Tod geboren wird. In der Eberesche manifestiert sich das Wissen der Wälder, die Gewissheit, dass nichts auf der Welt endgültig ist oder ewig Bestand hat und alles vergehen muß, um sich wandeln zu können. Ein Talisman aus Ebereschenholz verbindet seinen Träger mit dem Herrn der Wälder und begünstigt außerdem Visionen und Vorahnungen. Gleichzeitig ist die Eberesche der Göttin *Erigidh* gewidmet und symbolisiert Magie, Spiritualität sowie Zauberei. Die eher mütterliche Birkenkraft wandelt sich zur magischen Ebereschenkraft.

Ebereschen gelten als bedeutende Hexenbäume und sind daher mächtige Lehrer wenn es darum geht, die eigenen Fertigkeiten zu vervollkommnen. Sie ziehen hilfsbereite Wesenheiten der anderen Seite an und führen den Suchenden sicher durch die Nebelwelt.

Denen, die mehr über ihr Inneres und ihre Beziehung zu der Welt außerhalb erfahren wollen, ist sie ebenfalls ein ausgezeichneter Mentor. In einer Welt der Vorgaben und Suggestionen hilft die Eberesche außerdem dabei, sich ungeachtet der ständigen Berieselung eine eigenständige und unabhängige Meinung bilden zu können.

Die beiden Runenmonde im Dezember

Der Schwarzmond im Dezember steht im Zeichen von *Eihwaz*, der Lebensbaumrune. In Eihwaz manifestiert sich das Mysterium des Seins, denn Eihwaz kündet vom Tod, aber auch von Wiedergeburt und Ausdauer. *Ullr*, der germanische Gott des Winters hat seinen Wohnsitz in *Ydalir*, der Eibenstadt.

Der Lebensbaum ist immergrün und unbeugsam und versichert, daß zwar ein Teil der Welt, nicht aber die *ganze* Welt sterben wird. Ebenso wie die Eibe, deren Äste unter dem Schnee saftig grün sind, überwintert das Leben in einer weißen oder dunklen Samenhülle. Dadurch verschmelzen Leben und Tod zu ewiger Existenz. Hierin besteht die Weisheit von Eihwaz. *Dort, wo alles endet*, besagt ihre Botschaft, *werden Leben und Tod eins.*

Doch der Wandel innerhalb dieser Einheit vollzieht sich nicht unmittelbar. Wie die Eibe als Hüter der Schwelle zwischen Tod und Wiedergeburt, markiert Eihwaz als Wächter und Beschützer der Toten eine Zeit des Wartens und der Stagnation, vergleichbar mit einer Erholungspause zwischen zwei Leben. Eine Zeit des tiefen Schlafes zwischen dem Scheiden und dem Neuerwachen. In diesem Sinne steht die Rune ebenso für das Überbrücken von Widerständen und Beständigkeit.

Auf dem runden Gesicht des vollen Mondes erscheint im hellen Licht die Zyklenrune *Jera* und spricht vom ewigen Kreislauf. Sie löst damit Eihwaz und die Zeit des Wartens ab. Das Rad des Lebens dreht von nun an eine weitere Runde. Wörtlich übersetzt bedeutet Jera „*Jahr*" und symbolisiert den ewigen Rhythmus des Kommens und Gehens, die Jahreszeiten, natürliche Entwicklungen und Veränderungen. Als Zyklenrune verkörpert Jera die Ernte. Ihre Lektion besagt, dass alles seine Zeit braucht und nichts erzwungen werden kann. In dieser Hinsicht steht Jera für Ausgleich oder Gleichgewicht, denn der Ernte folgt die Fülle, einer arbeitsreichen Zeit die Ruhepause.

Die moderne, vom Kapitalismus geprägte Welt misst den natürlichen Zyklen kaum noch Bedeutung bei, sondern schwört stattdessen auf Wachstumsbeschleuniger und Arbeitszeitverlängerung. Sie dreht sich schneller und schneller und droht damit nachhaltig aus dem Gleichgewicht zu geraten. In dieser Entwicklung findet sich der andere Aspekt dieser Rune, denn Jera bedeutet auch Gerichtsbarkeit. Global gesehen erntet die Menschheit gerade mit Krankheit, Tierquälerei, sozialer Ungerechtigkeit, Gier, Krieg und Grausamkeit, was sie einst mit Abschaffung der natürlichen Ordnung aus Zyklen und Gezeiten gesät hat.

Wenngleich er in der Regel keinen direkten Einfluss auf das Geschehen hat, kann doch auch der Einzelne gegensteuern, indem er Jera benutzt, um Harmonie einzubringen. Die aktuelle Diskussion um Tier- und Umweltschutz, vor zehn Jahren noch undenkbar, ist ein Resultat vieler, die immer wieder auf Mißstände und Gefahren hingewiesen haben.

Das Erscheinen von Jera sollte in der heutigen Zeit dazu genutzt werden, sich zu fragen, ob Zyklen wie die Jahreszeiten und Jahreswechsel überhaupt noch bewusst wahrgenommen werden. Die Rune fordert dazu auf, im Einklang mit der natürlichen Ordnung zu leben und einen eigenen Platz in den immer wiederkehrenden Gezeiten des Lebens zu finden. Jedem, der bereit ist, wird diese Rune dabei helfen, die verschütteten Instinkte im Inneren zu entdecken, dann zu säen, wenn es an der Zeit ist und die Ernte einzufahren, wenn die Saat reif ist.

Spirituelles im Dezember

In spiritueller Hinsicht ist der Dezember der Monat der Hoffnung und des Lichtes. Er ist Monat der wiedergeborenen Sonne. Dem rar gewordenen Sonnenlicht begegnen Menschen wie Tiere mit Hoffnung und Vorfreude auf das Kommende. Jeder sollte den Frieden nutzen, den der Dezember ausstrahlt, um über das nachzudenken, was er sich vom Leben erhofft.

Der Dezember verspricht Sicherheit, allerdings eine Sicherheit jenseits des geradezu wahnhaften Sicherheitsdenkens und der immer absurderen Gesetze und Verordnungen, mit denen die Menschen vor sich selbst geschützt werden sollen - und auch fern der trügerischen Sicherheit der Fremdverantwortung, mit der viele Menschen in blindem Vertrauen ihr Schicksal in die Hände anderer legen.

Wenngleich die versprochene Sicherheit nicht mehr als eine Illusion ist und die Dinge nicht wirklich kontrollierbar sind, steht doch alles unter dem Schutz des sich ewig drehenden Rades. Wer nach Erneuerung sucht, wird sie dort finden. Wenn es an Ruhe fehlt, kann die Zeit sie mit sich bringen.

Im Dezember wird zusammen mit dem Licht auch die Menschheit symbolisch wiedergeboren, und auch dann, wenn nichts Großes vollbracht wurde, ja das, was geschah, nicht einmal sichtbar ist, bleibt es dennoch etwas Besonderes, etwas Weltbewegendes. Wenn es wahr ist, daß der Dezember besondere Weisheit verleiht, sollte jeder einen Moment lang dem immerwährenden Kreislauf seinen Respekt zollen.

Kraft tanken

Je kürzer die Tage werden, desto ausgelaugter fühlt man sich häufig. Nehmen Sie sich für dieses Ritual bewußt einen Tag lang Zeit, um die inneren Batterien wieder aufzuladen. Stehen Sie vor Sonnenaufgang auf und begrüßen Sie die Morgendämmerung. Wer morgens fit genug ist, kann einen kleinen Spaziergang einplanen, bei dem er Futter für die Tiere ausstreut. Denken Sie aber daran, daß der ganze Tag der Erholung dienen soll und quälen sie sich nicht aus dem Bett, nur um lustlos und müde durch einen eiskalten Nieselregen zu schleichen. Ein Vollbad oder eine heiße Dusche sind genauso dazu geeignet, sich auf den Tag einzustimmen. Allgemein belebend wirken Substanzen wie Zitrusfrüchte, Rosmarin oder Kampfer, zur Beruhigung werden Basilikum, Kamille oder Rosenduft empfohlen. Das Frühstück sollte aus Trockenfrüchten und Sonnensymbolen bestehen, etwa Brot oder Fladen in Sonnenform, bestehen und nicht zu üppig ausfallen.

Schmücken sie Haus oder Wohnung mit Dingen, die Hoffnung und Lebenskraft verheißen. Bringen Sie dazu vielleicht eine Girlande aus immergrünen Zweigen über der Eingangstür an und hängen Sie Stechpalmenzweige auf, die Unsterblichkeit symbolisieren.

Getrocknete Apfelringe, Kerzen sowie Scheiben oder Räder sind eine schöne Ergänzung. Bänder und Verzierungen sollten von roter oder goldener Farbe sein, damit sie sich sich von dem vorherrschenden Grün abheben. Verräuchern Sie Wacholder, um die froststarrenden Wintergeister aus Ihrer Nähe zu vertreiben. Machen Sie dann den Tag über das, was Ihnen Spaß macht, oder Dinge, die Sie schon immer tun wollten, aber überfordern Sie sich nicht.

Erhellen Sie Ihr Zuhause am Abend mit vielen Kerzen und setzen Sie sich, sofern Sie nicht allein wohnen, mit Ihren Lieben zusammen. Reden Sie über das, was Sie sich vom Leben erhoffen und konzentrieren Sie sich eine Weile darauf. Alternativ können Sie Ihre Wünsche auf ein Stück Papier schreiben und es anschließend verbrennen, um sie so symbolisch Gestalt annehmen zu lassen.

Der Sinn dieses Tages ist es, in Zeiten, die nicht rosig oder verheißungsvoll sind und dem Einzelnen manchmal über die Maßen viel abverlangen, wieder zuversichtlich in die Zukunft blicken zu können.

Feste und Feiertage im Dezember

Vom **1.** bis zum **3. Dezember** feierten die Römer die Göttin *Bona Dea* (Gute Göttin), eine Göttin der Zyklen, der Frauen und der Fruchtbarkeit.

Die **drei Donnerstage vor Weihnachten** kennt man als *Bosselnächte*, *Anklopfnächte* oder *Klöpfelnächte*, in denen sich durch das *Klöpfeln*, das Anklopfen an Stall- und Scheunenwände, manchmal Bruchstücke der Zukunft enthüllen lassen. Vermummte Gestalten ziehen außerdem von Haus zu Haus, klopfen an Türen und Fenster, wünschen Glück und Segen und tragen Verse vor, was nach einer kleinen Gabe verlangt. In der christlichen Tradition symbolisieren die Anklopfnächte die Herbergssuche der heiligen Familie. Da dieser Brauch jedoch an einem Donnerstag ausgeübt wird, dem Festtag des *Donar / Thor*, liegen ihm wahrscheinlich heidnische Wurzeln zugrunde, bei denen mit lärmenden Umzügen die Wintergeister eingeschüchtert werden sollten.

Der **4. Dezember** gehörte *Pallas Athene* und *Minerva*, den Göttinnen von Weisheit und Handwerkskunst. Im Norden ist er bekannt als *Barbaratag*, wobei man einen Zusammenhang mit der Percht oder der dreigestaltigen Erdgöttin (Bethe) vermutet, darunter vor allem *Borbeth* als namensverwandt zu Barbara. Im Allgäu kennt man das *Bärbele-Treiben* zur Verehrung der Großen Mutter und der weiblichen Ahnen.

Der Abend des **5. Dezember** ist als *Nikolausabend* bekannt, wenngleich beinahe sämtliche Symbolik, wie Prozessionen (die Wilde Jagd / Winteraustreibung), das helle Pferd (Sleipnir), Masken (Grimnir, der Maskierte) oder die Rute (Lebenszweig) auf die nordische Mythologie zurückzuführen ist. Und auch die traditionellen Bräuche wie das Aufstellen der Stiefel (Getreidegarbe oder Gras für Sleipnir im Austausch für Äpfel und Nüsse) oder die Geschenke im Sack (Gabenbringer / Seelensammler), können ihre vorchristlichen Wurzeln nur schwer verbergen.

Obwohl jeder Zusammenhang zwischen *Odin/Wodan*, *St. Martin* und *Sankt Nikolaus* heftig dementiert wird, deutet doch vieles auf Odins Reisen hin, wie zum Beispiel das *Rothenburger Reiterle*. Und vielleicht sind alle diese Figuren nur eine weitere Verkleidung des Vielgestaltigen. Mit dem Nikolaustag soll ihn sein Beiname *Hold Hnikarr* verbinden.

Interessanter als Sankt Nikolaus sind jedoch seine „unheiligen" Begleiter, die meist als seine Gegenspieler auftreten und gemeinhin eine strafende Rolle übernehmen. Sehr bekannt ist *Knecht Ruprecht*, dessen Name auf *Odin* als *Hroud Percht*, *Hroudhpercht*, *Hroudperaht* (der Ruhmreiche, Prächtige, Glänzende) zurückgehen soll. Inzwischen wurde diese Theorie jedoch verworfen und Ruprecht auf eine Perchtengestalt (Rauher Percht), beziehungsweise einen Kinderfresser und mittelalterlichen Kinderschreck (Butzenbercht) reduziert. Knecht Ruprecht diente als negative Figur und übernahm die Rolle des Strafenden, indem er die ungezogenen Kinder züchtigte. Auf der anderen Seite brachte er häufig auch die Weihnachtsgeschenke und zog in pelzbesetzter Kleidung mit einem Sack voller Gaben über der Schulter von Tür zu Tür.

Mittlerweile handelt es sich um eine Gestalt, die vom Nikolaus selbst häufig kaum zu unterscheiden, beziehungsweise in einigen Regionen mit ihm zu einer Person verschmolzen ist. Man teilte ihn wiederum in den guten Knecht Ruprecht (oder den guten Klaus) und den bösen Klaus (Hans Muff, Krampus, Schwarzer Piet), der, in Tierhäute gekleidet, die unartigen Kinder in den Sack steckt oder mit der Rute schlägt. Mit regionalen Unterschieden ist auch der Nikolaus unter zahlreichen Namen bekannt, so dass eine genaue Abgrenzung kaum mehr möglich ist. Auf der Insel Borkum beispielsweise kommt der *Klaesohm*.

Den Nikolaus begleiten zahlreiche wilde Kerle. Viele von ihnen, wie der *Krampus* mit seinen Hörnern, den Hufen und dem Schwanz, erscheinen wie die Personifikation des christlichen Teufels, lassen sich aber eher auf *Pan*, *Cernunnos* oder den *Hirschgott* zurückführen. Als „gezähmter Teufel" übernehmen die in Felle und Stroh gekleideten Gestalten die Bestrafung der unartigen Kinder. Ketten zeigen an, dass das „Böse"(Heidentum) vom Nikolaus (Christentum) unterworfen und in Ketten gelegt wurde.

Oftmals treten die den Nikolaus begleitenden Figuren in regelrechten Umzügen auf, die an Fastnachtsumzüge erinnern. So kennt man die *Klausen*, wilde Gesellen, die den Nikolaus begleiten. Meistens gibt es zwölf Klausen im Gefolge des Nikolaus. Die *Krampusse* ähneln den Perchten, kommen aber nur im mit dem Nikolaus verbundenen Brauchtum vor. Der *Krampuslauf* am Nikolausvorabend erinnert an die Wilde Jagd.

Im Allgäu treten beim *Klausentreiben* oder *Klossatreiben*, die *Klossa* (Männer in Zottelfellen mit Masken, Schellen und Glocken) in Verbindung mit der Percht auf. Die Umzüge gehören zu den *Perchtenläufen*. Im Gegensatz zu den Krampussen treiben Klossa und Perchten jedoch über mehrere Wochen hinweg ihr Unwesen.

Die in Stroh gekleideten *Buttnmandln* wiederum verkörpern den Korngeist mit der Bitte um Fruchtbarkeit. Treten sie mit Tiermasken, Hörnern und Tierfellen auf, deutet dies auf eine enge Verbindung zu den alten Göttern, beziehungsweise schamanische Tierverwandlung hin. Kuhglocken sollen die lebensfeindlichen Wintergeister vertreiben, die Lebensrute hingegen die Fruchtbarkeit sichern.

Wie bei *Väterchen Frost* gibt es auch beim Nikolaus einen weiblichen Gegenpart. Die *Schimmelfrau*, die *Butzenbercht* oder das *Fraache* gelten als dunkle Seite der Erdgöttin.

Die meisten der rauhen Gesellen stehen in enger Beziehung zur Wilden Jagd und den Rauhnächten und sind vermutlich in einem andauernden Zersetzungsprozess alter Mächte entstanden, aus denen schrittweise die Teufel der neuen Religion wurden. Ganz besonders zwischen dem 15. und 16. Jahrhundert bekommen die einstmals so vertrauten Gestalten plötzlich fratzenhafte, dämonische und gefährliche Züge (vielfach überdauerte nur die Todesgöttin als personifizierte Krankheit oder der verkörperte Tod).

Namen wie *Düwel, Alb, Alf* oder *Rodjäckter* für den Wilden Jäger deuten darauf hin, dass die alten heidnischen Götter nach und nach eine teuflische Natur unterlegt bekommen, oder wie *Frau Holle*, die *Weiße Frau* oder die *Kornmuhme* nach und nach zu elfenhaften Geisterwesen werden. Ein englisches Synonym für den Teufel ist *Old Nick*, vermutlich abgeleitet von *Hold Hnikarr*, einem Beinamen Odins. Und will der Däne den Teufel nicht beim Namen nennen, bezeichnet er ihn als *Alter Niels* (Nisse).

📖 **Wissenswert**: Historiker vermuten als Hintergrund der in Ketten gelegten, unheimlichen Gestalten den Ausdruck für Gottesferne, das „gezähmte Böse", beziehungsweise das „gezähmte Heidentum".

Der **6. Dezember** soll der Todestag des Heiligen (Sankt) *Nikolaus von Myra* sein und ist ihm als Gedenktag gewidmet, an dem er vor allem als Wohltäter und Schutzpatron der Kinder verehrt wird. Nikolaus war im 4. Jahrhundert Bischof von Myra und ging als Menschenfreund und Wunderwirker in die Geschichte ein. Über die historische Person jenseits der zahlreichen Legenden gibt es jedoch nur wenig gesicherte Information.

Obwohl der Mensch Nikolaus von Myra historisch belegbar ist und als realer Ursprung der Nikolauslegende angesehen wird, vermutet man ebenfalls *Nikolaus von Pinara*, einen gleichnamigen Abt des Klosters Sion bei Myra (6. Jahrhundert) als Namensgeber des Nikolaustages.

Beide Biographien wurden vermischt und bildeten die Grundlage für den heiligen Nikolaus, die Lichtgestalt, die auf das kommende Weihnachtsfest hinweist. Im Zuge der Reformation wurde der Nikolaus in protestantischen Gegenden vom Christkind abgelöst.

Auch wenn die Kirche ihn längst aus dem Heiligenkalender gestrichen hat und der Nikolaustag nicht mehr der Tag der Weihnachtsbescherung ist, wird der Nikolaus doch alljährlich von den Kindern sehnsüchtig erwartet, bringt er doch allerlei kleine Gaben. Noch immer tritt er dabei vor allem im bischöflichen Ornat auf.

Die meisten Nikolaus-Bräuche, wie zum Beispiel die Befragung der Kinder, das Füllen der Stiefel mit Süßigkeiten, die strafende Rute oder das Verteilen kleiner Geschenke, entstammen der christlichen Tradition. Vor allem die „Bescherung" (das Verteilen von Gaben) am Nikolausabend nahm ihren Anfang in mittelalterlichen Klöstern. So galt das Schenken am Nikolaustag lange Zeit als „typisch katholisch".

Kinder vergangener Generationen denken vermutlich mit Schrecken an diesen Tag zurück, denn wer vor dem Nikolaus, der von Haus zu Haus zog, nicht beten wollte oder falsch betete, wurde in den Sack gesteckt oder mit der Rute geschlagen. Schon Luther begrüßte den Brauch, Kinder fasten und beten zu lassen. Wer es verweigerte, bekam eine Rute oder einen Pferdeapfel. Selbst der Schlag mit der Fruchtbarkeit bringenden Rute wurde bis heute in brutaler Form beibehalten: In vielen Gegenden veranstalten der Nikolaus und sein Gefolge eine regelrechte Jagd auf Mädchen und Jungen, die das Haus verlassen, um sie mit der Rute zu züchtigen.

Unter den Namen *Sinterklaas*, *Sunner Klaus* oder *Santa Claus* wird der Nikolaus häufig dem Weihnachtsmann gleichgesetzt, ist aber nicht mit diesem identisch. Beiden ist jedoch eines gemeinsam: Sie entspringen alten Mächten, vorchristlichen Wintergeistern und mächtigen Göttern, die einen christlichen Anstrich bekamen und deren Feiertage christlichen Terminen wichen.

Am **13. Dezember** ist der Tag der *Lutzelfrau* (oder *Lucia*, je nach Deutung). Wie Frau Holle ist Lucia[3] gespalten in die Lichtbringerin mit der Strahlenkrone und die hässliche alte Lutzelfrau. Beide gelten jedoch als freundlich und bringen im Schutz der Nacht kleine Geschenke. Später ersetzte allgemeine Lichtsymbolik die Lucia.

Der Brauch des *Lucia-Weizens* ähnelt dem Wintermaien: Am 13. Dezember werden Weizenkörner in einen Blumentopf gelegt und täglich gegossen. Zu Weihnachten wird dann aus der Länge der Triebe auf die Ernte des kommenden Jahres geschlossen.

---

[3] Der Name geht auf eine Märtyrerin zurück, die um 280 gelebt hat.

Bis in den Januar hinein treten nun allerlei Wilde Weiber wie die *Percht*, *Frau Holle*, *Frau Gode*, die *Budelfrau*, *Lutzelfrau* oder *Stutenfrau* in Erscheinung, von denen viele zugleich bedrohliche und beschützende Eigenschaften aufweisen.

Vom **17. Dezember** bis zum (nach der Kalenderreform) **24. Dezember** dauerten die *Saturnalien*, das Fest zu Ehren des *Saturn*. Saturn (abgeleitet von *satus* für säen), dem römische Gott des Ackerbaus, wurden zahlreiche Opfer dargebracht, in der Regel zu Beginn des Festes ein Schwein. Man tauschte kleinere Geschenke aus, darunter Kerzen und Puppen aus Ton (Sigillaria). Als Verkörperung des Gottes wurde gebietsweise ein *Saturnalienfürst*, auch „Spottkönig", gekrönt. In den Tempeln fanden öffentliche Speisungen statt. Auffällig ist die totale Aufhebung der Standesunterschiede, wobei Sklaven am selben Tisch mit ihren Herren speisten. Man nimmt an, dass die Saturnalien einem älteren Fest (der Wintersonnenwende) entstammen. Das Fest gilt, vor allem durch den Brauch, sich gegenseitig zu beschenken, gemeinhin als Vorläufer des Weihnachtsfestes und wurde zusammen mit den *Kalenden* im 4. Jahrhundert auf Neujahr verschoben.

Zuvor folgten die Kalenden, oder *Kalendae* (der erste Tag eines Monats) von denen sich das Wort Kalender ableitet, den Saturnalien als eine Zeit der Erneuerung und des Schenkens. Zeitzeugen berichten von Gesang und Tanz. Man gab den Armen, und die sozialen Stände vermischten sich. Männer trugen an diesem Tag in der Öffentlichkeit Frauenkleidung.

Ursprünglich bezeichneten die *Kalenden* den Neumond (die *Iden* den Vollmond, *Terminalien* und *Nonen* die beiden Halbmonde).

Den **18. Dezember** widmete man in Rom der keltischen Pferdegöttin *Epona* (Göttliche Stute), die oft auf einem Pferd liegend oder schwanger und in Begleitung von Pferden dargestellt wird. Diese Göttin der Pferde war auch im römischen Reich beliebt und weit verbreitet. Der Festtag der Epona zählt zu den wenigen belegbaren Feiertagen. Historiker gehen davon aus, dass es sich um ein mehrtägiges Fest zur Wintersonnenwende gehandelt haben könnte (*Deuorius Ruiri* / *Maponos*).

Die Nacht vom **19.** auf den **20. Dezember** bezeichneten die Angelsachsen als *Modraneht* (Mutternacht / Mütternacht), seltener als *Hollenacht*.

Obwohl in diesen Tagen vielerorts die Erdmutter den Sonnengott gebiert, soll die Bezeichnung nicht auf eine Muttergöttin hinweisen, die um Mittwinter herum ein Sonnenkind zur Welt bringt. Vielmehr verband man mit Mutter, oder eher Müttern, die *Disen*, auch *Disir* / *Idisi* (die Leuchtenden / Frauen), die weiblichen Ahnen. Später auch Göttinnen und Priesterinnen sowie weibliche Wachstums- und Schicksalsmächte wie die Nornen, Truden, Walküren, Holden oder Fylgjen. Sie galten als fruchtbarkeitsspendende Wesenheiten und Helferinnen der Sonnen- oder Erdgöttin. Bei der Geburt standen sie Mutter und Kind unterstützend zur Seite.

📖 **Wissenswert**: Man unterschied zwischen hilfreichen und Schaden verursachenden Disen, die direkt oder indirekt das Schicksal der Menschen beeinflussten. In Form der guten und bösen Feen, einer Hexe ähnlicher als der elfenhaften Fee, gingen sie später ins Reich der Märchen ein. Als Schicksalsmächte und Kampfjungfrauen in der Tradition der Walküren werden die *Idisi* im ersten Merseburger Zauberspruch beschrieben.

Den Disen zu Ehren brachte man das *Disablót* (Disenopfer) dar. Das herbstliche Disablót (Norwegen) bezeichnet ein Opferfest, bei dem unter anderem die Gräber der Ahnen mit Getreide, Brot, Nüssen oder anderen Früchten geschmückt wurden. Als Trankopfer gab es Milch oder Met, ferner war Honig eine beliebte Gabe. In Schweden kennt man das *Disting*, ein Frühlings- und Frauenfest.

Im regionalen Brauchtum gibt es die Tradition, den *Drei Schwestern*, die nun gabenbringend durch das Land ziehen, in der Nacht Opfergaben vor die Tür zu stellen. Sie gelten als Bewahrerinnen weiblicher Mysterien und mütterlicher Güte und sind darüber hinaus maßgeblich an der (Wieder-)Geburt der Sonne beteiligt. Als Ursprung werden sowohl die *Nornen* als auch die keltischen *Matronen* (Ambeth, Wilbeth Borbeth) vermutet.

Die Mütternacht wird häufig als das nordische Sonnwendfest definiert, während man das Julfest auf den ersten Vollmond im Januar datiert.

Am **21. Dezember**, zur *Wintersonnenwende*, dem *Julfest / Yule*, wird im Wicca der Sonnengott durch die jungfräuliche Erdgöttin geboren. In der dunkelsten Stunde bringt sie das Licht zur Welt. Er ist der ferne Schimmer in finsterer Nacht, die wärmende Sonne in bitterer Kälte.

Das Julfest wird mit der Morgendämmerung assoziiert. Es ist das Geburtsfest des Gehörnten und der das Licht gebärenden Himmels- oder Erdmutter in all ihren Formen. Daneben ist es ein Fest der Erde und der Erdgeister.

Das Jahr befindet sich an diesem Punkt in einer dunklen und kalten Phase, was nicht zwangsläufig bedeuten muß, dass sie schlecht ist. Wenn es aber nach dem Winter einen neuen Frühling geben soll, müssen die Sonnenstrahlen, die noch kalt und kurz sind, den Schnee schmelzen. Die längste Nacht des Jahres, von Eingeweihten oft *Nacht der langen Schatten* genannt, bringt die Erlösung. Von da an erstarkt die Sonne und die Tage werden wieder länger. Wenn auch die schlimmste Kälte noch bevorsteht, bringt jeder neue Tag zunächst einen Hahnentritt mehr Licht.

Symbolisch zugeordnet werden dem *Middewinterfest* der immergrüne Baum oder Zweig, der blühende *Wintermaien*, Kerzen, Feuer, die Sonnenscheibe / Rad sowie Kreissymbole in zahlreichen Ausprägungen.

Das Julfest

In den nördlichen Gefilden beginnt mit dem Winter die rauhe, karge, unfruchtbare Jahreszeit, in der die Nächte kalt und die Tage kurz werden. Die Menschen damaliger Zeit scharten sich um das wärmende Feuer und zehrten von ihren knappen Vorräten, die unweigerlich zur Neige gingen. Der Tod war allgegenwärtig. Menschen und Vieh erfroren, verhungerten oder starben an Krankheiten. Die Wochen zwischen der Ernte und der neuen Saat waren daher eine gefürchtete Zeit, eine Zeit voller Magie, in der die Wintergeister versuchten, alles Lebendige gefrieren zu lassen.

In den Winterstürmen brausten alte Mächte wie die *Hrimthursen*, die Eisriesen, über das Land. Die Riesen verkörperten die Urkräfte der Natur, ihr Atem brachte den eisigen Sturm. Gleichzeitig zog Odin mit der Wilden Jagd durch die Lüfte, um sie gegen die Eisriesen zu führen und gleichzeitig alles mit sich zu reißen, was keinen Bestand mehr hatte.

In diesen unwirtlichen Tagen galt es, ein besonderes Fest zu feiern, ein tröstendes Lichterfest, mit dem der langen, warmen Tage des Sommers gedacht wurde. Licht- und Feuerfeste zu Mittwinter sollten die Schatten der Dunkelheit vertreiben und die schwache Sonne stärken, damit es bald wieder Frühling werden konnte. Anders als in der heutigen Adventszeit wurden in den Wochen vor der Wintersonnenwende die Feuer zunehmend gelöscht und erst nach der kürzesten Nacht neu entzündet.

Das bekannteste Lichterfest ist das Fest der Wintersonnenwende, das *Julfest*. Im Norden war dieses Fest unter vielen Namen bekannt:

- *Sønarblót* (Sonnenopfer) oder *Jølablód* (Julopfer), in Anlehnung an die Sitte, auch an Jul Gaben für die Götter und Geister vor die Tür zu stellen.

- *Júl* oder *Jól* (altnordisch) werden noch heute für das Weihnachtsfest verwendet. Die älteste Erwähnung des Wortes Jól (Mehrzahlwort, das auf ein mehrtägiges Fest hinweisen soll) beschreibt einen Zeitraum zwischen Oktober und Dezember, auch als *Monat vor der Julzeit* übersetzt. *Júl* bedeutet sowohl „Fest(mahl)" als auch „Rad" (nord. Hvel, engl. Wheel), wobei ein enger Zusammenhang mit dem Sonnenrad vermutet wird, da Radsymbole wie Sonnenwagen oder Sonnenräder einen festen Bestandteil der Sonnenverehrung darstellen.

- *Giuli* oder *Geola* bezeichnen Monatsnamen (Zeitabschnitt) sowie „Rad / Kreis des Lebens / Jahresrad / Jahreskreis", was auf den Kreislauf eines Jahres anspielt. Im nordischen Jahresrad, dem Sonnenzyklus, schloß sich der Kreis. Mit der Wintersonnenwende endete und begann nun das neue Sonnenjahr. Diesem (Jahres-)Kreis zu Ehren ist Gebildbrot kreisrund.

- *Yul(e)* soll sich aus dem cha däischen Wort für „Säugling" ableiten lassen. Außerdem werden die lateinischen Begriffe *iugulare* (schlachten) und *joculus* (fröhlich) als Ursprung angeführt. Auch „Schneegestöber" oder „Zauber" wird als etymologische Herkunft diskutiert.

- *Solstituum* (lat.) oder *Solstice* (engl.) bedeutet in etwa „Sonnenstillstand" und basiert auf der Beobachtung, daß die Sonne in dieser Zeit etwa eine Woche lang immer am selben Ort auf- und unterzugehen scheint.

- *Mittwinter* (gäl. *Mean Geamhradh*) war als Bezeichnung weit verbreitet, meint aber (außer im hohen Norden) nicht die tatsächliche Mitte des Winters, sondern den Wendepunkt der Sonne, der heute den astronomischen Winter- oder Sommeranfang markiert. Bezogen auf die kalte Jahreszeit war das *Middewinterfest* eine Art Bergfest, ein Wendepunkt, ab dem die Tage wieder länger wurden. Setzt man den Zeitpunkt des Feierns nach dem Mondkalender im Januar an, markiert es tatsächlich die „Mitte des Winters", nach der die Tage länger und wärmer werden.

- Der neukeltische Name für *Yule* lautet in Anlehnung an die walisische Artussage *Alban Arthuan* (Licht des Arthur / Artus) und bezieht sich auf die Artussage, der zufolge Artus zusammen mit seinen Rittern in einem Berg schläft und erst dann erwacht wird, wenn das Volk seine Hilfe benötigt.

📖 **Wissenswert**: Die Bezeichnungen *Alban Arthuan / Heruin/ Eiler / Elued* für die Jahreskreisfeste sind re ativ jung und werden *Edward Williams* zugeschrieben. Von den historischen Kelten hat sich kein Mittwinterfest überliefert, jedoch sind irische Feuerfeste, zum Beispiel *Dubluachair*, aus der Mittwinterzeit übermittelt.

Zusammen mit den *Rauhnächten* nannte man diese Zeit die *Zwölfnächte, Zwölften, Zeihen Nechten* oder *Ze Wihen Nahten*, die „geweihten Nächte", woraus das heutige Wort *Weihnachten* entstanden sein soll, was von zahlreichen Kritikern angezweifelt wird, welche die *zeihen nahten* im Mittelhochdeutschen (genauer einem Gedicht aus dem Jahr 1170) angesiedelt wissen wollen. Dennoch enthält Weihnachten das altdeutsche Wort *wjh* (heilig / geweiht) - daher rührt ebenfalls die Bezeichnung *Heilige Nacht* für das Weihnachtsfest.

Das Weih*nacht*sfest bildet zudem bei den kirchlichen Feiertagen eine große Ausnahme, ist es doch in der christlichen Tradition eher unüblich, die Nächte zu zählen. Vielmehr könnte es auf die gefeierten Mitwinternächte hindeuten.

Schon recht früh (um 3000 v. u. Z.) gab es in Nordeuropa Observatorien, die sowohl den Mondlauf als auch den Sonnenlauf sehr präzise berechnen konnten und zu *Mittwinter / Mittsommer* vermutlich als religiöses Zentrum fungierten.

Den Vorfahren galt die Zeit zwischen *Samhain* und *Imbolc* als ein Stadium zwischen Leben und Tod, oder Leben im Tod, denn wer konnte schon ganz sicher sein, daß auf einen harten Winter wieder ein Sommer folgt und ob das Leben überhaupt zurückkehrt. Wenngleich er eine Ruhepause mit sich brachte, galt der Winter als entbehrungsreiche, kräftezehrende Zeit. Wenn dann zum *Julfest* die Sonne wiedergeboren wurde, war in etwa die Hälfte dieser Zeit vorüber.

Die Geschichte des Julfestes ist recht umstritten. Konservative Kreise lehnen allein die Vorstellung eines vorchristlichen Julfestes zur Wintersonnenwende rigoros ab[4]. Andere halten es aufgrund der überlieferten Quellen für eines von zahlreichen Winteropferfesten, wie zum Beispiel das *Alfablót*.

Die meisten schriftlichen Überlieferungen zu vorchristlichen oder heidenchristlichen Winterfesten stammen aus christlicher Zeit und sind im christlichen Kontext zu verstehen. Schätzungen schwanken also sehr und geben einen Zeitraum von November bis Februar an, in den der Termin gefallen sein könnte – was allerdings Festlichkeiten zur Wintersonnenwende nicht unbedingt zur Geschichtslüge werden läßt.

Bei der Rekonstruktion geben vor allem die Bezeichnungen *Frühes Jul* und *Spätes Jul*, beziehungsweise der Begriff *Giuli* für sowohl den Dezember als auch den Januar Rätsel auf. Darauf beruhend vermutet man ein Vollmondfest zu Ehren der Ahnen um die Wintersonnenwende herum und ein zweites (Haupt-)Fest zum ersten Vollmond nach dem ersten Neumond, der der Wintersonnenwende folgt - in etwa Anfang bis Mitte Januar (Mittwinter / Hochjul), mit dem die höher kommende Sonne begrüßt wurde. Einige setzen auch eine *Julzeit* von Mitte November bis Mitte/Ende Januar an.

Wirft man einen Blick auf das heutige Brauchtum, die *Heischebräuche*, *Einkehrbräuche*, das unheimliche Treiben und die teils furchterregenden Gestalten, die in diesen Wochen ihr Unwesen treiben, deckt es sich in etwa mit der veranschlagten Zeit. Mit dem November kommen auch die Tage der unheimlichen Gesellen, die nach der Wintersonnenwende allmählich wieder in ihre magische Welt der Götter und Geister, der Mythen und Legenden verbannt werden.

---

[4] Vor allem, seit es als politisch korrekt angesehen wird, sich von einem germanischen Ursprung des Weihnachtsfestes (und sogar dem Begriff des *Julfestes* selbst als vermeintliches Konstrukt des Dritten Reiches) zu distanzieren, ist die Diskussion um den genauen Zeitpunkt neu entbrannt. Und obwohl vorchristliche Observatorien überaus präzise nach ihr ausgerichtet sind, werden mit steigender Vehemenz vorchristliche Feste zur Wintersonnenwende verneint. Gestützt wird diese Theorie vor allem dadurch, dass *Hakon der Gute* von Norwegen um 940 angeblich das *Jólahald* von Mitte Januar auf den 25. Dezember verlegte. Religionswissenschaftler sehen dadurch die Vermutung, dass ein älteres (Mittwinter-)Fest mit dem Weihnachtsfest ersetzt wurde, als nicht haltbar an.

📖 **Wissenswert**: Das Mittwinterfest ist nicht 1:1 mit dem christlichen Weihnachtsfest gleichzusetzen, dessen Ursprünge ebenfalls im Dunkel der Geschichte verborgen liegen. Weihnachten ist in seinem Kern durchaus ein christliches Fest (Geburtsmythos, christliche / kirchliche Zeremonien), seine älteren Wurzeln, Sitten und Gebräuche sind es nicht. Selbst dem Laien, der in der Bibel liest, wird schnell klar, dass ein Großteil weihnachtlichen Brauchtums nicht christlich sein kann. Die Bibel erwähnt kein Winterfest, und auch andere Symbolik oder Riten sind dort völlig unbekannt. Und auch wenn die vorchristlichen Riten, Sitten und Gebräuche zum Julfest sich nicht mehr eindeutig rekonstruieren lassen und die Geschichte beharrlich schweigt, wie und wann das Fest der Wintersonnenwende in Nordeuropa tatsächlich begangen wurde, ist die vorchristliche Mittwinter-Symbolik zu reich um als Quelle ignoriert zu werden.

Darüber hinaus werden unter anderem Parallelen zu ägyptischen und babylonischen Festen vermutet, aus denen schließlich die *Saturnalien* hervorgingen, auf die wiederum viele Weihnachtsbräuche wie die Aufhebung der Stände oder das Austauschen kleiner Geschenke zurückgehen sollen. Die Saturnalien, in Rom um die winterliche Sonnenwende herum gefeiert, legten schließlich den Grundstein für die Vereinnahmung anderer Bräuche.

Bei sämtlichen Mittwinterfeierlichkeiten, seien sie sonst noch so verschieden, gelten die Wiederkehr / Wiedergeburt des Lichts in der Dunkelheit und die Bewahrung des Lebens als zentrale Themen. Ebenso kennen beinahe alle einen kindlichen Lichtbringer, die wiedergeborene Sonne als Symbol für Wachstum und Wärme. Es erstaunt daher niemanden, dass die Kirche den alten Sonnengott kurzerhand entthronte und durch ihren eigenen Lichtbringer ersetzte, wobei sie ebenso sämtliche Symbolik für sich selbst in Anspruch nahm. Sogar der Papst kam auf Dauer nicht umhin zuzugeben, dass Weihnachten eigentlich nichts mit dem Christentum zu tun hat, es aber *„nur rechtens ist, dieses Fest dem einzigen und wahren Licht der Welt, Jesus, zu widmen"*.

Im antiken Rom kämpfte der Reichsgott Gott *Sol Invictus* (*Indiges*, die „unbesiegte Sonne"), dessen Geburtstag auf den 25. Dezember fiel (in römischer Zeit der Tag der Wintersonnenwende), mit dem Sonnengott *Sol Invictus Mithras* und dem späteren christlichen Sonnengott *Jesus* um Popularität. *Sol* ist somit das Sonnenkind, das um die Sonnenwende herum geboren wird. Auch *Apollon* wird in diesem Zusammenhang erwähnt.

Um von der Verehrung der bekannteren Götter zu profitieren, legte Bischof *Liberus* den Geburtstag des Erlösers auf den Tag des Sonnengottes, konnte jedoch nicht umhin, auch die Sonnen- und Lichtsymbolik zu übernehmen. Noch lange mussten Gläubige daran erinnert werden, dass an diesem Tag nicht *die Sonne*, sondern die Geburt des Erlösers gefeiert wurde.

📖 **Wissenswert**: Der Tag von Christi Geburt wurde, da ein genaues Datum nicht bekannt ist, erst ~ 300 Jahre später durch das Konzil von Nicaea auf den 25. Dezember fixiert, damit er sich mit der Verkündigung am 25. März rechnet. Er ist keine historische Realität. Ab dem 8. Jahrhundert wurde der 25. Dezember dann ein verbindlicher christlicher Feiertag.

Interessant ist, dass Weihnachten (als mittlerweile wichtigstes Fest im christlichen Jahreskreis) ohne das Heidentum beinahe gar nicht existiert hätte, denn die Christen hatten nicht vor, die Geburt ihres Heilands zu feiern. Das Feiern der Geburt, beziehungsweise des Geburtstages, galt als *heidnische Unsitte*, gegen die sich auch noch moderne Christen zur Wehr setzen. Zu dicht lag außerdem die christliche Symbolik am bekannteren Mithraskult oder den Sonnwendfesten im Norden. Ursprünglich war der Karfreitag als Todestag der heiligste Tag im christlichen Jahr. Daher wurde Weihnachten als heidnische Unsitte sogar bekämpft und mehrmals verboten. Unter Kaiser Karl musste bei der Taufe jeder den Weihenächten abschwören. Noch Augustinus beteuerte: *„Wir feiern den 25. Dezember nicht wegen der Geburt der Sonne wie die Ungläubigen, sondern wegen der Geburt dessen, der die Sonne erschaffen hat.“*

Bekanntester Vertreter von Weihnachten ist wohl der Weihnachtsbaum, was kurios anmutet, da der Weihnachtsbaum ein relativ junger Bestandteil des Festes ist und nur auf eine sehr kurze „lange“ Tradition von ungefähr 250 Jahren zurückblicken kann. Er war vor allem in protestantischen Familien beliebt, während für Katholiken weiterhin die Krippe das wichtigste Element des Weihnachtsfestes blieb. Da in der guten Stube wenig Platz war, befestigte man die ersten Weihnachtsbäume an der Decke. Ehe die Nordmanntanne das heimische Wohnzimmer eroberte, kannte man ab dem 15. Jahrhundert öffentlich aufgestellte Weihnachtsbäume als *Weihnachtsmaien*. Schenkt man neuesten Erklärungen Glauben, sollen diese auf den (verbotenen) Paradiesbaum zurückzuführen sein.

Nichtsdestotrotz lässt sich sein Ursprung mit drei Komponenten der alten Feierlichkeiten in Zusammenhang bringen: Zum einen sicherlich auf den Brauch, einen *Julscheit* oder *Yule Log* zu entzünden, einen Holzblock oder teils auch massiven Baumstamm, der über die Feiertage hinweg verbrannte. Mit dem Rest des alten Stammes wurde dann im nächsten Jahr das neue Feuer entzündet, womit sich der Kreis des alten Jahres zum neuen schloss.

Aus dem Baumstamm wurde im Lauf der Zeit ein baumstammähnlicher Kuchen. Auch in Deutschland ist es vielerorts üblich, in der Weihnachtsnacht einen großen Holzklotz im Kamin zu verbrennen und die Asche anschließend auf den Feldern zu verteilen (Fruchtbarkeitszauber). Darüber hinaus gab es den *Julblock* oder *Julkoben*, einen Holzstoß, der über mehrere Tage hinweg brannte.

Dann gab es die Tradition, sich zu Beginn der kalten Zeit einen Obstbaumzweig ins Haus zu holen, der dann um Yu e herum Blüten trieb. Mit diesem *Wintermaien* wurden der Sage nach die Wintergeister verscheucht und der Frühling herbei gerufen. Der Brauch des *Wintermaien* ist nach wie vor aktuell. Für gewöhnlich wird dieser Zweig am 4. Dezember geschnitten, dem *Barbaratag*. Die Kelten wiederum sollen sich immergrüne Zweige von Mistel oder Stechpalme in die eigenen vier Wände geholt haben, um dort den Naturgeistern einen warmen Rückzugsort anzubieten. Immergrüne Zweige, die auch im Winter die härtesten Tage überstanden, galten als Zeichen für Unsterblichkeit und die Überwindung des Winters. Von der Mistel hieß es, sie überlebe sogar den Tod.

Und zuletzt ist aus dem hohen Norden sicherlich die Fichte (oder Eiche) *Irminsul* (erhabene Säule) als immergrüner Weltenbaum in den Brauch mit eingeflossen. Der immergrüne Lebensbaum vereinte die Finsternis (Erde), in der seine Wurzeln steckten, mit dem Licht (Himmel), das seine Krone umgab. Er war ein Symbol für das Leben, das sich gegen die Kälte durchsetzt.

Selbstverständlich gefiel der Kirche dieses Brauchtum nicht, und viele Priester wetterten gegen das *gar heidnisch Ding*. Da sich aber die Bevölkerung hartnäckig weigerte, von den alten Sitten zu lassen, wurden sie schließlich in die Festlichkeiten eingebunden. Mittlerweile ist ein Christbaum purer Kommerz. Er wird nur benötigt, um für wenige Tage das Zimmer zu schmücken, danach ist er Abfall (wird er nicht verkauft, landet er schon vorher im Shredder). Abgesehen von den unschönen Monokulturen sind die Bäume häufig bis in den roten Bereich hinein mit Pestiziden belastet.

Betrachtet man den Baumschmuck, hat auch dieser heidnische Wurzeln, denn schon recht früh in der Menschheitsgeschichte behängte man Bäume mit heiligen Symbolen.

Gebildbrot: Opfergabe

Kreise, Scheiben: Jahreskreis, Sonnenrad, Fruchtbarkeit (Freyrs Zeichen ist das sich drehende Sonnenrad, die *Swastika* als Sonnensymbol)

Strohsterne, Radformen: Sonne, Sonnenwagen

Äpfel, Kugeln: *Iduns* Äpfel der ewigen Jugend. Leben und Tod

Kerzen: Licht, Wegweiser der Seelen. Sämtliche (vor-)weihnachtliche Licht- oder Kerzensymbolik allein dem jüdischen Lichterfest zuzuschreiben ist unhaltbar, denn vor allem im winterdunklen Norden hatten Feuer und Licht seit jeher eine ganz besondere Bedeutung.

Auch beim Adventskranz, der um 1840 von *Johann Hinrich Wichern* erfunden worden sein soll, lässt sich mehr entdecken als lediglich vier Kerzen in einem Gesteck aus Tannenzweigen, denn auch er bedient sich älterer Elemente.

Tannen- oder Immergrün: Beständigkeit, Bewahrung der Lebenskraft

Kreisform (Schutz / Sonne / Ringmagie): Jahreskreis, ewige Lebenskraft

Fliegenpilze: schamanische Traditionen, Schamanenflug, Glück

Kerzen: Vier Wochen / Elemente /Jahreszeiten / Himmelsrichtungen / Angelpunkte der Sonne /Wodanskreuz oder Erdkreuz (Das Kreuz im Kreis berührt vier Punkte)

Rote Bänder: Blut, Vitalität, Anderswelt, Ahnen

Goldene Bänder: Sonne, Wärme

Ein dunkles Grün, die Farbe des Lebens und der Vegetation, wird seit jeher Wachstum und Fruchtbarkeit verbunden. In Kombination mit Rot, als Farbe des Lebenssaftes und der Feen, hat die Farbe jedoch eine tiefere, mystische Bedeutung und einen engen Bezug zur Anderswelt. Zusammen bilden Grün und Rot zusammen die Dualität aus Leben und Tod. Eine andere magische Dualität bilden Rot (Blut / weiblich) und Weiß (Sperma / männlich).

In der christlichen Deutung sind Grün und Rot typische Symbolfarben für die gesamte Advents- und Weihnachtszeit. Das Immergrün steht stellvertretend für Beständigkeit, die Hoffnung auf Leben im dunklen und kalten Winter und garantiert die Wiederkehr des Lichts. Es ist das Symbol für den noch nicht als Erlöser erkannten Knaben. Ein helles Rot soll an das Blut erinnern, das vergossen wurde, um die Welt zu erlösen. Rot im Grün ist ein Hinweis auf den Tod in der Geburt, denn beides wird als Einheit angesehen.

Aus einigen Gegenden ist darüber hinaus überliefert, dass in vorchristlicher Zeit die vertrockneten Eichenkränze des Sommers ins Feuer geworfen wurden. Dabei wurden im übertragenen Sinne das alte Jahr verbrannt und aus der Asche stieg ein neues.

Wenn die Ahnen auch kein Sonnenkind kannten, das zur Wintersonnenwende geboren wurde[5], huldigte man doch *Sunna / Sol*, der Sonne, als Lichtbringerin, wie zahlreiche Feuerriten belegen. In gleicher Weise wurden *Wodan / Odin* als Tod und gleichzeitig Leben bringender wilder Reiter sowie *Frigg / Frigga* als Beschützerin verehrt.

---

[5] In Anlehnung an die Tradition der Wicca gebiert *Frigga* zu Yule den Lichtgott *Baldur* (oder als *Nerthus / Tanfana* den Vegetationsgott *Freyr*). Eine Überlieferung dazu existiert jedoch nicht. Ebenfalls gibt es Deutungen vom sterbenden *Baldur* und *Ragnarök* als sich zyklisch wiederholendem „Weltuntergang" (Winter). Allerdings wird Ragnarök mit Schlimmerem assoziiert als einer alljährlich wiederkehrenden Kälteperiode. Vielleicht ist aber auch das Ende der Welt, wie die Ahnen sie kannten, tatsächlich schon vorbei und nicht ganz so plötzlich gekommen, wie man es sich vorgestellt hat, sondern langsam, mit Missionaren und Kirchen, denen zuletzt der große graue *Fenriswolf* (die abgestumpfte, lebensverneinende und streng dogmatische Uniformität) folgte, um auch noch den Rest zu verschlingen.

Während *Odin* als *Jølnir* (Herr des Julfestes / der eingebrachten Ernte und des Todes) darüber wachte, daß sich das Jahresrad nach dem Stillstand weiterdrehte, verkörperte *Frigg* die Erde, in der die Keimlinge dem Frühling entgegen schliefen. Neben Frigga wurde insbesondere der Vanengott *Freyr* um Fruchtbarkeit für das neue Jahr ersucht. Freyr war der Gott der Fülle und der Jagd. Sein heiliges Tier, der wilde Eber, nahm als *Juleber* einen wichtigen Platz bei den Feierlichkeiten ein.

Auch *Thor*, der in diesen Tagen seine Schlacht gegen die Eisriesen schlug, während der Kampfeslärm in den Wintergewittern hallte, wurde bedacht. Je eher er siegreich aus der Schlacht hervorging, desto schneller konnte der Frühling kommen. Die Ahnin in Form von *Holda* oder *Hel*, die Herrin der Wilden Jagd, verband die Welt der Sterblichen mit der Unterwelt. Ihr zu Ehren schmückte man die Brunnen mit Immergrün und bunten Bändern.

Vor allem Feuer in Form von Licht und Wärme war in der Zeit vor und um Yule von essentieller Bedeutung. Im Haus brannten die Lichter, draußen die hohen Feuer. Man verehrte das Herd- oder Kaminfeuer, *Ingwi-Agni*, das niemals ausgehen durfte. Zur Wintersonnenwende allerdings wurde es gelöscht und mit der Glut des *Julblocks* oder *Julfeuers* neu entzündet. Erlosch das neu entfachte Feuer im Lauf der Nacht, deutete man dies als böses Omen. Weit verbreitet war der Brauch, zur Mittwinternacht Sonnenräder aus Holz und Stroh zu entzünden, die über Hügel und Hänge ins Tal gerollt wurden. Wo sie den Boden berührten, so glaubte man, wurden die Felder fruchtbar. An den Flammen der Sonnenräder entzündete man den *Julblock*, einen Eichenstumpf, der für die Zeit der Sonnenwende brannte und anschließend zur Fruchtbarkeit der Erde verstreut oder vergraben wurde. Er war die Bitte für eine gute Ernte und galt zudem als zuverlässiges Mittel gegen Krankheiten.

In dieser kalten und entbehrungsreichen Zeit kannte man allerlei Gabenbringer, die Kälte und Hunger erträglich machten und die Dunkelheit mit kleinen Geschenken einen Augenblick lang vergessen ließen. Als *Wintermann* oder *Frost,* manchmal *Herr Frost* oder *Herr Winter,* kennt man im Norden eine in Häute und Felle gekleidete Gestalt, die aus den Bergen hinabsteigt, um den Winter anzukündigen und die Wildtiere auf tiefer gelegene, schneefreie Flächen zu führen. Manchmal fährt er auf einem von Rentieren gezogenen Schlitten und verteilt Nüsse unter den Hungernden. Auch soll er eine Rute bei sich tragen, mit der er in der kargen Jahreszeit die Fruchtbarkeit der Natur erhält[6].

---

[6] Diese Figur hat vermutlich einen historischen Hintergrund, denn während die kräuterkundigen Frauen, die Heilerinnen und Hebammen, bei der Sippe blieben, reisten die Heiler und Priester im Winter durch die Dörfer, schlichteten Streit, verteilten Kräuter, heilten Kranke, überbrachten Nachrichten und sprachen hin und wieder auch Recht. Mit der Rute schlugen sie negative Energien in die Flucht. Ihr Wirken ist zu einem nicht unerheblichen Teil in die Legende mit eingeflossen.

Wenngleich jede Verbindung zu Thor oder Odin inzwischen bestritten wird, erschien auch der Allvater als Mann mit langem weißem Bart und Haar. Gekleidet in einen warmen blauen Mantel zog er über das Land und nahm Anteil am Schicksal der Menschen. Bei sich trug er die Lebensrute und einen Sack mit Gaben. Thor wiederum reiste auf seinem von Ziegenböcken gezogenen Wagen durch die Lüfte.

Väterchen Frost, oder *Ded Moros*, eine russische Märchenfigur, ähnelt dem Weihnachtsmann ebenso wie dem Wintermann. Gekleidet in Blau und Weiß, manchmal Eisgrau, den Farben der Kälte, gilt er als die Personifikation des Winters. Sein langer weißer Bart ist von Eiskristallen durchsetzt. Väterchen Frost ist ein mächtiger Zauberer, der über die kalte Zeit gebietet. Sein magisches Zepter lässt alles gefrieren, was die Spitze berührt. Stampft er damit auf die Erde, kann man den Frost regelrecht klirren hören. Auf einer Troika, einem von drei Pferden gezogenen Schlitten, fährt er über das Land, begleitet von seiner Enkelin *Snegurotschka* (Schneemädchen). Inzwischen hat Ded Moros viele Aufgaben des Weihnachtsmannes übernommen und gilt als dessen osteuropäische Variante. Anders als der Weihnachtsmann beschenkt er die Kinder allerdings erst in der Neujahrsnacht.

In seinen Ursprüngen soll Väterchen Frost ein Gott der Winterkälte gewesen sein, der Herr über Eis und Schnee. Sein eisiger Atem legte sich im Winter über das Land und ließ alles vor Kälte erstarren. Von November bis März war seine Macht so stark, dass sogar die Sonne ihn fürchtete. Er galt als überaus launisch und war dementsprechend gefürchtet.

Auch der moderne *Weihnachtsmann* ist im Grunde genommen kein neuzeitliches Konstrukt, keine Kunstfigur, die zum Konsum anregen soll, sondern vereint in sich christliche und vorchristliche Vorstellungen: Mit den Skandinaviern kam der *Nisse* in die USA, ein Kobold, dem an Jul ein Teller mit Brei hingestellt wurde. Der Nisse wohnte in Häusern mit einem Herd oder einer Feuerstelle. Als Hauskobold hing das Glück des Hauses von ihm ab, es stand und fiel mit der Art und Weise, wie die Bewohner den Nisse behandelten. Es wird angenommen, dass der Nisse sich aus der Ahnenverehrung heraus entwickelte, zu einer Zeit, in der man die Toten bei der Feuerstelle begrub. Er besteht aus der Essenz der Vorfahren und ist der Urahn, ein Hausgeist, der über Haus und Hof wacht.

Prägender als der Nisse war die Legende des heiligen *St. Nikolaus*, die mit europäischen Einwanderern in die Vereinigten Staaten gelangte, so dass man den Weihnachtsmann durchaus als einen Nachfolger des Nikolaus, vor allem des holländischen *Sinterklaas* bezeichnen kann. Die Wandlung vom enthaltsamen Kirchenmann Nikolaus hin zum beschaulichen, beleibten Weihnachtsmann erfolgte im Nordamerika des 19. Jahrhunderts.

Maßgeblich daran beteiligt ist das um 1823 veröffentlichte Gedicht *The night before christmas /A visit from St. Nicholas* (Clement Clarke Moore / Major Henry Livingston junior), in dem bereits der Rentierschlitten erwähnt wird. Illustrationen zu diesem Gedicht zeigen überdies einen beleibten Weihnachtsmann im roten Anzug. Hoffmann von Fallersleben erwähnt ihn 1835 in seinem Lied *Morgen kommt der Weihnachtsmann*.

Den Wohnort am Nordpol sowie das Verzeichnis artiger und unartiger Kinder erhielt er vom deutschstämmigen Thomas Nast, der 1862 die ersten Santa Claus-Karikaturen veröffentlichte, die auf dem pfälzischen *Belznickel* oder *Belzermärtl* basierten[7]. Den Weihnachtsmann wie man ihn heute kennt, malte neben Schwind und Nast vor allem Norman Rockwell um 1920.

Die bekannte Werbekampagne eines New Yorker Getränkeherstellers – nicht Coca Cola, sondern White Rock Beverages - übernahm 1923 zahlreiche Elemente und kreierte den heute überall bekannten Weihnachtsmann für sein Dry Ginger Ale. Haddon Sundblom schuf 1931 schlussendlich für Coca Cola die berühmte und beliebte Werbefigur, deren Farben praktischerweise den konzerneigenen Farben entsprachen. Seit den 50er Jahren des vergangenen Jahrhunderts prägte das Bild aus der Werbung das Image des Weihnachtsmannes wie kein anderes, so dass sich hartnäckig das Gerücht hält, der Weihnachtsmann sei eine Erfindung von Coca Cola.

Seitdem verdrängt der rotgewandete, rauschbärtige *Father Christmas*, *Santa Clause* oder *Père Noél* zuseherds die tracitionellen Gabenbringer. Zwar umgeben ihn noch Begleiter aus der Welt der Elfen und Feen, doch es fehlt der Bezug zu den alten Göttern und Geistern. Aus den Überbleibseln vorchristlicher Zeit, den mysteriösen und unheimlichen Gestalten der Wilden Jagd, den Land-, Herd- und Ahngeistern, sind im Lauf der Zeit die spielzeugbauenden Weihnachtselfen oder der *Julenisse* geworden.

Das *Christkind* wurde im Zuge der Reformation als *Heiliger Christ* von Martin Luther als Antwort auf den Heiligen Nikolaus erfunden, da die Protestanten die katholische Heiligenverehrung ablehnten. Gleichzeitig verlegte man den Feiertag auf den 24. Dezember. Vom personifizierten Jesuskind ist das engelsgleiche und in der Regel weibliche Christkind inzwischen weit entfernt. Vielfach führt es beim Krippenspiel eine Engelsschar an. Das Christkind tritt heute überwiegend in katholisch geprägten Regionen auf, wird aber immer häufiger vom Weihnachtsmann ersetzt.

---

[7] Der *Pelzmärtl / Belzermärtl*, auch *Nussmärtl*, soll im Zuge der Reformation als Ersatz für den heiligen St. Nikolaus entstanden sein. Der Sage nach bringt er entweder am 11. November (Martinstag) oder am 6. Dezember (Nikolaustag) den braven Kindern Obst und Nüsse, den unartigen eine Rute. Als Ursprung der Legende werden vorchristlichen Gestalten und Wintergeister wie der Wintermann (Herr Winter) oder gar Odin selbst vermutet.

Aus dem hohen Norden stammen die rituellen Opfertiere wie der *Julbock*, ein Schaf- oder Ziegenbock, der gemästet wurde, um ihn den Göttern *Odin* und *Thor* zu opfern. Mit der Zeit wurde aus dem lebendigen Tier ein aus Holz und Stroh gefertigter und mit Geschenken beladener Ziegenbock (in Anlehnung an die beiden Ziegenböcke *Tangnjostr* und *Tangrisnir*, die Thors Wagen zogen). Noch heute bringt der Julbock in Finnland und Schweden an Weihnachten den Kindern ihre Geschenke. Die deutsche Entsprechung findet sich in der *Habergeiß* oder dem *Klapperbock*.

Der *Juleber*, auf den gemeinhin das Julgelübde abgelegt wurde (oder das Versprechen wenigstens einer guten Tat im neuen Jahr), ist eng mit *Gullinborsti* (Goldborste) verbunden, dem Reiteber des Vanengottes *Freyr*. In Nordeuropa, besonders bei den Kelten, galt das Schwein als heiliges Tier, dem vor allem Eigenschaften wie Fruchtbarkeit und Angriffslust zugesprochen wurden. Daneben stand es stellvertretend für Geselligkeit, Gastfreundschaft und Festessen. Zur Wintersonnenwende opferte man den Göttern ein Schwein, das Gullinborsti darstellte, um sich Glück, Fruchtbarkeit und Wohlstand für das kommende Jahr zu sichern.

Während des Mahles schwor man auf den Juleber die *Jølaheiti* (Juleide, meist militärische Bündnisse) und trank zur Bekräftigung den *Julbecher* (auch *Bragarfull* oder *Bragibecher*, nach *Bragi*, dem Gott des Gesanges und der Poesie). Später wurden schweineähnliche Brote gebacken, die das Tieropfer ersetzten und ebenfalls *Juleber* genannt wurden. Als Glücksschwein aus Brotteig, Schokolade oder Marzipan hat sich der *Juleber* an Sylvester bis in die heutige Zeit erhalten.

Überhaupt gab es an *Yule* reichlich zu essen und zu trinken. Es wurde geschlachtet, gebacken und gebraut. Auch die Tiere bekamen Extraportionen. Da *Odin* nun auf seinem Schimmel Sleipnir über das Land reiste, wurden außerhalb des Hauses Opfergaben bereitgestellt, an denen sich Ross und Reiter auf ihrem Weg laben konnten. *Frigg / Holda* und *Freyr* stellte man Speisen auf den Altar, wie zum Beispiel alle Sorten von Kuchen, Brot und Gebäck, Schweinefleisch oder Erbsen. Im Anschluß an die Feierlichkeiten wurden alle Reste sowie die letzte Garbe entweder in der Erde vergraben oder an die Tiere verfüttert. Überdies streute man den Tieren in Wald und Feld Futter aus. Aus der schottischen Tradition stammt die *Corn Maiden*, eine aus den letzten Garben der Kornernte gebundene Strohpuppe, die zum Mittwinterfest an die Tiere verfüttert wird.

Es gab zahlreiche Rituale, mit denen man sich der Ergiebigkeit der Erde versicherte. Über Obstbäume wurde der Baumsegen gesprochen, damit sie auch im nächsten Jahr wieder eine reiche Ernte brachten. Da man annahm, dass auch die Bäume den Winter über nur ruhten, wurde vorsichtig an den Stamm geklopft, um der schlafenden Wesenheit mitzuteilen, dass die Sonne neu geboren war.

Dann wurde der noch kahle Baum gesegnet und ein Opfer zurückgelassen, das in der Regel aus Korn oder Gebildbrot bestand, welches man mit Hilfe der Elemente den Göttern übergab. Andernorts schlug man den Baumstamm leicht mit einer Lebensrute. Einige unterscheiden dabei deutlich die *Klopfesnächtle*, mit denen in der Vorjulzeit das Treiben und Rumoren Andersweltlicher überlagert werden sollte, vom Fruchtbarkeit bringenden Brauchtum der Nachjulzeit wie dem Schlag mit der Lebensrute oder dem „Wecken der Bäume".

Aus England stammt der Baumsegen *Wassail*, ein Wort, das aus dem Sächsischen kommt und sich eigentlich aus zwei Wörtern zusammensetzt: *Waes hael* (sei ganz / gesund) war ursprünglich ein Abschiedsgruß, der später zu einem Trinkspruch wurde, auf den man *Drink hael* (trinke gute Gesundheit) erwiderte. Ins Deutsche übersetzt wird *Wassail* oftmals mit *Gelage*, was nicht ganz richtig ist, da es eigentlich einen Toast (*to drink to the health of*) bezeichnet. *Wassail* bezeichnet ebenfalls das Getränk, mit dem dieser Trinkspruch ausgesprochen wird. In der Regel ist es heute heißer Apfelwein oder Apfelsaft. Man hängte außerdem in Apfelwein getränkte Brote in die Astgabeln von Obstbäumen (in der Regel Apfelbäume), um für eine gute Ernte zu bitten.

Auf Bächen und Flüssen wurden Kerzenschiffchen ausgesetzt, um allen, denen sie auf ihrem Weg begegneten, die Wiedergeburt der Sonne zu verkünden. Erwähnenswert ist sicherlich auch der *Julafrid* (Julfriede), eine Zeit, in der Streitigkeiten, Fehden und Kämpfe vorübergehend ein Ende fanden.

Neben all diesen eher feierlichen Bräuchen war *Middewinter* eine Zeit außerhalb des „Normalen", mit der bis in den Mai hinein allerlei Traditionen der Winteraustreibung begannen. Ähnlich wie die römischen *Saturnalien* nahmen die Feierlichkeiten dabei häufig karnevalsähnliche Ausmaße an. Man setzt sie daher den *Kalendenfeiern* gleich.

Im Norden zogen junge Männer verkleidet durch die Dörfer. Diese Verkleidungen stellten vor allem die Geister der Ahnen dar, deren Segen man sich für den kommenden Sommer erbat. Daneben kennt man die *Tierverwandlung*, die sich zum Beispiel in den *Perchtenläufen* wiederfindet. Rituale wie die Tierverwandlung dienten nicht nur dazu, die Konventionen hinter sich zu lassen, sondern gehen vermutlich auf schamanische Mittwinter-Riten zurück, mit denen Unglück abgehalten und den Seelen eine Wiedergeburt ermöglicht werden sollte. Menschen kleideten sich in Tierhäute, setzten Masken auf und aßen das Fleisch rituell getöteter Tiere, um sich auch im kommenden Jahr reicher Erträge zu vergewissern.

Lärmende Umzüge und Masken, sowie Verkleidungen und Schabernack haben sich bis in die heutige Zeit in vieler Bräuchen erhalten, wenngleich ihre ursprüngliche Bedeutung sich durch den christlichen Einfluss deutlich gewandelt hat.

📖 **Wissenswert**: Bis ins Mittelalter hinein wurde auch Weihnachten öffentlich gefeiert, mit Märkten, Prozessionen und Krippenspielen auf den Straßen und in der Kirche. Nachdem die Feiern während der Aufklärung als Aberglaube vielerorts verboten wurden, wandelte sich Weihnachten allmählich zum Familienfest, das innerhalb der eigenen vier Wände stattfand.

Eine andere Vorstellung, die zwischen Yule und Ostara häufig thematisiert wird, ist der *Kampf der Könige*: Der *Holly King* (Stechpalmenkönig) und sein Alter Ego, der *Oak King* (Eichenkönig), kämpfen jeweils zur Sonnenwende um die Vorherrschaft. Während der Eichenkönig zur Wintersonnenwende gewinnt, muß er sein Königreich nach der Sommersonnenwende an den König der kalten Jahreszeit abtreten. In der Artussage kann das Duell zwischen *Gawain* und dem Grünen Ritter als ritueller Streit um die Frühlingsgöttin gedeutet werden. Gemeinhin macht der Kampf der Könige jedoch während der Tagundnachtgleichen, wenn je nach Jahreszeit Licht oder Dunkelheit zunimmt, am meisten Sinn.

Einige gehen heute jedoch davon aus, daß während des Julfestes nicht die Sonne, sondern der Mond im Vordergrund stand, eine Theorie, die von den *Raunächten* gestützt wird. Für sie ist Yule ein Mondfest, bei dem am Ende der Raunächte der wiedergeborene Mond das schlafende Leben weckt. Der Vollmond nach dem Fest wird übrigens als der kraftvollste des ganzen Jahres angesehen.

Mit dem Herbst senkte sich die große Dunkelheit auf die Welt, die in diesen Tagen ihren Höhepunkt erreichte. Gemäß der Überzeugung, dass alles aus dem Dunkel heraus geboren wurde und die Nacht den Tag ermöglichte, sah man auch den Winter als Ursprung des Sommers, eine Zeit der Ruhe, in der die Natur sich erholte, um wieder reiche Früchte tragen zu können. Daher sollte auch der Dunkelheit, als Zeit der Stille und der Regeneration, gebührender Respekt gezollt werden.

Das Julfest vereint in sich Sonnenzauber, Mondzauber, Totenverehrung und Fruchtbarkeitsriten. Es war ein Fest der Hoffnung, der wiedergeborenen Sonne, aber auch gleichzeitig ein Fest für das Dunkel, ein Fest der Toten, der Ahnen und der Geister. Daneben war die gesamte Julzeit geprägt von Fruchtbarkeitsmagie, denn im Volksglauben gebieten die Toten über die Fruchtbarkeit.

Wie zu *Samhain* wurde den Ahnen ein Platz an der Tafel freigehalten. Häufig gab es einen Ahnentisch, der über Tage hinweg gedeckt war und unberührt blieb. Speisen wurden an Gräbern, Opferstellen und bei Steinsetzungen abgestellt und Gebildbrot geopfert. Weihnachtsplätzchen und Christstollen sollen ein Überbleibsel dieses Brauchtums sein.

Darüber hinaus gibt es noch heute in der dunklen Jahreszeit überall auf der Welt den Brauch eines Gedächtnistrunkes zu Ehren der Verstorbenen.

Spukgestalten wie der *Nisse*, die *Percht* oder *La Befana* werden als Ahngeister (kollektive Großmütter und Großväter) gedeutet, die ihre Bande zu den Lebenden durch kleine Gaben festigen.

Im Christentum wurde der 21. Dezember als „Nacht des Unglaubens" dem Apostel Thomas gewidmet, der erst dann an die Auferstehung glaubte, als er die Wunden berühren durfte. Als *Thomastag* oder *Langer Abend* behielt die Wintersonnenwence ihre besondere Stellung im Jahreskreis bei.

Das Julfest

Bezeichnungen: Wintersonnenwende, Mean Geamhradh, Alban Arthuan, Yule, Jul, Julfest, Mittwinter, Middewinter, Sønarblót, Jølablót, Vetrarsólstöðublót, Miðsvetrarblót, christliches Weihnachten, Thomastag, Winterfinding

Symbole und Deko: Tannenzweige, Stechpalmenzweige, Misteln, Immergrün, Sterne, Kränze, Sonnensymbole, das Rad mit den acht Speichen (Jahresrad), Feuer, Kerzen

Farben: Rot, Grün, Gelb oder Gold

Bräuche und Rituale: Wintermaien, Jul-Eide (gute Vorsätze), Julfeuer, Lichtrituale, Kerzenzauber, Wassail-Segen, Räuchern, Ahnenverehrung, Masken, Tierverwandlung

Datum und Schwellenzeit: 21. Dezember / Mitternacht

Räucherwerk und ätherische Öle: Tanne, Zeder, Zimt, Rosmarin, Wacholder

Geweihte Speisen: (Wild-)Schwein, Ziegenfleisch, Nüsse, Gebildgebäck, Äpfel, Punsch, Wein

Götter und Göttinnen: Cernunnos, Odin, Taranis, Baldur, Belenus, Freyr, Frigga, Cailleach, Hel / Holda, Lucina, Sunra, Grainne, Sulis

Yule-Weihrauch: 2 Teile Weihrauch, je 1 Teil Mastix, Wacholder und Tannennadeln

📖 **Wissenswert:** Weihrauch wirkt nicht nur äußerlich desinfizierend, sondern auch innerlich entzündungshemmend und wird zur Behandlung von Darmentzündungen, Gelenkleiden und auch Krebs empfohlen. Im Gegensatz zum häufig verwendeten *Kortison* ist Weihrauch häufig wirksamer und greift die Knochensubstanz nicht an.

Bräuche zu Yule

Häufig werden um den 4. Dezember Zweige herum von Obstbäumen (oder Flieder) geschnitten und bis Yule in Wasser oder feuchte Erde gestellt, damit sie zum Julfest blühen. In der *Modraneht* stellt man eine Kerze auf und bietet den Göttern in verschiedenen Ritualen Trank- oder Speiseopfer an. Kurz vor dem Fest werden immergrüne Zweige geschnitten oder gebunden, aufgehängt und geschmückt. Kränze verziert man mit Äpfeln, Zimtstangen, getrockneten Orangenscheiben, Kräutern, Nüssen und farbigen Bändern. Immergrüne Pflanzen bedeuten Unsterblichkeit, bei dem Kranz handelt es sich um Ring(Ewigkeits-)Magie.

Zum Fest werden die Rahmen der Haustür mit Tannenzweigen, Stechpalmenzweigen und Misteln geschmück,t oder aus Stroh und einigen Ästen ein Sonnenrad gebunden. Alternativ einen lebenden Baum mit Strohsternen, Zimtstangen, Orangenscheiben, Kerzen, Bändern und Äpfeln schmücken. Man dekoriert mit Sonnensymbolen, Kerzen, Nüssen, Kränzen sowie Bändern. Die beherrschenden Farben sind ein helles Gold oder Gelb (Sonne), Rot (Wärme und Feuer) und Grün (Lebenskraft und Unsterblichkeit). Viele weiße, rote und grüne Kerzen gehören nicht nur untrennbar zum Fest, sie verbreiten gleichzeitig eine feierliche Atmosphäre.

Den Altar (sofern vorhanden) schmückt man mit Eichenlaub, Misteln, Rosmarin, Äpfeln, Nüssen, getrockneten Blumen, Kräutern und Strohschmuck. Viele bewahren zudem die Kränze, Garben oder einige Getreidekörner des Vorjahres auf. Da Yule dem Norden und der Erde zugeordnet ist, können auch Steine auf dem Altar oder in der Wohnung verteilt werdem. An Räucherwerk passen alle schweren, erdigen Düfte, wie zum Beispiel Pinie, Zeder oder Patchouli.

Um den Übergang vom Sterben zum Leben zu symbolisieren, werden viele Kerzen entzündet, im Verlauf eines kleinen Rituals gelöscht und gleich darauf erneut angezündet. Wo es möglich ist, ohne ganze Siedlungen zu gefährden, kann man Strohräder entzünden und einen Hügel hinabrollen – sofern die nötigen Vorbereitungen getroffen wurden und es das eigene Land ist.

Traditionelle Speisen zu Yule sind heute überwiegend Schwein oder Wildschwein (inklusive Bleivergiftung), Geflügel und Gewürzgebäck. Alle Speisen sollten sonnen- oder sternförmig sein. Beliebte Getränke sind Glühwein, Punsch und Früchtetee.

Ritualvorschlag

- Den Ort energetisch reinigen.
- Das Ritual im Freien abhalten (um Kälte und Dunkelheit bewusst wahrzunehmen), mit warmem Umtrunk und / oder warmen Kleinigkeiten wie Stockbrot oder Muffins.
- Den Kreis aus Kerzen formen, diese nach und nach entzünden. Alternativ auf einem Ring aus Steinen ein Sonnenrad aus Holz und Stroh entfachen. Geister oder Götter einladen.
- Alle Kerzen löschen, dann - sofern vorhanden - mit ein wenig Glut des Sonnenrades, etwas Stroh und den Resten des alten Klotzes im

Ofen einen neuen Julscheit entzünden. Symbolisch ist diese erste kleine Flamme das neue Licht, das gestärkt werden muß.

- Brennt der Scheit, die Kerzen wieder anzünden, um das schwache Flämmchen zu verstärken. Das Feuer im Ofen brennt nun über Nacht bis auf einen kleinen Rest ab, der genügt, um im nächsten Jahr das neue Feuer zu entzünden. Wer keinen Ofen hat, kann in einer Laterne eine Kerze brennen lassen.
- Nach dem Ritual Geister und Götter verabschieden, den Kreis öffnen.
- Gemeinsames Mahl mit Gebildbrot, Früchtetee, Punsch oder Met.

Die besten Yule-Rezepte

Gebildbrot und Sinngebäck

Gebildbrote und Sinngebäck sind so alt wie die Feiern der Menschheit. Es wird geflochten, geknotet, zu Figuren, Spiralen, Ähren oder Rädern geformt, um eine Beziehung zum Grund des Feierns herzustellen. Yulegebäck sollte daher rund oder sternförmig sein. Auch Runen oder Sonnenräder sind als Form überliefert. In der christlichen Tradition ist Gebildbrot häufig aus Salzteig und nicht zum Verzehr gedacht. Im Heidentum wird es vielfach geopfert, daher sollte es weder giftige Substanzen enthalten noch im Übermaß hergestellt werden. Tiere können ein wenig Brot vertragen, sollten aber nicht zuviel bekommen. Vögel wiederum vertragen kein Salz.

Ein typisches Getränk kennt man als *Lammwolle* oder *Schafswolle*. Dieses heiße, gewürzte Bier war im Mittelalter sehr beliebt und wurde benannt nach dem aufgetriebenen weißen Fleisch der Bratäpfel, das wie Wolle auf der Flüssigkeit trieb.

Lambs Wool:

4 Äpfel (geschält und ausgestochen)	2,3 L dunkles Bier oder Cidre
1 Zimtstange	2 – 4 El brauner Zucker
½ Tl Ingwer	1 Tl Muskatnuß (gerieben)
5 Gewürznelken	

Den Ofen auf 200 °C vorheizen. Die Äpfel in eine feuerfeste Form geben, etwas Bier oder Apfelwein angießen und schmoren lassen, bis das Fruchtfleisch leicht „wollig" wird. In der Zwischenzeit die anderen Zutaten erhitzen und am Siedepunkt ziehen lassen. Danach durch ein Tuch passieren und in einen großen Topf oder ein Bowlegefäß umfüllen. Noch heiß in Gläser füllen und mit einer Apfelscheibe servieren.

Lebkuchen

Je 300 g Honig und Zucker	ca. 600 g Mehl
200 g gemahlene Haselnüsse	25 g gehacktes Zitronat
15 g gehacktes Orangeat	1 Tl Zimt (gemahlen)
½ Tl Nelken (gemahlen)	2 Eier

je 1 Msp. Kardamom, Koriander, Ingwer, Muskat

2 cl Kirschwasser, darin 10 g Pottasche auflösen

Den Honig leicht erwärmen, dann die Eier mit dem Zucker schaumig rühren und den Honig langsam dazugeben. Nach und nach bis auf das Mehl die anderen Zutaten unterrühren, dann soviel Mehl hinzugeben, bis ein dicker Teig entsteht. Diesen gut durcharbeiten, zu einer Kugel formen und in Folie eine Stunde lang im Kühlschrank ruhen lassen.

Danach den Teig auf einer bemehlten Fläche einen halben Zentimeter dick ausrollen und ausstechen. Die Lebkuchen auf ein gefettetes Blech geben, ein Eigelb mit etwas Wasser verrühren und sie damit bestreichen. Im Ofen bei 180°C ca. 20 min backen. Fertige Lebkuchen können mit Schokolade überzogen werden.

Als Snack zwischendurch oder zur Verfeinerung von Saucen bieten sich **süße und pikante Nüsse** in allen Variationen an. Für süße Nüsse (jeweils 250 g) 300 g Zucker, ½ Tl Zimt, etwas Piment und Nelkenpulver, sowie 2 El Wasser in einer Pfanne erhitzen. Warten, bis der Zucker leicht zu karamellisieren beginnt, dann unter Rühren die Nüsse zugeben und mit der Masse überziehen.

Aus der Pfanne nehmen, auf ein mit Papier ausgelegtes Backblech legen und mit zwei Gabeln auseinander ziehen. Schokonüsse und Schokomandeln ist schnell hergestellt, indem man Vollmilchkuvertüre zerlässt, mit etwas Ingwer, Pfeffer oder Lebkuchengewürz verrührt und die Nüsse oder Mandeln darin wendet.

Für pikante Nüsse 25 g Butter in einer Pfanne zerlassen, 1 Tl Curry, etwas Koriander und Paprika oder Cayennepfeffer zugeben und kurz anschwitzen. Danach die Nüsse zugeben und einige Male durchschwenken. Die Nüsse dann auf ein mit Papier ausgelegtes Blech geben und im Ofen bei 170°C ca. eine halbe Stunde lang garen. Während des Backens mehrmals durchrühren, herausnehmen, in eine Schüssel geben und leicht salzen.

Tipp: Wer mag, kann beim Anschwitzen etwas Honig mit in die Pfanne geben.

Die Rauhnächte

Der Wintersonnenwende folgen[8] die zwölf *Rauhnächte*, in denen die *Wilde Jagd* vermehrt über die Erde fegt und alles mit sich nimmt, was das einsetzende Wachstum behindern könnte – dabei aber gleichzeitig die neue Saat in der Welt verteilt. Man nannte dieses Treiben des Geisterheeres auch *Aaskereia* (*Asgardreida*), der *Zug nach Asgard*, was an die keltischen Umzüge der Feen zu Beltane und Samhain erinnert.

Zusammen mit der *Wilden Jagd*, dem Ahnenheer (auch *Jølareidi*), reißt *Odin* zwischen November und Januar von morschen Ästen bis zu losen Ziegeln das mit sich, was keinen Bestand mehr hat, bringt aber gleichzeitig der Erde neue Fülle, indem der Sturmwind die Samen verteilt. In der Hand trägt er eine Rute, die allerdings kein Mittel zur Züchtigung darstellt, sondern meistens als Lebenszweig oder Zauberstab gedeutet wird. Ein Klaps mit der Rute verspricht, den Winter zu überleben und darüber hinaus Schutz und Gesundheit für das kommende Jahr. Der Legende nach soll es eine mit Runen verzierte Haselgerte sein, welche Ahnen und Unterwelt mit Fruchtbarkeit verbindet. Alles, was sie streift, wird ertragreich und mit Energie des Baumes erfüllt, aus dem sie gemacht wurde.

Daneben tritt die Wilde Jagd gegen die Eisriesen an, die grimmigen *Hrimthursen*, uralte Kräfte des Todes, der Zerstörung und des Chaos, entsprungen ewiger Dunkelheit und immerwährender Kälte. Solange die Eisriesen nicht vertrieben waren, konnte der Frühling nicht Einzug halten und die Erde nicht aus ihrem weißen Schlaf erwachen.

Im Volksglauben kennt man die Wilde Jagd oft auch als das *Wilde* oder *Wütende Heer*, das in den Tagen zwischen der Wintersonnenwende und dem ausklingenden Winter (Fasnacht) durch die Lüfte braust. Es soll sich vor allem aus den Seelen derer zusammensetzen, die eines vorzeitigen und gewaltsamen Todes gestorben sind. Auch die Einherjar, Angehörige des Kleinen Volkes und Tiere, vornehmlich Pferde und Hunde, ziehen mit.

Gemeinhin kündigt sich die Gesellschaft durch Glockengeläut, Wiehern, Jaulen oder Heulen an und gilt in der christlichen Tradition als schlechtes Omen. Liebliche Musik und Gesang wiederum versprachen eine reiche Ernte. Obgleich das Wilde Heer den Menschen gegenüber nicht feindlich gesinnt war, tat der Wanderer, der ihm unvermutet begegnete, doch gut daran, den Blick abzuwenden, denn die Sage spricht davon, dass Menschen, die den Zug erblicken, mitgezogen werden und bis zu ihrer Befreiung mit dem Wilden Heer umherziehen müssen. Aus diesem Grund soll auch ein Vorreiter (Warner) dem Zug vorauseilen. Man nennt ihn *Schimmelreiter* oder *Türst*, manchmal *Eckhard*. Die Schwaben kennen ihn als weißgekleideten *Berchtold*, der auf einem weißen Pferd und von weißen Hunden begleitet, die wilde Jagd ankündigt.

---

[8] Setzt man den Termin für das Julfest im Januar an, gehen sie ihm voraus.

In jüngeren Erzählungen setzt der Wilde Jäger einer mystischen, feenhaften Waldfrau nach, der *Skogsrå* (Schweden), *Huldra* (Norwegen), oder dem *Holzfräulein* (Alpenraum), was häufig als Konflikt zwischen einer europäischen Ur-Religion der Großen Mutter und den jüngeren Kriegsgöttern gedeutet wird, vergleichbar mit dem Krieg der *Asen* und *Vanen*. Sofern sie nicht auf einen Baumstamm mit drei eingeritzten Kreuzen entkommt, droht der Waldfrau ein furchtbarer Tod.

Manche unterscheiden zwischen der Wilden Jagd als dem (Geister-)Zug der unerlösten Seelen und dem Wilden Heer, Menschen in Verkleidung und Masken, die in den Rauhnächten umherzogen, um die Winterunholde zu vertreiben. Da es meistens junge Männer waren, die verkleidet durch die Straßen zogen, gilt das Wilde Heer ebenfalls als Initiationsritus vorchristlicher Gemeinschaften. Der Brauch soll sich in der Tradition der Perchtenumzüge bis in die heutige Zeit erhalten haben.

📖 **Wissenswert**: Für die Bezeichnung *Rauhnächte* existieren gleich mehrere Deutungsansätze, wie zum Beispiel das Räuchern (Rauchnächte) in Form einer Segnung mit reinigendem Rauch, oder das Wort Raunen, von *run* (Geheimnis). Als sehr wahrscheinlich wird *ruh* als Synonym für haarig / wild in Betracht gezogen und verweist auf die behaarten Gestalten, die in diesen Nächten ihr Unwesen treiben.

Die Rauhnächte umfassen zwölf schicksalhafte Nächte voller Magie, in denen der Schleier zwischen den Welten dünn wird, die Berge und Hügel sich öffnen und die Geisterwelt näher an die Welt der Sterblichen rückt. Botschaften aus beiden Welten erreichen ihr Ziel einfacher als zu anderen Zeiten. Nicht zuletzt deswegen haben *die Zwölften* eine wichtige Bedeutung als Orakel und Schicksalsverkünder, denn jede Nacht symbolisiert einen Monat des kommenden Jahres. Was man in dieser Nacht träumt, soll im jeweiligen Monat in Erfüllung gehen.

Astronomisch gesehen „trennen" die Rauhnächte das Mondjahr mit seinen rund 354 Tagen vom Sonnenjahr mit 365 Tagen. Einst glaubte man, in diesen zwölf Nächten stünde das Rad der Zeit still, um der Erde eine Atempause zu ermöglichen und begänne anschließend mit einer neuen Umdrehung. Diese Tage außerhalb der Zeitrechnung wurden als mystisch angesehen und waren voller Geheimnisse. Während das Geisterreich offen stand, verloren selbst die Naturgesetze ihre Gültigkeit.

Die Rauhnächte galten zudem als *Losnächte*, in denen mit dem Werfen der Runen (*Lose*) ein Blick in die Zukunft geworfen wurde (daneben bedeutet *Los* auch „Schicksal" oder „Lauschen"). Eingeweihte hielten Zwiesprache mit Göttern und Geistern, deuteten Träume und verbreiteten am flackernden Feuer die alten Legenden.

Bekannter sind die Rauhnächte als eine zeitlose *Zeit zwischen den Jahren*, die eine ganz besondere Atmosphäre birgt. Die Feiertage sind vorbei. Die Arbeit ruht und es sind noch Ferien. Das alte Jahr ist weitestgehend zu Ende, das neue noch ein paar Tage entfernt. Vergangenes klingt nach, Neues liegt noch in der Zukunft verborgen. Alles verharrt in einer Art Schwebezustand. Gleichzeitig stehen sämtliche Möglichkeiten offen. In den Familien werden Geschichten und Märchen erzählt. Viele räuchern und äußern Wünsche, die sich im kommenden Jahr erfüllen sollen.

Aber die Rauhnächte bergen gleichermaßen Unerfreuliches: In den geweihten Nächten ist die Erdstrahlung besonders hoch, was einem labilen Organismus durchaus gefährlich werden kann. In der Tat häufen sich in dieser Zeit Todesfälle und Katastrophen, die mit der Erde zu tun haben. Um diese Strahlung zu neutralisieren hängten sich die Vorfahren Mistelzweige in die Häuser, denn die Mistel hatte den Ruf, diese Strahlung abzuwehren[9]. Daneben gab es eine Fülle an magischen Ritualen und Volksbräuchen, die Schutz bieten sollten, wie zum Beispiel das Räuchern mit Wacholder.

Zahlreiche heutzutage mit den Rauhnächten verbundene Bräuche dienen der Abwehr böser Geister, hinter denen sich kein anderer verbirgt als die segenbringenden Götter und Geister aus vorchristlicher Zeit. Allerlei dämonische und sanfte Wesenheiten mischten sich dieser Tage unter die Menschen. Naturgeister durchquerten den dünnen Schleier, um sich den schlummernden Keimlingen zu widmen. Götter zogen über die Lande, um den Wintergeistern Einhalt zu gebieten und die Erde aus ihrem Schlaf zu wecken.

Eine Göttin ist dabei von besonderer Bedeutung, denn ihr sind die zwölf Nächte gewidmet: die germanische Göttermutter *Frigga / Frija*. Frigg folgte der *Hrethe / Nerthus / Hludana* und wachte über die Liebe, die Frauen, Fruchtbarkeit, Geburt und Tod. Sie verband die Erde mit den Tiefen der Unterwelt. Geschichtsforscher vermuten in ihr eine neolithische Muttergöttin, aus der unterschiedliche Göttinnen hervorgegangen sind, die Große Mutter eines gynokratisch organisierten, vorgermanischen Volkes, das die Steinkreise erbaute und später in den verschiedenen Stämmen aufging. Vieles spricht für diese Theorie, wie zum Beispiel der Krieg zwischen Vanen und Asen, oder die Sage vom Holzfräulein, das vor der Wilden Jagd fliehen muss.

Im Lauf der Zeit bekam diese Göttin viele Namen. Im Alpenraum kannte man sie vor allem als *Perchta* (die Strahlende / Glänzende), im Norden nannte man sie *Holda / Holle* (die Wohlgesinnte). Wer es nicht wagte, ihren Namen auszusprechen, nannte sie einfach *unsere liebe Frau*.

---

[9] Ein *Golden Bough*, ein „Goldener Zweig", also ein Mistelzweig, dessen weiße Beeren zu einem großen Teil getrocknet sind und eine eher goldene Farbe angenommen haben, verbindet das Gold der Sonne mit dem Silberweiß des Mondes. Er galt als besonders heilkräftig.

Als gute Fee und Zauberin hat die uralte Göttin Holle / Holda den Weg ins Märchen gefunden. Noch heute kennt man sie als Hüterin der Jahreszeiten und Wintergöttin. In früheren Zeiten gehörten die Nächte zwischen Mittwinter und der letzten Rauhnacht der Göttin Holle, die in diesen Tagen durch die Welt reiste. Es durfte kein Mehl gemahlen, nicht gewaschen, gewebt oder geputzt werden, und auch die Spinnräder standen still, denn als Schutzgöttin der Frauen sorgte sie dafür, daß diese nicht zuviel arbeiteten. Hierin liegt auch der Ursprung des Verbotes, zwischen den Jahren Wäsche zu waschen.

In alten Schriften erscheint *Holle / Holda* auch als Totengöttin, Schimmelreiterin und Herrin der Wilden Jagd, gleichgesetzt mit der nordischen Göttin *Hel*, die auf ihrem dreibeinigen grauen Roß *Helhesten* die Jagd anführt und den segenbringenden Besuch der Ahnen ankündigt. In Norddeutschland ist sie unter den Namen *Frau Harke* oder *Frau Goden / Gauden* bekannt. Während der Raunächte zog *Frau Gode*[10] mit einer Hundemeute (Hunde galten wie das Pferd als Totenführer und Wächter der Unterwelt), ähnlich den *Gabriel Hounds* der keltischen *Wilden Jagd*, umher und sorgte für Fruchtbarkeit auf den Feldern. Wer am nächsten Morgen einen Welpen fand und ihn bis zum nächsten Jahr aufzog, wurde reich belohnt.

Genau wie Allvater *Odin* wird *Frau Holle* von einer Geisterschar begleitet, den *Holden* oder *Heimchen*, der Legende nach die Seelen verstorbener oder noch ungeborener Kinder. Hier finden sich Parallelen zum elfenähnlichen *Huldufolk*, dem Gefolge der *Hulda*. In älteren Sagen tauchen die *Holden* oder *Hulden* als Naturgeister oder die Geister Verstorbener im Gefolge der Wilden Jagd auf. Im Zuge der Christianisierung wurden die Geisterscharen der Wilden Jagd zu Sündern und ungetauften Kindern, die im Himmel keinen Einlass fanden und bis in alle Ewigkeit als ruheloses Totenheer durch die Lüfte ziehen mussten.

Die Rauhnächte enden am 2. Januar mit dem *Perchtenfest*. Die Yuledekoration wird abgeräumt und später in der Nacht mit Maskeraden und viel Lärm der Rasseln und Trommeln die Macht des Winters symbolisch gebrochen.

Der **31. Dezember** wird in Schottland *Hogmanay* genannt und ist *Hogmagog*, dem Herrn der Sonne geweiht, der nun nicht mehr darben muß. Ältere Quellen sprechen vom *Hagmenai*, dem Mond der *Hag*, der alten Frau. Manchmal nennt man ihn *Tag des alten Weibes*.

---

10 Der Sage nach handelt es sich bei *Frau Gode*, auch *Frau Gauden*, um eine reiche Frau, welche die Jagd über alles liebte und sie dem Himmel vorzog, woraufhin Gott sie und ihre 24 Töchter mit einem Bann belegte: Bis zum Ende der Welt sollte Frau Gode von nun an mit ihren in Jagdhunde verwandelten Töchtern in den Rauhnächten über den Himmel jagen. Ihre walisische Entsprechung ist die *Mallt-Y-Nos*, die mit *Arawn* und den *Cwn Annwn* zur Jagd reitet. Sie gilt als Anführerin der Wilden Jagd und wird häufig als weibliche Erscheinungsform von *Wodan* interpretiert. Ebenso verbindet man sie mit *Freya* oder *Holda*.

Gemeint ist die *Hag*, die Wintergöttin oder Alte Frau, deren Trauer um den verlorenen Gott nun, im tiefsten Winter, am stärksten ist. Um ihre Macht und die der Sonne zu stärken, werden Feuerräder, Leuchtfeuer und Fackeln entzündet. Darüber hinaus gibt es dreieckige Kekse, die *Hogmanays*. Das Dreieck ist ein uraltes Zeichen der Triadengöttin und ein Symbol für die Transformation der Ahnin in die Jungfrau. In Irland nennt man die Silvesternacht *Oidhche Chaluinne* (Nacht der Kerze) und versucht ebenfalls, mit Licht und Wärme die Sonne zu stärken.

Im Volksbrauchtum werden in der letzten Minute des verstreichenden Jahres alle Türen geöffnet, um die Geister des alten Jahres in die Freiheit zu entlassen und zur selben Zeit den Geistern des neuen Jahres den Zutritt zu ermöglichen. Auf der ganzen Welt wird in der Silvesternacht darüber hinaus versucht, einen Blick in die Zukunft zu erhaschen. Im Norden kannte man die Silvesternacht lange als eine der Rauhnächte, die allesamt geprägt waren von Zukunftsschau und Neubeginn. Das Sonnenlicht wuchs und verleitete die Menschen dazu, optimistisch zu sein und gute Vorsätze zu fassen. Auch gab es einen Opfertisch für *Hel / Holda*.

📖 **Wissenswert**: Die Nacht vom 31. Dezember auf den 1. Januar hatte weder astronomische noch landwirtschaftliche Bedeutung. Die Bezeichnung *Silvester* für den Jahreswechsel geht auf den Papst Silvester zurück und hat in Sitten und Gebräuchen sowohl babylonische als auch nordische Wurzeln. Es ist ein Tag der Divination und Orakelbefragung, der aber vormals keine tiefergehende Bedeutung hatte.

Januar

Der Januar (lat. Zugang, Tür) ist im *Gregorianischen Kalender* der erste Monat des Jahres. Er wurde zusammen mit dem Dezember bei der Kalenderreform eingefügt und ist nach dem römischen Gott *Janus / Ianus* benannt, der laut Sage über zwei Gesichter verfügt. Janus, dessen Name übersetzt „Durchgang" oder „Tor", bedeutet, war der Hüter der Ein- und Ausgänge, Türen und Tore und somit nun auch symbolisch für den Übergang vom alten zum neuen Jahr. Ein Gesicht sieht in das neue Jahr, während das andere auf das vergangene Jahr zurückblickt, was die Voraussetzung für gute Vorsätze zum Jahreswechsel darstellt.

Die alte Bezeichnung für den Januar lautet *Hartung* und leitet sich von dem Begriff *hart* (viel / gefroren) ab. Andere Namen für den Januar waren *Hartman*, *Hartimanoth* (Härtemonat), *Wintarmanoth*, *Schneemonat* oder *Eismonat*. Im nordischen Jahreskreis war der *Wintermanoth* oder *Hartmanoth* der erste *Lunarmonat*, welcher zum ersten Neumond nach der Wintersonnenwende begann.

Auch verwendet wurde *Æftera Géola*, was soviel bedeutet wie „weiteres / späteres Jul". In Österreich und Südtirol nennt man ihn *Jänner*. Die Osteuropäer kannten den Januar als *Wolfsmonat*. Zum einen weil der Schnee die Wolfsjagd erleichterte, zum anderen deswegen, weil die Wölfinnen von Ende Dezember bis in den Februar hinein läufig (paarungsbereit) waren.

Der Januar führt die Menschen in die Tiefe, wird er doch vom Saturn regiert. Gemeinhin ist er ein ruhiger, fast langweiliger Monat und dazu meist noch der kälteste im Jahr. *Hartung* oder *Schneemonat* trifft die Zeit, in der die Welt in Eis und Schnee zu versinken scheint, daher wohl am besten. Früher zeigte sich, wer den Winter überleben würde – und wer nicht. Wenn die einzelnen Schneekristalle im Sonnenlicht glitzern, zeigt sich die Macht des Wintergottes, der mit eisiger Hand ein schlafendes Reich regiert. Noch immer hängen die letzten Nebelfetzen des Herbstes als dünner weißer Schleier in der Luft, oder senken sich, einem eiskalten Tuch gleich, auf die Erde hinab. Alles ist vollkommen erstarrt, und die Natur scheint endgültig gestorben zu sein.

Für die ruhende Welt brechen die härtesten Tage des Jahres an, denn die klirrende Kälte läßt sich nicht abschütteln. Der eisige Wind brennt auf der Haut, bohrt sich in die Ohren und beißt mit nadelspitzen Zähnen in die Lunge. Das Atmen fällt schwer und nicht einmal mehrere Lagen Kleidung schützen vor dem Frost. Die Sonne ist nicht mehr als ein ferner Punkt am eisblauen Himmel, der auf ein kaltes, weißes Laken scheint. Ihr Licht bleibt fahl, ohne Wärme und ohne Glanz. Noch immer sind die Nächte lang, kalt und ungemütlich, der Boden gefroren und ein frostklirrender Wind treibt den Schnee über die Ebenen. Die Felder liegen weiß oder graubraun und hart gefroren da.

Doch diese Wochen bedeuten nicht das Ende. Für die Erde sind sie nicht mehr als eine lange Nacht des Schlafens. Sie verharrt und bereitet sich auf das Kommende vor, plant, schätzt ab und beginnt erst dann zu handeln. Unter der wärmenden Schneedecke träumen sich die Samen dem Frühling entgegen[11].

Aller Kälte zum Trotz haben bei Sonnenschein auch Spaziergänge in der freien Natur ihren ganz besonderen Reiz. Wenn der Schnee unter den Schuhen knirscht und der Atem kleine Wölkchen in der eisigen Luft hinterlässt, ist das Schlimmste bereits überstanden.

---

[11] Schnee hat isolierende Eigenschaften. Er ist zwar kalt, bildet jedoch Hohlräume, die die Abgabe von Wärme verzögern und den schädigenden Frost wie auch den eisigen Wind von Samen und Pflanzen abhalten. Im Frühling versorgt die schmelzende Schneedecke den Boden mit ausreichend Feuchtigkeit.

Thema im Januar: Die Elemente im Jahreskreis – Erde

Vor den anthropozentrischen Offenbarungsreligionen (mit ihrem Menschengott im fernen Jenseits und dem naturverachtenden Wertesystem) wurden hauptsächlich Elementarmächte verehrt, die Kräfte der Natur, als Ursprung und Erhalter allen Lebens. Der Mensch stand nicht als Herrscher über der Natur, er war Teil der Schöpfung, eingebettet in einen ewigen Kreis aus Werden und Vergehen. Religiöses Empfinden basierte nicht auf der (Buch-)Lehre irgendeines Religionsgründers, es entstand aus der Beobachtung der Natur und ihrer Zyklen.

Alles Leben wurde von einer Großen Mutter geboren und kehrte im Tod zu ihr zurück. Auch die Götter waren ein Teil der Natur, die sich in ihrem Wirken offenbarten und durch ihre Geschöpfe kommunizierten. Gesundheit, Wachstum, Fülle und Gedeihen waren Gaben, die sich aus dem sorgsamen Umgang mit den natürlichen Ressourcen ergaben und wurden höheren Mächten zugeschrieben. Wer etwas in der Natur mutwillig zerstörte, handelte der Lebenskraft zuwider und agierte damit gleichzeitig auch gegen die Götter. Zahlreiche Probleme der modernen Zivilisation, wie die Geringschätzung der Natur, die Entfremdung von den natürlichen Zyklen oder der um sich greifende Ellenbogenkapitalismus, basieren auf der mutterlosen Weltanschauung, der Diesseitsverachtung und Naturfeindlichkeit der Offenbarungsreligionen, denn die abrahamischen Religionen messen dem nichtmenschlichen Leben kaum Bedeutung bei. Es ist entbehrlich und existiert nur, um dem Menschen dienlich zu sein.

Weltweit gab es zahlreiche Götter und Geister der Erde, des Windes, Feuers oder Wassers. Im Norden ritten die *Walküren* auf dem Sturm, im Süden herrschte die Göttin *Feronia* über das Feuer. *Ran, Poseidon* oder *Manannan* befahlen den Wellen der Ozeane, konnten Trockenheit bringen oder Überschwemmungen. Durch das Getreide raschelten die *Kornmuhme* und der *Bilmesschnitter*.

📖 **Wissenswert:** Nicht wenige Experten sehen in der gesamten Mythologie nicht mehr als den verzweifelten Versuch, rätselhafte und furchteinflößende Naturerscheinungen begreiflich zu machen und nehmen eine tief verwurzelte Angst vor der Natur und ihren zürnenden Göttern als selbstverständlich an. Eine Furcht, die erst im Rahmen der Aufklärung wich, als Naturphänomene wissenschaftlich erklärt werden konnten[12]. Andere sind davon überzeugt, dass Mythen und Religionen nur geschaffen wurden, um menschliches Verhalten zu kontrollieren und in uneigennützige Bahnen zu lenken.

---

[12] Das pseudowissenschaftliche Bild des furchtsamen Heiden, der sich der Natur und den jenseitigen Mächten schutzlos ausgeliefert fühlt, beruht auf Desinformation sowie der Umdeutung alter Traditionen und gilt inzwischen als überholt.

Als der Christ kam, änderte sich das gesamte Weltbild auf radikale Weise. Die Welt wurde zum Machwerk eines produzierenden Erschaffers, und auch der Mensch war nicht mehr als ein Produkt in einer langen Kette von Fabrikaten. Der mutterlose Gott war kein Teil der natürlichen Weltordnung mehr, sondern thronte weit entfernt im Jenseits, wo er, über alle natürlichen Rhythmen erhaben, über seine Schöpfung herrschte. Die Natur indes wandelte sich zu einem Ort des Grauens und der Gefahr. Sie wurde zu einer Heimsuchung, gegen die der Mensch sich behaupten und über die er herrschen muss - und vor der ihn nur der Glaube beschützen kann. Der *Galaterbrief* täuscht den Christen durch die Taufe gar Unabhängigkeit von den elementaren Mächten vor. Er ermahnt die Menschen mehrmals zur Abkehr von den Elementen und bezeichnet diese als *schwach und armselig*.

Nach wie vor warnt auch der Vatikan regelmäßig vor einer *Vergötterung der Natur*. Auf dieser Basis wurde die Natur jahrhundertelang verteufelt und als Wiege allen Unheils angesehen. Noch Luther war fest davon überzeugt, der Teufel hause im Wald und das Baden im Weiher erzeuge missgebildete Kinder. Den Missionaren wiederum kamen Erdbeben oder Wetterphänomene sehr gelegen, konnten sie diese doch mit dem Zorn Gottes erklären, der eine Glaubensprüfung oder gar Bestrafung verlangte. Die weltliche Gerichtsbarkeit traf dann meistens nicht nur Einzelne, sondern ganze Gruppen von Menschen, die von Nachbarn oder sogar Verwandten denunziert wurden. Auf diese Weise löschte man ganz bequem die Unbequemen aus. Noch heute sehen zahlreiche Menschen in Naturkatastrophen göttliche Strafen und beginnen mit der Suche nach Schuldigen.

Und trotz all seiner Erfindungen, modernster Technik und seinem Wissen um physikalische Phänomene ist der Mensch den elementaren Mächten nach wie vor hoffnungslos unterlegen. Naturkatastrophen haben weder an Intensität noch an Häufigkeit verloren (ganz im Gegenteil gibt es durch die Umweltzerstörung mehr Naturkatastrophen als in den vergangenen Jahrhunderten) und treffen die Menschheit heutzutage beinahe so unvorbereitet wie vor den etablierten Religionen.

Wer mit den Elementen arbeiten will, muss sich freimachen vom Bild der unterworfenen, imperfekten, unreinen Natur und einen Weg finden, sie zu beurteilen, ohne sie seinen (Wert-)Vorstellungen anpassen zu wollen.

Die Natur vereint in sich alle vier (manchmal fünf) Elemente, die durch verschiedene Götter oder Geistwesen von tiefgreifender spiritueller Bedeutung verkörpert werden. Nicht wenige Menschen sind in diesem Zusammenhang davon überzeugt, das eine oder andere Element zu *sein*, was nicht ganz richtig ist, denn auch wenn ein Element vorherrscht, sind doch alle Elemente im menschlichen Körper vertreten. Luft ist der Atem, Feuer der Geist, Erde der Körper und Wasser das Blut.

Abhängig davon, welches Element überwiegt, kann an negativen Eigenschaften gearbeitet oder können positive Wesenszüge hervorgehoben werden. Sehr vereinfacht steht die Erde für Materie, Luft für Kreativität, Wasser für Emotionen, Feuer für Energie, Mut und Tatendrang. Feuermenschen sind im negativen Fall aggressiv, besserwisserisch, nervös oder unglaublich jähzornig. Positiv kanalisiertes Feuer würde Energie ohne (Wut-)Ausbrüche verleihen und einen regen Geist ohne die Motivation, andere ständig zu belehren. Ist das Feuer aus dem Gleichgewicht geraten, darf es nicht noch weiter geschürt werden. In diesem Fall würde man versuchen, es mit Wasser oder Erde abzukühlen und in weniger zerstörerische Bahnen zu lenken. Dasselbe gilt für die anderen Elemente. Zuviel Luft lässt einen den Boden unter den Füssen verlieren, zuviel Erde macht träge, zuviel Wasser auf Dauer depressiv.

Setzt man ein Wertesystem an, ist die Erde das niedrigste (körperlichste) Element und die Luft das höchste (ätherische). Jedem Element werden unterschiedliche Aspekte und Symbole wie Zeiten, Tiere, Orte oder Werkzeuge zugeordnet, die bei der magischen Arbeit eine wichtige Rolle spielen. Eine Sonderstellung nehmen die *Elementale / Elementarwesen* ein, Wesenheiten, die mit den verschiedenen Elementen assoziiert werden. Manche nennen sie in Anlehnung an andere Traditionen *Devi* oder *Spirits*. Diese Spirits vertreten jeweils ein Element, dessen Hüter sie sind. Das Luftelement verbindet man mit den Sylphen, das Element des Feuers repräsentieren Salamander, die Erde beherrschen die Gnome, während das Wasser mit den Undinen assoziiert wird. Diese Einordnung geht vor allem auf *Paracelsus* zurück.

📖 **Wissenswert**: Im Volksglauben gehören zu den Elementarwesen oder *Naturgeistern* alle Wesen aus Fabeln und Märchen, wie Faune, Elfen, Feen, Nebelgeister, Frostriesen, Nixen oder Zwerge. Die Welt der Naturgeister umfasst das *Kleine Volk*, das *Volk in den Hügeln*, das *Volk aus der Anderswelt*, dessen Heimat dem Menschenreich so fern und doch so nah ist.

Elementale verkörpern das Bewusstsein des Wassers, der Erde, des Feuers und der Luft. Sie herrschen dabei nicht über die Elemente oder stehen symbolhaft dafür ein, sondern *sind* das jeweilige Element. Ihr Wirken in der Natur orientiert sich an den Rhythmen und Zyklen der Natur.

Man findet sie überall dort, wo in der Natur unterschiedliche Konstellationen aufeinander treffen. Vor allem agieren sie an den Schaltstellen zwischen Materie (Erde) und Metaphysik (Äther), indem sie Flora und Fauna mit feinstofflicher (Elementen-)Energie versorgen. Bei sensiblen Menschen wiederum, die eine enge Verbindung zur Natur und ihren Geschöpfen pflegen, sorgen sie für Eingebungen. So manches an überliefertem Wissen in den Bereichen Kräuter und Tierzucht soll auf der Hilfe des Kleinen Volkes beruhen.

Im Gegensatz zum Menschen sind Elementarwesen nicht an eine Erscheinung gebunden. Sie können winzig klein auftreten oder riesengroß. Wie auch immer sie erscheinen, hinter jeder Gestalt steckt ein uraltes, mächtiges und erhabenes Wesen.

Den Winter repräsentiert das Element *Erde*. Es umfasst drei Monate der Kälte, Dunkelheit und Stille, die allerdings nicht stellvertretend für Tod oder Schwäche stehen, sondern unglaublich kraftvoll und inspirierend sein können. Die Wintermonate sind eine Zeit des Nachdenkens und der Ruhe, eine Zeit intensiver Visionen und einflussreicher Zauber. Verstärkt werden diese Energien durch die machtvollste Himmelsrichtung, die ebenfalls dem Erdelement unterstellt ist: den Norden. Durch den Umstand, dass die Sonne nie im Norden steht, schließt sich der Kreis zum Winter und der Mitternacht als Moment völliger Dunkelheit.

Das Erdelement, vertreten durch die Erde als Basis und Sicherheit, ist ein Symbol für die Mutter Erde (Terra Mater), die Große Mutter, die Gebärende, die Göttin der Natur. Die Große Mutter ist allerdings nicht allein die Mutter der Menschen. Sie ist die Mutter der Tiere, der Pflanzen und auch der Steine. Alles Lebendige entsteht aus ihrem Leib und sie nimmt es in sich auf, wenn es vergeht, damit aus ihm etwas völlig anderes werden kann. Am Ende sind alle Wesen gleich, weswegen keinem eine Vorrangstellung eingeräumt wird. Es wäre daher dumm zu glauben, eine Spezies sei der anderen überlegen, oder der Mensch hätte im kosmischen Gefüge einen höheren Stellenwert als eine Schabe oder ein Staubkorn.

Ihre kleinen Helfer sind die Gnome, die Elementale der Erde, des Festen, die sie auf unterschiedliche Art und Weise unterstützen. Sie hausen unter der Erde, im Gebirge, in scheinbar bodenlosen Schluchten und tiefen Wäldern, wo sie mit der Lebenskraft der Erde an allem Materiellen arbeiten. Wurzelgnome versorgen die Pflanzen mit Lebenskraft und Nährstoffen aus dem Erdreich. Im Berg lassen Felsengnome die Adern (Metalle, Edelsteine) wachsen. Jeder Fels und jeder Klumpen Erde ist durchdrungen von ihrer Energie und ihrer Schöpferkraft.

Ohne die Erde gäbe es kein Leben. Im gesamten Sonnensystem ist sie der einzige Planet, der geeignete Bedingungen für die Entstehung von Leben (wie man es auf der Erde! kennt) bietet. Kein anderer Planet im *Sol-System* verfügt über vergleichbar moderate Wetter- und Klimabedingungen, ausreichend Wasser, sowie ein Magnetfeld, das schädliche Strahlung aus dem All fernhält. Um überhaupt existieren zu können, muss jedes Lebewesen Erde in Form von Mineralien aufnehmen.

Wenn man es auch nicht sehen kann, ist die Erde doch ständig in Bewegung. Niemals steht sie still. Sie dreht sich, lässt etwas wachsen und an anderer Stelle etwas anderes schwinden. Leben kommt und geht. Selbst feste Materie hat keinen Bestand, wenn Gebirge sich auffalten, oder in sich zusammenfallen, bis sie nicht mehr sind als ein Ozean aus Sandkörnern. Auf diese Weise findet man Korallenriffe in Bergen oder ganze Wälder tief unter der Meeresoberfläche.

Wer diese Kraft erfahren möchte, muss hinaus in die Natur, jedoch nicht in die gezähmte, bedarfsgerecht zusammengeschossene, kultivierte Stadtpark-Natur, sondern in die Wildnis[13]. Erst dort kann die Schöpfung so erfahren werden, wie sie wirklich ist, ohne sie zu glorifizieren oder zu dämonisieren, in all ihrer Schönheit, Fruchtbarkeit und Sanftmut, der eine ungezähmte Wildheit, unerbittliche Härte und unfruchtbare Wüsten gegenüberstehen. Hier gibt es kein (menschliches) Wertesystem, kein Gut-Böse-Schema oder verklärende Licht-und-Liebe-Esoterik. Alles *ist* und befindet sich in einem immerwährenden Fluss, von dem die Menschheit sich immer weiter entfernt.

Soziobiologen sind davon überzeugt, dass die Sehnsucht nach der Ursprünglichkeit der Natur nicht einer absoluten Weltfremdheit gelangweilter Städter entstammt, sondern ein tief in den menschlichen Genen verankertes Bedürfnis ist. Der Mensch als Lebewesen entstammt der Natur, einer Natur, die nicht rational agiert, nur nach eigenen Regeln spielt und seit Urzeiten jenseits aller modernen Errungenschaften besteht.

Die Entfremdung von den natürlichen Zyklen, wie sie seit Jahrhunderten vonstatten geht, führt laut aktuellen Studien zu vielfältigen Störungen im sozialen (Depressionen, Aggression) und ökonomischen (Ausbeutung, Konsumismus) Miteinander und ist auch verantwortlich für die Glorifizierung des Tötens (Jagd, Trophäenkult) sowie den labilen geistigen und körperlichen Gesundheitszustand der Menschheit als Kollektiv.

In ihrem Ursprung ist sie das Resultat eines Mangels an Natürlichkeit - und sicherlich auch Wildheit -, in einer Welt, die zunehmend auf Verdrängung aufgebaut wurde. Zuerst wurde die innere Wildheit der Menschen durch Gebote auf ein absurdes Bild von *Tugend* zurechtgestutzt, dann der Lebensraum kultiviert oder schlichtweg zubetoniert.

Waren es zu Anfang die Römer, die mit ihrer Auffassung *via est vita* (die Straße ist Leben), die Wälder rodeten, schlugen schon bald die Mönche zahllose Bäume ab um die Wildnis zu „zähmen". Mehr und mehr mutierte die Welt außerhalb der Klöster und Dörfer zum Hort alles Dämonischen. Man fürchtete den Kontakt mit Wasser, Gras und anderen Dingen. Alte Götter wurden zu *Vegetationsdämonen*.

---

[13] Auf der anderen Seite ist aber auch die Kulturlandschaft nur ein weiterer Lebensraum innerhalb der Natur, in dem dieselben Gesetzmäßigkeiten gelten wie in anderen Lebensräumen, ohne dass es ein ständiges „regulierendes" Eingreifen durch den Menschen erfordert.

Bis zur Zeit *Darwins*, als Spaziergänge und Strandurlaub langsam modern wurden, stand die Natur, stellvertretend für das Ungeordnete, Unorganisierte, Primitive, das Chaos, als diabolische Macht der Kultur, dem Geordneten, Einheitlichen, Übersichtlichen, von Menschenhand Geschaffenen unvereinbar gegenüber. Sie musste erobert, unterworfen, geformt, reguliert und umgestaltet werden.

Die Erde selbst sah man lange nur als totes Objekt, als Konsumgut an, das gezähmt und untergeordnet werden musste, während alle Lebewesen vor dem Herrn und Meister der Erde erzittern sollten. Dieser Gedanke wurde zum Grundstein der modernen Technikgläubigkeit sowie der Überzeugung, die Gesetzmäßigkeiten der Natur könnten überwunden oder ausgehebelt werden. Inzwischen hält die Wissenschaft sich für unfehlbar. Sie entschlüsselt Teilbereiche der großen Zusammenhänge, befindet diese für fehlerhaft und versucht, sie zu korrigieren, zu beherrschen oder zu zum eigenen Vorteil zu verändern. Uralte Lebensrhythmen und Zyklen werden missachtet und aus Neugier oder wirtschaftlichem Interesse heraus manipuliert, denn der menschliche Bedarf rechtfertigt mittlerweile jede Art der Zerstörung.

Die rücksichtslose Ausbeutung weltweiter Ressourcen zugunsten einer Wirtschaft, die auf ständiges Wachstum und Konsum ausgelegt ist und nur dazu dient, dem Großkapital seine Profite zu sichern, hält die Welt in einer Aufwärts-Spirale gefangen. Nach wie vor verläuft der Prozess nach dem *Via-est-vita-Prinzip* der Römer: Roden, zivilisieren, durch Sklavenarbeit Wohlstand sichern. Den Profit um jeden Preis wiederum garantiert das *TINA-Prinzip* (There is no alternative / Es gibt keine Alternative), mit dem der breiten Masse suggeriert wird, es gäbe keinen anderen Weg als den der Wirtschaft. Längst schon ist die Erde samt all ihrer Bewohner hauptsächlicher Bestandteil einer Kosten-Nutzen-Aufstellung geworden, die es dem Menschen erlaubt, alles zu beseitigen, was seiner Meinung nach keine Existenzberechtigung hat oder der Gewinnmaximierung im Weg steht.

Die menschliche Vorgehensweise, alles zu erschlagen, was im Weg ist, als lästig empfunden wird, die Bequemlichkeit stört, gefährlich werden könnte oder keinen unmittelbaren Nutzen verspricht, verursacht nicht nur großes Leid, sie hat inzwischen auch zum größten Artensterben seit dem Verschwinden der Dinosaurier geführt. Jeden Tag verschwinden 130 Arten für immer von der Bildfläche.

Und die Zerstörung hält an, denn der Super-Egoismus kennt keine Grenzen. Im Gegenteil zählen diejenigen Menschen, die auf Kosten anderer gut zu sich sind, maßlos konsumieren, Lebensraum zerstören, Wasser vergiften und auf der Arbeitskraft ihrer Mitmenschen existieren, zu den geachtetsten in der Gesellschaft. Sie haben *ihre Ellenbogen gebraucht,* sich über das Recht auf Leben hinweggesetzt und es *zu etwas gebracht.*

Obwohl es auch dem gierigsten und selbstsüchtigsten Verstand einleuchten müsste, dass die eigene Existenz an den Schutz und das Überleben der Ökosysteme gebunden ist, wird weiterhin alles zerstört, was der Mensch für wertlos erachtet, nicht verstehen, akzeptieren, verbrauchen oder beherrschen kann. Zwar werden inzwischen zaghafte Versuche unternommen, der Natur ihren angestammten Platz zurück zu geben, jedoch beim ersten Anzeichen von Schwierigkeiten umgehend abgebrochen. Im Glauben, kontrollierend in komplexe Systeme eingreifen zu müssen, fügt der Mensch nach Gutdünken ein oder nimmt heraus. Schlagen solche Experimente fehl, kostet es ganze Populationen das Leben.

Der menschliche Bedarf rechtfertigt alles. Schutzgebiete werden nur solange geduldet, bis andere Interessen absoluten Vorrang haben. Vor allem dann, wenn es um wirtschaftliches Wachstum und Arbeitsplätze geht, wirft man gerne alle Naturschutzmaßnahmen und Bedenken über Bord. Der Umstand, dass die Natur gegenüber der Wirtschaft keinen nennenswerten Stellenwert hat und selbst die Gerichtsbarkeit auf der Seite des Geldes steht, macht die Ausführenden ohnehin unangreifbar. Und leider reicht der Blick nur selten über den Rand der Geldbörse hinaus.

Wer sich im Rahmen der Volksdressur nicht mit anspruchsloser Unterhaltung ablenken lässt und es tatsächlich wagt, sich zu wehren oder Mißstände anzuprangern, gilt schnell als Querulant, als *Öko-Terrorist*, *Öko-Faschist*, *Wutpöbel* oder *Fortschrittsverweigerer*. Gemeint ist jedoch ein Fortschritt, der nicht nur Lebensraum unwiederbringlich zerstört, sondern auch den Einzelnen zugunsten des Wirtschaftswachstums immer weiter in seiner Freiheit und seinen Rechten einschränkt.

Es ist nicht verwunderlich, dass Umweltschutz zusammen mit Tierschutz und Menschenrechten zu den Themen gehört, die erst an die Reihe kommen, nachdem alles „Wichtige" erledigt ist. Dem modernen ethisch-moralischen Empfinden liegt noch immer das naturverachtende Weltbild der Buchreligionen zugrunde, welches das Denken und Handeln der von ihm geprägten Gesellschaft entscheidend beeinflusst. Kaum einer bedenkt dabei, dass alle Offenbarungsreligionen ursprünglich als *Endzeitreligion* angelegt waren. Jenseitsverliebt, lebensverachtend und geprägt durch eine Unmenschlichkeit, die Ihresgleichen sucht, basieren sie auf Weltuntergangsvisionen, die sich selbst nach mehreren tausend Jahren nicht erfüllt haben, aber trotzdem noch so präsent sind wie in den ersten Tagen. Für sie ist die Welt nicht mehr als ein ewiges Jammertal voller Qual und Leid, das als Prüfung vor einem besseren Jenseits steht.

Und genauso werden Erde und Umwelt behandelt, nämlich wie etwas, das ohnehin dem Untergang geweiht ist. Dass dadurch die Vision erfüllt wird, ist nur die Nebenwirkung eines übermächtigen Bildes im kollektiven Unterbewusstsein.

Abgesehen davon, dass ein wahrhaft liebender Gott seinen Kindern eine derartige Mühsal nicht abverlangen würde, erfüllt *Jahwe /Gott / Allah* als Gott der Karst und der Wüste seine Funktion beinahe schreckenerregend. Die Verwandlung der Welt in eine unfruchtbare Einöde, die fortschreitende Ver-Wüstung der Erde (sowohl Zerstörung als auch *Desertifikation*), das Roden der Wälder zugunsten der Wüste und des Steins in Form von Straßen oder Metall, zeigen an, dass der ehemalige Wüstengott, wohin immer er auch getragen wird, die Leere und Unfruchtbarkeit der Wüsten mit sich bringt. Bereits 41% der Landmasse der Erde sind Wüsten und Halbwüsten.

Überall dort, wo Missionare der Offenbarungsreligionen ankommen, erfüllt sich die Vision vom verlorenen Garten Eden. Tief im Erdinneren eine Unterwelt voller Dämonen und Teufel zu vermuten, während hoch oben im Himmel die Engel auf alle warten, die geduldig alles ertragen haben, trägt ebenfalls nicht dazu bei, pflegsamer mit der Erde umzugehen.

Die Hinwendung zur Erde und dem Erdelement beinhaltet in erster Linie Verständnis für die natürlichen (Lebens-)Rhythmen, auch wenn sie manchmal hart und grausam erscheinen mögen und so gar nicht dem Bild einer idealen Welt entsprechen. Vielleicht liegt darin die Weisheit, die das Element Erde repräsentiert. Die Erkenntnis, dass das Beste nicht immer das Richtige ist und die Charakterstärke, Dinge als gegeben hinzunehmen ohne sie zum eigenen Vorteil ändern zu wollen - oder etwas nicht zu tun, obwohl die erforderlichen Mittel gegeben wären. Vor allem aber die Einsicht, dass es so etwas wie eine wertlose oder überflüssige Existenz nicht gibt. Dass alles auf eine Weise miteinander verbunden ist, die der begrenzte menschliche Geist nicht erfassen kann.

Möglichkeiten der Erde zu begegnen gibt es viele, und mit jeder Jahreszeit, die kommt und geht, verändern sie sich. Im Frühling, wenn die ersten Blumen durch den Schnee brechen, ist die Erde schwer, kalt, nass und stellenweise noch gefroren. In der Sommersonne wird sie heiß und leicht, krümelig oder brüchig. Im Herbst kühlt sie sich ab und nimmt den Regen in sich auf. Der Winter läßt das in der Erde enthaltene Wasser schließlich gefrieren und macht sie hart wie Stein.

Man kann sich dem Erdelement auch über den ihm zugeordneten Sinn, den Tastsinn nähern. Etwas zu betasten ist wohl die älteste und ursprünglichste Erfahrung der Menschheit. Kleinkinder nehmen alles in die Hand, um es zu *begreifen*. An kaum einer anderen Stelle des Körpers finden sich derart viele Rezeptoren und Nerven wie in den Fingerspitzen. Als Körperteil wird der Erde die Hand zugeordnet.

Der optimale Moment, das Element Erde zu erfahren, wäre eine Höhle in einer Winternacht, aber jeder andere Augenblick ist ebenso geeignet. Eine Meditation oder in kleines Ritual können zu jeder Zeit begangen werden, solange sie nicht unbedingt auf zubetonierter Erde stattfinden.

Das Element Erde

Himmelsrichtung: Norden

Tageszeit: Mitternacht

Jahreszeit: Winter

Sternzeichen: Stier, Jungfrau, Steinbock

Farben: Schwarz, Braun, Grün

Tier: Bulle, Kuh, Hirsch, Schlange als Erdwurm, Wolf

Elementale: Trolle, Gnome, Kobolde, Zwerge / Dunkelelfen (Svartalfar)

Orte: Höhlen, Haine, Felder, Wälder, Berge, Schluchten, Steinkreise

Bäume und Pflanzen: Eiche, Buche, Korn

Räucherwerk: Patchouli, Kiefer, Zeder, Vetiver, alle „erdigen" Düfte

Metall: Eisen, Blei

Werkzeuge: Pentagramm, Steine, Salzschalen

Edelstein: Salz, Bergkristall

Göttinnen: Alle chthonischen (der Erde zugehörigen) Göttinnen, die Venusfiguren und Dolmengöttinnen, Ceres, Demeter, Jörd, Nerthus, Nephtys, Hel, Anu, Tamfana, Cerridwen, Hekate, Hludana, Holda

Götter: Cernunnos, Pan, Faune, Tammuz, Gwynn ap Nudd, Nuada, alle sterbenden und wiederauferstehenden Vegetationsgötter

Magie und Symbolik: Wachstum, Wohlstand, Natur, Weisheit, Geld, Geschäfte, Erfolg, Stabilität, Felsen, Geburt und Tod, Stille, Materie, Körper, Berührung, Fruchtbarkeit, Erdung, Erdmagie, Pflanzenzauber, Vergangenheit, die Ahnen, Archäologie, Loslassen

Positive Charakterzüge beim Menschen: Treue, Standhaftigkeit, Bildung, Erdung, Selbstsicherheit

Negative Charakterzüge beim Menschen: Trägheit, Zwänge, Gier, Geiz, Starrsinn, Kaufsucht, Materialismus

Lebensabschnitt: Alter und Tod

Sinn: Fühlen, Tasten

Erdmeditation

Suchen Sie sich einen ruhigen, abgelegenen Ort. Verstreuen Sie etwas Salz oder verteilen Sie einige Steine. Atmen Sie ruhig ein und aus. Lassen Sie Ihre Gedanken schweifen ohne sie festzuhalten. Stellen Sie sich dann vor, ein Teil der Erde zu sein, ein Sandkorn vielleicht, oder ein Staubkorn, das sich noch an das Universum erinnern kann, durch das es einst geschwebt ist. Möglicherweise sind Sie auch ein Felsen im Gebirge, so hoch, dass die zarten Wolken Sie umgeben.

Spüren Sie die liebevolle Präsenz der Erdmutter, die Ihnen sagt, dass Ihre Zeit als Stein nun ein Ende findet und Sie sich weiterentwickeln müssen. Sie verlassen den Stein und schlafen in einer Haselnuss oder einer kleinen Eichel, die im Herbst auf die Erde gefallen ist, bis die ersten warmen Sonnenstrahlen Sie aus Ihrem Schlaf wecken. Vorsichtig strecken Sie die kleinen Blättchen aus der Erde und wachsen mit jedem Jahr, das vergeht, ein Stück höher, die Wurzeln fest im Boden verankert. Im Frühling sprießen Ihnen am ganzen Körper kleine grüne Knospen, den Sommer über tragen Sie eine Krone aus Blättern, die das Sonnenlicht brechen, im Herbst werfen Sie Ihr Laub ab, und im Winter ruhen Sie, um Kräfte für neue Triebe zu sammeln. Vögel nisten in Ihren Ästen, kleine Tiere leben in Ihrem Stamm, oder suchen Schutz unter Ihren Wurzeln. Viele, viele Jahre vergehen, in denen Sie stärker werden und mit dem Wind spielen.

Doch eines Tages findet auch diese Existenz ein Ende. Womöglich, weil ein Blitz in Ihre Krone einschlägt, Waldarbeiter mit der Säge kommen oder Sie nach dem Winter einfach nicht mehr aufwachen. Sie finden sich danach vielleicht in Gestalt eines Getreidekorns, einer Blume oder Gemüsepflanze wieder, oder erwachen als Amsel, Uhu, Katze oder Iltis. Sie können diese Meditation solange durchführen, bis Sie den Wunsch verspüren, wieder zu einem Menschen zu werden.

Die Erdmeditation ist eine Meditation über den Lauf des Lebens. Sie dient dazu, sich zu erden und Gewissheit zu erlangen, dass man niemals wirklich allein, sondern ein Teil von allem und mit allem verbunden ist. Dass unzählige Seelen ringsherum existieren, die zuhören und Verständnis zeigen. Zu ihnen gehören die Geborenen, die Ungeborenen sowie diejenigen, die sich gerade gegangen sind, denn auch, wenn sie nicht mehr da sind, sind sie nicht für ewig und alle Zeit verloren. Außerdem soll sie dabei helfen, Respekt vor der Schöpfung zu empfinden.

Erdritual

Gehen Sie an einen Ort, an dem Sie das Erdelement spüren können. Nehmen Sie Dinge mit sich, die die Erde symbolisieren, zum Beispiel Steine, Salz, Kristalle oder Getreideähren. Eine Sichel steht für Tod und Wiedergeburt. Zünden Sie eine dunkle Kerze an und überreichen Sie der Erde einige Getreidekörner, Blätter oder etwas Opferbrot. Brot ist ein ideales Geschenk, das bei seiner Entstehung alle Elemente durchläuft. Es entspringt der Erde, wird mit Wasser angerührt, im Feuer gebacken und an der Luft gekühlt. Opferbrote wurden vergraben, dem Wasser übergeben, in den Wind gehängt oder ins Feuer geworfen. Zuviel Brot allerdings ist schädlich für die Umwelt, so dass es bei einigen Krumen bleiben sollte.

Auch Pflanzen verbinden alle vier Elemente, denn um Photosynthese betreiben zu können, brauchen sie CO_2 (Luft), H_2O (Wasser), Sonnenlicht (Feuer) und Stickstoff (Erde).

Nehmen Sie etwas Erde in die Hand und fühlen Sie die Energie, die sie durchdringt. Sollten Sie einige Tierchen erwischt haben, setzen Sie diese zurück auf die Erde. Denken Sie darüber nach, wie nützlich und wichtig auch diese kleinsten Lebewesen für die Erde sind, und dass die Erde ohne sie nicht mehr wäre als ein verklumpter Haufen Sand ohne Leben. Spüren Sie die Erde in ihrer Ganzheit, die sich aus verschiedenen Komponenten zusammensetzt. Danken Sie der Erde in eigenen Worten für alles, was Sie von ihr bekommen, Geborgenheit, Nahrung oder Freundschaft. Neben dem Körper, auf dem alles Leben existiert, bedeutet Erde in erster Linie Heimat und Verwurzelung, Stabilität und Festigkeit. Nicht umsonst nennt man eine Rückverbindung mit dem Boden unter den Füßen auch *erden*. Erdrituale können daher mit einer Anrufung der Ahnen einhergehen. Darüber hinaus gehören Geschichtsinteresse und Ahnenforschung zum Umgang mit dem Element Erde.

Erdräucherung: Patschuli, Kiefernnadeln und Moos zu gleichen Teilen.

Erdaltar

Ein Altar zu Ehren der Mutter Erde und des Erdelements sollte nach Norden ausgerichtet sein. Für Altartücher und Kerzen empfehlen sich Erdfarben, etwa Braun, Schiefergrau, Grün, Ziegelrot oder ein dunkles Orange / Terrakotta. Je nach Vorliebe und Tradition dekoriert man ihn mit Salz- oder Räucherschalen, Steinen, einem Kessel mit Erde, Topfpflanzen, getrockneten Blättern oder Kräutern, Münzen oder alten Fotos. Alles, was der Einzelne mit der Erde verbindet, kann auf einem Erdaltar untergebracht werden. Der Erdaltar sollte liebevoll gepflegt werden und spielt bei allen familiären Aktivitäten, Geldritualen oder der Lebensplanung eine zentrale Rolle.

Die Erde im Garten

Der Erde zugeordnet werden Wurzeln und Knollen, wie zum Beispiel Kartoffeln, Möhren, Rüben und andere Wurzelgemüse. Aber auch Bodendecker und Nischenpflanzen, ganz besonders Moos, werden mit dem Erdelement assoziiert. Im Norden können Steingärten oder gepflasterte Wege angelegt werden. Auch Steintöpfe, Steinsetzungen oder Salzschalen stehen synonym für das Erdelement. Zusätzlich kann man mit Kornpuppen, Getreidegarben, Eicheln und Eichenblättern dekorieren. Viele verbinden die Erde hauptsächlich mit der Erdmutter und stellen eine oder mehrere Statuen auf.

Der Mond im Januar

Einsam und verlassen zieht der Januarmond am Himmel seine Bahn. Geisterhafte Wolkenschleier wehen an seinem fahlen Gesicht vorbei und verschwinden im eisigen Nirgendwo. Er wirft ein kaltes Licht auf den spiegelnden Schnee und läßt die vereisten Äste geheimnisvoll glitzern. Die Luft ist frostig und kristallklar.

Der Januarvollmond wird - nicht zuletzt wegen der beißenden Kälte - *Wolfsmond* genannt. Er steht in dem Ruf, die Starken von den Schwachen zu trennen. Aber er verheißt auch Sicherheit und Beständigkeit und hilft dabei, neue Kraft zu tanken. Es gilt, das Vergangene hinter sich zu lassen und offen für Zukünftiges zu werden. Vor allem Weissagungen und Schutzrituale sind in dieser Nacht von besonderer Stärke. Viele kennen ihn auch als den *stillen Mond*. Wie der Januar, der vom Saturn regiert wird, führt auch sein Mond die Menschen in die Tiefe.

Eschenmond (Weihe)

Dieser Vollmond verbindet die Menschen mit dem unendlichen Fluss des Lebens. Obwohl er gleichzeitig den Strom der Zeit symbolisiert, markiert er vielmehr eine Nacht jenseits von Zeit und Raum, in der sich die Grenzen weiten und eine besonders kraftvolle und reinigende Energie ihre Reise in die Welt der Sterblichen antritt.

Steht der Mond im Zeichen der Esche, eignet er sich besonders zur Weihe magischen Zubehörs. Die Fertigung und Einweihung magischer Gegenstände steht nun unter einem besonders günstigen Stern. Auch sind Zauberstäbe, die zum Eschenmond geschnitten oder aktiviert werden, leichter zu handhaben als zu anderen Zeiten. Ebenso hat dieser Mond einen fördernden Einfluss auf Rituale der Heilung oder Versöhnung. Alles, was mit Einweihung oder Segnung zu tun hat, kann in dieser Nacht vollzogen werden. Daher hat er den Namen *Weihemond* bekommen. Räucherungen oder geweihtes Wasser sollten vor allem Beifuß beinhalten, dem reinigende und aktivierende Kräfte nachgesagt werden.

Der den Weihemond bestimmenden Esche wird eine unglaubliche Standhaftigkeit nachgesagt. Dieser aufrechte, meist hochgewachsene Baum, dessen Holz einst für Speere verwendet wurde, dient dazu, Energien zu aktivieren, wie zum Beispiel die Kraft des Willens. Das ist wichtig, wenn sich eine gewisse Langeweile oder Gleichgültigkeit breit machen will, die den Lernprozess behindert. Auch Lektionen aller Art, die einem zu schwierig oder langwierig erscheinen, um überhaupt anzufangen, werden durch die beflügelnde Eschenenergie abgemildert. Die Esche hilft außerdem dabei, sich von alten Gewohnheiten und Mustern zu lösen und verleiht das dazu nötige Durchhaltevermögen. Sie ist der Baum, mit dem man arbeiten sollte, wenn der Weg lang und steinig wird und kein Ende in Sicht ist.

Darüber hinaus ist die Esche ein magischer Baum, der schützt und inspiriert. Beschützende Zauberstäbe werden meist aus Eschenholz gefertigt.

📖 **Wissenswert**: In der nordischen Mythologie entstanden aus Eschen- und Ulmenholz die ersten Menschen. Dort ist *Ask*, die Esche, dem Gott Odin geweiht. Sie gilt als *Mutterbaum*, die Quelle des Lebens und aller Seelen. Der Weltenbaum *Yggdrasil* ist ebenfalls eine Esche, obwohl damit auch die vielfach als *Nadelesche* bezeichnete Eibe gemeint sein könnte. Nichtsdestotrotz verbindet die Esche die Höhen des Geistes mit der Quelle der Unterwelt und kann dem, der auf seinem Weg durchhält, Wissen und Kreativität verleihen. Die jüngere Mythologie machte die Esche zu einem Ort der Hexen und Truden.

Die beiden Runenmonde im Januar

Mit dem Neumond dämmert *Dagaz* herauf und beobachtet das Vertreiben der Wintergeister. Dagaz, der nun länger werdende Tag, ist das wiedergeborene Licht und steht stellvertretend für den noch jungen Sonnengott. Dag oder *Daeg* ist gleichbedeutend mit Durchbruch und bezieht sich darauf, dass die Tage nach und nach merklich länger werden. Eingeweihte verbinden Dagaz mit Erwachen und Neuanfang. Die Rune symbolisiert in erster Linie das Morgengrauen, das den Tag gebiert. In der nordischen Mythologie ist Dagaz eng verknüpft mit *Dag* oder *Dagur*, dem Sohn der *Nott*, der dafür sorgt, dass auf jede Nacht ein neuer Tag folgt.

Davon abgesehen wird die Rune mit Veränderung, dem Überwinden von Hindernissen und Hemmnissen, sowie Wohlstand in Verbindung gebracht. Die Zeit des Hungerns ist vielleicht noch nicht ganz vorbei, aber die Zeichen stehen gut. Die spirituelle Bedeutung von Dagaz beinhaltet das Licht des Geistes (oder der Erkenntnis) und führt häufig zu intuitiven Botschaften aus anderen Welten. Dagaz eignet sich zudem für Rituale, die Heilung oder Aussöhnung zum Thema haben.

Zur Zeit des vollen Mondes gemahnt *Nauthiz*, daß noch Winter ist und Hunger für viele zur Tagesordnung gehört. Wenn der Winter auch in den letzten Jahrzehnten seinen Schrecken weitestgehend verloren hat, so ändert das nichts an den Gesetzmäßigkeiten der Rune. Naudhiz, oder auch Nyd (Not), ist die Rune der Nornen und des Schicksals. Sie verkörpert Hindernisse und Einschränkungen, das stete Auf und Ab des Lebens und rät zu Geduld in Tagen voller Widrigkeiten.

Sich gegen das Schicksal aufzulehnen und verbissen dagegen anzukämpfen ist in den seltensten Fällen klug. Es als gegeben hinzunehmen ist allerdings genauso wenig ratsam wie es ganz banal als Abfolge von Ursache und Wirkung darzustellen und dem Einzelnen zu suggerieren, er wäre schließlich selber verantwortlich für sein Glück und an allem, was ihm widerfährt, ganz allein schuld.

Schon die Ahnen kannten das von den Nornen geknüpfte Schicksal als *ørlog* (Bestimmung, Urgesetz), eine nicht selbst bewirkte, folgenschwere Erfahrung, die sowohl positiv als auch negativ sein konnte. Es war nicht in Stein gemeißelt, aber in seinen Dimensionen auch nicht zu ändern.

Für alle, die nicht vom Glück geküsst sind, gilt es, einen Mittelweg zu finden und das Beste aus dem zu machen, was zur Verfügung steht. Immer mit dem Ziel vor Augen, die Gelegenheit zu ergreifen, die den Ausweg bietet oder eine Wende bringt – wozu es wiederum eine gehörige Portion Glück braucht. Kluge Entscheidungen können aber nur getroffen werden, wenn sie zuvor gut durchdacht waren. Wer voreilig handelt, riskiert einen weiteren Fehlschlag.

Wenngleich es paradox klingt und viele Menschen es lieber anders hätten, mobilisiert Widerstand häufig Kräfte, die ansonsten nur sporadisch genutzt werden und stärkt außerdem das Durchhaltevermögen. Eine harte Lebensschule macht in der Regel erfindungsreich; was jedoch nicht unbedingt mit erfolgreich gleichzusetzen ist. Erfindungsreichtum wiederum ist Fähigkeit, die vielen fehlt, die satt und zufrieden vor sich hinleben ohne jemals den Drang zu verspüren, nach Höherem zu streben.

Naudhiz bedeutet allerdings nicht nur Blockaden, sondern gleichzeitig Transformation, das sich drehende Rad des Schicksals. Alles geht ineinander über, Glück und Unglück, Leben und Tod, Besitz und Armut. Manchmal dauert dieser Wandel leider sehr lange. In der Runenmagie wird Nyd oft eingesetzt, um das Leben zu transformieren und sich aus ungewollten oder gar destruktiven Bindungen zu lösen, gleichgültig ob Verhaltensmuster, Partnerschaft, Beruf oder Ideen.

Spirituelles im Januar

Der Januar ist der Monat des Ruhens. Eine Zeit des Schweigens und der Rückbesinnung auf die eigene innere Kraft - und außerdem der rechte Zeitpunkt, um einmal in sich hineinzuhorchen.

In einer auf Erfolg getrimmten (Leistungs-)Gesellschaft, in der das Nichtstun nicht gerade eine Tugend ist, kann diese Phase der Kontemplation nur schwerlich bestehen. Jeder Tag ist streng *durchgetaktet*, für Müßiggang ist kein Platz im Leben. Unproduktivität ist ein Störfaktor, den man sich nicht leisten kann. Dabei ist das, was inzwischen als normal definiert wird, gerade einmal 150 Jahre alt. Vor der Industrialisierung hielten sich Arbeit und Freizeit in etwa die Waage. Auf Phasen harter Arbeit folgten Zeiten der Ruhe und Erholung. In vergangenen Zeiten war der Winter eine Phase der Rast. Auch für den gehetzten modernen Menschen wäre es ratsam, diese Zeit zu nutzen, um einmal ins Innere zu sehen und die innere Mitte zu finden.

Sich Ruhe gönnen, sich treiben lassen, den Fernseher eine Weile ausgeschaltet lassen und einfach nur das banale Alltägliche genießen. Ob es nun das Flackern einer Kerze in der Stille ist, der Schnee auf den Dächern oder ein gutes Buch bei einer heißen Tasse Tee, bleibt Geschmackssache, solange daraus Erneuerung geschöpft werden kann. Planen Sie jetzt schon einmal in aller Ruhe Ihren weiteren Lebensweg, ehe Sie mit der Umsetzung der gesteckten Ziele beginnen. Sehen Sie mit Vertrauen und Zuversicht in die Zukunft, die Sie gestalten möchten.

Die Wochen vor Ostara und Beltane gelten überdies als Periode der Reinigung. Dinge gehen zu Ende ehe neues Wachstum einsetzt. Alles, was unvollendet geblieben ist oder seit Jahren auf eine Wiederaufnahme wartet, sollte jetzt mitleidlos aussortiert werden. Daneben brechen einige Wochen der Umwälzung und Veränderung an, die sich aber im Nachhinein oftmals als beste Lösung herausstellen werden.

Zentrieren, sich sammeln

Das Zentrieren ist die beste Möglichkeit, die Kraft des Selbst zu wecken. Das zu tun ist wiederum nötig, um vertrauensvoll immer weiter zu gehen und die eigenen Möglichkeiten zu erforschen. Wie man sich am besten zentriert, ist individuell verschieden. Die einfachste Variante besteht darin, komfortable Kleidung zu tragen und sich bequem auf ein Polster zu setzen oder zu legen.

Konzentrieren Sie sich mit geschlossenen Augen auf einen imaginären Punkt. Am besten geeignet sind die Chakrenpunkte wie das Schambein, der Solarplexus, der Kehlkopf oder das „dritte Auge" zwischen den Brauen. Klappt es mit der Konzentration nicht, kann man Hilfsmittel wie eine Flamme oder einen Kristall verwenden, beides zunächst mit geöffneten Augen.

Hören Sie auf Ihren Herzschlag. Fühlen Sie Ihr Blut pulsieren. Atmen Sie im Rhythmus Ihres Herzens ein und aus. Vier Schläge lang ein, drei wieder aus. Nach einigen Minuten verlangsamt sich der Puls ein wenig, aber das ist normal. Stellen Sie sich dann vor, wie beim Ausatmen Anspannung, Angst, Sorgen und andere unangenehme Dinge entweichen.

Häufig ist es hilfreich, im Geist langsam bis zehn zu zählen, um einen leicht meditativen Zustand zu erreichen. Beobachten Sie, wie sich das Lebenslicht in Ihrem Inneren besser ausbreiten kann, jetzt, wo belastende Energien mit der Schneeschmelze schwinden. Lassen Sie das Licht alles durchdringen. Dieses Licht kann hell sein, muß es aber nicht.

Wenn Sie mehr Schutz und nach außen hin mehr Kraft brauchen, ist es vielleicht rot, wenn etwas in Ihnen wachsen soll, könnte es grün sein, und manchmal, wenn Dinge in Einklang gebracht werden, ist es möglicherweise grau oder blau, wenn es zusätzlich einer Heilung bedarf.

Sind Sie dann ganz ruhig und stellt sich das Gefühl ein, gestärkt aus der Meditation hervorzugehen, atmen Sie einige Male tief durch, während Sie ganz langsam auftauchen. So, wie man sich nicht innerhalb weniger Sekunden in einen meditativen Zustand versenkt, sollte man ihn auch nicht binnen Sekunden wieder verlassen. Damit der Geist wieder klar wird, hilft es oft, von zehn an rückwärts zu zählen. Haben Sie Katzen, möchten diese vielleicht gerne an der Meditation teilnehmen. Lassen Sie es ruhig zu, denn oft harmonieren die beiden Energien gut miteinander. Insbesondere dann, wenn Sie eine enge Verbindung zu Ihrem Minitiger pflegen. Hunde sind im Gegensatz zu Katzen quirliger und gut darin, Energien abzugeben.

Feste und Feiertage im Januar

Der **31. Dezember / 1. Januar** liegt im westlichen Kulturkreis außerhalb der Zeit. Es sind Tage des Orakelns und der Bitte um Fruchtbarkeit. Bereits im Altertum wurden in dieser Nacht die Obstbäume umtanzt und mit viel Lärm die Wintergeister von den *Dryaden*, den Baumgeistern, verscheucht. Damit sie auch im kommenden Jahr wieder viele Früchte ansetzten, steckte man Geldstücke in die Rinde.

Mit dem Ende Raunächte am **2. Januar** (mancherorts 3.-5. Januar) wird bis in die heutige Zeit mit wilden Verkleidungen und viel Lärm das *Perchtenfest* oder *Perchtenlaufen* gefeiert. Diese letzte Rauhnacht ist im Brauchtum von besonderer Bedeutung, ist sie doch einer ganz besonderen Göttin geweiht: Als Wintergöttin und Spukgestalt zieht die *Percht* in den Rauhnächten durch die Lande, um nach dem Rechten zu sehen. Sie übt Gerechtigkeit und bestraft Vergehen. Dabei geht sie nicht gerade zimperlich vor, und es kann durchaus vorkommen, dass sie einen Straftäter zu Tode erschreckt. Alte, Frauen und Kinder hingegen stehen unter ihrem besonderen Schutz, und sie kontrolliert, ob die junge und die alte Generation gut versorgt sind.

In ihrem Ursprung soll die Percht eine ältere Erdgöttin sein, aus der sich *Holda* (manchmal *Holda* und *Berchta*, germanischer Einfluss, Norddeutschland) und *Perchta / Berchta* (keltischer Einfluss, Alpenraum) entwickelten. Und in der Tat haben sie viel gemeinsam. Wie *Frau Holle* hütet *Perchta* die Seelen der Ungeborenen in einem Brunnen oder Teich. Beide bestrafen die Faulen und belohnen die Fleißigen. Ihr Attribut ist die Spindel, die oft als das sich drehende Jahresrad oder Quelle des Schicksals angesehen wird. Und nicht anders als Holda war die Percht eine Schutzgöttin der Frauen. Mit einsetzender Christianisierung wurden die beiden Göttinnen vielfach endgültig entzweit in Holle, die Schöne, Beschützende, Lebensspendende, als Verkörperung der warmen Jahreszeit und Perchta, die hässliche Alte, die Ahnin, die den Winter symbolisiert.

Aus der Percht wiederum wurde im Lauf der Zeit die segnende, Gaben bringende *Frau Berta, Eisenberta* oder *Lichte Perchta*, der die christliche *Luzia* entspricht, und die erschreckende, hässliche und todbringende *Butzenbercht* oder *schiache* (hässliche / böse) *Percht*. In Gestalt der *Butzenbercht* wacht sie mit giftigem Atem eifersüchtig über ihr Getreide. Einem Dämon gleich vernichtet sie die Ernte, sät Zwist und Streitigkeiten und bringt Unheil. Als *Frau Welt* vereint sie zuletzt in sich alle Todsünden. Und in der Tat ist Perchta eine Göttin der Gegensätze. Wie die *Cailleach* tritt sie einmal als schöne Frau auf, so schön, dass kein Sterblicher ihren Anblick ertragen kann (Schönpercht), ein anderes Mal als hässliche Alte mit wirrem Haar und mottenzerfressener Kleidung (Schiachpercht).

Älteste Quellen berichten von der Göttin *Perchta, Perahta* oder *Percht* als Mutter- und Fruchtbarkeitsgöttin, die vor allem über das Getreide wachte. Ähnlich der *Nehalennia* wohnte sie in den Nebelschleiern auf den Feldern. Sie brachte die Wolken, sorgte aber auch für Sonnenschein. Ihr Name leitet sich ab von *peraht* (ahd. strahlend / glänzend / schön). Daneben wird *Epiphanie* (griech.) als Ursprung angeführt, was Parallelen zur *Befana* untermauert.

Andere betrachten *pergan* (verbergen /verhüllen) als etymologische Wurzel und vermuten in der Percht eine Göttin des Todes, der Unterwelt und des Mondes. Zieht man allerdings die Verehrung um die winterliche Sonnenwende herum in Betracht, charakterisiert die Göttin wohl eher das wiedererwachte Strahlen der Sonne, obgleich sie auch Züge einer chthonischen Göttin aufweist. Weitaus mehr als Holda ist sie die Dunkle Mutter, die über Tod, Transformation und Wiedergeburt wacht. Frau Percht war die Wintergöttin in Gestalt der dunklen, verschlingenden Erdgöttin und ist mit regionalen Unterschieden als Göttin des Bergbaus eng mit dem Eisen verbunden.

Eine Vielzahl von Darstellungen zeigt die Percht wie die „Böse Hexe" mit einer überlangen Nase, was häufig als Vogelschnabel gedeutet wird und auf eine alte Vogelgöttin hindeuten könnte. Die Göttin mit dem Vogelschnabel ist ein uraltes Motiv, das bis in die Steinzeit zurückreicht und auf Überbleibsel archaischer schamanischer Bräuche hinweist.

📖 **Wissenswert**: Vögel waren wichtige Hilfsgeister für die Seelenreise in die Welt der Geister und Götter, ohne sie war der Flug in die Jenseitswelt unmöglich. Einige galten als weise Ratgeber, andere trugen die Seelen der Verstorbenen in die jenseitigen Welten. Vögel mit langen Schnäbeln wie der Kranich, oder Rabenvögel mit ihren langen, leicht gekrümmten Schnäbeln, werden oft als Wandler zwischen den Welten angesehen, denen man besondere Fähigkeiten nachsagte - oftmals in Zusammenhang mit Leben, Tod und Wiedergeburt. Die Vogelverwandlung diente dazu, mit der spirituellen Welt Kontakt aufzunehmen.

Mit dem Erscheinen der Percht am Ende der Rauhnächte enden die Mittwinterfeste. Die mächtige Göttin stellt die Ordnung wieder her und weist die dunklen, Unfruchbarkeit, Mangel und Krankheit verursachenden Unholde des Winters in ihre Schranken. Ihre Macht über die Welt wird von der Percht gebrochen. Ein letztes Mal in der Julzeit wird versucht, mit Trommeln, Fackeln, Rasseln und dämonischen Masken den Winter zu vertreiben und die Erde aus ihrem Schlaf zu wecken. Je wilder sich die Verkleideten bei ihrem Lauf gebärden, desto fruchtbarer soll im Frühling die Erde sein, die sie berühren.

Es gibt Hinweise darauf, dass die im Dezember / Januar stattfindenden *Perchtenläufe* viel jünger sind als das ursprünglich mit der Percht verbundene Brauchtum. Älteste Hinweise stammen aus dem 15. Jahrhundert. Bei den Perchtenläufen treten zwei Gruppen kostümierter Perchten auf, die guten Schönperchten, die segenbringend am Tag erscheinen und die dämoischen Schiechperchten, die mit Einbruch der Nacht eintreffen. Oft gehen auch zwölf schöne und ebenso viele vermummte Perchten, die jeweils die zwölf Monate des neuen und alten Jahres darstellen, Seite an Seite. Allen voran schreitet die ganz in weiß gekleidete Erdmutter, im Norden häufig dargestellt als *Luzia* (die Leuchtende).

Die Göttin selbst kennt man in zahlreichen Gestalten wie der *Vogelpercht, Schnabelpercht, Rauweib* oder *Stampa*. In ihrem Gefolge finden sich allerlei Naturgeister wie der *Wurzelmann / Holzmandl* oder die *Habergeiß*. Pelzperchten deuten auf Tiergeister hin. Andere Gestalten, wie *Krampus, Klossa* oder *Buttnmandln*, werden eher mit Nikolausbräuchen verbunden.

📖 **Wissenswert:** Im Brauch der *Perchtenumzüge* finden sich nicht zuletzt die dreizehn Märchenfeen wieder. Zwölf, deren Wünsche bekannt sind und die eine, die dreizehnte Fee, die das Schicksal wenden kann. Die *Dreizehn* ist seit altersher eine magische Zahl, die auf den dreizehn Mondes eines Jahres beruht und erst mit Einführung der etablierten Religionen ihren okkulten und bösartigen Anstrich bekam.

Der dreizehnte Mond ist immer etwas Besonderes. Wie die dreizehnte Fee gilt er als schicksalbestimmend und symbolisiert eine zweite Chance, die Möglichkeit, die Realität zu biegen, um etwas Großes zu vollbringen oder eine Sache beenden zu können. Ungeachtet dessen, ob es sich um den zweiten Vollmond oder den zweiten Neumond innerhalb eines Monats handelt, wird ihm immer Hoffnung zugesprochen, manchmal sogar Vergebung. Zählt man die zu den Rauhnächten gehörenden Tage, kommt man ebenfalls auf dreizehn.

In der nordischen Mythologie war der **zweite Januar** vorwiegend als *Friggatag* (beziehungsweise Frigga*nacht*) bekannt, an dem die Frau als Lebensspenderin verehrt wurde. Man feierte die Wiedergeburt der Natur durch die Mutter Erde.

Als Wolkenweberin Holda hat Frigga bis in die heutige Zeit überlebt, so dass man mit regionalen Unterschieden auch von der *Hollenacht* oder *Hullefrauensnacht* spricht. Mit dem Ende der letzten Rauhnacht war das Licht endgültig in die Welt hinein geboren und der Winter konnte gemächlich dem Frühling weichen. Aus dem grauen Herbst und der winterlichen Kälte heraus entwickelt sich in den kommenden Wochen neues Leben. In alter Zeit wurden der Göttin in dieser Nacht vor allem Speiseopfer zur Stärkung dargebracht.

Im Wicca ist das junge Jahr / der junge Gott nun 14 Tage alt, von denen jeder als ein Jahr gezählt wird. Er erhält seinen Status als Erwachsener und seinen magischen Namen. Die Göttin überreicht ihm seine Waffen und teilt ihm seine Bestimmung mit, wonach er in die Welt hinauszieht, um diese zu erfüllen. Bei den Kelten wie auch bei den Germanen galten junge Menschen ab spätestens dem 14. Lebensjahr als erwachsen, mit allen daraus resultierenden Rechten und Pflichten.

In der Schweiz gibt es den *Bärchtelistag*, auch Berchtoldstag. Mit *berchten* oder *berchtelen* ist winterliches Heischebrauchtum gemeint, das auf das Klausentreiben zurückgehen soll. Einige führen in diesem Zusammenhang das keltische *Samonios* an. Zahlreiche Gruppen zogen verkleidet durch die Straßen und baten um etwas zu essen (=heischen).

Rechnet man, wie vor allem im Alpenraum üblich, die Rauhnächte ab dem 25. Dezember, wird der **5. / 6. Januar** als letzte Rauhnacht angesehen und gebietsweise als *Perchtentag* bezeichnet. In der Nacht zum 6. Januar wurden daher der vorüber ziehenden *Percht* Speisen auf das Dach gestellt. In Italien reitet die freundliche Hexe *La Befana* auf ihrem Besen über das Land, um den folgsamen Kindern Geschenke zu bringen, was sie allerdings nicht daran hindert, sie dann trotzdem zu erschrecken. Die ungehorsamen Kinder werden von ihr bestraft.

Der Name *Befana* soll wie *Percht* dem Wort *Epiphanie* entstammen, so dass Befana als italienische Version der Percht angesehen wird. Umzüge zu Ehren *Befanas* ähneln dem Perchtenlaufen. Traditionell stellt man ihr in der Nacht Speisen und Getränke bereit, damit sie sich stärken kann. La Befana wird als alte Frau dargestellt, die wie die Percht von Haus zu Haus zieht sich zu vergewissern, dass die Menschen auch fleißig sind. Da sie durch den Kamin in die Häuser gelangt, ist sie voller Ruß. Ursprünglich soll La Befana eine Botin des Vorfrühlings gewesen sein. Andere wiederum sehen in ihr die Verkörperung des alten Jahres, die Ahnin, die Vermittlerin zwischen den Welten, beziehungsweise den Generationen.

Auf den Britischen Inseln nennt man die Nacht von 5. auf den 6. Januar *Nollaig na mBean* (Weihnachten der Frauen), oder *An Nollaig Bheag* (Kleines Jul). Man schmückt Apfelbäume, die als Mittler zwischen der Welt der Lebenden und dem Reich der Toten gelten, mit Brot und Kuchen und segnet sie mit Apfelwein. Manchmal wird diese Nacht der Silvesternacht zugeordnet, wobei der Kampf des Eichenkönigs gegen den Stechpalmenkönig thematisiert wird. Wer das ganze Jahr über gesund bleiben möchte, sollte an diesem Tag ein Mus aus gedörrten Äpfeln, Birnen sowie anderen Dörrfrüchten kochen und essen. Die Kerne dienten früher als Heiratsorakel. In der christlichen Tradition sind Salz und Schmalz an diesem Tag tabu.

In England beginnt mit dem ersten Montag nach dem 6. Januar, dem *Plough Monday*, das Bauernjahr. In einigen Gegenden wird dabei noch heute in einer Prozession ein Pflug von Haus zu Haus gezogen. Eng verbunden mit dem Plough Monday ist auch der *Straw Bear,* der an den Strohbären, beziehungsweise Fastnachtsbären erinnert und von Morris-Tänzern und Musikanten durch die Straßen geführt wird, wo er für Geld, Bier oder Speisen seine Tänze aufführt. Das anschließende Verbrennen des Kostüms deutet auf alte Fruchtbarkeitsbräuche hin.

Die Kelten verehrten an diesem Tag die Göttin *Morgan / Morgane / Morgaine*, die dreifaltige Göttin des Meeres und des Mondes, als Schicksalsbringerin. Walisischen Legenden zufolge war *Morgane* eine Königin von Avalon, aus der in der Artussage die Priesterinnen-Schwester des Königs wurde und sich schließlich zur bösen Hexe entwickelte. Man nimmt an, dass dieser Wandlung Parallelen der *Morgan* zur *Morrigan*, der keltischen Todesgöttin, zugrunde liegen. Auch der *Kore-Tag* fällt auf den 5. Januar.

📖 **Wissenswert:** Aufgrund der zahlreichen Feierlichkeiten, die auf diesen Termin fallen, halten ihn viele für den *neunten Sabbat* (das neunte Jahreskreisfest) eines untergegangenen heidnischen Jahreskreises. Der Theorie zufolge handelt es sich um ein lang vergessenes Frauenfest, das vom hohen Norden bis weit in den Süden hinein gefeiert wurde, ähnlich dem *Wodanstag* um den 6. Dezember. Es ist der Tag der dreifaltigen Göttin. In Deutschland widmet man ihn häufig den drei *Bethen* (Berchten / Nornen), die im Alpenraum verehrt wurden. Dort nannte man sie *Embede*, *Wilbede* und *Warbede*, ihre keltischen Namen waren *Ambeth*, *Borbeth* und *Wilbeth*. Dass man die drei Bethen gebietsweise als *Berchten* bezeichnete, lässt Parallelen zum *Perchtentag* vermuten.

Im Christentum beendet der *Dreikönigstag* die Weihnachtszeit. Sternsinger ziehen von Haus zu Haus und sammeln Spenden ein. Im Norden Deutschlands hat sich der Brauch des Spendens mit dem *Timpkenfest* erhalten. An diesem Tag wird mit einem Totenschmaus sowie dem Verteilen von Gebäck und Spenden an den Todestag Herzog *Widukinds / Wittekinds* erinnert. Gleichzeitig dient(e) dieser Brauch der Kirche dazu, den angeblich durch ein Wunder bekehrten heidnischen Sachsenführer, den die Norddeutschen gemeinhin als ihren Ahnherren betrachten, in der christlichen Tradition zu etablieren.

Auf die Tage vom **12. Januar** bis zum **14. Januar** wird das *Miðvetrblót,* auch *Miðjum vetri blóta,* oder *Midrvinterblót* (Mittwinteropfer), datiert. Oftmals wird es dabei *Hökunott, Julfest* und / oder *þorrablót* gleichgesetzt. Der Theorie zufolge soll das Mittwinteropfer das Äquivalent zum heutigen Neujahrsfest gewesen sein. Dabei war es nicht auf einen bestimmten Tag festgelegt, sondern wurde am ersten Vollmond nach dem ersten Neumond nach der Wintersonnenwende gefeiert. In diese Zeit fällt auch die tatsächliche Mitte des Winters, so dass *Mittwinter* passend ist. Vieles an überliefertem Jul-Brauchtum soll nicht zur Wintersonnenwende sondern in diesen Tagen stattgefunden haben. In der nordischen Mythologie ist Mitte Januar die Zeit, in der Thor gegen die Eisriesen (den Winter) kämpft. In England ist dieser Tag bekannt als *Tiegunde Day.* In Deutschland kennt man ihn vielerorts als *Hacknacht.*

📖 **Wissenswert:** Zwischen dem Nikolaustag und Ende Januar gibt es außerdem allerlei Umzüge, bei denen maskierte oder in Tracht gekleidete Menschen von Haus zu Haus ziehen, oftmals angeführt von einem Pferdeschädel oder einem Mann auf einem weißen Pferd, dem *Schimmelreiter.* Ähnliches Brauchtum hat sich zum ersten Mai sowie bei anderen Frühlingsfesten erhalten. Vieles davon enthält neben rituellen Tänzen, wie dem *Morris Dance,* vor allem Sonnensymbolik und Fruchtbarkeitsrituale. Der Pferdeschädel wiederum wird mit Pferdegöttinnen wie *Epona* oder *Rhiannon* assoziiert. Um die Wintersonnenwende herum soll die Göttin in Gestalt einer Stute auf der Suche nach ihrem neugeborenen Sohn sein, der ihr drei Tage nach seiner Geburt gestohlen wurde.

In Wales zieht in den Tagen der Wintersonnenwende die *Mari Llwyd,* die „Graue Stute (veraltet Mähre)" durch die Dörfer. Hierbei handelt es sich um ein aus einem Pferdeschädel hergestelltes, mit einem Schleier sowie Girlanden geschmücktes Steckenpferd (engl. Hobby Horse[14]). *Mari Llwyd,* auch *Y Fari Llwyd,* soll vor allem den Tod des alten Jahres oder Winters sowie die Unsterblichkeit des Jahresrades symbolisieren. Die Tradition, daß die Träger sich Zugang zu den Häusern verschaffen, indem sie eine Liederzeile ansingen und von dem bewirtet werden müssen, der sie nicht zu Ende bringen kann, beruht auf der christianisierten Legende von der Grauen Stute. Diese musste im Stall von Bethlehem dem neu geborenen Christus Platz machen und zieht seitdem auf der Suche nach einer neuen Bleibe rastlos umher.

Mit dem *Frøblót,* dem *Freyrsfest* oder *Fasnacht* am **28. Januar** (historisch korrekt an dem Vollmond, der dem Neumond nach Jul folgt, was in etwa Mitte bis Ende Februar sein dürfte) wurde symbolisch der Winter mit seinem Frost, der Kälte und der Nässe vertrieben.

---

[14] In England ist das Steckenpferd tief im Brauchtum verankert und fester Bestandteil zahlreicher Prozessionen und Zeremonien.

An diesem Tag endete der Winter und der Frühling begann. Der Vegetations- und Sonnengott *Freyr* wirbt nun um die noch unfruchtbare Erde (*Gerdr*). In zahlreichen Ritualen wurden ganz besonders *Freyr* als Bringer von Licht und Fruchtbarkeit und die Erdmutter *Nerthus* beschworen. Die Bevölkerung brachte Speise- und Trankopfer dar, um damit die schlummernde Erde zu wecken. Gebietsweise verbrannten in großen Feuern Strohpuppen, die den Winter darstellen sollten (Winterverbrennen). Anderswo wurden diese während einer Zeremonie ertränkt.

Daneben gab es Umzüge mit maskierten und verkleideten Teilnehmern. Männer trugen Frauenkleider und Frauen Männerkleider, was die zur Christianisierung entsandten Mönche zu erbosten Tiraden veranlasste. Diese vermummten und lärmenden Umzüge dienten der Reinigung. Mit ihnen sollte alles Alte und Kränkelnde vertrieben und der Frühling herbeigerufen werden. Ein letztes Mal mischten sich die Gestalten der Wilden Jagd unter die Verkleideten. Zum Ende des Festes wurden mit viel Lärm und Getöse die lebensfeindlichen Wintergeister aus dem Land gejagt und das Vieh mit Birken- und Haselzweigen gesegnet, um fruchtbar zu werden. Vielfach stritten Sommer und Winter rituell um die Vorherrschaft.

📖 **Wissenswert**: Ein Großteil der modernen Faschingsbräuche, wie das Maskieren, das Verkleiden und das Verbrennen von Strohpuppen, sind dem *Frøblót* entlehnt. Der Brauch, sich zu maskieren und damit in eine andere Haut zu schlüpfen, stammt noch aus der Eiszeit. Darstellungen an Höhlenwänden oder Plastiken zeigen Mischwesen aus Tier und Mensch, die inzwischen als maskierte Menschen interpretiert werden: Durch die Haut eines Tieres oder die Maske eines Geistes sollten die Kräfte auf den Maskierten übergehen. Schamanen nahmen durch die *Tierverwandlung* Kontakt zur anderen Seite oder den Geistern des Jagdwildes auf. Daneben verspricht eine Maske auch immer den Schutz der Anonymität und bewahrt vor der Rache der Energien, die nun so unsanft vertrieben werden. Eine andere Theorie geht davon aus, dass die Winterunholde, sich von den Menschen nicht verscheuchen ließen, wohl aber vor den furchterregenden Gestalten, die lärmend durch die Straßen zogen, Reißaus nahmen.

Nach wie vor gibt es bis weit in den Februar hinein traditionelle Umzüge mit maskierten Tänzern. Viele der Masken dienen nur noch als Touristenattraktion, andere jedoch haben nur wenig von ihrer ursprünglichen Bedeutung verloren. Sie entstehen auch heutzutage noch in Handarbeit und dürfen nicht abgeändert werden.

Vor dem Christentum verkörperte jede Maske völlig wertfrei eine andere Kraft der Natur, darunter Erdgeister, Luftgeister und Waldleute, sowie Darstellungen von Kräften, die der Menschheit nicht wohlgesonnen waren.

Doch ging das Heidentum völlig anders mit diesen negativen Energien um als die Offenbarungsreligionen, welche stets danach trachten, sie mit Stumpf und Stiel auszulöschen. Respektvoll gab man diesen Mächten eine hässliche und manchmal auch furchterregende Gestalt, damit sie greifbar und damit auch „angreifbar" wurden, oder versetzte sich selbst hinein und übernahm damit diverse Eigenschaften. Verkleidungen, Masken und Abwehrzauber nahmen auf diese Weise Vielem den Schrecken.

Das *Frøblót* entspricht weitestgehend dem *þorrablót*, das am ersten Tag des Monats *þorri* (~Februar) begangen wurde. Dieses beinhaltete neben dem Austreiben oder Austragen des Winters auch ein Festmahl mit konservierten Speisen, den vormals eisernen Reserven. Ob das *þorrablót* dem Gott Thor oder dem Monat Februar geweiht war, ist unklar. *Þorri* soll außerdem der Name eines Königs oder Winterriesen sein und bedeutet übersetzt in etwa *dürre, trockene Kälte der Winterzeit*, was das Lebensgefühl im Januar und Februar sehr genau beschreibt. Beide Feste werden außerdem mit dem *Disablót / Disting* assoziiert. Weil darüber hinaus mit diesem Tag auch eine Zeit der Reinigung begann, der spirituelle Frühlingsputz, setzen viele es auch dem *Imbolc-Fest* gleich.

Der **31. Januar** ist den *Nornen, Disen* und *Walküren* gewidmet. Oft wird zwischen dem 31. Januar und dem 2. Februar das erste von zwei offiziellen *Disablót* (Disenopfern) begangen.

Frühling

Selbst der kälteste und dunkelste Winter muß früher oder später dem Frühling weichen. Wenn es auch noch kalt ist und Frost und Schnee die Welt fest in ihren weißen Krallen haben, regt sich schon das erste Leben, um neugierig seine grüne Nase aus dem Eis zu strecken. Eine leise Ahnung liegt in der Luft. Gemächlich löst sich die Natur aus der starren Umklammerung des Winters und beginnt mit der härtesten Arbeit des Jahres, denn alle Keimlinge, die den Winter über im Verborgenen gewachsen sind, müssen sich nun einen Weg ins Sonnenlicht bahnen, um weiterhin wachsen zu können. Durch verrottendes Laub sprießen ganz langsam die ersten jungen Grashalme, und die verblichenen Farben des Winters weichen nach und nach einem satten Grün in allen Schattierungen. Noch sind alle Bäume kahl und scheinen in der eisigen Luft zu frösteln. Wer allerdings genau hinsieht, entdeckt an einigen Stellen schon die ersten Knospen, die begierig darauf warten, sich zu öffnen.

Der Himmel hinter den Zweigen und Ästen ist nun nicht mehr eisblau oder schiefergrau, er gewinnt mit jedem Tag, den die Sonne höher steigt, an strahlendem Blau. Überall ist ein leichtes Tropfen zu hören, während Eis und Schnee unter den wärmenden Strahlen zerfließen und grüne oder graubraune Inseln freigeben. Rinnsale aus Schmelzwasser fließen aus den Bergen in die Täler und sammeln sich in großen Lachen auf den Wiesen. Auf den Flüssen treiben schwindende Eisschollen.

Nach und nach entlässt der Winter die Welt aus seinen Klauen. Die Luft mag noch frisch sein und die Nächte frostig, aber es schwingt ein Hauch von Aufbruch mit. Die Vögel kehren zurück und begrüßen den Tag bereits frühmorgens mit einem Willkommenslied. Alles scheint flüchtig, beinahe ätherisch, und es ist keinesfalls verwunderlich, dass dem Frühling das Luftelement zugeordnet wird. Und wie die Luft birgt der Frühling Jahr für Jahr die Magie des Neuanfangs.

Wann der Frühling tatsächlich beginnt, ist nicht einfach zu bestimmen. Der meteorologische Frühlingsanfang ist am 1. März und hat in Anbetracht der meistens herrschenden Temperaturen mit der Definition von Frühling nicht viel gemeinsam. Astronomisch gesehen ist die *Tag-und-Nacht-Gleiche*, das Fest der *Ostara*, der Startschuß für den Frühling. Auch der kalendarische Frühlingsanfang richtet sich nach dem *Ostara*-Fest. Der phänologische[15] Frühlingsanfang ist nicht nur regional verschieden, sondern auch von Jahr zu Jahr unterschiedlich, abhängig von der Rückkehr der Zugvögel und dem Erscheinen der ersten Blüten. Orientiert man sich am Hexenjahr, umfasst der Frühling die Monate Februar, März und April.

---

[15] Als *Phänologie* bezeichnet man die Wissenschaft vom jahreszeitlich bedingten Erscheinen.

Der Februar wird zwar häufig zum Winter gezählt, ist aber im Jahreskreis der Monat, in dem sich die ersten Schneeglöckchen und Märzenbecher zeigen und die Sonne wieder freundlicher vom Himmel lacht. Im Jahresrhythmus der Ahnen gab es weder Frühling noch Herbst. Meistens wurde das Jahr in Sommer und Winter eingeteilt. Das Wort *Frühling* (dt. Lenz) erscheint erst mit Beginn der Neuzeit. Datiert wurde der Frühling häufig auf die Wochen zwischen *Imbolc* und *Beltane*. Wie der Herbst, von dem es heißt, er nehme die Kranken mit sich, ist auch der Frühling als Todesbringer gefürchtet. Tatsächlich sterben in den Übergangszeiten vom Herbst zum Winter und vom Winter zum Frühling prozentual mehr Menschen als im Rest des Jahres. Die Ursachen hierfür sind sicherlich in der Umstellung des Stoffwechsels und der algemeinen Konstitution zu suchen.

Mit dem zarten Frühling, dem Neubeginn, wird die Göttin in Gestalt der *Jungfrau* verbunden. Die *Schwarze Jungfrau* wandelt sich mit der erstarkenden Sonne zur *Lichten Jungfrau*. Sie bringt oder trägt das Leben und steht synonym für Erweckung, Licht, Wachstum, Ungezwungenheit und Freiheit. Häufig hat sie einen engen Bezug zur Anderswelt und liebt es, das Schicksal herauszufordern oder Neues auszuprobieren. Sie ist noch sehr mädchenhaft, die junge, ungebundene Jägerin oder Kriegerin, unabhängig und fest entschlossen, es zu bleiben. Vielfach überreicht die Jungfrau in ihrem Kriegerinnenaspekt dem jungen Gott oder einem Helden seine Waffen. Darüber hinaus besitzt sie oftmals einen ausgeprägten sexuellen Hintergrund, der viele Jungfrauen-Göttinnen in späteren Zeiten zur Hure werden ließ.

Die Jungfrau erscheint in verschiedenen Gestalten und hat fast immer eine enge Verbindung zur Unterwelt. Mal verkörpert sie die verwandelte Ahnin, dann wieder ist sie noch mit der Dunklen Jungfrau zu einer Person verschmolzen, wie *Persephone*, die ein Drittel des Jahres in der Unterwelt verweilt und als *Kore* zwei Drittel auf der Erde bei ihrer Mutter *Demeter*. *Arianrhod* oder *Rhiannon* vereinen die Unterwelt mit der sterblichen Welt. *Perseis* wiederum tritt neu geboren aus der dunklen Höhle der Regeneration hervor. Ihr zweiter Name lautet *Neaira* (die Neue), was Bezug auf den Neumond nimmt.

Der unabhängige, kriegerische Aspekt wird durch *Artemis* oder *Diana* vertreten, die jungfräuliche Jägerin. Die nordische Mythologie kennt die *Walküren* als Kampfjungfrauen. *Freya* ist bewandert in den Künsten des Kampfes und der Zauberei des *Seiðr*. Zahlreiche Jungfrauengöttinnen, darunter *Maia*, *Anna Perenna* oder *Ostara*, stehen stellvertretend für den Frühling, den Aufbruch in ein neues Jahr. *Sol* fährt mit ihrem Sonnenwagen über den Himmel, um das Land von Eis und Schnee zu befreien. *Idun* hingegen wacht über ständige Erneuerung des Alten als Ausdruck der Unsterblichkeit.

Der Mond der Jungfrau ist der Neumond, von der gerade erschienenen, sich füllenden Sichel bis zum Vollmond. Diese Zeit steht stellvertretend für das Mädchen, aus dem schließlich eine junge Frau wird. Wer der Jungfrauengöttin begegnen will, muß früh aufstehen, denn ihr gehören die ersten Stunden des jungen Tages. Die ihr zugeordnete Farbe ist Weiß. Ihre Himmelsrichtung ist der Osten, die Luft ihr Element. Ihre Unterweisung besteht darin, zur Ursprünglichkeit zurückzukehren und die Wildheit ringsherum anzuerkennen, die so vollkommen im Gegensatz zur gelehrten Zurückhaltung steht. Sie möchte dazu ermutigen, das uralte Recht auf Freiheit und Unabhängigkeit einzufordern und lehrt vor allem Eigenständigkeit. Aber Vorsicht, denn genauso, wie die meisten Jungfrau-Göttinnen selbst einen Preis bezahlen müssen, wie *Persephone*, *Kybele* oder *Artemis*, sollten alle, die mit der Jungfrauenkraft arbeiten, wissen, daß nichts verschenkt wird.

Der Jungfrauengöttin steht der heranwachsende Gott gegenüber, der im Frühling eher kriegerisch aspektiert ist und von der Göttin mit Waffen ausgestattet wird, um den Wintergott zu besiegen. Der junge Gott kämpft nicht um des Kampfes willen, oder um sich Macht und Reichtum zu sichern, er kämpft gegen den alten Winterkönig, um der Welt das Überleben zu ermöglichen. Repräsentiert wird er zum Beispiel von *Gwalchmai* (Maienfalke), auch *Gawain von Orkney*, dessen Kraft zur Tagesmitte hin zunahm und der den Grünen Ritter herausforderte.

Ebenso können *Baldur* oder *CuChulainn*, der Held von Ulster, als junger Gott begriffen werden. Er ist gleichzeitig aber auch der junge Mann auf der Suche nach Orientierung und kann andere begleiten, die sich auf demselben Weg befinden. Gleich der Jungfrau begegnet man dem jungen Gott in allen Anfängen und anbrechenden Tagen. Vor dem Auftauchen des Kriegers - der nicht zwangsläufig negativ behaftet sein muß -, kannte man den *Wiederauferstehenden*, den aus dem Tod auferstehenden Vegetationsgott, der im Herbst geopfert wurde, sich mit dem Herbstfall schlafen legte, oder sich vom Grünen Mann zum gehörnten Herrn des Winters wandelte.

Mit der Energie der Jungfrau oder des jungen Gottes arbeiten alle, die ihren Weg trotz widriger Umstände weitergehen wollen. Sie verleihen Mut und Selbstsicherheit, die allerdings nicht umsonst sind.

Februar

Februar oder *Februarius* nannte man den letzten Monat des altrömischen Jahres. *Februare* bedeutet in der Übersetzung „reinigen" und hat, bezogen auf den Monatsnamen, seinen Ursprung in dem Brauch, zum Fest der Reinigung (*Februa*) Reinigungs- und Sühneopfer zu bringen.

Bis vor gar nicht allzu langer Zeit hieß der Februar in Deutschland noch *Hornung*, von *Hornunc*, auch *Hornungr* oder *Hornungsunu* (der im Winkel gezeugte, aus der Ecke Stammende), was gleichbedeutend mit *Bastard* war. Gemeint ist damit nichts anderes, als daß der Februar als unvollendeter Monat bei der Anzahl seiner Tage zu kurz gekommen war. Der Tag, den der August länger ist, als er ursprünglich sein sollte, nahm man bei der Kalenderrevolution dem Februar, der als letzter Monat hinzukam, weg. Andere leiten *Hornung* vom Abwerfen des Geweihs bei den Hirschen ab.

Aber der Februar hatte noch viele andere Namen. So kannte man ihn als *Feber* oder *Zille*. Da es häufig Frauen waren, die im Februar der weißen (Fruchtbarkeits-)Göttin huldigten und beim Winteraustreiben mitwirkten, kannte man diesen Monat auch als *Weibermonat* oder *Altweibermonat*. Auch *Narrenmond* hat seinen Ursprung in Winteraustreibung und Fruchtbarkeitsritualen. Basierend auf dem Umstand, dass im Februar häufig das erste Tauwetter einsetzt, bezeichnete man ihn als *Schmelz-* oder *Taumonat*. Die nordische Bezeichnung lautet *þorri*, manchmal *Gói* oder *Góa* (die Öffnende), nach einer Göttin der Fruchtbarkeit und des Wetters.

Im nordischen Jahreskreis begann der *Sonnmond*, eine Zeit, in der die Göttin *Sunna* den Winter bezwang und Eis und Schnee zum Tauen brachte. In diesem Zusammenhang wird sie häufig gleichgesetzt mit der mystischen Gestalt der *Frau Sporkele / Spö(r)kelse* (die Sprengende, Berstende) als Personifikation der Frühlingssonne, deren Erscheinen das Eis bersten lässt. Auch als *Frau Gaue* soll sie bekannt sein. In Norddeutschland hieß der Monat Februar ebenfalls *Sporkel(e)* oder *Spörkel*, was allerdings auf einem Opferschwein basieren soll.

Den Februar prägen die verschiedensten Feierlichkeiten und Fruchtbarkeitsbräuche, wie die Vertreibung der Wintergeister oder das symbolhafte Verbrennen des Winters. Beherrschende Elemente sind Feuer als Symbol der Sonnenkraft, Masken, Verkleidungen, Ausgelassenheit und immer wieder die Winteraustreibung. In vielerlei Gestalt wird der Winter erschlagen, gehenkt, begraben, ertränkt oder verbrannt. Im Norden Deutschlands kennt man das *Biikebrennen* (abgeleitet vom friesischen *Biike* für „Leuchtfeuer") am 21. Februar, bei dem der Winter in Form einer Strohpuppe (*Petermännchen*) vor der versammelten Bevölkerung verbrannt wird.

Sinnbildlich werden damit die Wintergeister in ihr eigenes Reich verbannt, damit der Frühling endgültig Einzug halten kann. Darüber, ob tatsächlich lebendige Menschen in den Feuern brannten, um den Winter zu vertreiben oder die Götter zu besänftigen, gibt es bislang nur Spekulationen. Bekannte Bräuche sind / waren daneben das *Kornaufwecken, Winteraustragen* oder regionale Prozessionen und Umzüge wie der *Nerthusumzug*. Diese Feiern gehen bis in den April hinein und haben im Kern denselben Ursprung wie die Perchtenläufe oder das Silvesterspektakel.

Vom *Frøblót*, der einstigen *Fasnacht*, die ursprünglich mehrere Wochen umfasste, sind mittlerweile streng genommen nur drei Tage übrig geblieben. Inoffiziell jedoch beginnt die Karnevalszeit am 11. November und erstreckt sich damit über genau den Zeitraum, den auch die Ahnen ausgelassen und dennoch in respektvoller Ahnenverehrung begingen. Das Leben der Menschen befand sich in diesem Zeitraum außerhalb der normalen Rhythmen - nicht zuletzt durch die Verkleidungen und die wilden, ausschweifenden Feste. Ausgehend von den Wochen, in denen die Natur in der Schwebe hängt und vielleicht nicht wieder grün und fruchtbar wird, bezeichnet man die *Fasnacht* tatsächlich manchmal als die *fünfte Jahreszeit*.

Die zeitgenössische Bezeichnung der *Fas(t)nacht*, beziehungsweise der Zeit vor und nach der *Fasnacht* als dem eigentlichen Fest, ist *Fasching* oder *Karneval*, abgeleitet von *carne vale*, was so viel bedeutet wie *Fleisch lebe wohl* und auf die folgende Fastenzeit hinweist, in der Fleischverzehr verboten war. Der Begriff *Fas(t)nacht* ist bekannter, aber nicht vollständig geklärt. Der Theorie zufolge stammt er aus dem Althochdeutschen und setzt sich zusammen aus *fasta* (Fastenzeit) und *naht* (Vorabend / Nacht). Eine andere Theorie besagt, er leite sich ab von *faseln* (wirres Zeug reden). Wieder andere bringen ihn mit *fasen* (fruchtbar sein / Übermut) in Verbindung. Im Hinblick auf die Art und Weise der Feiern, die sich um Fruchtbarkeit drehten, ist die letzte Variante wohl die wahrscheinlichste.

An Beschlüsse der Kirche, die die alten Fruchtbarkeitsfeste strengstens verboten hatte, hielt sich zunächst niemand, so dass die Unterwanderung langsam erfolgen musste. Zunächst einmal bekam das Wort *Fasnacht*, von „fruchtbar sein, sich vermehren", einen neuen Anstrich. Es wurde zur *Fastnacht*, einer Zeit des Fastens und der Enthaltsamkeit. Der Zeit, in der alles zu neuem Leben erwacht und dieses Leben exzessiv, erotisch und vor allem lärmend gefeiert wird, setzte die Kirche die Fastenzeit, die Kontrolle des Körpers entgegen. Indem er vollkommen gegen die Natur handelte, versuchte der Klerus, die den Frühling bestimmende, chaotische Energie in die Knie zu zwingen, was auch nach Jahrhunderten nur teilweise gelang. Dennoch kommt die christliche Fastenzeit, betrachtet man den historischen Hintergrund, nicht von ungefähr, denn zum Ende des Winters herrschte sehr oft Mangel und Hunger. Die Hühner (wo es sie schon gab) legten keine Eier, Milch, so man die Tiere noch melken konnte, wurde langsam rar, und auch die Getreidevorräte neigten sich merklich dem Ende zu. Vorratshaltung war mühselig und viel schwieriger als in heutiger Zeit.

Die Wochen zwischen Samhain und dem Imbolcfest konfrontieren den Menschen mit seinen Schattenseiten. Vor allem das Brauchtum um die Percht und ihr Gefolge ist davon bestimmt. Sie führen hinab in den Abgrund, die Tiefen der Seele, hinunter zu allem, was furchterregend, unethisch, unmoralisch und verboten ist.

Nicht selten dienten die alten Tänze dazu, unerwünschten Verhaltensweisen zu begegnen, um sie zu kanalisieren ohne sie auszuleben, denn auch das Dunkle, Entartete, Grausame, Schmerzhafte hatte seinen festen Platz. Für den Alltag bedeutete dies nur wenig unterdrückte Gefühle, da man wusste, wie mit derartigen Erfahrungen umzugehen ist. In der modernen, rationalen, zivilisierten, christlichen, humanistisch geprägten Welt mit einer allgegenwärtigen Licht-und-Liebe-Botschaft, dem positiven Denken und der Alles-wird-gut-Mentalität darf es keine Wildheit, keine Ekstase oder Entfesselung mehr geben, so wenig wie Wut, Enttäuschung, Angst oder Trauer. Derartige Gefühle haben keinen Platz und keine Berechtigung, weil nur die Guten und Tapferen, die Rationalen, Sanften, Braven und die Tugendhaften anerkannt werden.

Doch die Verdrängung negativer Gefühle richtet viel Schaden an, denn unterdrückte, bagatellisierte und verleugnete Energien verschwinden nicht einfach, weil man es ihnen befiehlt oder über sie hinweglacht. Sie wechseln über zu anderen Ebenen, auf denen sie wirken können. Je mehr *der Tod* und *das Dunkle* als „das Böse" abgespalten wurden, desto unheimlicher und beunruhigender wurden sie und legten den Grundstein für Verfolgungen wie den Hexenwahn. Die moderne Methode der (vermeintlichen) Zähmung, Bezwingung, Verdrängung, Ausgrenzung, Überlagerung und Ächtung durch die etablierten Religionen, die Licht-und-Liebe-Esoterik oder das positive Denken lässt *das Dunkle, Unerwünschte, Unheimliche* viel bedrohlicher erscheinen, als es tatsächlich ist, denn nun muss es mit Gewalt auf sich aufmerksam machen.

Womit niemand rechnete: Die verscheucht geglaubten Mächte kehrten umso bedrohlicher zurück und traten plötzlich über die Schwelle ein. H.P. Dürr drückt es so aus: *„Die Dämonen nun, die man in die Wildnis, weitab von den Menschen, getrieben hatte, kehrten in veränderter Gestalt und auf weitaus bedrohlichere Weise zurück. Sie begnügten sich nicht länger damit, auf dem Zaun zu hocken, sondern schlichen nachts die Kellertreppe hinauf und schlugen an die Türen. Jetzt drohte die Hexe nicht mehr von außen, sie erwachte im Inneren."*, Traumzeit. Über die Grenze..

Die lärmenden Umzüge wurden uniformiert und verharmlost. Der zügellosen *Diana, Freya* oder *Lillith* setzte man die sittsame und asexuelle *Maria* entgegen. Die Alte in Form der *Percht* wurde durch die Lichterjungfrau ersetzt. Da Frauen als ganz besonders beeinflussbar angesehen wurden, mussten sie fortan den Umzügen fernbleiben. Zwar durfte weiterhin gefeiert werden, aber keinesfalls *zu* lasziv und ausgelassen.

Die einst von der Kirche geforderte Ernsthaftigkeit hat sämtliches Fastnachtsbrauchtum aller Ausgelassenheit zum Trotz bis in die heutige Zeit beibehalten. Niemand tanzt wirklich aus der Reihe. Sämtliche „unpassenden Gefühle" oder „Verrücktheit" müssen in gesellschaftskonforme Bahnen gelenkt werden, um bestehen zu dürfen.

Der übermäßige Genuss von Alkohol zur Karnevalszeit ist nicht mehr als der Versuch, die unerwünschten Instinkte zu unterdrücken und das Bedürfnis wegzuschieben, einmal über die Stränge zu schlagen, sich gründlich auszutoben, einmal ungezügelt lebendig sein zu wollen. Als wäre das nicht genug, wird der, im übertragenen Sinne, gefesselte und geknebelte Mensch im Anschluss an die Feierlichkeiten mit der Fastenzeit bestraft. Wenngleich auch heutzutage die Feiernden mit den gesellschaftlichen Tabus brechen, hat der moderne Karneval als Massenbesäufnis nur wenig zu tun mit dem ursprünglichen Hintergrund, seine ureigensten Instinkte und Gefühle wenigstens einmal im Jahr ausleben zu dürfen.

Dennoch dienen die Feiern noch immer dazu, mit den gesellschaftlichen Konventionen zu brechen, die Weltordnung auf den Kopf zu stellen und alte Werte, Lehren und Gewohnheiten hinter sich zu lassen. Verkleidungen ermöglichen dabei einen Paradigmenwechsel, Masken stellen einen Schutz dar. Närrische Reden entlarven Mißstände oder weisen auf einen wahren Kern hin. Altes wird abgelegt, Neues ins Leben gebeten. Mit dem *Kehraus* kommt schließlich die große Reinigung, die das närrische Treiben beendet.

Zur Zeit der Ahnen waren Tod und Ahnenverehrung ein zentrales Thema der Feierlichkeiten. Im Norden opferte man zum *Disting*, oft dem *Frøblót*, *Imbolcfest* oder *þorrablót* gleichgesetzt, den Disen und Alben. Bei den Griechen gab es die *Anthesterien*. Von den Römern sind zwei Feste überliefert, die den Übergang vom Tod zum Leben zum Thema haben. Eines feierte man zu Ehren der Toten und ein anderes, die *Luperkalien*, die dem Gott *Faunus* (der römischen Variante des *Gehörnten*) geweiht waren, um die erwachende Vegetation zu ehren. Im Volksmund ist der Februar daher auch als *Siegmond* bekannt. Der Winter ist fast überstanden, und die schwachen Sonnenstrahlen gewinnen zunehmend an Wärme. Viele feiern daher den Vollmond im Februar als den siegreichen Mond.

Mit dem Februar beginnt im heidnischen Jahr der Frühling. Es mag noch kalt sein, aber die Sonne lächelt schon wieder freundlicher vom Himmel und lässt den Schnee stellenweise schmelzen. Die Tage werden nun merklich länger, und der Winter verliert zusehends seine Macht. Auch wenn noch Schnee fällt und der Boden gefroren ist, liegt ein Versprechen der Erneuerung in der Luft. Die Sonne kommt allmählich höher, scheint wärmer und freundlicher. Sie ist mittlerweile stark genug, für einige Stunden das Regiment zu übernehmen und aus einem weißen Laken, das die Landschaft bedeckt, viele kleine Tümpel werden zu lassen. Auf den Seen schwindet die Eisdecke und gibt das Wasser wieder frei. Wenn sich dann die ersten Frühblüher zaghaft an die wenigen warmen Sonnenstrahlen herantasten, ist das der Beweis, dass die kalten Tage in Kürze ein Ende haben werden. Der Frühling kommt schon bald. Jedenfalls ist er näher als der Winter.

Thema im Februar – Erkältungen vorbeugen

Spätestens Ende Januar befällt einen das Gefühl, es könnte vielleicht doch nicht wieder warm werden. Eine Gänsehaut jagt die nächste, während Hände und Füße nur langsam auftauen. Wenn die Füße frieren, sagt man, friert der ganze Körper, und so wird es von vielen Menschen empfunden. Ein abendliches Fußbad kann Abhilfe schaffen, denn es profitieren nicht nur die Füße, sondern der gesamte Körper. Daneben wird eine lindernde Wirkung auf ein überreiztes Nervenkostüm angenommen.

Beim Fußbad werden die Füße und Beine bis zu den Waden ins Wasser getaucht. In der Regel reicht dazu ein Eimer oder eine kleine Wanne. Die Temperatur sollte bei ungefähr 35 - 40°C liegen; kälter entzieht es dem Körper Wärme (vor allem in der kalten Jahreszeit), heißer kann es schwer auf den Kreislauf schlagen. An Zusätzen eignen sich Extrakte aus Kräutern und Wurzeln oder etwas Meersalz. Blüten und Blätter bereitet man wie einen Tee zu und gibt den Sud ins Badewasser. Wer sich nicht viel Arbeit machen möchte, hängt einfach einen Teebeutel in die Wanne.

Pfefferminz- oder Kamillentee läßt Ekzeme und Schwellungen, wie sie im Winter häufig auftreten, schneller abklingen. Fichtennadelextrakte lindern Erkältungssymptome und beleben den Kreislauf. In Verbindung mit Beinwell klingen Schwellungen schneller ab. Fußpilz läßt sich mit einer Kombination aus Kamille und Walnussblättern vermeiden, und wer mit Schweißfüßen zu kämpfen hat, sollte es mit Eichenrinde probieren: Dabei rechnet man ca. 250 g auf 2 Liter. Die Eichenrinde eine halbe Stunde köcheln lassen, abgießen und den Sud für das Fußbad benutzen. Auf die gleiche Art und Weise wird bei rheumatischen Erkrankungen Haferstroh ausgekocht und für Bäder verwendet.

Wer bei frostigem Wetter kalte Füße und Kreislaufbeschwerden hat, sollte es mit einem Fußbad aus 2,5 Litern sehr warmem Wasser und 25 g Senfmehl versuchen. *Wechsel-Fußbäder* stärken die Abwehrkräfte und lindern Kreislaufbeschwerden. Dazu wechselt man bis zu viermal zwischen warmem (38°C) und kaltem (18°C) Wasser. In das kalte Wasser werden die Füße nur kurz getaucht, im warmen Wasser können sie bis zu fünf Minuten lang verweilen. Die Anwendung wird mit kaltem Wasser beendet. Um die Haut nicht zu sehr aufzuweichen, sollte man die Füße nicht länger als zehn bis fünfzehn Minuten im Wasser lassen. Es wird ein Fußbad pro Woche empfohlen. Nach dem Bad die Füße gut abtrocknen, eincremen und warm verpacken. Pflegeprodukte zuvor gut einziehen lassen.

Die Füße sind oftmals die Stiefkinder des Körpers. Jahrelang tragen sie den Menschen durch sein Leben und ernten dafür in der Regel nur wenig Dank. Man (und vor allem frau) quetscht sie in muffige Stiefel oder ausgelatschte Ballerinas und zwingt ihnen mit Pumps und Stilettos eine völlig unnatürliche Haltung auf. Gehen Sie daher so oft es geht barfuß oder auf Socken, um dem Fuß eine natürliche Haltung zu verschaffen.

Vermeiden Sie außerdem unpassendes Schuhwerk, damit nichts drückt oder reibt. Der häufig durch Nylonstrümpfe und schlecht sitzende Schuhe entstandenen Hornhaut rückt man am besten mit Buttermilch und Olivenöl zuleibe. Bedanken Sie sich außerdem hin und wieder mit einer Massage oder einem Bad bei ihren armen, gestressten Füßen.

Ebenfalls von der Kälte betroffen ist im Winter das größte Organ, die Haut. In der winterlichen Kälte vermißt sie die Sonne, wird schuppig und rauh. Die Talgdrüsen, die normalerweise für einen gesunden Fettfilm sorgen, trocknen aus, die Gefäße verengen sich und versorgen die Haut mit weniger Sauerstoff als sie eigentlich braucht. Anhaltende Kälte kann die Haut regelrecht darren. Trockene Heizungsluft und kalter Wind geben ihr dann den Rest.

Um die rauhen Stellen zu behandeln, eignen sich verschiedene Salben wie diese Farnsalbe: 125 ml Öl mit dem Kraut auf 70°C erhitzen und einige Zeit halten. Dann 1 El Lanolin sowie ½ Tl Bienenwachs einrühren. Während des Abkühlens 1 Tl Hamamelistinktur einschlagen und abfüllen. Anwenden bei rauen Ellenbogen und allgemeiner „Winterhaut". Um es soweit nicht kommen zu lassen, sollten besonders empfindliche Stellen vor der Kälte geschützt werden: Morgens und abends eine fetthaltige Creme oder ein nährendes Öl auftragen, das Wasser bindet und die Haut glatt hält. Dabei Hände und Füße nicht vergessen.

Die kalte Winterluft sorgt außerdem alljährlich für Erkältungen. Wer dem vorbeugen oder seine Triefnase kurieren möchte, kann durch *Dampfinhalation* seine Abwehrkraft stärken und gleichzeitig die schlimmsten Symptome lindern. Für eine Inhalation mit Wasserdampf ungefähr 2 Handvoll zerkleinerte Kräuter mit etwas Salz in eine Schüssel gegeben und diese mit kochendem Wasser aufgießen. Dann darüber beugen und Kopf und Schüssel mit einem Handtuch abdecken, damit die ätherischen Öle sich nicht zu schnell verflüchtigen können. Inhalationen werden zwei- bis dreimal am Tag jeweils eine Viertelstunde lang empfohlen.

Häufig praktiziert aber wenig empfehlenswert ist das Inhalieren mit ätherischen Ölen. Wohl aber kann man bei einer Erkältung die ätherischen Öle von Kamille, Minze oder Eukalyptus ins Badewasser geben um gleichzeitig zu inhalieren und den Körper zu entspannen.

Erkältungs-Dampfbad: Kamille, Holunder- /Lindenblüten, Fichtensprossen

Vereiterte Stirn- und Nebenhöhlen: Schafgarbe, Salbei

Bronchitis: Buchenblätter, Kiefer, Tanne, Fichte (Harz / Triebe), Thymian

Asthma, hartnäckiger Husten: Ysop, Thymian, Sonnentau

Dampfinhalation mit Nadelbaumharz: Das Harz und einige Triebe verschiedener Nadelbäume in eine Schüssel geben (Metall hält die Wärme länger, kann aber mit den Inhaltsstoffen reagieren), mit kochendem Wasser übergießen und so warm wie erträglich inhalieren.

Der Mond im Februar

Milde lächelt der bleiche Februarmond vom Himmel. Sein Licht ist rein und klar, nur zeitweise ein wenig getrübt vom steten Nieselregen, der die kahle Erde von Eis und Schnee befreit. Unter der weißen Decke erscheint nun das braune Bett, in dem das Samenkorn des Frühlings noch selig schlummert. Weil er meistens Regen und Tauwetter mit sich bringt, wird der Vollmond im Februar oft als *Taumond* bezeichnet. Man kennt ihn zudem als *Narrenmond*, da zum Frühlingsbeginn mit allerlei Verkleidungen und Schabernack die Wintergeister ausgetrieben werden, um den noch gefrorenen Erdboden wieder fruchtbar zu machen.

Ebenfalls nennt man ihn den *Weißen Mond*, denn er steht schon im Zeichen der weißen Frühlingsgöttin. Er ist stark und wild und überaus nützlich, wenn es darum geht, Altes endgültig loszulassen, um sich dadurch von unnötigem Ballast zu befreien. Innerlich gereinigt kann man sich danach vermehrt auf das konzentrieren, was wirklich wichtig ist und sieht Probleme oftmals aus einem anderen Blickwinkel heraus.

Erlenmond (Erwachen)

Im Angesicht des Erlenmondes beginnt die Natur sich in ihrer Winterstarre zu regen. Alles Leben taucht nach einer Zeit des langen Schlafes wieder in einen Dämmerzustand auf, vergleichbar mit dem Moment zwischen Schlaf und Wachen. Hier wirkt die Kraft des Erlenmondes am stärksten, denn als Schwellenmond beeinflusst er vor allem die eine Sekunde, in der die Träume noch anwesend sind, der Schläfer aber schon dabei ist, die Augen zu öffnen.

Alle Wesen der Anderswelt, die im Reich der Sterblichen für Wachstum und Gedeihen zuständig sind, machen sich bereit, die Grenzen zu überschreiten, um die ersten Keimlinge auf ihrem Weg ans Sonnenlicht zu unterstützen. Rituale, die Fruchtbarkeit und Gesundheit betreffen, finden zum Erlenmond besonderes Gehör.

Die Erle selbst ist wie der erste Lichtstrahl in der Dunkelheit, das Aufblitzen einer lang vergessenen Erinnerung. Sie verbindet das Dunkel der mondlosen Nacht mit dem hellen Tag und das Diesseits mit der anderen Seite. Wie die Weide ist auch die Erle ein Schwellenbaum, der die tieferen mit den oberflächlicheren Ebenen des Geistes verbindet. Infolgedessen wägt sie sehr genau ab, wem sie ihre Geheimnisse offenbart und stellt so manchen vorher auf die Probe.

Das Wasser, das als Regen die Welt im Frühling zum Leben erweckt, ist auch ihr Lebenselixier. Kein Wunder, ist sie doch ein Baum des Wassers, der Gräben, Sümpfe und Moore. Da sich Erlensaft in Verbindung mit Luftfeuchtigkeit rot verfärbt, heißt es von der Erle, sie gäbe ihr Blut.

Für die Kelten war die Erle ein Symbol der Wiederauferstehung, wie ein Krieger, der den Tod überwindet. Ihre Energie ist der Energie der Weide sehr ähnlich, jedoch hexenhafter, dunkler und ursprünglicher. Mehr noch als die Weide wird die Erle mit den Kleinen Leuten verbunden. Ein Erlenbruch ist oftmals ein Tummelplatz der Wassergeister, Nebelfrauen oder Moorhexen. Auch die *Wilde Frau* ist hier zu Hause, die Essenz des Weiblichen, ungebunden und frei.

Erlenenergie ist ein wenig träge, wie alles, was schlaftrunken erst einmal vollständig erwachen muß, dann aber überaus kraftvoll. Sie eignet sich hervorragend, um mehr über das eigene Selbst zu erfahren und erleichtert den Zugang zum Reich der Elemente und Naturgeister, was auch einschließt, deren Regeln und Mentalität verstehen zu lernen. In der Magie sind Schutzamulette häufig aus Erlenholz. Zauberstäbe aus Erle haben eine starke Schutzwirkung und werden für Menstruations- sowie Schwarzmondrituale benutzt. Manchmal hat die Erle einen sehr sinnlichen Aspekt, der mehr von unbewussten Wünschen offenbaren kann, als manchem lieb ist.

Die beiden Runenmonde im Februar

Gemeinsam mit dem Neumond erscheint *Perthro / Peordh*, die Schicksals- oder Glücksrune. Perthro wird mit einem Würfelbecher verglichen, der den Spieler reich oder arm machen kann. Schon die Altvorderen wussten, dass Glück etwas ist, was einem widerfährt und nicht das, was man daraus macht. Auch im Leben kommt es immer wieder darauf an, wie die Würfel fallen, wird dem, der nichts tut, alles zuteil, während derjenige, der sich abrackert, dennoch all sein Hab und Gut verliert.

Daher ist die Annahme, Glück wäre eine Wahl und für jedermann erlernbar, beziehungsweise steuerbar, die Folge harter Arbeit oder eine reine Sache der Lebenseinstellung und jeder Mensch selbst verantwortlich für alles, was ihm geschieht, nichts anderes als eine weitere Form des Selbstbetrugs. Sich mit einem Zustand oder einer Situation mehr oder weniger zu arrangieren, die Welt schönzureden und das Beste aus dem zu machen, was geschieht, hat nichts mit *Glück haben* oder *glücklich sein* zu tun. Und auch die Wahl zwischen Pest und Cholera ist nicht wirklich eine *Wahl*. Dennoch wird Glück oder kein Glück zu haben gerne als selbst verschuldeter Zustand propagiert.

So trifft auch das unsinnige *Gesetz der Anziehung*, die Theorie, Gefühle wären programmierbar und lediglich die eigenen Denkmuster oder die eigene Erwartungshaltung würden darüber bestimmen, was einem widerfährt, nur bedingt zu. Es würde nämlich bedeuten, dass Menschen, die hungern, in bitterer Armut leben oder an Krankheiten sterben, ihren Zustand selbst verursacht haben, weil sie es sich so wünschen.

Glücklich sein ist inzwischen regelrecht zur Pflicht geworden. Der breiten Masse wird dabei gerne eingeredet, Glück wäre nichts mehr, was einem widerfährt, sondern lediglich eine Sache der Vorstellungskraft, der harten Arbeit am eigenen Ich. Wer kein Glück hat, muss also selbst daran schuld sein, weil er sich dafür entscheidet, sich selbst unbewusst sabotiert - oder einfach nicht hart genug an sich arbeitet. Folgedessen hat er auch weder Mitgefühl noch Unterstützung verdient.

Obwohl oft angenommen wird, dass derjenige, der sich irgendwie Glück und Zufriedenheit suggeriert, auch gesünder sei und länger lebt, wird erst andersherum ein Schuh daraus, denn wer gesund ist und ein freudvolles Leben hat, der ist auch glücklich. Studien haben längst ergeben: Glück ist das Nebenprodukt eines erfüllten Lebens, nicht die Voraussetzung dafür. Zum Erfolg gehören eben nicht nur Disziplin, Fleiß und Leidensfähigkeit, sondern ebenfalls eine große Portion Hilfe und Glück.

Perthro ist die zweite den Nornen zugeordnete Rune, die allerhand karmische Fügungen, Schicksalswendungen und unerwartete Möglichkeiten beinhaltet. Sie hält die Botschaft bereit, dass zwar jedes Lebewesen seiner Bestimmung folgt, die Zukunft aber nicht in allen Einzelheiten vorgegeben und somit innerhalb gewisser Grenzen durchaus veränderbar ist. Häufig tritt Peordh in Verbindung mit einer zweiten Chance auf und verhilft diesmal zur nötigen Portion Glück. Auch ist sie eine Frauen-Rune, die mit Schutz, Gebären und Gebärmutter assoziiert wird. Wie die Nornen vereint diese Rune Vergangenheit, Gegenwart und Zukunft. Ebenso wacht sie über uralte, zum Teil magische Geheimnisse, deren Lösung noch im Nebel des Kommenden versteckt liegt.

Jetzt, wo der Schnee zu tauen beginnt, deutet Perthro auf Verborgenes hin und verspricht, dass alles, was gerade noch unsichtbar und verborgen ist, im Begriff steht, sich seinen Weg ans Tageslicht zu bahnen. Obgleich die Rune einen ernsten Hintergrund hat, steht sie gleichzeitig symbolisch für Fröhlichkeit und Ausgelassenheit bis hin zur Zügellosigkeit. Peordh rät zum Maßhalten in Zeiten der Ausschweifung und weist darauf hin, dass sich nur im Schweigen alle Geheimnisse selbst hüten. In neueren Runenorakeln wurde Perthro von der leeren Schicksalsrune *Wyrd* abgelöst und repräsentiert seitdem eher Glück als Bestimmung.

Mit dem Vollmond breitet *Algiz* schützend die Arme aus. Diese Rune erinnert die Menschheit daran, daß jedes Leben unter ihrem Schutz steht und die Erde schon bald wieder fruchtbar sein wird. Algiz, auch *Elhaz* oder *Eolh*, wirkt wie ein Schutzschild. Diese Rune ist ein Beschützer der Lebenskraft und eng mit der Urmutter verbunden. Einzige Voraussetzung für den Schutz von Algiz ist Vertrauen, das Urvertrauen in die Zyklen des Lebens und den ewigen Kreis. Mit Algiz als behütendem Wächter wird das Leben neu geboren. Auch Menschen, die sich im Einklang mit den natürlichen Gezeiten befinden, können durch Eolh auf spiritueller Ebene eine Wiedergeburt erfahren.

In der Magie wird Algiz dazu verwendet, Kontakt mit hilfreichen Wesen der geistigen Ebenen herzustellen. Und nicht zuletzt schützt die Rune Eolh den Reisenden, der in der Anderswelt unterwegs ist. Bei abnehmendem Mond dient Algiz dazu, Feinde oder Negatives zu bannen beziehungsweise abzuwehren. Ferner schirmt die Rune den magischen Kreis ab.

Spirituelles im Februar

Der Februar gibt ein Versprechen ab. Er versichert, daß schon bald andere Zeiten kommen werden, in denen aus Not große Fülle erwächst, die den nagenden Hunger stillt. Hält der Februar Einzug, beginnt die Vorbereitung auf das Erwachen. Jetzt bestimmt die Intuition einen großen Teil des Handelns. Jeder sollte frei und empfänglich sein für Vorschläge und Ideen, die aus dem tiefen Selbst an die Oberfläche drängen, denn in dieser Zeit, im Zeichen von *Brigidh* und anderen Feuergöttinnen, ist die eigene Kreativität ein sprudelnder Quell. Dennoch ist es vor dem Hintergrund des langsamen Erwachens besser, alle Pläne erst einmal zurückzustellen, Rat einzuholen und alles Weitere dann ganz in Ruhe zu entscheiden.

Kreativität wecken

Jeder ist mit Sätzen vertraut wie: *„Tu etwas Kreatives, geh arbeiten."*, oder es wird einem vorgeworfen: *„Was du machst, bringt doch nichts ein. Das lohnt sich doch nich*t." Die Reihe der Vorwürfe ließe sich beliebig fortsetzen. Anstatt die eigenen Träume zu verfolgen und letztendlich zu verwirklichen, werden viele selbst noch in ihrer knappen Freizeit dazu angehalten, die Träume und Ziele anderer Wirklichkeit werden zu lassen und einer kleinen, selbsternannten Elite ihren Profit zu sichern.

Die Wertvorstellung sieht sehr einfach aus: Nur wer arbeitet und somit auch Geld verdient, ist etwas wert. Wer nur etwas „tut" und dabei kein Geld aus seiner Tätigkeit zieht, geht lediglich einem Hobby nach und ist somit wertlos. *Träumer, Drückeberger* oder *Müßiggänger* sind nur die harmloseren Begriffe, mit denen Menschen, die sich eine kreative Pause gönnen, betitelt werden. Die Seele baumeln lassen, um neue Ideen zu bekommen wird nur zu oft mit Faulheit gleichgesetzt. Kontemplation stört die Produktivität der modernen Leistungsgesellschaft[ii].

Zum Glück sind Kreativität und Inspiration nicht zwangsläufig an Produktion im Sinne von „etwas herstellen" oder „eine Arbeitsleistung erbringen" gebunden. Kreativ sein bedeutet geistige Fruchtbarkeit, Frieden und Erfüllung.

Es bedeutet schöpferisch tätig zu sein und zwar nach eigenen Vorgaben und eigenen Vorstellungen; selbst gestaltend aktiv zu werden, ohne sich andauernd von den Medien oder Meinungen anderer berieseln zu lassen. Die meisten Menschen konsumieren vorbehaltlos und ohne je selbst etwas zu (er-)schaffen.

Mit einem kleinen Ritual können Sie die Mauer aus Kritik und Mißbilligung durchbrechen, die so viele Menschen daran hindert, etwas anzufangen, das in den Augen anderer nutzlos erscheint (oder einfach nur eigene Wege zu beschreiten): Zünden Sie weiße oder gelbe Kerzen an, die Sie zuvor mit einem Öl der Inspiration geweiht haben, beispielsweise Kiefer, Kampfer, Rose oder Benzoe. Je mehr Feuer Sie im Zuge des Rituals entfachen, desto besser, denn Feuer ist gleichzusetzen mit Inspiration. Wenn möglich, sollte Feuer in einer Feuerschale oder einem Kamin entzündet werden. Verbrennen Sie Räuchermischungen aus Weihrauch, Kampfer, Gewürznelke und Jasmin.

Sammeln Sie sich für einige Minuten. Lassen Sie Ihre Gedanken ziehen, wie sie kommen, ohne zu sehr auf den Inhalt zu achten. Rufen Sie dann eine Göttin des Feuers oder der Inspiration herbei, mit der sie sich verbunden fühlen, etwa *Brigidh*, *Pele* oder eine der *Musen*. Bitten Sie diese mit eigenen Worten um Beistand, mehr Lebensfreude und vor allem um einen Zugang zur inneren Feuerquelle, dem Ort, an dem die gestalterische Kraft zu Hause ist.

Beinahe alle Menschen haben im Zuge des Erwachsenwerdens, der Anpassung des Individuums an die rationale Leistungsgesellschaft, ihre Phantasie so sehr unterdrücken müssen, daß sie verkümmert ist, oder sich tief in einen Kokon im eigenen Inneren zurückgezogen hat. Sprechen Sie mit der Göttin, sagen Sie ihr, was Sie schon immer einmal tun wollten, sich aber noch nicht getraut haben, möglicherweise aus Mangel an Talent oder aus Angst vor Bewertung. Man muß aber nicht talentiert sein, um malen zu dürfen (das sind viele „Künstler" auch nicht), oder ein überragendes Sangestalent, um zu singen. Womöglich erfahren Sie bei der Begegnung mit der Göttin auch etwas über Begabungen, von denen Sie bisher nichts gewusst haben. Versuchen Sie auf jeden Fall, das, was Sie sich vorgestellt haben, später in die Tat umzusetzen.

Feste und Feiertage im Februar

In der Nacht vom **1.** auf den **2. Februar**, dem *Imbolc – Fest*, auch *Brigidh*, *Kerzenfest* oder *Fest der Herdfeuer* genannt, feiern Hexen und Heiden das erstarkende Licht. Die Tage werden nun deutlich länger, je kräftiger der Gott wird.

Das Fest wird hauptsächlich mit Reinigung, Reinheit und Unschuld assoziiert, den ersten Trieben im weißen Schnee; rein und weiß wie Schneeglöckchen, weiße Kerzen, frisch gefallener Schnee oder die Milch, die dem Fest seinen Namen gegeben hat.

Die Göttin hat sich von der Geburt, beziehungsweise dem Winter, erholt und erscheint auf der Erde als weiße Göttin des Frühlings oder Lichte Jungfrau. Eine Göttin, die diese Erneuerung verkörpert, ist *Cailleach*, die entweder als alte Frau oder junges Mädchen erschien und großen Einfluss auf das Wetter hatte. Der junge Gott (das Jahr) wächst heran und wird stärker. Manchmal ist die Göttin auch schwanger mit der Sonne oder der Fruchtbarkeit, welche dann zu Beltane geboren wird.

Dieser Tag wird häufig zur Kerzenweihe, Kerzenmagie und Talismanmagie genutzt. Auch Heilzauber wirken an Imbolc besser als an anderen Tagen. Im Wicca markiert der Tag des Imbolc-Festes darüber hinaus für junge Hexen die Aufnahme in einen Coven. In gewisser Weise wird an Imbolc zudem auch die endgültige Verabschiedung des Winters gefeiert.

Das Imbolc-Fest

Das Imbolc-Fest findet im Hochwinter statt, zu einer Zeit endender Zyklen und Energien. Alles, was die Wintersonnenwende überdauert hat, muss nun endgültig sterben. Unweigerlich neigt sich die dunkle und kalte Zeit ihrem Ende zu. Wenn der Frühling auch noch kaum spürbar ist, werden die Tage doch langsam wieder länger und weniger frostig. Die Natur erwacht allmählich aus ihrer Winterruhe und schickt die Vorboten wärmerer Tage. Stellenweise erscheint das erste Grün, während Schneeglöckchen und Märzenbecher kleine Inseln bilden. Doch noch ist die kräftezehrende Zeit nicht ganz vorbei.

Das Imbolcfest markiert die Hälfte zwischen der Wintersonnenwende und der Frühlingstagundnachtgleiche. Die Feiern begannen im letzten Licht des ersten Abends im Februar (in vielen Gegenden Ende des Winters) und dauerten bis weit in die Nacht hinein. Der traditionelle Feiertag ist der erste Vollmond nach dem Neumond, der den Rauhnächten folgt.

Da es noch kalt war, wurde das Fest meist nicht im großen Kreis gefeiert, sondern in aller Stille am heimischen Herd. Es war ein eher ruhiges und besinnliches Übergangsfest vom Winter zum Frühling, ein Fest der Lichter, bei dem das zunehmende Tageslicht mit Kerzenschein und Fackeln gestärkt wurde. Darüber hinaus gab es Lichterprozessionen, um die Felder zu reinigen und die Erde aus ihrem Schlaf zu wecken.

Man entzündete weiße Kerzen[16] und ließ das Herdfeuer die ganze Nacht lang brennen. Daneben war es eine Zeit der Orakeldeutung und Zukunftsschau. Rituelle Handlungen waren geprägt von Fruchtbarkeit, Regeneration, Kerzen- und Talismanmagie sowie rituellen Waschungen (Reinigung).

Während heutzutage die Menschen nach den vielen dunklen Tagen von Winterdepressionen gequält werden, war für die Ahnen das Ende des Winters von existentiellen Ängsten und Nöten geprägt. Die Vorräte waren so gut wie aufgebraucht und der Frühling lag noch in weiter Ferne. Traditionelle Speisen bestehen daher aus allem, was in irgendeiner Weise konserviert (eingelegt, eingekocht, eingezuckert, eingesalzen) wurde. In den letzten Jahrzehnten hatten Industrialisierung und Verstädterung einen abschwächenden Effekt auf die winterliche Kälte und die damit verbundene Nahrungsknappheit, so dass eintretendes Tauwetter keine bedeutende Rolle mehr spielt. Nichts weist mehr auf den erneuernden und belebenden Aspekt dieser Wochen hin.

Das Imbolcfest besetzt keinen Termin in der Landbearbeitung, sondern ist lediglich für die Viehzucht von Bedeutung. Es ist ein Hirtenfest, welches anzeigt, dass die Zeit des Lammens gekommen ist. Die Mutterschafe sind sichtbar trächtig und / oder stehen kurz vor der Geburt, woher auch der Name des Festes stammt, denn *Imbolc* wird mit „im Bauch" übersetzt. Der zweite Name ist *Oimealc*, was soviel wie „Milch des Mutterschafes" oder „in Milch" bedeutet. Die ersten Lämmer wurden geboren und labten sich an der Milch ihrer Mütter. Heute ist dies nichts Besonderes, damals jedoch bedeutete es Überleben. Man konnte die Schafe wieder melken und einen Teil der Milch verarbeiten, daher auch das Synonym *Butterfest*.

Die Göttin versichert den Menschen, daß sie für ihre Kinder sorgt, daß Erde und Vieh wieder fruchtbar sein und reiche Erträge liefern werden. Um diesen Bund zu bestätigen, wurde bei rituellen Handlungen ein wenig Milch auf die Erde gegossen.

📖 **Wissenswert:** Mittlerweile ist Milch zu einem billigen Konsumgut verkommen, dessen Erzeugung viel Leid verursacht. Dabei ist Milch eines der ältesten Heiligtümer der Menschheit, eine Quelle des Lebens. Sie wurde den Göttern dargeboten und zum Segnen der Neugeborenen verwendet. Vor dem Einzug des Christentums gab es lange die *Milchtaufe*, bei der die Mutter den Säugling mit etwas Milch benetzte und ihm einen Namen verlieh. Manchmal erhielten sogar unentbehrliche alltägliche Gegenstände die Milchtaufe.

---

[16] Zur Zeit der Ahnen wurden den Winter über Kerzen aus Talg gefertigt und an Imbolc geweiht. Diesen Kerzen wurden besondere Kräfte zugeschrieben. Wie das Nyd-Feuer sollen sie in Notsituationen (Krankheit, Geburt, Hungersnot) eine außerordentliche Schutzwirkung entfalten.

Die frühe Kirche verbot diese naturgemäß von Frauen praktizierte Weihe und verlieh darüber hinaus dem Akt der Taufe eine neue Bedeutung. Von nun an musste das Kind der Finsternis, das im Schoß der unreinen Frau mit der Erbsünde infiziert worden war, erst einmal von Dämonen befreit werden. Daher auch der Glaube, daß alle Kinder, die ungetauft starben, auf ewig verloren waren und der vom Übel bevölkerten Hölle niemals entkommen würden. Trug die Mutter ihr Kind selbst auf dem Weg zur Taufe, musste auch sie hinterher erst einmal spirituell gereinigt und eventuell erneut getauft werden.

Nicht zuletzt zielten Taufzeremonien darauf ab, das Heidentum zu ächten, denn lange hielt sich die Tradition, darauf hinzuweisen, dass *ein Heide fortgetragen* und nach der Taufe *ein frommer Christenmensch wiedergebracht* wurde. In Westfalen hat sich lange Zeit die Tradition des *Heidenkoffie* erhalten. Damit bezeichnete man das erste Kaffeetrinken der Helferinnen nach der Geburt. Die Bezeichnung bezieht sich auf das noch ungetaufte Kind, das bis zur Taufe als Heiden-Kind galt. Man war davon überzeugt, dass ein „heidnisches" Kind nicht lange überleben würde, wenn der *Heidenkoffie* nicht möglichst umgehend durchgeführt wurde. Mit dem Christentum wurde Imbolc durch *Maria Lichtmess* ersetzt, dem Reinigungsfest Marias, die nach der Geburt vierzig Tage lang als unrein galt und erst nach der Reinigung wieder der Gemeinde angehören durfte. Bei Mädchen dauerte diese Phase achtzig Tage lang, denn weibliche Säuglinge galten als doppelt so unrein wie männliche.

Ähnlich dem *Frøblót* ist Imbolc die keltisch-heidnische *Fasnacht*, im Sinne von *fasen / faseln* (vaselen), also fruchtbar werden, sich vermehren, gedeihen. Manchmal wird es dem *þorrablót* gleichgesetzt. Dieses aufkeimende Leben, ob materiell oder immateriell ist ein zentraler Punkt des Imbolc-Festes. Das Fest steht symbolisch für den Aufbruch, Neubeginn, Reinigung, visionäre Einsichten, Geduld und Inspiration. Man könnte es auch als spirituellen Frühjahrsputz bezeichnen, die Reinigung des Geistes. Durch das Loslassen von Altlasten wird Raum für Neues geschaffen. Es ist an der Zeit, Dinge zu beginnen und Altem nicht mehr hinterher zu trauern.

Doch noch ist Vorsicht geboten, denn vor dem Neuanfang steht eine Übergangszeit, in der die Dinge sich entwickeln müssen. Geist und Haus müssen von alten Energien gereinigt werden, um frisch und rein in einen neuen Zyklus starten zu können. Der erste gründliche Hausputz, das Verbrennen von alten, „unfruchtbaren" Dingen oder ein langes Bad sind nur einige Dinge, die getan werden können, um Ballast abzuwerfen und Altes loszulassen. Ausharren ist jetzt die Devise. Alle Ideen und Pläne, die im Geist schon Gestalt annehmen, sollten sich zuerst entwickeln. Der Keim muss noch reifen, ehe er wachsen und sich den Frühjahrsstürmen stellen kann.

Ab Imbolc kam auch die Zeit ritueller Prozessionen und Wagenumzüge, bei denen das Abbild einer Göttin (der Erde und Fruchtbarkeit) durch die Fluren gezogen und im Anschluss in einer Quelle oder einem See gebadet wurde. Derartige Prozessionen sind aus ganz Europa bekannt, beispielsweise der *Nerthus-Umzug*.

Das Fest selbst vor allem der Göttin *Brigidh* geweiht, der Tochter der *Danu*, die zusammen mit *Brid(e)* und *Brigit* eine Dreieinigkeit bilden soll. Nach ihr wird das Imbolc-Fest auch *Latha na Brigid* genannt. Als Heilige *St. Brigid* wurde die Göttin später vom Christentum übernommen. Im Voodoo kennt man sie als *Maman Brigitte*.

Brigidh ist die Göttin der schönen Künste, der Weisheit, der Barden und der Schmiedekunst, die Wächterin des (Herd-)Feuers und die Herrin über das Vieh. Daneben wird sie mit Heilung und Linderung in Verbindung gebracht, was sie ebenfalls zur Schutzgöttin der Hebammen und Heilerinnen macht. Neunzehn Priesterinnen, die stellvertretend für eine *Sarosperiode* (einen großen Mondumlauf) standen, hüteten ihre ewige Flamme im Heiligtum *Kildare*.

Im Jahreskreis löst die weiße Jungfrau Brigidh ihre schwarze Schwester, beziehungsweise Großmutter (*Cailleach*) ab. Es heißt, wo immer ihr Schleier die Erde berührt, wird der Boder wieder grün. Ihre Herrschaft endet im Mai, wenn die rote Mutter (*Danu*) das Zepter übernimmt. Doch noch reitet sie als Feuerfrau auf ihrem Hirsch über das Land, um die Erde zu wärmen, damit die Samen wachsen können.

Um sie von der vorüber wandernden Göttin segnen zu lassen, hängte man zu Imbolc zahlreiche Bänder und Tücher vor die Tür. Diesen Tüchern wurden heilende Kräfte zugesprochen, vor allem, was die Geburt bei Mensch und Tier betraf. Abgesehen davon sollten sie vor Krankheit und Flüchen schützen. Daneben gab es den Brauch, eine in Stoff gekleidete Kornähre (als Verkörperung der Göttin) zuerst von Haus zu Haus und dann über die Felder zu tragen, oder sie zusammen mit einem Phallussymbol, das die männliche Energie repräsentierte, in einem Kerzenkreis aufzustellen.

Mancherorts ist es nach wie vor Tradition, gleichschenklige Strohkreuze anzufertigen, die so genannten *Brigidh Crosses*, die das Sonnenrad symbolisieren. Diese werden zum Schutz von Haus und Hof überall dort angebracht, wo göttlicher Beistand vonnöten ist und sollen außerdem für Fruchtbarkeit sorgen. Bis ins 19. Jahrhundert hinein besuchten Prozessionen die Gemeindemitglieder und überreichten Talismane aus geflochtenem Stroh.

Einige Darstellungen zeigen die Göttin als schwangere Frau mit einer Lichterkrone auf dem Kopf, die das glimmende Feuer beschützt, bis an Beltane, dem keltischen Sommeranfang ihr Sonnensohn zur Welt kommt. Neues Leben wächst noch heran, ehe es geboren werden kann.

Im Norden ist *Imbolc* besser bekannt als *Disablót* (auf Island) oder *Disting* (in Schweden), manchmal als *Mittwintertag*. Gefeiert wurde über mehrere Tage um den 1. Februar herum. Als traditioneller Termin ist der erste Vollmond nach der letzten Rauhnacht angegeben. Die Bezeichnung *Disathing* verweist darauf, daß dieses Fest nicht wie das Julfest im familiären Rahmen stattfand, sondern ganze Clans und Sippen zusammenkamen. In diesen Tagen endete die dunkle Spinnstubenzeit. Oft war es das erste Mal im neuen Jahr, beziehungsweise nach dem Winter, daß man einander wieder begegnete, und so wurden gleichzeitig Märkte oder andere Veranstaltungen abgehalten. In einem Ritual segnete man an diesem Abend die Getreidesaat und oft auch die Pflugschar.

Von den Erdgöttern wurde das Aufgehen der Saat erbeten, was sich in zahlreichen *Flursegen* erhalten hat, mit denen die Erde rituell geweckt und um Fruchtbarkeit gebeten wird. Um sie gnädig zu stimmen, opferte man an den Totenstätten und auf Feldern den Göttern und Geistern von den letzten, schmerzlich nur Neige gehenden Vorräten. Auch zum Festmahl lud man die Ahnen und Disen ein, wobei für mehr Leute eingedeckt wurde, als anwesend waren. Weil man sich meistens an die weiblichen Ahnen, Götter und Geister wandte, die *Idisen* oder *Disir*, ist das Disting als ein Festtag der Frauen zu verstehen, was die dem Fest zugeschriebene *Perthro*-Rune, die vielfach mit den Nornen und Erdgöttinnen assoziiert wird, noch bekräftigt.

Dem *Disting* folgten karnevalsähnliche Umzüge, bei denen häufig eine Strohpuppe, die den Winter darstellen sollte, verbrannt wurde. Im bayerischen Raum besiegt noch heute der Frühling in Form des *Wilden Mannes* die *Percht* und ihr Gefolge. Zwischen *Imbolc* und *Beltane* gibt es bis in die heutige Zeit hinein allerlei Volksbräuche, bei denen symbolisch der alte Winter von seinem Sohn oder einer jungen Frau getötet wird.

In den USA feiert man den *Groundhog-Day*, an dem ein Murmeltier das Wetter für die nächsten Wochen verkündet. Und in der Tat gilt der 1. / 2.Februar als *Lostag*, der über die kommende Witterung entscheidet. Scheint die Sonne und ist es warm, so wird dies als trügerisches Zeichen gedeutet, denn auf den Sonnenschein folgt noch einmal die Kälte.

In Europa hingegen ist Imbolc eng mit dem Bären verbunden, der langsam aus seinem Winterschlaf erwacht. Wie er die Höhle verlässt, entscheidet über die Wetterlage der nächsten Wochen. Der Bär verkörpert den jungen Gott, der zusammen mit allen Fruchtbarkeit bringenden Geistern und Elementalen schlaftrunken und träge aus der Unterwelt auf die Erde tappst. Als Fruchtbarkeit bringender *Erbsen-* oder *Kornbär* ist der Bär in modernes Brauchtum eingegangen.

Das Feuerfest

Bezeichnungen: Oimealc, Kerzenfest, Lichterfest, Disting, Disathing, þorrablót, christliches Lichtmess / Candlemass, Brigidh

Symbole und Deko: Immergrün, Birkenzweige, weiße Kerzen, weiße Blumen, weiße Tücher, Besen, Salz (Reinigung)

Farben: Vor allem Weiß, Hellgelb, Lindgrün

Bräuche und Rituale: Herdfeuerweihe, Kerzenweihe, Kerzensegnung, Talismanmagie, Weissagung, Fruchtbarkeitszauber, Reinigung, Heilung

Datum und Schwellenzeit: 01. Februar / erstes Zwielicht

Räucherwerk und ätherische Öle: Mastix, Basilikum, Benzoe

Geweihte Speisen: Eingemachtes, Konserviertes, Milch, Milchprodukte, Nüsse, Kerne, Brot

Göttinnen: Brigidh, Danu, Cailleach, Holda, Hestia, Epona, Ahninnen, Disen, Nornen, Fylgjen, alle Herdfeuergöttinnen und weißen Frauen

Götter: Obwohl Imbolc ein Frauenfest ist, kann man es den Feuer- und Schmiedegöttern zuordnen

Imbolc-Weihrauch: 2 Teile Weihrauch, je 1 Teil Mastix und Myrrhe

Bräuche zu Imbolc

Das Grundmuster aller Feierlichkeiten entspricht uralten Überlieferungen von der erstarkenden Sonne und der Bitte um Wärme und Fruchtbarkeit. Vor dem Fest wurde weitestgehend mit der Arbeit innerhalb des Hauses abgeschlossen und alle Räume einer gründlichen Reinigung unterzogen. So befreite man sie einerseits vom Winter, andrerseits konnte man sich schon einmal auf Arbeiten außerhalb des Hauses vorbereiten. Ein weiterer Grund für die Reinigung könnten Krankheiten und Epidemien gewesen sein, die auch in der heutigen Zeit zum Ende des Winters hin auftreten und einem geschwächten Körper durchaus gefährlich werden können.

Als Kerzen- oder Feuerfest steht *Imbolc* in enger Verbindung zu Erneuerung, Übergang und Tod. Im Wicca ist *Imbolc* ein beliebter Zeitpunkt um Kerzen zu weihen und Initiationen vorzunehmen. Genauso, wie der Tod eine Geburt in eine andere Ebene ist, fängt für den Initianten ein neuer Zyklus an. Daneben finden Reinigungsrituale in vielen Variationen statt. In einigen Coven übergibt der Wintergott seine Macht rituell an die Sommergöttin.

Imbolc ist ein leises Fest, ein Fest der Lichter, bei dem überall weiße Kerzen entzündet werden und Weiß auch die alles bestimmende Farbe sein sollte. Mit Einbruch der Dunkelheit die Kerzen und andere Feuer entfachen und die ganze Nacht lang brennen lassen. Der Altar wird mit lichten und hellen Dingen geschmückt. Zur Deko gehört alles, was Räder, Sonne,

Feuer und Unsterblichkeit symbolisiert, wie zum Beispiel Kerzen, Sonnenscheiben, Efeu und vieles mehr. An Räucherwerk passen Weihrauch, Salbei, Sandelholz und Lavendel.

In früheren Zeiten wurde zu Imbolc die Getreidesaat gesegnet. Als Speiseopfer oder auf dem Altar fanden sich nicht zuletzt deswegen Getreidekränze in Form des Sonnenrades. An Nahrungsmitteln gab es traditionell Milch und Milchprodukte, die ersten Eier sowie Eingemachtes, Konserviertes und Dörrobst. In der heutigen Zeit passen leichte und nicht zu anspruchsvolle Speisen gut zum Fest des Lichtes und der Erneuerung. In Hinsicht auf den keltischen Namen *Oimelc* sind Milch und Milchprodukte wie Butter, Käse, Joghurt geeignet. Ebenso reicht man runde Brote oder Fladen, die das erstarkende Jahres- und Sonnenrad symbolisieren.

Ritualvorschlag

- Vor dem Fest das Haus gründlich reinigen und ausräuchern. Das eigentliche Fest beginnt dann mit der Abenddämmerung.

- Dekorationen aus Sonnenrädern, Kerzen, Bändern in den Farben Weiß, Lindgrün und Gelb. Daneben Immergrün und die ersten Frühblüher aufstellen oder diese bei einem Spaziergang ganz bewußt begrüßen.

- Wenn das Wetter es zulässt, Fackeln kreis- oder spiralförmig in die Erde stecken und beim Ritual entzünden. Vielleicht ein großes Feuer entfachen, von dem später das Herdfeuer stammt. In kleinen und engen Räumen reichen ein paar Teelichte auf feuerfestem Untergrund, die vorsichtshalber nicht die ganze Nacht brennen sollten und meistens ohnehin vorher ausgehen.

- Während eines Spaziergangs die Natur langsam aufwecken, alternativ die Wintergeister zum Gehen auffordern oder sie im Zuge eines Mysterienspiels vertreiben.

- Ein Strohkreuz binden oder eine Strohpuppe über die Felder tragen. Besen binden und / oder weihen. Zur Dämmerung die Kerzenspiralen oder Kerzenkreise anzünden, um das Tageslicht zu stärken und zu verlängern. So, wie die Dunkelheit mit dem Anzünden der Kerzen nur langsam schwindet, wird symbolisch das Sonnenlicht nur langsam stärker.

- Mit Hilfe einer Kerze, Fackel oder eines Scheites das Herdfeuer entfachen und weihen – die meisten rufen *Brigidh, Holle* oder *Hestia* herbei, um für das nächste Jahr über das Feuer zu wachen.

- Gemeinsames Mahl mit runden Fladen, Pfannkuchen oder Brot und Buttervariationen.

- Den ganzen Abend lang und auch während der Nacht zahlreiche Kerzen in feuerfesten Schalen oder Töpfen brennen lassen.

Die besten Imbolc - Rezepte

Ein Klassiker zu Imbolc ist **Shortbread**:

360 g Mehl	360 g weiche Butter
120 g Stärke	150 g Zucker
2 El Reismehl	1 Tl Salz

oder 300 g Mehl, 200 g weiche Butter, 100 g brauner Zucker, 2 El Honig, etwas Milch, eine Prise Salz

Alle Zutaten zu einem glatten Teig verarbeiten, eine halbe Stunde an einem kühlen Ort ruhen lassen und ca. 1 cm dick ausrollen. Kreisförmig ausstechen und vorsichtig Sonnenzacken einritzen. Man könnte auch richtige Sonnen formen. Mit einer Gabel einstechen und bei 150 °C ca. 30 bis 40 min backen. **Tipp:** Für *Ginger-Shortbread* (Ingwer-Shortbread) einen Teelöffel Ingwerpulver unter den Teig mischen.

Beinahe eine vollständige Mahlzeit ist dieses **Schottische Shortbread**:

Je 360 g Mehl, weiche Butter, Reismehl und Mehl

3 Eigelbe

3 El Creme double

einige Tropfen Vanille- oder Rumaroma

Die beiden Mehlsorten, Butter und Zucker verkneten. Die Eigelbe verrühren und zusammen mit der Sahne und dem Aroma langsam zugeben. Den Teig gut durcharbeiten, bis er zu einer festen Masse geworden ist, dann dünn ausrollen, kleine Kreise formen und diese mit der Gabel einstechen. Im Ofen bei 170°C ca. 30 min backen.

Neben Shortbread gibt es runde **Hefefladen**. Bestens geeignet ist dazu dieser Pizzateig: 400 g Mehl, 250 ml Wasser, 1 Päckchen Hefe verrühren und an einem warmen Ort eine halbe Stunde lang gehen lassen. Dann 3 El Öl unterrühren, etwas Salz und Zucker zufügen und alles zu einer glatten Masse verrühren. Nochmals 20 min gehen lassen. Danach zu Fladen formen und im Ofen backen (ca. 15 min bei 180°C).

Tipp: Wer keinen Ofen hat, kann aus Mehl, Wasser, einem Ei und Salz einfache Fladen formen und diese wie kompakte Pfannkuchen in der Pfanne backen.

Alle Fladen können pur mit Butter gegessen oder belegt und mit Käse überbacken werden. Gut geeignet sind Beläge aus Tomaten, Zwiebeln oder Paprika, aber auch Äpfel, Preiselbeeren oder Trockenfrüchte schmecken gut mit einer Kruste aus Camembert.

Da Butter eine zentrale Rolle spielte, müssen unbedingt mehrere Buttervariationen auf den Tisch kommen. Sehr beliebt ist diese **Brandy-Butter**: 250 g zimmerwarme Butter mit 250 g Zucker, 2 Tropfen Mandelessenz und 2 El Cognac verrühren (je nach Geschmack mehr).

Toast Imbolc

Weißbrot (toasten)

Essigfrüchte (Gewürzgurken, Essigkürbis, Mixed Pickles oder Ähnliches)

Käse (Gouda, Emmentaler, Greyerzer, Esrom, je nach Geschmack)

Essigfrüchte auf dem Toast verteilen und mit dem Käse überbacken, bis der dieser zerlaufen ist und leicht bräunt. Die süße Variante besteht aus kurz eingeweichten Trockenfrüchten (oder Trockenfrüchten, denen Wasserdampf zugesetzt wurde), Preiselbeergelee und Camembert.

Mit dem **1. Februar** begann bis ins letzte Jahrhundert auf dem Land das neue Arbeitsjahr. Gesinde und Dienstboten machten sich nun daran, eine neue Arbeitsstelle zu suchen. Vor allem auf dem Land gab es viel zu tun. Häuser und Stallungen, Scheunen und Heuböden mussten nach dem Winter gründlich gereinigt und instandgesetzt werden. Man besserte die Zäune aus und sah nach den Weiden, ehe das Vieh ins Freie durfte.

Den **14. Februar** kennt man als *Valentinstag*. Er geht in seinen Ursprüngen auf einen Brauch im alten Rom zurück. An diesem Tag zogen junge Männer Lose mit den Namen junger Mädchen und verbrachten dann den Tag und manchmal auch die Nacht mit ihr. Der Kirche war diese Praxis ein Dorn im Auge und so weihte sie diesen Tag allen ordnungsgemäß keusch Liebenden. Als *Siegmond* ist dieser Tag dem Gott *Vali* geweiht. Man feierte die erwachende Natur.

Mit dem **22. Februar**, dem *Donarstag*, endete offiziell die Winterzeit.

Am **26. Februar** ist das Fest der *Hygieia*, der griechischen Göttin der Sauberkeit und Gesundheit, von der sich das Wort *Hygiene* ableitet. Sie wird überwiegend in Schlangenform dargestellt. Salben, die am Tag der Hygieia hergestellt werden, sollen eine bessere Wirkung aufweisen als an anderen Tagen. Unterstützend dazu vertreiben Räucherungen negative Energien. An diesem Tag wird häufig auch mit Diäten oder Frühlingskuren begonnen.

März

Der März ist der letze Kaltmonat und als *Totenmonat* überaus gefürchtet. Nun entscheidet es sich, ob ein Lebewesen den Winter übersteht - oder nicht. Trotzdem gilt er als der Monat der Auferstehung und Auferweckung. Tod, Wiedergeburt und Neubeginn sind die beherrschenden Elemente, die sich heute noch im Tod- oder Winteraustreiben finden.

Beginnend im März, bestimmen bis weit in den April hinein allerlei Frühlingsrituale, Fruchtbarkeitsbräuche und vor allem die Reinigung vom Winter die wärmer werdenden Wochen, während die Ahnenverehrung langsam in den Hintergrund rückt. Um die Macht der Sonne zu stärken werden Feuer entzündet und Strohpuppen, die der Gott des alten Jahres darstellen, verbrannt, erhängt, vergraben, ertränkt oder rituell getötet. Häufig treten gleichzeitig schon der junge Gott oder die weiße Frühlingsgöttin auf, die von nun an die Regentschaft übernimmt. Andere Bräuche, wie beispielsweise die Berührung mit einer schmalen Gerte, beinhalten Fruchtbarkeit und Erneuerung.

Seinen Namen verdankt der März dem Kriegsgott *Mars* und hieß im Lateinischen *Martius*. Mars war aber nicht nur der Gott des Krieges, sondern auch der Gott des Frühlings, der Felder und des Jahreswechsels, denn nach dem Julianischen Kalender begann das neue Jahr im März (was später aus politischen Gründen verworfen wurde). Er galt als Monat der Neujahrsbräuche, der Wiedergeburt und des Neubeginns. Der alte Gott des Jahres wurde getötet oder vertrieben, ein Brauch, der sich bis heute in zahlreichen Variationen erhalten hat.

Aus Mars oder Martius wurde *Marceo, Merze* und schließlich der heutige *März*. Die alte deutsche Bezeichnung für März ist *Lenzing, Lenzingmanoth* oder *Lenzmonat*. Das Wort besteht aus zwei zusammengefügten Wörtern, nämlich *langa* für „lang" und *tin* oder *tina* für „Tag". Diese Kombination verweist auf die nun länger werdenden Tage und war eigentlich kein Monatsname, sondern eher gleichbedeutend mit dem Frühjahr.

Im alten Jahreszyklus war der März bekannt als *Hrēþmonāþ* oder *Hrethemond* (Erdmond). Man nimmt an, dass diese Bezeichnung auf die Erdgöttin *Hertha / Eartha / Nerthus / Jörd* zurückzuführen ist, die im Frühling erwachende *Mutter Erde*. Die oftmals sehr rauen Frühjahrsstürme brachten dem März zusätzlich den Namen *Windmonat* ein. Eine häufig auftretende Trockenheit machte ihn zum *Trockenmonat*.

Der März ist eine Zeit des Erwachens und der Auferstehung, der ersten Pflanzen und der Aussaat. Nach und nach wird die Vegetation von der länger scheinenden Sonne aus ihrem Schlaf geweckt. Die alte Frau, die Göttin des Winters, zieht sich gemächlich zurück, doch oft kann sie sich nicht losreißen und fegt auf kalten Schneestürmen über die Landschaft, so daß sich zwei Jahreszeiten vermischen. Dann wachsen die ersten Knospen im Schnee auf den Ästen, oder sind plötzlich vom Eis umschlossen. Doch die Sonne gewinnt nun endgültig die Oberhand und läßt sich nicht mehr aufhalten, so daß spätestens zur Mittagszeit alles Eis geschmolzen ist.

Mit der Tagundnachtgleiche im März ist dann der Punkt erreicht, ab dem die Tage länger werden als die Nächte und die Sonne am stahlblauen Himmel merklich höher kommt. Die Welt wird stufenweise heller und wirkt weniger grau als noch einige Wochen zuvor. Allmählich gesellen sich zu den Frühblühern die ersten grünen Kräuter. Schlüsselblumen und Sauerklee präsentieren sich in zarter Schönheit.

Mit den wärmeren Tagen scheint auch auf den Straßen das Leben neu zu erwachen. Trotz noch kühler Temperaturen kann man die ersten Sonnenhungrigen mit dicken Jacken im Biergarten oder Eiscafé sitzen sehen. Auch die Gärtner werden wieder aktiver und planen schon einmal die Belegung der Beete.

Thema im März: Eier färben

Selbst gefärbte Eier dürfen an Ostara keinesfalls fehlen, wobei es ein schöner Brauch ist, sie ganz ohne Chemie nur mit Pflanzenfarben zu färben. Das Färben geht ganz einfach und ist ohne viel Aufwand zu bewerkstelligen. Sie brauchen dazu: 10 weiße Eier, die sich einfacher färben lassen als braune Eier (auf braunen Eiern wiederum wirken Farben aus Rot- und Blauholz samtiger). Vor dem Kochen eine halbe Stunde in 1 L Wasser mit 1 Tl Essigessenz legen, damit die Schale sauber wird. Je länger die Eier im Sud verbleiben, desto intensiver wird anschließend die Farbe. Wer in Eile ist, kann die Eier vorher mit Essig abreiben.

Für das anschließende Farbbad 3 – 5 El Färbematerial (das sind in etwa 200 Gramm) in 750 ml Wasser geben, zusätzlich zum Fixieren 1 El Essig oder 1 Tl Essigessenz ins Wasser geben, alternativ Pottasche oder Alaun. Den Sud ungefähr 20 min vorkochen, dabei leicht köcheln lassen. Für eine gleichmäßige Farbe den Sud vor dem Färben durch ein Sieb abseihen. Die Eier zugeben und mindestens 5 Minuten, besser 10 Minuten kochen. Verpackte Eier sollten 5 Minuten länger kochen. Die Eier müssen von Flüssigkeit bedeckt sein und hin und wieder gewendet werden. Nach dem Kochen die Eier abschrecken und bei Bedarf nochmals 30 min unter Wenden im abkühlenden Sud ziehen lassen. Eier für Muster oder Marmorierung werden in kaltem Wasser angesetzt.

Besonders schöne Farbtöne gelingen häufig durch Mischen der Materialien. Dazu benötigt man viel hellen Farbstoff bei wenig dunklem Farbstoff. Beispielsweise 2 El Zwiebelschalen und 1 Tl Blauholz oder 2 El Kurkuma und 2 Tl blaue Malvenblüten.

Rot und Violett: Blauholz und Rotholz, Schalen von roten Zwiebeln, Heidelbeeren, Rotkohl, Rote Bete. Verschiedene Zwischentöne lassen sich mit Malve, Preiselbeersaft, Hagebutten oder Holunderbeersaft erzielen.

Braun-orange: Zwiebelschalen, Eichenblätter, Goldrutenkraut

Gelb: Kamillenblüten (besser Färberkamille), Safran, Kurkuma, Ringelblumenblüten, Schafgarbe, Johanniskraut

Grün / Gelbgrün: Brennesseln, Matetee, Birkenblätter, Petersilie, Spinat

Blau mit Abweichungen: Heidelbeeren, Holunderbeeren, Schlehen, blaue Malvenblüten

Braun /Schwarz: 6 El Tee oder Kaffeepulver

Muster: Für Muster die Schale mit Klebefolie abkleben, in die vorher Muster geschnitten wurden und hinterher abziehen, oder Blättchen von Kräutern wie Kerbel, Schnittlauch, Petersilie mit Eigelb bestreichen und auf die Schale legen. Damit sie nicht verrutschen, sollten sie mit einem Taschentuch und zusätzlich mit einem Nylonstrumpf fixiert werden.

Marmorierung: Die Eier dick und vor allem fest in das Material, etwa Zwiebelschalen und Zwiebelstücke, Malvenblätter oder Teeblätter wickeln, in ein Tuch einschlagen und zuletzt mit einem Nylonstrumpf fixieren.

Tipp: Gefärbte Eier glänzen schön, wenn man sie hinterher mit einer Speckschwarte abreibt.

Eier, die ausschließlich zum Verzehr gedacht sind, lassen sich auch noch anders marmorieren: Die Eier hartkochen, danach rundherum anschlagen. Rotwein oder Saft von Rote Bete mit Essig, Lorbeerblatt, Knoblauch, Salz, Pfeffer, Cayennepfeffer, Thymian aufkochen, abkühlen lassen und lauwarm über die Eier gießen. An einem kühlen Ort drei Tage lang ziehen lassen. Für Tee-Eier die Eier in einem halben Liter Wasser fünf Minuten kochen lassen, herausnehmen und rundherum leicht anschlagen. Dann 2 Sternanis, 1 El Honig, 2 El schwarzen Tee und 3 El Sojasauce zugeben, die Eier darin nochmals 15 min kochen und in der Flüssigkeit erkalten lassen.

Für den **Frischetest** braucht man nicht mehr als ein Glas Wasser: Frische Eier sinken gleich auf den Boden. Eine bis zwei Wochen alte Eier schwimmen etwa in der Mitte des Glases, während alte Eier an der Oberfläche treiben und möglichst schnell verbraucht werden sollten. Rohe Eier lassen sich gekühlt bis zu vier Wochen aufbewahren, gekochte ungefähr drei Wochen. Etwa am dritten Tag nach dem Legen erreicht ein Ei den optimalen Geschmack.

📖 **Wissenswert:** Aus dem *Bankiva-Huhn*, der Wildform, wurden inzwischen zahlreiche Haushuhn-Arten heraus gezüchtet. Ursprünglich in Südostasien beheimatet, hat das Huhn inzwischen die ganze Welt erobert. In den Norden soll es mit den Römern gekommen sein.

Während die Wildform auf etwa 15 Eier im Jahr kommt, sind es bei den auf Hochleistung gezüchteten Hybridhühnern bis zu 300 Eier. Die natürliche Legeleistung für ein „normales" Haushuhn liegt bei ungefähr 40 Eiern pro Jahr, wenn es sich in der dunklen Jahreszeit erholen kann. Die Anzahl der Eier, die ein Huhn legt, ist genetisch festgelegt, so dass weniger Eier in der Lebensleistung (zur Entlastung der armen Henne) nur durch Rückzüchtung möglich sind. Einen Ovulationshemmer für Hühner gibt es nicht, und auch das Entfernen des Legedarms ist Tierquälerei. Da Hühner auch ohne Hahn Eier legen, sind die meisten Eier nicht befruchtet. Wer Eier nutzen möchte, sollte sich einen Hobbyhalter suchen, der alte Rassen bevorzugt und den Tieren ein artgerechtes Leben ermöglicht - und vor allem männlichen Nachwuchs nicht über den Shredder „entsorgt".

Abgesehen davon, dass sie in Maßen genossen durchaus gesund sind, haben Eier eine tiefgreifende mythologische Bedeutung. Sie waren so wertvoll, dass sie sogar in den Schöpfungsmythos zahlreicher Völker eingingen. In vielen Kulturen steht das Ei stellvertretend für Fruchtbarkeit, Leben, Geburt und Wiedergeburt und ist darüber hinaus ein Symbol für Schutz und Geborgenheit. Die harte Schale beschützt das Leben im Inneren.

Zum Ostara-Fest, aus dem später Ostern wurde, soll man Eier als Symbol von Lebenskraft und Wiedergeburt verschenkt haben. Dazu muss man wissen, dass der Legerhythmus vom Tageslicht bestimmt wird und unter natürlichen Bedingungen im Winter ganz aussetzt. Erst dann, wenn die Sonnenstrahlen wieder länger wurden, begannen die Hühner auch wieder mit dem Eierlegen. Durch das Geschenk der Leben spendenden Eier sollte die Lebenskraft der neu erwachten Welt auf den Beschenkten übergehen. Um den guten Wünschen mehr Nachdruck zu verleihen, wurden die Eier eingefärbt. Grün und Rot bedeuteten Lebenskraft. Blaue Eier symbolisierten das Ei als Ursprung der Welt, die in vielen Kulturen aus einem Ei heraus geboren wurde. Gelbe Eier sollten die Sonne auf die Erde holen. Bis heute kennt man darüber hinaus Spiele und Traditionen, die in enger Verbindung zu Eiern stehen, wie das Eierlaufen, Eierwerfen, das Vergraben von Eiern als Bitte um Fruchtbarkeit oder einfach nur das Färben von Eiern, das schon lange vor dem Christentum praktiziert wurde.

Der Mond im März

Schrill jault der Wind in Gassen und Gängen, reißt an den letzten trockenen Blättern und bläst die Wolkendecke auseinander, hinter der seit Urzeiten ein blasser Mond unbeirrt seine Bahnen zieht. Die durch den Schnee gebrochene Energie wird nun im Sturm freigesetzt, um zu wachsen und zu gedeihen. Noch ist die Luft beißend kalt, und doch fegt mit dem eisigen Sturm ein Versprechen über das Land. *Wenn der Schnee vergeht und dem ersten Grün Platz macht, pfeift der Wind, zieht der Frühling bald ins Land. Und wenn die ersten Samen wachsen,* beteuert der Mond in stillem Einvernehmen, *werde ich sie in Empfang nehmen.* Der Märzmond wird im Volksmund als *Samenmond* bezeichnet, denn die Zeit ist reif, um die ersten Samen in die Erde zu bringen. Überdies werden Rituale, welche die Zukunft und insbesondere Neuanfänge betreffen, günstig beeinflusst. Da er in die Zeit der Frühlingsstürme fällt, nennt man den Mond im März hin und wieder auch *Sturmmond.*

Weidenmond / Hexenmond (Wasser)

Wie die Weide, nach der er benannt wurde, ist der Mond im März auf der einen Seite still, sanft und anmutig, beinahe fließend, auf der anderen unbezähmbar, geheimnisvoll und hexenhaft. Er wird vorrangig von Intuition und Emotion bestimmt, allesamt Eigenschaften, die mit dem Wasser assoziiert werden. Wer mit den Energien dieses Mondes arbeitet, wird intuitiv wissen, was für ihn das Beste ist. Bei der magischen Arbeit empfiehlt sich der Weidenmond zur Weihe oder Einweihung von Ritualgegenständen, die mit dem Wasserelement korrespondieren. Ebenso werden zahlreiche Rituale begangen, die mit Wasser, Tod und Wiedergeburt, Mondzauber oder Frauenwissen zu tun haben. Zur Zeit des Hexenmondes ist es außerdem einfacher als zu anderen Zeiten, einen Blick über den Zaun zu werfen und Kontakt zu den Mächten herzustellen, die sich auf der anderen Seite befinden.

Die Weide gilt als Baum der Priesterinnen, Hexen und weisen Frauen. Sie ist ein dem weiblichen Prinzip zugeordneter Baum, aus dessen Zweigen die Zauberstäbe für Mond- und Frauenrituale entstehen. Daher werden Begriffe wie Mond, Wasser, Erde, Anderswelt mit der Weide assoziiert wie mit kaum einem anderen Baum. Weiden stehen nicht nur wortwörtlich auf der Schwelle vom Wasser zum Land, sie verbinden ebenso Leben und Tod, Erde und Himmel, Diesseits und Jenseits. Ihr Zuhause ist die Zwischenwelt, der Übergang. Eine Welt, die sie mit der *Hagazussa* teilen der Zaunreiterin, die zwischen den Welten agiert. Wer sich vom stillen Äußeren einer Weide täuschen lässt, wird überrascht sein, in welche emotionalen Tiefen sie ihn hinab führen kann. Niemals jedoch ohne gleichzeitig eine tröstende Stütze zu sein. Deshalb stehen Weiden ebenso für Hingabe und Fürsorge. Ihre unglaubliche Fähigkeit zur Regeneration, die in der Magie mit Fruchtbarkeit verbunden wird, ist das Resultat eines unbändigen Lebenswillens. Sie haben so viel davon, dass sie die Aufgabe übernommen haben, noch vor allen anderen den Frühling einzuläuten. Alljährlich gehören die Weiden zu den Frühblühern, die anzeigen, dass alles Leben wieder in die Welt hinaus entlassen wird. Wenn dann die Erdmutter ihre kleinen Helferinnen, die Bienen, hinausschickt, ist der Winter so gut wie vorbei. Einige bezeichnen die flaumigen Weidenkätzchen als *Bienenweide,* weil sie die erste Nahrung für Insekten nach der Winterruhe sind.

Die beiden Runenmonde im März

Mit dem Neumond taucht *Man* oder *Mannaz*, die Menschen- und Verstandesrune, wie ein Silberstreif aus dem Dunkel der Nacht auf. Man repräsentiert den Menschen als Lebewesen, das eigene Sein und kann bei der Selbstfindung, auf dem Weg zum eigenen Ich, eine große Hilfe sein. Gleichzeitig steht Mannaz stellvertretend für die menschliche Rasse als Familie, die keine einheitliche breite Masse ist, sondern sich aus zahlreichen Individuen unterschiedlicher Kulturkreise zusammensetzt, die zwar miteinander interagieren, nichtsdestotrotz aber ihren Freiraum brauchen. Sowohl im Deutschen als auch im Englischen bezeichnet das Wort *man* die Allgemeinheit. Für die Menschheit als überlegene Spezies oder einen Herrschaftsanspruch der Menschheit gegenüber der Erde steht Mannaz jedoch nicht im Geringsten. Im krassen Gegensatz dazu verlangt die Rune, den dem Menschen eingehauchten Verstand nicht für niedere Zwecke zu missbrauchen und Verantwortung nicht nur für die eigene Art zu übernehmen, sondern für ein harmonisches Miteinander von Mensch und Umgebung zu sorgen.

Mannaz gehört zu den umkehrbaren Runen, die auf dem Kopf liegend ihre Bedeutung ändern. Wenn dies bei der Menschenrune geschieht, sind die Auswirkungen weltweit spürbar und zum Nachteil für jedes Lebewesen. Aus Freundschaft wird dann recht schnell Feindschaft, Wohlwollen schlägt um in Missgunst. Respekt wird nicht mehr entgegen gebracht, sondern eingefordert, Freundlichkeit mit Dummheit gleichgesetzt und jedes Entgegenkommen als Schwäche ausgelegt. Falsches wird richtig, wenn es von vielen praktiziert wird und Opfer zu Schuldigen, während die Täter geschützt und geschont werden. Sogar in der Rechtsprechung ist eine erschreckende Tendenz erkennbar, die Täter zu den eigentlichen Opfern zu machen, mit denen man Nachsicht haben muss, während das Opfer selbst auf der Strecke bleibt. Eine weitere Folge sind ein standardisierter Lebensstil, Kulturverlust, Kosmopolitismus und das Bestreben einer absolutistischen Gleichmacherei. Biologisch betrachtet ist dies richtig, denn die Menschen sind *alle (nur) Menschen*. Jedoch bestehen zwischen den einzelnen Gruppen große Unterschiede in Aussehen, Ethik, Religion, Kunst und Kultur, Sitten und Gebräuchen, so dass „der Mensch" sich nicht einfach auf den kleinsten gemeinsamen Nenner reduzieren lässt.

Es hat den Anschein, als wäre Mannaz schon vor einer ganzen Weile herumgedreht worden. Die Vorstellung der etablierten Religionen von der Menschheit als Schafherde, die von einem Hirten, nämlich der religiösen Botschaft und den Hütehunden (der Obrigkeit) in die vermeintlich richtige Richtung gelenkt wird, hat nichts weiter als einen Nährboden für Uniformität, Normdenken, ständige (Gesinnungs-)Kontrolle und Manipulation geschaffen, aus dem nichts Innovatives mehr hervorgehen kann. Nach und nach werden die Menschen gleichgeschaltet, sollen nicht mehr als konsumieren und funktionieren.

In der breiten Masse ist, aller verordneten Duldsamkeit zum Trotz, kein Platz mehr für Andersartigkeit. Der Einzelne hat seine Interessen der Allgemeinheit unterzuordnen und ist nicht frei, sein Denken sowie seine Neigungen in vollem Umfang zu entfalten. Er lebt nicht mehr in einer Gemeinschaft, sondern in einer hierarchisch strukturierten Gesellschaft, die diktiert, manipuliert und kontrolliert. Vom Individuum wird eine ideelle, finanzielle und körperliche (Gegen-)Leistung erwartet. Wer davon abweicht, wird von seinem Umfeld meist mit Argwohn beobachtet.

Menschen, die das System hinterfragen und ihm womöglich die Unterstützung verweigern, werden als asozial bezeichnet. Solange darüber hinaus noch im Rahmen der üblichen Volksdressur die Medien den Lebensstil vorschreiben und mit dem Finger auf jeden zeigen, der anders ist, wird es schwer sein, sich aus den gesellschaftlichen Zwängen zu lösen. Mit der ursprünglichen Idee von Mannaz hat die moderne Gesellschaft nicht mehr viel gemeinsam, im Gegenteil kann die Rune dazu genutzt werden, sich von dieser Fremdbestimmung zu befreien.

Zum Vollmond tritt *Tiwaz* aus der Dunkelheit heraus ins Licht. Die Rune steht symbolisch für den Gott *Tyr / Tiwaz* (der Leuchtende), der zu dieser Zeit den Lichtgott verkörpert, der über die Dunkelheit des Winters siegt. Zur Tagundnachtgleiche sorgt er für ein Gleichgewicht zwischen Licht und Schatten. Tyr war ursprünglich ein Vane und vor *Odin* der Allvater des Nordens, seine Waffe ist der Speer, der auf der Rune Tiwaz dargestellt wird. Er ist der Gott des Kampfes und des Sieges, der Gott der Rechtsprechung und Herr über das Thing.

Tyr oder *Ziu* vereinte in sich alle Eigenschaften, die einen guten Krieger ausmachen, wie Mut, Entschlossenheit, Weitsicht, Kampfgeist und Durchhaltevermögen, aber auch Mitgefühl, Ehre, Weisheit, Gerechtigkeit und die Bereitschaft, etwas zu opfern, was lieb und teuer ist. Um den Fenriswolf zu zähmen, gab er eine Hand. Obgleich dieses Opfer ein wenig extrem ausfällt, hat diese Tat dennoch einen wichtigen Kernpunkt. Es geht um das Gleichgewicht von Geben und Nehmen, darum, dass man geben muss, um etwas erwarten zu können und andersherum. Das Zauberwort ist Balance, ein ausgewogenes Geben und Fordern, das beiden Seiten gerecht wird.

Bei Tiwaz handelt es sich um eine eher maskulin bestimmte Rune, was nicht bedeutet, dass Frauen sich ihrer Energie nicht bedienen dürfen. Während Männer diese Rune, beziehungsweise diesen Runenmond nutzen können, um sich weiter zu entwickeln und angepeilte Ziele weniger durch Ellenbogeneinsatz als mehr durch kluges Handeln zu erreichen, hilft sie Frauen dabei, sich in einer von Männern dominierten Welt besser behaupten zu können und nicht aus anerzogenem oder falsch verstandenem Harmoniebedürfnis dringend notwendigen Konfrontationen aus dem Weg zu gehen.

Wie *Beorc* hat auch Tiwaz einen sexuellen Hintergrund, der ebenfalls nicht mit dem althergebrachten Klischee vom Mann als Krieger und Eroberer gleichgesetzt werden darf. Männer können diesen sexuellen Aspekt nutzen, um eine natürliche Männlichkeit auszubilden, die jenseits vom vorherrschenden Zeugungs- oder Männlichkeitswahn anzusiedeln ist. Hier tritt Tyr als Hüter des Gleichgewichts in Aktion, um Libido und Emotion zu vereinen. Frauen kann Tiwaz dabei behilflich sein, auf sexueller Ebene ihre Wünsche besser zu formulieren und vom Klischee der passiven Rolle in einer Beziehung wegzukommen.

Auf den Kopf gedreht entfaltet Tiwaz eine ungesunde Wirkung auf Wettbewerb und Kampfeswillen. Die Welt teilt sich in Sieger und Verlierer, wobei nur der Sieger zählt. Scheitern wird als Makel empfunden, der, vielleicht nur ein einziges Mal geschehen, ein ganzes Leben lang haften bleiben kann. Es wird eine Ellenbogengesellschaft herangezogen, in der nur noch die Durchsetzungsfähigkeit zählt, während der Raum für Schwäche, Verwundbarkeit und Durchschnittlichkeit immer weiter schrumpft. Menschen, die sich − vermeintlich überlegen - lautstark in den Vordergrund drängen, andere ständig kritisieren, maßregeln und ihnen ungefragt Ratschläge erteilen, werden als selbstbewusst empfunden. Also definieren sich viele Menschen über das Niederdrücken anderer. Eine Eigenschaft, die gerne als *durchsetzungsfähig* beschrieben wird, aber in Wirklichkeit der Gemeinschaft viel Potential vorenthält, denn sie führt dazu, dass Unfreundlichkeit und Rechthaberei mit Kompetenz verwechselt werden.

Spirituelles im März

Der März ist der Monat der Auferstehung. Die Natur erwacht aus ihrer Winterstarre, und auch die Menschen werden im ewigen Kreislauf des Lebens wieder einmal neu geboren. Alle spüren die Energien erwachen und gieren nach Veränderung und neuen Wegen. Das junge Grün verschafft sich jeden Tag ein wenig mehr Raum.

Die Zeit ist reif, um geplante Vorhaben allmählich in die Tat umzusetzen oder das Samenkorn eines Planes in fruchtbaren Boden zu bringen. Die ersten warmen Tage mit bunten Blumen, die aus der Erde spitzen, laden zu Spaziergängen ein, auf denen die Vor- und Nachteile jeder Veränderung sehr genau überdacht werden sollten. Welche Saat soll im Leben aufgehen − und was bedeutet das für das Umfeld? Mit dem Hintergedanken, dass jede Handlung ihre Konsequenzen nach sich zieht und jede Aktion eine Reaktion hervorruft, sollte bei allen Entscheidungen das Für und Wider gegeneinander abgewogen werden.

Zu viele kurzsichtig, leichtfertig, egoistisch und gedankenlos in die Tat umgesetzte Pläne haben bereits zu einem globalen Ungleichgewicht geführt unter dessen Folgen mittlerweile Unzählige leiden müssen. Häufig stehen nur die Vorteile im Blickpunkt, während die Nachteile im Hintergrund verschwinden. So wurde viel zu lange hochgiftiger, nicht wiederverwertbarer Müll[17] produziert, ohne sich mit den Gefahren oder der Lagerung auseinanderzusetzen. Weltweit rodet man weiterhin ganze Wälder, ungeachtet der Tatsache, dass damit das ökologische Gleichgewicht durcheinander gebracht wird, und auch die Ozeane werden vermutlich erst zur Ruhe kommen, nachdem der letzte Fisch an Bord gezogen wurde.

Alte Strukturen auflösen

Um ausreichend Platz für Neues zu schaffen, muss das Alte zwangsläufig irgendwann weichen oder ganz vernichtet werden. War dieses Alte ungeliebt, nachteilig oder irrelevant, fällt das nicht weiter schwer. Ist die Trennung allerdings von Schmerz und Wehmut begleitet, kann sie unter Umständen sehr weh tun. Dennoch ist es notwendig, sich hin und wieder auch von lieb gewonnenen Mustern zu lösen. Bei nachteiligen Traditionen ist dies teilweise sogar mehr als vonnöten, wobei gerade Deutschland sich oft hartnäckig weigert, alte Straßen zugunsten neuer Wege aufzugeben. Die Folge ist ein andauerndes Sich-im-Kreis-drehen, ohne Ausweg, da dieser einen Bruch mit dem Vertrauten und Altbekannten bedeuten würde.

Sämtliche (Rollen-)Klischees, so tief sie auch in der Gesellschaft verankert sein mögen, sind bei näherer Betrachtung unhaltbar. Ebenso die Vorstellung vom *dummen Tier*, das robotergleich seine Reflexe abspult, der *toten Pflanze* oder dem *Verbrauchsgut Natur*. All diese stereotypen Rollenbilder, die dazu dienen, einzelne Gruppen auf einen Sockel zu stellen, schädigen sowohl die sozialen Bande als auch den Lebensraum, so dass es mehr als überfällig ist, diese alten Strukturen hinter sich zu lassen.

Am besten geht das, wenn man Dinge, die aufgelöst werden sollen, so bildhaft wie möglich endgültig vernichtet. Notieren Sie dazu alles, was Sie als störend, diskriminierend oder anderweitig unhaltbar empfinden auf verschiedene Zettel, die Sie vorsichtig in Nesseln oder Dornen wickeln. Zünden Sie am letzten Tag des abnehmenden Mondes, kurz vor dem Schwarzmond eine dunkle Kerze an. Verbrennen Sie klärendes oder bannendes Räucherwerk wie Lorbeer, Rosmarin oder Salbei und sprechen Sie aus, was Sie sich von diesem Ritual erwarten.

---

[17] Das größte Problem besteht nicht im steigenden Konsum, sondern in der fehlenden Nachhaltigkeit, beziehungsweise Kreislauffähigkeit, sowie der unglaublichen Verschwendung von Ressourcen. Obwohl viele Rohstoffe endlich sind und in absehbarer Zeit ausgehen werden, wird nach wie vor linear (Herstellung – Nutzung – Müll) produziert. Dabei spielt die Rückgewinnung von Ressourcen noch immer eine untergeordnete Rolle, obwohl gerade die Rückführung in technische (wiederverwertbar) oder biologische (abbaubar) Kreisläufe ein Meilenstein auf dem Weg in eine bessere Zukunft wäre. Daneben braucht es neue, gesundheitlich unbedenkliche Materialien. In diesem Zusammenhang wäre das Cradle to Cradle-Konzept sicherlich eine Möglichkeit, die es genauer zu betrachten lohnt.

Entzünden Sie die Zettel nacheinander an der Kerze und verbrennen Sie sie auf einer feuerfesten Unterlage oder in einer Räucherschale. Verabschieden Sie die negativen Energien, für die jeder Zettel steht und vergraben Sie die Aschereste bei Schwarzmond neben einem fließenden Gewässer in der Erde, damit sie sich unwiederbringlich auflösen können.

Zu Neumond notieren Sie dann die Dinge, die aus dem Ritual erwachsen sollen, zünden eine weiße Kerze an, verbrennen Räucherwerk wie Dill oder Patchouli, das mit Wachstum in Verbindung gebracht wird und sprechen das aus, was Sie erwarten. Rollen Sie die Zettel zusammen, legen Sie diese in Erde und pflanzen Sie darauf eine Pflanze, damit das, was notiert wurde, symbolisch wachsen kann.

Feste und Feiertage im März

Am **ersten Wochenende** im März wurde ein Fest zu Ehren der germanischen (Frühlings-)Göttin *Iduna* abgehalten.

Am **2. März** feierten die Kelten den Gott *Ceadda*, den Herrn der heilenden Quellen und heiligen Brunnen, dargestellt durch den *Crann Bethadh*, den Baum des Lebens. Dieser Tag eignet sich gut für „Grüne Magie" oder Amulettmagie. Auch die Weihe von hölzernen Amuletten und Talismanen erzielt jetzt eine bessere Wirkung.

Der **4. März** ist in Wales der Festtag der Pferde, der Ahninnen und des Mondes. Speziell geweiht ist dieser Tag der Göttin *Rhiannon*, die zusammen mit *Epona* und *Mare* oder *Macha* die Dreieinigkeit der Pferdegöttinnen bildet. *Rhiannon* war eine bekannte Göttin der Unterwelt, des Mondes und der Magie. *Mare* überbrachte schlechte Träume und *Epona* vermittelte zwischen der realen und der Anderswelt.

Am **15. März** gedachten die Römer ihrer Göttin *Anna Perenna* (perennis = ewig). Anna Perenna war eine bedeutende Erd- und Muttergöttin, die wie die *Cailleach* auch über die Jahreszeiten herrschte, vor allem über den Frühling.

Mit der *Frühlingstagundnachtgleiche (Frühlingsäquinoktium)*, dem *Ostara-Fest* am **21. März** siegt das Licht dann schließlich über die winterliche Dunkelheit. An *Ostara* sind Tag und Nacht für einen kurzen Moment gleich lang. Danach werden die Tage wieder länger und im Gegenzug die Nächte kürzer.

Ostara liegt im Jahreskreis dem *Mabonadh-Fest* gegenüber und steht für die Ausgewogenheit vor dem Sommer, während Mabonadh den Ausgleich vor dem Winter symbolisiert. Zu Ostara beginnt merklich eine Zeit der Wiedergeburt. Alles in der Natur erwacht und beginnt zu sprießen. Die Göttin segnet die Erde mit Wachstum und Fruchtbarkeit. Das Fest ist geprägt von Licht- und Fruchtbarkeitszaubern.

Im Wicca wird aus dem Mädchen die weiße Frühlingsmaid, die jungfräuliche Jägerin, die das Interesse des heranwachsenden Gottes weckt. Der Gott indessen wird zum Herrn der Natur. Er reift heran, wird stärker und begibt sich auf die Suche nach einer Gefährtin. Einigen Deutungen zufolge bekommt er nun seine Waffen und muß gegen den alten Gott des Winters antreten. Die Wintergöttin wird zur Frühlingsgöttin oder überlässt einer jüngeren Version ihrer selbst das Feld. Manchmal legt sie sich bis zum Herbst schlafen.

Die Frühlingstagundnachtgleiche ist das moderne Fixdatum. Neuheiden feiern Ostara häufig als Mondfest am dem *Equinox* folgenden Vollmond / Vollmond des vierten Lunarmonats. Andere legen es auf den ersten Sonntag nach dem ersten Frühlingsvollmond und feiern es wie das christliche Osterfest (~im April).

Das Istrafest

Beinahe überall in Nordeuropa kennt man das rituelle Begrüßen des Frühlings. Dabei wird der Kampf zwischen Sommer und Winter, Hell und Dunkel auf vielfältige Art und Weise thematisiert. Meistens muß der Winter, ein in schwarz gekleideter alter Mann, seine Krone und sein Zepter einer weißgekleideten Frau, der Frühlingsgöttin, übergeben. Manchmal wird auch eine junge Frau (oder die Verkörperung einer jungen Frau) mit einem Bären verheiratet.

Vielerorts streiten Sommer- und Winterkönig rituell um die Vorherrschaft. In England kämpft der *Holly King*, der Winterkönig gegen den *Oak King*, den Eichenkönig, der über das Sommerhalbjahr herrscht. Es ist ein Kampf zwischen Licht und Dunkelheit, Wärme und Kälte, und *nicht* der ewige Kampf Gut gegen Böse, wie das Christentum ihn sieht, das aus dem Freudenfest Ostara ein Fest der Trauer und des Todes machte, ohne die aus der Wiederauferstehung resultierende Fruchtbarkeit.

Die Vorstellungswelt der vorchristlichen Europäer unterschied sich sehr von der späterer Einwanderer, seien es Römer oder in den Norden entsandte Missionare. So gab es nur zwei Jahreszeiten, den Sommer und den Winter, dargestellt durch den König des Sommers und den Herrscher des Winters. Diese beiden waren Brüder und oftmals Gegner im „Kampf" um die Erde - vielmehr als sie stritten, lösten sie jedoch einander im ewigen Wettstreit zyklisch ab. Freilich hoffte man nach einer langen Periode der kalten Nächte und früh anbrechender Abende, dass der Sommerkönig als Symbol von Fruchtbarkeit, Wärme und Vitalität den Winter als Bringer von Dunkelheit, Tod und Kälte in die Knie zwingen konnte. Aber obwohl das Licht ein Synonym für Wachstum war und somit für Leben, stand für die Menschen gleichzeitig fest, daß es auch eine Zeit der Dunkelheit und der Ruhe geben musste. Das war ihnen eine Selbstverständlichkeit.

Der Ursprung des Begriffes *Ostara* (christl. Ostern) liegt im Dunkel der Geschichte verborgen. Gemeinhin soll es sich von der Himmelsrichtung Osten ableiten, in der Bedeutung, dass im Osten jeden Morgen bei Sonnenaufgang auch ein Neuanfang stattfindet. Der Mönch *Beda Venerabilis* erwähnt eine Frühlings- und Fruchtbarkeitsgöttin *Ostara*, *Eostre*, *Istra* oder *Ister* (im Englischen *Easter*), möglicherweise eine lokale Göttin, die ebenfalls als Namensgeberin vermutet wird. Als Göttin von Licht, Erneuerung und Fruchtbarkeit wird sie häufig mit *Idun* oder *Freya* gleichgesetzt, oft auch der *Astarte*. Ostara ist die Göttin des strahlenden Morgens, der Morgenröte und des aufsteigenden Lichtes.

Das nordische Wort *austr* (Osten) oder *ausa* (besprengen / ausgießen) könnte ebenfalls in Verbindung mit Ostara stehen. Sprach- und Kulturforscher legen nahe, daß in einem Akt der Reinigung und Wiedergeburt sowohl die Erde als auch die Menschen mit geweihtem Wasser gesegnet wurden. Zur Frühlingstagundnachtgleiche besprengte man die Felder gen Osten, wo die Sonne um diese Jahreszeit immer höher kam und weihte oder „taufte" sie in diversen Ritualen. Noch heute kennt man diesbezüglich die *Feldweihe*.

Mit Freudenfeuern und Weidenruten wurde die lichte Zeit begrüßt. Eng mit Ostara verbunden sind daher vor allem die Feuerbräuche. Wie zu Yule wurden auch an Ostara brennende Feuerräder ins Tal gerollt, um die Erde zu segnen und ertragreich werden zu lassen. Auf den Hügeln brannten hohe Feuer als irdisches Abbild der Sonne. Diese sollten den Feldern Segen und Schutz verleihen und die letzten Wintergeister daran erinnern, dass ihre Zeit unwiderruflich abgelaufen war. Das christliche Osterfeuer hat in diesen Bräuchen seine Wurzeln. Nach dem Abbrennen wurde die Asche zur Fruchtbarkeit auf den Feldern verteilt. In rituellen Prozessionen und Umzügen segnete man anschließend Felder und Saat.

📖 **Wissenswert:** Mit regionalen Unterschieden wurde der Winter mit dem rituellen Verbrennen (oder Ertränken) von Strohpuppen ausgetrieben. In manchen Gegenden Deutschlands trieb man jedoch nicht den Winter, sondern den *Tod* aus, und so sind Erhebungen in der Landschaft, die als *Totenhügel* bekannt sind, oftmals keine Richtstätten gewesen, sondern vorchristliche Feuerstellen, an denen zu den alten Festen die Flammen in den Himmel schlugen, um die Macht der Sonne zu stärken oder auf die Erde zurück zu holen.

An Ostara beginnt die Zeit des Säens und Pflanzens, physisch wie auch psychisch. Das Fest wird mit der Morgendämmerung assoziiert, dem Sehnen nach dem Frühling und der Hoffnung auf einen neuen Anfang, neuer Saat, neuem Wissen und dem Erwerben neuer Fähigkeiten. Es ist geprägt von Erwachen und Wachstum, Vitalität und Mut. Vergangenes endet und Zukünftiges beginnt. Doch die Energien sind noch sehr zart und ätherisch, im Aufbruch begriffen. Noch stehen alle Wege offen, noch hat sich nichts manifestiert.

Das Ostara-Fest ist ein sehr beschwngtes, lebensbejahendes Fest im Zeichen der Luftgeister und Lichtfeen, die allmählich aus ihrem unterirdischen Reich in die oberirdisch gelegene Welt zurückkehren. Alles, was als Wohnstätte der Feen galt, wie Findlinge, Bäume, Hügel oder Brunnen, wurde als Verbindung zur Unterwelt angesehen, einem Ort, der nach dem Winter das Leben wieder in die Welt entließ. Der Tradition entsprechend wurden Bäume, Brunnen und auch eigenartig anmutende Steine oder Steinformationen geschmückt und den Naturgeistern zahlreiche Speiseopfer dargebracht. Daneben findet man einen betont sexuellen Anklang, denn mit der Tagundnachtgleiche beginnt die Zeit der Werbung des Gottes um die Göttin, bis an Beltane schlussendlich die Vereinigung stattfindet. Körperliche Reife, Werbung und insbesondere die aufkeimede Fruchtbarkeit sind daher weitere bedeutende Themen der Istra-Feierlichkeiten.

Als Symboltier ist dem Ostarafest der Hase zugeordnet, als Zeichen von unbändigem Lebenswillen und Fruchtbarkeit. Hasen sind die ersten Tiere, die so früh im Jahr (wenn durchaus noch Frost droht) schon zahlreichen Nachwuchs haben. Als Mondhase[18] ist der Hase untrennbar mit dem Frühling und dem Mond verbunden. Der Hase als Idol erscheint darüber hinaus oftmals an der Seite der Himmelskönigin, von der auch das goldene Sonnenei oder das Weltenei erschaffen wurde, das zweite, mit dem Fest verbundene Fruchtbarkeitssymbol. Den Legenden vieler Völker zufolge entstanden Sonne und / oder Erde ursprünglich aus einem Ei, das von der Urmutter erschaffen und von einer Schlange ausgebrütet wurde. Das Ei verkörpert die erwachende Lebenskraft und Neuanfang.

Ei und Hase standen schon im Altertum synonym für Lebenskraft, Fruchtbarkeit, Neubeginn, Ewigkeit und Geborgenheit. Beide lassen sich nicht so einfach aus der menschlichen Geschichte hinaus- oder ins christliche Brauchtum hinein erklären. Die Erläuterung, der Osterhase oder das Osterei wären ein Resultat mittelalterlicher Steuer (ein Teil der Steuern wurde in Hasen oder Eiern bezahlt), beleuchtet zwar die Steuerpolitik, hat aber keinerlei Bezug zum Glauben. Die Bibel erwähnt weder Osterhase noch Osterei. Ostern als Toten- und Wiederauferstehungsfest mag zwar durchaus ein christliches Fest sein, es bedient sich im Brauchtum aber älterer Elemente (Eier, Hase, Feuer, viele Frühlingsgötter sterben und überwinden den Tod durch Wiederauferstehung).

📖 **Wissenswert:** In der älteren Literatur nimmt der *Osterfuchs* die Rolle des eierlegenden oder eierbringenden Tieres ein. So wurden in Westfalen und dem Schaumburger Land die Ostereier nicht von einem Hasen, sondern vom Fuchs gebracht. Hier bereiteten Kinder dem Fuchs aus Heu und Moos ein Nest, in das er seine Eier legen konnte.

---

[18] Nur im Frühling finden sich Mondflecken in Gestalt eines Hasen mit Ei.

Sprachforscher verweisen auf die mit Zwiebelschalen braunrot gefärbten Eier (Fuchseier), die mit dem ebenfalls braunroten Fell eines Fuchses als „Erzeuger" erklärt wurden. Als Tier mit rotem Fell wird der Fuchs dem Gott Thor zugeordnet.

Ostara entspricht dem nordischen *Várblót* (Frühlingsopferfest), das zum vollen Mond des vierten Lunarmonats begangen wurde. Ob es auch dem *Sigrblót* (Siegesopfer) gleichzusetzen ist, ist ungewiss. Meistens wird das *Sigrblót* eher mit dem Maifest assoziiert und das *Varblót* mit der Frühlingstagundnachtgleiche. Hierbei ist nicht sicher, ob es nach der Göttin *Vár* benannt wurde, der Göttin der Liebe und der Ehe (Treuegelöbnisse), oder allgemein nach dem Frühling (nord. Vár), beziehungsweise dem *Várþing*, dem Frühlingsthing.

Historisch haben sich aus den Norden - außer den Fruchtbarkeitsfeiern und Umzügen - zur Frühlingszeit auch zahlreiche Schwerttänze überliefert, mit denen junge Männer in die Gemeinschaft der Krieger aufgenommen wurden. Im Ritual standen diese Schwerttänze für den Sieg des Sonnengottes gegen die dunklen Wintermächte. Da das Schwert im Zuge einer kriegerischer werdenden Menschheit zunehmend an Ansehen gewann, ist es nicht verwunderlich, dass diese effektive Waffe auch den Göttern zugeordnet wurde. Wie zur Fasnacht ging es darum, den Winter zu töten und damit dem noch jungen Licht zum Sieg zu verhelfen. Diesen Tänzen allerdings einen durchweg kriegerischen Hintergrund zu unterstellen, widerspricht der Bedeutung des Tanzes als magische oder rituelle Handlung.

Neben *Idun* oder *Istra* verehrten die Germanen zwischen dem Frühlingsequinox und dem Maifest vor allem *Freya*, sowie die Erdgöttin *Nerthus / Hertha* (nordisch *Jörd*, „Erde"), die mit ihrem Wagen über die Felder gezogen wurde, um sie wieder fruchtbar zu machen. Beherrschender Gott der Feste war *Freyr*. Auch Eier sollen schon versteckt oder lieben Menschen überreicht worden sein. Vor dem Erscheinen des Huhns verwendete man dazu vermutlich die Eier von Bodenbrütern wie dem Kiebitz. An Farben sind vor allem Blau, Grün, Rot und Gelb bekannt. Ein blaues Ei stand Überlieferungen zufolge für *Hel*, es bedeutete Unglück oder Verzögerung. Rote Eier waren *Thor* geweiht, sie verhießen Glück und Wohlstand. Gelbe und grüne Eier hingegen symbolisierten *Freyr* oder *Freya*, die Frühlingsbringer und wurden mit Fruchtbarkeit assoziiert.

Die Kelten kannten wohl kein spezielles Frühlingsfest. Aus Schottland jedoch ist das *Latha na Cailliche* eingeflossen. Moderne Heiden bezeichnen Ostara häufig als *Alban Eiler*, was soviel wie „Licht der Erde" oder „Licht über dem Land" bedeutet und das Morgenrot umschreibt. Dieses Licht wächst von nun an mit jedem Tag bis zur Sommersonnenwende ein wenig mehr. Man geht hinaus und beobachtet die zurückkehrenden Zugvögel, als Verkörperung der wiedergeborenen Lebenskraft. Basierend auf diesem Brauch wird Alban Eiler vielfach als *Vogelfest* bezeichnet.

Das Frühlingsfest

Bezeichnungen: Alban Eiler, Ostara, Ostarûn, Easter, Frühlingsequinox, Summer Finding, Várblót, Sigrblót, Vogelfest

Symbole und Deko: Hasen, Vögel, Eier, Frühblüher

Farben: Grün, Gelb, Rot, Pastelltöne, Silber

Bräuche und Rituale: Eier färben und suchen, Segnen der Saat und des Viehs, Wassersegen, Feuer

Datum und Schwellenzeit: 21. März / Morgendämmerung

Räucherwerk und ätherische Öle: Eisenkraut, Zitrusöle, Veilchen

Geweihte Speisen: Fisch, Süßspeisen, Kräutergerichte, Kräutersaucen, leichte Nahrungsmittel, Frühlingsküche, Eier und Eierspeisen, Gebildgebäck

Göttinnen: Eostra, Aurora, Astarte, Freya, Idun, Nerthus, Jörd, Hertha

Götter: Baldur, Freyr, Tyr

Istra-Weihrauch: Zu je einem Teil Jasmin- und Rosenblüten. Für die Aromalampe empfehlen sich leichte, blumige Düfte.

Bräuche zu Ostara

Die Ostara zugeordneten Farben sind alle hellen Pastelltöne, weiß und gelb. Auch sollten Küken, Hasen und selbst gefärbte Eier einen Platz in der Wohnung oder auf dem Altar finden. Ei und Hase symbolisieren die Fruchtbarkeit der wiedererwachten Welt. Seit sehr langer Zeit werden darüber hinaus zum Fest bemalte Eier versteckt und gesucht, was allerdings einen eher pragmatischen Hintergrund haben könnte, denn in vergangenen Zeiten wurden die Hühner nicht in Ställen gehalten; somit musste man sich, wenn sie nach dem Winter wieder legten, erst einmal auf die Suche machen.

Der Altar selbst wird mit Blumen, Tüchern und allem, was leicht und luftig ist, geschmückt. Ein mit Blüten und Bändern geschmückter Schnittlauch- oder Pimpinelle-Topf symbolisiert das Frühjahr. Lange Schnittlauchstengel und Stengel von Frühlingsblumen können sie auch um die Eier gebunden werden.

Geräuchert wird mit leichten, blumigen Düften wie Rose, Jasmin oder Veilchen. Traditionell werden an Ostara neben gekochten und gefärbten Eiern / Eierspeisen auch Fisch, Kräutersaucen und helles Brot gereicht.

Ritualvorschlag

- In einer Vase einige Zweige arrangieren und mit ausgeblasenen und bemalten Eiern schmücken. Mit Hasen, Küken, pastellfarbenen Tüchern, etwa Hellgelb, Lindgrün oder Helorange dekorieren. Den Tisch mit Teelichten und gekochter Eiern schmücken. Auch kleine

Vasen mit Zweigen, Frühblühern und Eiern oder Teller mit rot gefärbten Eiern sehen ansprechend aus.

- Gibt es einen Altar, diesen mit Frühblühern in weiß und gelb schmücken. Als Zeichen des Kampfes der Könige liegt ein Athame oder Schwert neben dem Kelch der Göttin.
- Feuertonnen oder etwas Ähnliches aufstellen. Wo es möglich ist, können Fackeln und Sonnenräder entzündet werden.
- Das Ritual mit einem Spaziergang beginnen, um nach den Vögeln oder dem Wachstum der Natur zu sehen.
- Gemeinsam Eier färben. So viele Eier wie Teilnehmer rot (Fruchtbarkeit) und grün (Vegetation) färben und segnen. Wer einen Herzenswunsch hat, projiziert ihn während des Färbens in eines der grünen Eier und vergräbt es anschließend. Einige Eier mit der Bitte um Fruchtbarkeit – materiell wie spirituell – vergraben. Auch ein Opfer könnte aus Eiern bestehen. Zum Zeichen der neu erweckten Fruchtbarkeit das rot bemalte und gesegnete Ei essen.
- In einem kleine Ritual dem Sommer die Vorherrschaft übergeben, eine Strohpuppe verbrennen und / oder in einem Wassersegen Menschen, Tiere und Erde mit etwas Wasser besprengen. Es können auch geflochtene Kränze geopfert werden.
- Gemeinsames Mahl am Abend, wenn der Gleichstand erreicht ist, mit Gebildbrot, Eiern, Fischgerichten und grünen Saucen.

Die besten Istra-Rezepte

Zu Ostara dürfen Gebildbrote ebenso wenig fehlen wie Eier und Eierspeisen mit Kräutersaucen.

Ister-Nester

18 Eier (anstechen, kochen und abkühlen lassen)

500 g Mehl	je 50 g Butter und Zucker
40 g Hefe	250 ml warme Milch
1 Prise Salz	1 Ei, 1 Eigelb

Mehl in eine Schüssel sieben, in die Mitte eine Mulde drücken, die Hefe hineingeben und zusammen mit der Milch zu einem Vorteig verarbeiten. An einem warmen Ort zugedeckt 15 min gehen lassen. Butter zerlassen und mit Salz, Zucker und dem Ei verrühren. Die Mischung mit dem Vorteig zu einer glatten Masse verarbeiten und nochmals 15 min gehen lassen.

Dann den Teig in 18 gleichgroße Stücke teilen, diese zu ca. 50 cm langen Strängen formen, doppelt legen und die Rolle spiralförmig aufdrehen. Die so entstandene Spirale zu einem Kreis formen und die Enden fest miteinander verkneten. Danach die Nester auf ein Blech legen, mit etwas grobem Zucker bestreuen und mit einem geschlagenen Eigelb bestreichen. In jedes Nest ein Ei drücken. Die Kränze vor dem Backen 15 min gehen lassen. Anschließend die Nester im Ofen bei 200 °C ca. 20 min backen.

Istra - Eier

10 Eier	500 ml Wasser
1 El Honig	2 El schwarzer Tee

1 El Curry oder Safran (Safran färbt besser), 2 Gewürznelken

Eier in das kochende Wasser legen, fünf Minuten kochen lassen, herausnehmen und überall leicht anschlagen. Wasser mit den anderen Zutaten aufkochen, die Eier nochmals 15 min köcheln und in der Flüssigkeit erkalten lassen. **Tipp**: Zu allen Eiern verschiedene Saucen oder Dips nach Wahl reichen. Zum Ostara – Frühstück serviert man zum Beispiel Rührei in Eierbechern mit einem Kressepesto.

Pangasius – Filet im Lauchbett mit Curry-Kräutersauce

Pro Person je nach Größe 1 – 2 Pangasius – Filets (Pangasius ist eine Welsart mit halbfestem Fleisch, das nicht den für Fisch typischen Geschmack hat)

4-5 Stangen Lauch (putzen und in ca. 2 cm lange Ringe schneiden)

gehackte Kräuter wie zum Beispiel Koriander und Petersilie, Salz, Pfeffer, Currypulver, Brühepulver

Den Pangasius mit etwas Zitronensaft und Worcestersauce beträufeln oder mit Fischgewürz bestreuen, dann mehlieren und in der Pfanne von beiden Seiten braten. Lauch kurz anschwitzen, mit Curry und etwas Mehl bestäuben, dann soviel Wasser aufgießen, bis eine leichte Bindung entsteht. Mit Brühe, Salz und Pfeffer abschmecken, die Kräuter zugeben und zusammen mit dem Fisch anrichten.

Der **23. März** steht bereits im Zeichen des Lichtes, das über die Dunkelheit gesiegt hat.

Mit dem **24. März** begann das Fest der Kybele, einer anatolischen Muttergöttin, das sich über drei Tage erstreckte. In diesen Tagen heiratete, tötete und erweckte sie ihren Sohn/Geliebten Attis, was eine Vermählung der Erde als Symbol der Fruchtbarkeit mit der dem auferstehenden Sonnen- oder Vegetationsgott, darstellte. Die Anhänger von Attis und Kybele verloren ihre heiligen Tage später an die Christen, die ungefähr zur selben Zeit einen ebenfalls auferstanden Gott verehren.

Den **25. März** kennt man in Südwales und Cornwall als „*Lady Day*". An diesem Tag wurde die Rückkehr der Frühlingsgöttin gefeiert. Er ist günstig für Reinigungsrituale sowie das Sammeln von frühen Kräutern. Auch Speise- und Trankopfer werden jetzt gerne angenommen.

Nach slawischem Glauben war die Mutter Erde bis zum **26. März** schwanger, so daß der Boden bis zu diesem Tag nicht aufgebrochen werden durfte. Mit dem Fest von *Mati Syra Zemla* (Mutter der feuchten Erde), einer slawischen Erdmutter, begann die Zeit des Pflügens und des Säens von Neuem. *Mati*, als eine der verschiedenen Formen der *Mate*, ist eine der am längsten verehrten Göttinnen. Sie nahm vor über 30000 Jahren Gestalt an und wurde bis ins zwanzigste Jahrhundert hinein verehrt.

Am **31. März** feierten die Römer ihre Mondgöttin *Luna*. Die an diesem Tag vorherrschenden Energien begünstigen Mondzauber genauso wie Liebeszauber. Zudem können Öle und andere Utensilien, die mit dem Mond oder der Liebe zu tun haben, hergestellt und geweiht werden.

April

Woher der April seinen Namen bekam, lässt sich nicht eindeutig klären. Der allgemeinen Erklärung zufolge leitet sich die Bezeichnung ab von *aperire*, dem lateinischen Wort für „öffnen", was auf die Knospen verweisen soll. Die Natur öffnet endgültig ihre Schleusen und entlässt das Leben hinaus in die Welt. Aber auch *apricus* (sonnig) wird als Hintergrund vermutet. Denkbar ist ebenfalls ein weiterer etymologischer Ursprung, der auf einen Vegetationsgott namens *Aprilus* oder *Aprilius* verweist.

In Bezug auf das Leben, das spürbar wieder zurückkehrt, kannte man ihn unter den Namen *Grasmonat*, *Wandelmonat* oder *Grünmonat*. Der alte deutsche Name für den April ist *Launing*, abgeleitet von den wärmer, also *lau* werdenden Tagen. Die Germanen kannten ihn als *Ostermond*, *Ostaramanoth* oder *Ēostermōnaþ*, da zwischen März und April häufig das *Fest der Eostre* begangen wurde, welches den Sommerbeginn markierte und dem Winterbeginn im September / Oktober gegenüber stand.

In einigen Gegenden ist er aufgrund der ausgelassenen Feste und der Freude über das Erwachen, sowie des im Mittelalter entstandenen *Narrentages*, als *Narrenmonat* bekannt. Leider haben sich die alten Traditionen nicht in ihrer Urform bis in die moderne Zeit hinein erhalten. Reste finden sich in der Winteraustreibung, den Feuerbräuchen, wie auch dem Segnen der Saat und der Blüten. Im Mittelalter kam das *In-den-April-Schicken*, das scherzhafte Veralbern am 1. April hinzu. Der Kirche galt der 1. April als Unglückstag, sah man ihn doch als Geburtstag von Judas, dem Verräter.

Das *In-den-April-schicken* behielt man sich für besonders Einfältige und Kinder vor. Auch wurden die Scherze immer boshafter. Ein ähnlicher Brauch findet sich übrigens auf vom 30. April auf den 1. Mai.

Nach Winter und Vorfrühling kehrt im April merklich Lebenskraft zurück. Nach und nach brechen Blumen und Kräuter durch den Boden und strecken sich der wärmenden Sonne entgegen. Am Waldrand zeigt sich ein zarter lindgrüner Schimmer, der mit dem Wachstum der Blätter zu einem satten (Sommer-)Grün wechselt. Die Tiere paaren sich oder suchen schon nach einem passenden Zuhause für ihren Nachwuchs.

Junges Gras sprießt durch altes, moderndes Laub und überwuchert es schlussendlich. Wie kleine Sonnen leuchten dazwischen die Blüten vom Scharbockskraut im kräftigen Grün. Die wird Luft wird spürbar wärmer. Am Abend hängen noch Nebelfetzen in den kühlen Gräben, können aber auf der sich erwärmenden Erde nicht mehr bestehen.

Der April ist hauptsächlich bekannt für seine Launen sowie das wechselhafte und unbeständige Wetter. Die Temperaturen können schwanken zwischen angenehm warm und empfindlich kalt, steigen aber kontinuierlich an. Regen-, Graupel- und Schneeschauer wechseln sich mit Sonnenschein und strahlend blauem Himmel ab. Nicht von ungefähr kommt in Bezug auf das unbeständige Wetter die Redensart *Der April macht, was er will.*

Dennoch verlagert sich das Leben allmählich wieder vom Haus auf die Straßen. Mit der dünner werdenden Kleidung wächst die Lust, sich im Freien aufzuhalten. Das Rad wird wieder aus dem Keller geholt und der Garten umgegraben. In den Gärtnereien wimmelt es von Menschen, die nach Pflanzen für Balkon und Garten suchen. Aber noch ist das Wetter sehr unbeständig, noch drohen kalter Regen, Hagel und leichte Nachtfröste.

Thema im April: Die Elemente im Jahreskreis – Luft

Mit dem Frühling wird das Element der Luft assoziiert. Das Element Luft löst das Erdelement ab und erlaubt nach der dunkelsten Stunde ein neues Morgengrauen. Es herrscht über drei Monate des Wandels, über die Wochen, in denen das Eis schmilzt und die Vegetation wieder zu neuem Leben erwacht. Und mit den erblühenden Pflanzen wandelt sich auch das Lebensgefühl. Durch die Natur geht ein erlösender Seufzer, ein Aufatmen nach der Schwere des Winters. Alles ist luftig, leicht und quirlig, ja mitunter sogar beschwingt. Die hereinströmende Energie macht es leichter, die Pläne und Visionen des Winters in die Tat umzusetzen.

Als Himmelsrichtung wird dem Element Luft der Osten zugeordnet, und wie die Luft steht der Osten stellvertretend für das Erwachen, Anfang und Neubeginn. Jeden Tag wird im Osten die Sonne neu geboren und beginnt mit einem neuen Zyklus. Magische Rituale werden im Osten begonnen. In Bezug auf den menschlichen Geist verkörpern Luft und Osten den Verstand, Intellekt und Ratio. Von allen Elementen ist das Luftelement am ehesten dazu geeignet, Klarheit zu gewinnen und den Geist zu schärfen. Ferner kann es beim Erwerb von Wissen eine große Hilfe sein, wird ihm doch das Lernen zugeordnet. Und auch zur besseren Fokussierung des Willens kann es genutzt werden.

Die Luft ist das flüchtigste aller Elemente. Gestaltlos, kaum greifbar und dennoch kraftvoll widersetzt sie sich allen Zähmungsversuchen. Luft kann man nicht einfangen oder beherrschen, um sie sich nutzbar zu machen, aber man kann sie ebenso töten wie jedes andere Element. Genau wie Erde und Wasser ist Luft sehr anfällig für Vergiftungen, seit der viel gepriesenen industriellen Revolution, die ihre Schadstoffe seit Jahrzehnten ungeniert in die Luft bläst, mehr als jemals zuvor.

Das Luftelement ist allgegenwärtig und durchströmt alles. Es ist der Wind, der die Wolken über den Himmel bläst, oder ein Hauch, der sanft durch das Gras streicht. Doch auch die Luft will gesehen werden, wie sie wirklich ist, denn zu ihr gehört die leichte Brise ebenso wie der verheerendste Orkan. Obgleich Luft leicht und unsichtbar ist, ist sie doch in ständiger Bewegung, weht, braust, tost oder rauscht durch die Welt.

Die Vertreter der Luft sind die gestaltlosen *Sylphen*, die auf dem Wind und den Wolken reiten. Ihr Wirken drückt sich in allem aus, was mit Luft und Licht zu tun hat, in den Wolkenformationen und der Intensität des Windes. Jede Bewegung des Windes, von der leichten Brise bis zum tosenden Sturm, ist allein ihr Werk. Im Gegenzug reagieren sie auf jede noch so kleine Erschütterung oder Bewegung im Luftraum, die sie akustisch wahrnehmen, sehr sensibel.

Zu ihren Aufgaben gehört die Versorgung des Stofflichen mit Licht und Sauerstoff. Ihr Augenmerk liegt dabei vor allem auf den Pflanzen. Auf Menschen wirken sie in der Regel außerordentlich inspirierend, was daran liegen kann, dass ihnen die Funktion von Hirn und Nervensystem untersteht. Die Volkskunst stellt sie häufig als geflügelte Feen dar. Auch Allvater *Odin*, der den Menschen das Leben einhauchte, wird häufig mit dem Luftelement assoziiert. Das *Od* oder *Önd*, die Essenz des Lebens, der Atem (oder Heilige Geist), den er den Menschen einhauchte, ist eng mit der Atemluft verbunden.

Luft ist ein kostbares Gut, denn Luft ist Atem. Ohne Luft würde beinahe alles Leben ersticken und damit elendig zugrunde gehen. Sogar das Wasser der Ozeane enthält Luft in Form von Sauerstoff, ohne den ein Leben auf der Erde unmöglich gewesen wäre.

Alle Lebewesen atmen lebendige Luft (Sauerstoff) ein und tote Luft (Kohlendioxid) wieder aus[19]. Obwohl die Feinheiten sehr komplex sind, bedeutet dieses Geben und Nehmen einen unendlichen Kreis oder Kreislauf des Lebens. Darüber hinaus brauchen Schallwellen Luft als Transportmittel. Selbst wenn es ohne Luft eine Möglichkeit zum atmen gäbe, wäre eine luftleere Welt totenstill.

Dem Element der Luft zu begegnen ist nicht schwer. Es ist immer und überall verfügbar. Und je nach Jahreszeit verändert sich auch die Luft. Im Frühling ist sie noch kühl und frisch, manchmal ein wenig zu stürmisch. Den Sommer über weht sie warm durch die Felder. Vereinzelte Böen treiben die schwüle Gewitterluft vor sich her. Mit dem Herbst kommt die Zeit der schweren Stürme, die an den Zweigen zerren und die letzten Blätter mit sich reißen. Im Winter schließlich ist die Luft eiskalt und kristallklar. In all seinen Facetten bleibt das Element der Luft aber stets sich selbst treu, denn es kann seine Form nicht wechseln wie das Wasser oder die Erde.

Luft kann immer und überall erlebt werden, auf Feldern oder zwischen Bäumen, selbst auf den engen Straßen der Stadt ist es möglich, Luft zu erfahren. Der am besten geeignete Augenblick, dem Element zu begegnen, wäre ein Sonnenaufgang an einem Frühlingsmorgen, der von einem Hügel aus beobachtet wird. Aber der beste Moment ist nicht der einzige. Wann und in welcher Gestalt auch immer das luftige Element erlebt wird, bleibt es immer klärend und inspirierend.

Dem Element Luft wird der Geruchssinn zugeordnet, der ursprünglichste Sinn überhaupt. Gerüche werden nicht nach Wichtigkeit oder anderen Kriterien gefiltert, sondern gelangen über die Nase direkt ins Riechhirn, das mit dem vegetativen Nervensystem verbunden ist. Sämtliche Gerüche nimmt der Mensch also völlig unbewusst wahr und wertet sie erst danach aus, dafür aber blitzschnell. Ab und zu, etwa bei Brandgeruch, dienen Gerüche der Warnung, dann wieder sind sie eng mit Erinnerungen verknüpft.

Die erste Reaktion, nämlich auf Brandgeruch skeptisch zu reagieren, ist angeboren, die zweite, Geruch und Erinnerung zu verflechten, eine erlernte Eigenschaft. Diese Assoziationen folgen keinem Muster, sondern sind das Ergebnis von Vorlieben, Abneigungen und ganz privaten Erfahrungen. Über den Geruchssinn ist der Mensch mit den tiefsten Ebenen seines Unterbewusstseins verbunden, den Instinkten, aber auch den Erinnerungen, die im Lauf des Lebens abgespeichert werden.

---

[19] Den Naturwesen der Luft stellt sich dieser Rhythmus genau andersherum dar. Sie sterben mit dem Einatmen und werden beim Ausatmen wieder lebendig. Auf diese Weise versorgen sie den menschlichen Körper mit feinstofflicher Energie.

Wer dem Luftelement über seinen Geruchssinn begegnen möchte, sollte beim Spaziergang genau darauf achten, welche Düfte (von würzig bis schal, angenehm bis unangenehm) um ihn herum vorherrschen. Vielleicht überwiegt einen Moment lang der schwere, moosig-pilzige Duft der Erde, der dann dem Geruch von Heu oder Getreide weicht. Im Wald vermischen sich häufig die Düfte von Erde und Bäumen. Wer viel im Wald unterwegs ist, wird sicherlich schon einmal bemerkt haben, dass auch Bäume einen individuellen Körpergeruch besitzen.

Element Luft

Himmelsrichtung: Osten

Tageszeit: Morgendämmerung

Jahreszeit: Frühling

Sternzeichen: Zwilling, Waage, Wassermann

Farben: Weiß, Gelb, Hellblau, Lindgrün, alle Pastellfarben

Tier: Vögel, Insekten, Luftdrachen

Elementale: Sylphen, Feen, Geister, alle ätherischen Wesenheiten

Orte: Hügel und Berge, über die der Wind weht, Strände, Türme und Dächer

Baum und Pflanzen: Espe, Frühblüher

Räucherwerk: Alle leichten, frischen, blumigen Düfte

Metall: Kupfer

Werkzeuge: Je nach Tradition Stab, Feder oder Athame, Räucherkohle, Räucherwerk

Edelstein: Topas, Lapis

Göttinnen: Arianrhod, Istra, Idun, alle jungfräulichen (Frühlings-)Göttinnen

Götter: Odin, Enlil, Merkur

Magie und Symbolik: Geist und Lernen, Kreativität, Träume, Sprache, Wissen, Intellekt, Ratio, Ideen, Anfänge, Veränderung, Reisen, Bewegung, Ungebundenheit, Himmel, Weite, Wind, Wolken, Atem, Sonnenaufgang, Frühling, Kräuterwissen

Positive Charakterzüge beim Menschen: Zielstrebigkeit, Flexibilität, Kreativität, Eigenständigkeit

Negative Charakterzüge beim Menschen: Davonlaufen, Besserwisserei, Bevormundung, Arroganz

Lebensabschnitt: Kindheit

Sinn: Geruchssinn

Luftmeditation

Vielleicht möchten Sie diese Meditation in der freien Natur durchführen, wo Sie die im Luftzug ziehenden Wolken beobachten können. Stellen Sie auf jeden Fall sicher, dass Sie nicht gestört werden können. Setzen oder legen Sie sich dann bequem hin. Wenn es nicht zu windig ist, können Sie Räucherwerk verbrennen, das mit der Luft assoziiert wird, oder eine hellblaue Kerze anzünden. Atmen Sie langsam und ganz bewusst ein und aus. Da die Atmung häufig ohnehin vernachlässigt wird, achten Sie darauf, nicht nur oberflächlich, sondern tief bis in den Unterleib hinein zu atmen. Um ruhiger zu werden, ist es ratsam, im Geiste begleitend zu jedem Ausatmen einen anderen Vokal formen (Vokale sind die Buchstaben A, E, I, O und U).

Begleiten Sie jeden einzelnen Atemzug von seiner Geburt bis hin zu seinem Tod. Spüren Sie, wie die Luft in ihre Lungen dringt, dort einen Moment lang verweilt und sie dann verlässt, um sich wieder mit dem Rest des Luftelements zu verbinden. Werden Sie sich bewusst, dass Sie theoretisch in einem Meer aus Luft schwimmen ohne darin zu ertrinken – ganz im Gegenteil. Der kurze Augenblick des Ausatmens ist in übertragenem Sinne eine Sekunde zwischen Leben und Tod. Würden Sie nicht wieder einatmen können, wäre das fatal für Ihre Gesundheit und würde innerhalb weniger Minuten zum Tod führen. Das Atmen ist ein Beispiel für Gleichgewicht, die Notwendigkeit von Nehmen und Zurückgeben, denn zu viel Luft würde die Lungen wiederum besten lassen.

Weiterhin ist es möglich, eine Phantasiereise unternehmen. Vielleicht als Vogel, der sich vom Wind durch die Luft tragen lässt. Oder Sie werden selbst zu einer leichten Brise, die über die Felder zieht. Sie sind verspielt und neugierig und völlig frei, dorthin zu gehen, wohin auch immer Sie wollen. Sie bewegen sich auf einer Strömung, die der des Ozeans gleicht. Mal fliegen Sie hoch über den Wolken, dann wieder streichen Sie knapp über dem Erdboden durch das junge Frühlingsgras. Ein anderes Mal bringen Sie die Kälte aus dem Norden mit sich, oder Sie kommen aus dem Süden, die Hitze der flimmernden Ebenen im Gepäck. Dort, wo viele Ihrer Art zusammentreffen, bilden sich Windhosen, die sich wie Kreisel über das Land bewegen, bis eine Gegenströmung ihnen die Kraft nimmt. Im Herbst fahren Sie durch das fallende Laub und messen sich mit anderen Böen in der Kunst, die Blätter gen Himmel steigen zu lassen.

Der Sinn solcher Phantasiereisen ist es, die eigene Kreativität anzuregen und das Unvorstellbare vorstellbar werden zu lassen. Alle Luftmeditationen dienen dazu, etwas von der Leichtigkeit des luftigen Elements zu erfahren und den Geist einmal fliegen zu lassen. Weil Luft eng mit Kommunikation, Kontakten und Eingebungen assoziiert wird, ist es zudem möglich, sich auf die unterschiedlichsten Begegnungen vorzubereiten und auf diese Weise Interaktion zu trainieren. Ebenso wird das bewusste Atmen geübt, das die Grundlage für viele weiterführende Techniken darstellt.

Luftritual

Gehen Sie an einen Ort, an dem Sie dem Luftelement nah sein können. Bringen Sie ihm ein kleines Opfer dar, das symbolisch für die Luft steht, wie zum Beispiel getrocknete Kräuter, Federn oder andere leichte, filigrane Dinge. Als Trankopfer würden sich Wasser oder Weißwein anbieten. Im Wicca repräsentiert der Dolch / Athame (oder ein Stab) die Luft, andere Richtungen bevorzugen vielleicht eine Feder. Zünden Sie eine weiße oder hellblaue Kerze an und opfern Sie der Luft etwas von dem, was Sie mitgebracht haben. Ebenfalls mit dem Element Luft eng verbunden wird Räucherwerk. Somit ist das Verbrennen von Räucherstoffen (unter anderem) der Versuch, Luft sichtbar zu machen.

Luft ist der Ozean des Himmels, in dem alle Landbewohner schwimmen. Spüren Sie die Luftströmung als Hauch auf Ihrer Haut, die unsichtbaren Wellen, die durch Ihr Haar streichen und sich wieder im Nichts verlieren. Danken Sie der Luft für den Sauerstoff, mit dem sie alle Lebewesen auf der Erde versorgt. Wenn Sie kreativ tätig werden wollen, bitten Sie das Luftelement um Inspiration, wenn Prüfungen anstehen, ersuchen Sie um Unterstützung beim Lernen, steht ein Neuanfang bevor, erbitten Sie einen milden Übergang.

Lufträucherung: 3 Teile Benzoe, 2 Teile Jasminblüten, 1 Teil Rosen- oder Salbeiblüten

Luftaltar

Ein Luftaltar wird nach Osten hin ausgerichtet und in Farben dekoriert, die mit dem Element korrespondieren. Demzufolge sind Kerzen und Tücher weiß oder hellblau. Weiterhin kann der Altar mit Räucherschalen, getrockneten Kräutern, Bändern und Vogelfedern dekoriert werden. Auch Windspiele oder Traumfänger sind beliebt. Ein Luftaltar ist hilfreich bei sämtlichen Anfängen, Wechseln, sowie allem, was mit Prüfungen, Verständigung, Intellekt und Logik zu tun hat.

Die Luft im Garten

Der Luft werden alle Blütenpflanzen, Frühlingsblumen und Kräuter zugeordnet. Gen Osten könnte man also einen Rosenstrauch pflanzen oder eine Kräuterspirale anlegen. Da auch rankende Pflanzen zum Element Luft zählen, können filigrane Rankgitter für Kletterpflanzen oder Rosenbögen aufgestellt werden. Andere Dinge, die das Luftelement repräsentieren, sind Windräder, Windmühlen oder große Räucherschalen.

Der Mond im April

Wenn das Gras sichtbar zu sprießen beginnt, wird auch die Nachtsonne stufenweise wieder fassbarer, als würde sie mit dem Wachstum aus einer anderen, geheimnisvollen Welt in die Wirklichkeit eintreten. Voll und rund hängt sie über den Wäldern und Gärten, wo sich aus winzigen Knospen an den Zweigen die ersten flaumigen Blätter schieben und zarte Blüten die Äste in einen weißen Umhang zu hüllen scheinen. Den Aprilvollmond nennt man *Knospenmond*, denn das helle Licht scheint nun auf die knospende Pflanzenwelt. Dieser Mond wird mit Wachstum und Fruchtbarkeit assoziiert. Er ist erleuchtend und inspirierend und unterstützt vor allem Rituale, die das Selbstvertrauen stärken sollen.

Weißdornmond (Feen)

Zum Weißdornmond locken die steigenden Temperaturen das Kleine Volk wieder vermehrt ins Freie. Mit dem Erwachen der Natur ist ihre Zeit gekommen, in der sie die Keimlinge wecken und deren Wachstum begleiten. Vieles, was im Licht des Weißdornmondes gepflanzt wird, soll besser und vor allem kräftiger wachsen als vorher oder anschließend. Bohnen und Erbsen, beides Pflanzen, die mit Feen und Fruchtbarkeit verbunden werden, legt man traditionell zu Beltane in die Erde.

Steht der Mond im Zeichen des Weißdorns, ist die Luft erfüllt von den Kräften und Energien der Kleinen Leute. Wollen Sie Pflanzenmagie betreiben oder einfach nur guten Rat aus anderen Reichen einholen, arbeiten Sie jetzt mit den Elfen und Feen, den Baumgeistern, Dryaden und Nymphen, ehe sie zu beschäftigt sind. Erkenntnisse und Eingebungen aus der anderen Welt, gerade solche, die mit Wachstum und Erblühen zu tun haben, erreichen die Menschen nun leichter als zur kalten Jahreszeit.

Weißdornbüsche sollen die Wohnstätten der Feen kennzeichnen. Sie sind ein bevorzugter Aufenthaltsort der Andersweltlichen und dienen seit langer Zeit als ein Treffpunkt Sterblicher mit den Unsterblichen, wobei der Weißdorn darüber entscheidet, wer diese Erfahrung machen soll und wer nicht. Der Weißdorn tut das nicht willkürlich, sondern schützt den, der nicht bereit ist, vor unangenehmen Erfahrungen. Er ist aber auch ein guter Ansprechpartner wenn Rückschläge und Negatives einen aus dem Gleichgewicht bringen.

Arbeiten Sie mit oder bei einem Weißdorn vergessen Sie nicht, ein kleines Geschenk für seine Bewohner zu hinterlassen. Wie die Birke ist der Weißdorn als Baum der Weißen Göttin ein Baum, der mit dem Fest *Beltane* assoziiert wird. Hier symbolisiert er das enge Band, das sich zwischen Vertrauten bildet. Weißdornbüsche dürfen der Überlieferung zufolge nur zu Beltane geschnitten werden, ansonsten sind sie als Feenwohnsitz das ganze Jahr über tabu.

Die beiden Runenmonde im April

Der Neumond steht unter dem Schutz des Gottes *Ing*, dem Vorgänger des *Freyr*, beziehungsweise der Rune *Inguz* oder *Ingwaz*, die ihm geweiht ist. Inguz ist ein Symbol für Fruchtbarkeit, Potenz und Zeugungskraft, ohne den modernen dominanten Beigeschmack. Sie repräsentiert lediglich männliche Energie, die zeugende, fruchtbare Kraft der Natur. Ing, häufig als Grüner Mann dargestellt, war ein Gott der Fruchtbarkeit, der reichhaltigen Ernte und des Wohlstands. Daneben wurden ihm Licht und Energie zugeschrieben. Er galt gemeinhin als männliches Pendant zur Erdmutter, die im Frühling die weiblichen Energien verkörperte.

Die Rune Ingwaz steht symbolisch für das Bewahren der (Lebens-)Energie, die Zeitspanne zwischen Winter und Sommer. Sie bezeichnet die Ruhepause des Winters, den Dunklen König, der sich nur ganz allmählich wieder zum Eichenkönig wandelt. Mit Einsetzen wärmerer Witterung löst die Welt sich aus der Winterstarre. Gleichzeitig beginnen allerhand neue Vorhaben. Doch noch ist die Zeit für aktive Veränderung noch nicht gekommen. Ing rät zum Abwarten, möglicherweise einer konstruktiven Pause, in der die Dinge sich völlig ohne Zwang entwickeln können. In gleicher Weise, wie Ing vor unüberlegten Entscheidungen warnt, symbolisiert die Rune nämlich auch Vollendung und beteuert, dass alles, was von jetzt an beginnt, einen akzeptablen Abschluss findet.

Zum Vollmond erwacht *Fehu* (vi-he für Vieh), die Besitzrune. Das Vieh zählt zum ersten Besitz der sesshaft gewordenen Menschheit. Sie musste nicht mehr den Herden folgen, sondern hielt die Tiere in direkter Nähe zur Hütte oder zum Haus. Haustiere bedeuteten Reichtum und waren ein wertvolles Tauschobjekt. Man nimmt an, dass Besitz, der die Gemeinschaft in arm und reich spaltete, zugleich einen bedeutenden Einfluss auf Gewalt und Kriminalität hatte. Fest steht, dass mit den wachsenden Viehherden auch vermehrt Schutzwälle und Waffen auftreten.

Dem Vieh folgte das gedruckte Geld als allgemeinverbindlicher Wert[iii]. In der modernen, vom Kapital regierten Welt, bestimmt Geld alles. Es ist gleichzusetzen mit der Erfüllung aller essentiellen Bedürfnisse wie Nahrung, Kleidung, Obdach oder Medizin. Daneben sind (Aus-)Bildung und soziales Umfeld vom Geld abhängig. Und weil Folter, Verstümmelung und Kindesentführung als Druckmittel inzwischen verpönt sind, ist Geld, da die meisten Menschen nur wenig davon besitzen, obendrein ein wichtiges Disziplinierungsmittel.

Dabei ist das Geld selbst in Form von Währung als Zahlungs- und Tauschobjekt nicht mehr als bedrucktes Papier und nur solange wertvoll, wie die Menschen glauben, es wäre wertvoll. Derrick Jensen schreibt dazu: *„Es gibt keine reichen und keine armen Menschen auf der Welt. Es gibt nur Menschen. Die Reichen haben vielleicht einen Haufen buntes Papier und viele tun so, als wäre das etwas wert - manchmal ist ihr angeblicher*

Reichtum sogar noch abstrakter: Zahlen auf Festplatten von Banken -, während die Armen das vielleicht nicht haben. Diese "Reichen" behaupten, Land zu besitzen, und den "Armen" wird oft das Recht verweigert, dasselbe zu behaupten. Eine Hauptaufgabe der Polizei besteht darin, die Wahnvorstellungen derer durchzusetzen, die einen Haufen bunter Papierschnipsel haben. Diejenigen ohne bunte Papierschnipsel schlucken diese Wahnvorstellungen im Allgemeinen fast genauso schnell und vollständig wie diejenigen mit bunten Papierschnipseln. In der Realität zeitigen diese Wahnvorstellungen extreme Folgen." Prämisse 12

Die Welt erlebt gerade ein nie dagewesenes Regiment des Kapitals und undurchsichtiger Finanzwirtschaft. Macht wird einzig und allein mit Reichtum und Status gleichgesetzt. Geld ist dabei die Quelle aller Macht, wobei, wer es sich leisten kann, tun und lassen darf, was er will. Die Gesellschaft als Masse der Individuen wird heutzutage von einer kleinen, skrupellosen, schmarotzenden Oberschicht beherrscht, die sich über Geld, Macht und Status definiert und nur denjenigen Menschen als wertvoll empfindet, der diese Dinge aufweisen kann. Diese selbsternannten, fraternisierenden *Eliten* (vgl. *Bilderberger*) beherrschen längst Politik und Wirtschaft (wer die Geschichte beobachtet, wird feststellen, dass einem dieselben Namen immer wieder begegnen) und haben sich Möglichkeiten gesichert, von denen der Normalsterbliche nur träumen kann.

Die oft zitierte Chancengleichheit endet, wenn nicht bereits an der Internatsschule, spätestens an der Eliteuni. Alle anderen werden mit der Illusion von Freiheit und Gleichheit, dass man etwas ändern, beziehungsweise erreichen könne, wenn man es denn nur *wirklich will* und der Erfolg sich schon einstellt, wenn man nur mehr leistet als alle anderen, bei der Stange gehalten. Wer jedoch die Zusammenhänge betrachtet, erkennt recht schnell, wie absurd es ist, zu glauben, die Reichen und Mächtigen wären einfach nur talentierter und fleißiger als ihre Mitmenschen.

Unauffällig und durch das Gewohnheitsrecht weitestgehend geduldet, herrscht innerhalb der Gesellschaft eine klare Hierarchie, in der Gewalt von oben nach unten ausgeübt wird. Je höher ein Individuum in dieser Hierarchie steht, desto freier und unangreifbarer wird es und desto einfacher kann es sich ungeniert am Materiellen bedienen, ja sogar illegale Aktivitäten durch Gesetze legalisieren. Sich von der Steuerlast zu befreien oder zum eigenen Vorteil Gesetze und Vorschriften zu ändern, beziehungsweise zu umgehen, ist in der richtigen Position und mit den richtigen Kontakten heutzutage einfacher denn je – Lobbyarbeit und indirekte Demokratie machen es möglich. Demjenigen, der hat, wird reichlich gegeben. Der Wegfall von alternativen Lebensmodellen und die fortschreitende Beschneidung der persönlichen Freiheit machen darüber hinaus jede Form der Ausbeutung möglich. Anders ist es kaum vorstellbar, dass in Deutschland die unteren Haushalte über lediglich 1% des Privatvermögens verfügen, im Gegenzug aber ~ 90% der Steuerlast tragen.

Vor dem Hintergrund, dass weltweit 50% der Gesellschaft zu gerade einmal 2% der Vermögenswerte Zugang haben und 62 Menschen so viel besitzen wie 3,6 Milliarden, wäre eine Obergrenze für Vermögen mehr als angebracht, oder, wie von *Thomas Piketty* vorgeschlagen, eine progressive Steuer auf Vermögen (das diese Bezeichnung auch verdient).

Insgesamt ist die Rune allerdings eher neutral zu sehen, denn im Grunde genommen verkörpert sie das kosmische Gesetz des Gebens und Nehmens als immerwährenden Fluß. Gerät die Macht Fehus in verkehrte Hände, wird dieser Fluß nachhaltig gestört, denn Fehu steht in der Umkehrung für Blockaden und Nichtanerkennen der Harmonie von Geben und Nehmen. Eine fortschreitende Verarmung innerhalb der modernen Gesellschaft ist der beste Beweis dafür. Die Mißachtung der kosmischen Gesetze spaltet in Gebenden und Nehmenden und macht Störungen im Gesamtgefüge wie Geiz, soziale Ungerechtigkeit, Globalisierung, Ausbeutung, Macht- oder Raffgier überhaupt erst möglich.

Zur vollständigen Deutung von Fehu gehört aber weitaus mehr als ausschließlich Besitz. Die Rune vereint alles, was beweglich und von Wert ist, wie Eigentum, Nahrung oder Geld als übliches Tauschmittel. Auch Dinge von ideellem oder spirituellem Wert werden Fehu zugeordnet. Als Freyr zugeordnete Rune bedeutet Fehu Reichtum und Fruchtbarkeit. Aber die Rune erinnert auch daran, daß einem nichts in den Schoß fällt und Besitz in der Regel mit Energie und harter Arbeit verbunden ist, denn bis vor gar nicht langer Zeit begann mit dem Vollmond im Zeichen von Fehu das Pflügen und Säen und somit die arbeitsreichste Zeit im Bauernjahr.

Spirituelles im April

Im April setzt eine Zeit des Wachstums ein. Gemeinhin ist dieser Monat verbunden mit Reinigung, Läuterung und Erneuerung als eine Art universeller Frühjahrsputz. Die Natur ist darum bemüht, die Reste des Winters zu beseitigen, und auch die Menschen greifen zu Lappen und Staubwedel. Dabei sollt vor allem die innere, spirituelle Reinigung nicht vergessen werden. Dazu braucht es keine komplizierten Rituale, schon ein entspannendes Bad mit reinigenden Essenzen genügt. Versuchen sie, sich von dem zu lösen und zu reinigen, was Sie behindert, damit das wachsen kann, was wachsen soll. Werfen Sie unnötigen Ballast über Bord, um sich auf jenes zu konzentrieren, was von Belang ist und Sie auf dem Weg, den Sie folgen, weiterbringt.

Einen Wunschstein finden

Steine spielen in der Gedankenwelt vieler Völker eine bedeutende Rolle. Ihnen werden Geist, Seele sowie zahlreiche magische Eigenschaften zugesprochen. Unnatürlich geformte Steine hielt man für Botschaften der Götter oder Geschenke aus anderen Welten.

Die Altvorderen sahen in den Steinen die bildhafte Verkörperung der mystischen Ahnfrau - und tatsächlich war die erste Darstellung der Großen Mutter eine Steinfigur. In Westeuropa kannte man die *Dolmengöttin*, Abbildungen einer weiblichen Gestalt im Inneren von Grabanlagen oder auf Menhiren. Die Dolmengöttin wird mit Fruchtbarkeit, aber auch mit dem Tod assoziiert. Die war die Große Mutter Tod, die Dunkle, die am Ende das Leben in ihren Schoß zurückführte. Sie allein herrschte über die dunkle Unterwelt, in der die Seelen sich versammelten. Darstellungen der Steingöttin finden sich oft auch in abstrakter Form, zum Beispiel in Form von Steinhaufen.

Jedoch hatten Steinhaufen auch noch eine andere Bedeutung, denn sie markierten Grenzen in der materiellen genauso wie in der immateriellen Welt. Außerdem benutzte man sie, um Energien zu bannen oder umzuleiten. Steinkreise wiederum wurden angelegt, um Energien zu leiten oder die Türen zwischen den Welten zu öffnen. Unzählige Menschen berichten von Feenerscheinungen, Zeitverzerrungen oder anderen Phänomenen innerhalb von Steinkreisen oder in ihrer Nähe.

Vielfach dienten sie auch zur Berechnung von Zeit, indem an bestimmten Tagen ausgewählte Steine oder Bilder im Stein angestrahlt wurden, oder die Sonne direkt über dem Eingang aufging. Daneben errichtete der Mensch beinahe weltweit Steinbilder und Steinfelder, die heilig waren und nur zu bestimmten Zeiten oder von Eingeweihten betreten werden durften. Lochsteine symbolisieren nach wie vor den Schoß der Mutter. Außerdem wird ihnen die Fähigkeit zugesprochen, beim Blick durch das Loch die Welt der Feen sichtbar zu machen. Großen Lochsteinen opferte *frau* oder durchquerte sie in der Hoffnung auf Fruchtbarkeit.

Auch in der Mythologie spielen Steine als Idol oder Bewahrer eine bedeutende Rolle. Artus zog das Schwert *Excalibur* aus einem Stein an einem oder in einem See, was das Element der Göttin mit einbringt. Der *Lia Fail*, der Herrscher- oder Schicksalsstein Irlands, bestimmte als Idol der Göttin des Landes den rechtmäßigen neuen Regenten. *Crom Cruach*, der keltische Gott des Himmels und der Unterwelt, wurde in Form eines mit Gold und Silber überzogenen Steinidols verehrt. Das Gold symbolisierte die Macht der Sonne, das Silber die Kälte des Winters.

Das Christentum schließlich verdammte die alten Steinfiguren und machte die Steinmutter zu einem von Missionaren in die Steine gebannten bösen Geist, während das Standbild von *Crom Cruach* angeblich beim Anblick des heiligen St. Patrick geschlagen im Boden versank. Aus den Steinhaufen wurden Grenzsteine, an denen es heute noch spuken soll, was ein Hinweis auf ihre bannende Funktion sein könnte.

Die Affinität zu Steinen in jeglicher Form ist sicher so alt wie die Menschheit selbst. Bis heute werden sogenannte Wunschsteine gebraucht, Steine, denen man die Macht zuspricht, Wünsche in Erfüllung gehen zu lassen.

Sicherlich können Wunschsteine auch gekaufte Edelsteine sein. Schöner ist es, sich bei einem Spaziergang aufmerksam umzusehen und den Stein an sich zu nehmen, der einen emotional anspricht. Dieser Stein kann für sich selbst oder als Geschenk für einen nahestehenden Menschen mitgenommen werden. Man kann ihn verzieren, Symbole aufmalen oder den Stein einfach so lassen, wie die Erde ihn geschickt hat. Wer seinen Stein nicht verzieren möchte, legt ihn für drei Tage in ein Gefäß mit Erde und Wasser, während er ihn hin und wieder in die Hand nimmt, um den Wunsch hinein zu projizieren.

Wird der Stein verziert, projiziert der Ausführende seinen Wunsch beim Aufmalen von Formen oder Symbolen mehrmals auf den Stein, bis er der Meinung ist, der Stein sei zur Genüge aufgeladen, was für die persönliche Bindung wichtig ist. Den Wunsch immer in wenigen Worten so einfach und deutlich wie möglich formulieren.

Das folgende Ritual wird mit einer kurzen Meditation begonnen, zusätzlich sollten Kerzen und passendes Räucherwerk nicht fehlen. Ist der Stein auf seine Aufgabe vorbereitet, werden beide Hände über ihm ausgestreckt, um ihn mit eigener Energie aufzuladen. Dabei wird der Wunsch noch einmal laut ausgesprochen. Pro Stein gilt nur ein Wunsch. Zuletzt kann der Stein aufbewahrt oder der Erde zurückgegeben werden, damit er das Anliegen den helfenden Mächten vortragen kann. Ist der Wunsch in Erfüllung gegangen, übergibt man den Stein im Zuge eines Dankrituals wieder der Erde.

! Wunschsteine, die als Talisman getragen werden, niemals frei in die Tasche stecken, damit sie nicht zerkratzt, beschädigt oder von fremden Personen berührt werden können. Am besten bewahrt man magische Steine in ein Tuch eingewickelt oder in einem kleinen Lederbeutel auf. Ist der Stein mit fremden Energien in Berührung gekommen, kann er gereinigt werden, indem man ihn über Nacht in Salzwasser legt.

Feste und Feiertage im April

Wenn die Menschen einander am **1. April** verulken und *in den April schicken,* feiern sie den im Mittelalter entstandenen *Narrentag.* Basierend darauf hat sich im *Asatru* das *Lokiblót* entwickelt, ein modernes Konstrukt, das keine germanischen Wurzeln hat. Trotzdem kann man diesen Tag nutzen, dem *Trickster* mit Lügengeschichten und vollkommen absurden Erzählungen die Ehre zu erweisen oder sich mit Erzählungen der Taten des Loki die Zeit zu vertreiben.

Am **14. April** begrüßten die nordischen Völker mit dem *Sommarsblót* (Sommeropfer) den Einzug des Sommers. Häufig wird es dem *Sigrblót* (Siegesopfer) gleichgesetzt. Darüber hinaus war dieser Tag bekannt als *Första*

Sommerdag (erster Sommertag). Man opferte den *Lichtalben*, den so genannten *Lios-Alfar* und ihrem Herrn, *Freyr*, dem Herrscher *Lichtalbenheims*, beim *Alfarblót* (Albenopfer).

Das Wort *Alfar* (pl., sing. *Alf*), später *Alben*, bezeichnet zuerst die verstorbenen Ahnen, später die nordischen Elfen. Oftmals steht es synonym für *Das Volk in den Hügeln*. Die Gemeinschaft der *Alfar* teilte sich in die *Lios Alfar*, die Lichtelfen und die *Svart Alfar*, die Schwarzelfen oder Dunkelelfen, womit nicht gute und böse Feenwesen gemeint waren. Lios-Alfar waren die feenhaften oberirdischen Naturgeister, die den Intellekt verkörpern. Als Schwarzelfen bezeichnete man die Naturgeister der Unterwelt, die Zwerge, Gnome, Trolle, die in Steinen, Bergen und unter der Erde hausten. Sie repräsentierten gestalterische Kraft und Emotionen. Heutzutage verdrängt und vielfach vergessen, wurde den Alben in alter Zeit eine respektvolle Verehrung zuteil.

📖 **Wissenswert:** Es gibt zahlreiche Hinweise darauf, dass die Elfen sich aus Natur- und Ahngeistern entwickelt haben. Als Alb (oder *Álf*) bezeichnete man ursprünglich den Geist eines Verstorbenen, so dass das Alfarblót anfänglich ein Ahnenopfer gewesen sein kann. Einige unterscheiden dabei zwischen den Lios Alfar als den „guten" Ahngeistern und den Svart Alfar, den „mißgünstigen und böswilligen Geistern". Der Kreis schließt sich bei den Elfenhügeln, an denen das Opfer vielfach gebracht wurde und die ihren Ursprung in den alten Grabhügeln haben sollen. Der Volksglaube unterscheidet oftmals nicht zwischen Alben und den *Wichten*, die auf Ahnen- und Hausgötter, beziehungsweise Schutzgeister der Familie und des Hauses, zurückgehen sollen. In Form eines Kobolds wachte der Ahnherr über Haus und Hof (vor allem die Felder) und segnete das Land mit Fruchtbarkeit.

Der **15. April** ist der Festtag der römischen Göttin *Tellus Mater* (Mutter Erde), einer Manifestation der ernährenden Erde. Heute ist der Tag gekommen, einen Kräutergarten anzulegen oder Kräuterelixiere herzustellen. Auch Liebe und Lebenskraft sind Bestandteil der Energien, so daß Liebeszauber oder eine magische Steigerung der eigenen Vitalität durchaus erfolgversprechend sind.

Einem weiteren Aspekt der Göttin wurde am **19. April** gehuldigt. Dieser Tag gehörte *Ceres*, der Göttin der Feldfrüchte und Landwirtschaft. (Nach *Ceres* werden die verschiedenen Getreide als *Cerealien* oder *Zerealien* bezeichnet). Tellus Mater war die Erde selbst, Ceres ließ die Früchte wachsen. Darüber hinaus war sie die Schutzherrin des Erntemonats August. Dann gab sie Körper und Seele des Korns der Erdenmutter Tellus Mater zurück. An diesem Tag entfalten (Licht-)Reinigungszeremonien, Räucherungen sowie Kerzenzauber ihre größte Kraft. Auch könnte man beim Aussäen Ceres oder eine andere Göttin der Feldfrüchte um Schutz für die neue Saat bitten.

Der **21.** bis **23. April** gehörte der babylonischen Göttin *Ishtar*, die zu ihrer Schwester *Ereschkigal* in die Unterwelt reiste, um ihren geliebten Gefährten zurück ins Leben zu holen. Nach und nach musste sie allen Schmuck und alle Kleidung bis hin zur Haut ablegen, bis sie nach drei Tagen nackt und gehäutet vor der Herrin der Unterwelt stand. Diese Reise wird häufig als Initiationsritus interpretiert und soll auch stellvertretend für die wechselnden Mondphasen oder einzelnen Stationen des Lebens stehen.

Am **28. April** feierte man in Rom die Frühlings- und Vegetationsgöttin *Flora* mit ausgelassenen Tänzen und der einen oder anderen Orgie.

In der Nacht vom **30. April** auf den **1. Mai** wird das *Beltanefest* gefeiert, oftmals besser bekannt als *Walpurgisnacht*. An *Beltane* vollziehen Gott und Göttin die *Große Ehe*. Diese Verbindung geschieht fernab aller Rollenklischees von männlich/aktiv und weiblich/passiv, die in menschlichen Köpfen herumspuken. Sie ist Ausdruck für zwei unterschiedliche Energien, die sich gegenseitig ergänzen und durch ihr Zusammenwirken Neues erschaffen. Der zum Mann gereifte Gott vereinigt sich im Zuge des Fruchtbarkeitsfestes Beltane mit der Göttin und zeugt sich selbst. Sie wird von der Jungfrau zur Mutter, wandelt sich von der weißen zur roten Göttin, der verführerischen Sommerkönigin, er vom jungen Krieger zum Gefährten.

Das Maifest

An Beltane erwacht das Leben zu neuer Kraft. Die warme Zeit beginnt und die Luft sprüht vor Sinnlichkeit. Das Maifest ist ein ekstatisches, ausgelassenes, berauschendes Fest voller Magie und Verlangen. Ein Fest, das geprägt ist von Leidenschaft, Sexualität, Hoffnung und Fruchtbarkeit. Gefeiert wird das überschäumende Leben. Der Frühling ist in voller Blüte, und der letzte Schnee wird einfach weggetanzt. Im Bauernjahr war die Saat eingebracht und sollte nicht zuletzt durch die Feiern zu vermehrtem Wachstum angeregt werden. Nach der harten Arbeit des Säens war dieses Fest nicht zuletzt auch eine willkommene Pause.

Als traditioneller Termin wird der Vollmond des fünften Lunarmonats, beziehungsweise der zweite Vollmond nach der Frühlingstagundnachtgleiche angegeben. Die Nacht zum ersten Mai definiert man daher eher als die christliche Walpurgisnacht. Aber auch viele Heiden legen ihren Termin gerne auf dieses Fixdatum. Wenngleich die genaue Herkunft im Dunkel der Geschichte verborgen liegt, kann man doch davon ausgehen, dass Frühlingsfeste im nordeuropäischen Raum weit verbreitet waren. Sowohl bei den Kelten als auch bei den Germanen werden einige „Urfeste" angenommen, aus denen sich später die bekannten Versionen entwickelten.

Das Wort *Beltane* soll auf den Gott *Bel / Beli / Belenos* zurückzuführen sein. Es bedeutet soviel wie *Bels helles Feuer*. Belenos (der Leuchtende), war der Licht- und Sonnengott der gallischen Kelten und der Gefährte der *Belisama*, deren Name sich aus *bel* für „Licht" und *sama* für „ähnlich" ableitet. Daher ist es möglich, dass auch *Belisama* oder beide zusammen Pate für das Beltanefest gestanden haben könnten. Auch wird *Baldur* (der Strahlende), als Namensgeber vermutet, was allerdings eher unwahrscheinlich ist, weil er kein keltischer Gott war. Im modernen Irisch bedeutet *Beltane* oder *B(e)altuinn* einfach „Mai"

Im von den Kelten geprägten, zweigeteilten Jahreskreis ist der Mai-Vorabend der Sommeranfang, der *Jahrestag*. Auch draußen in der Natur läutet er die warme Sommerzeit ein. Der Winter, die gefürchteten Wochen der Kälte, des Hungers, der Krankheit und es Todes, war endlich vorbei. Nun kam der Sommer mit seiner lebensspendenden Kraft, den (Feld-)Früchten und der Wärme. An Beltane wurde er mit großem Jubel begrüßt. Jeder, der den langen Winter heil überstanden hatte, konnte seine Wiedergeburt feiern.

Neben Samhain galt der Maifeiertag als einer der beiden Tage, die voller Feenmagie sein sollen. Während die Feen sich zu Samhain zurückzogen, wechselten sie im Frühling in ihre Sommerwohnungen. Damit sich ihre Wege nicht kreuzten, blieben gottesfürchtige Menschen nach Anbruch der Dämmerung daheim. Ebenso hielten sie sich fern von Feenstraßen oder Feenbehausungen wie Hügeln (Hügelgräbern), Höhlen, Furten, Brunnen oder Menhiren. Nach diesem Tag standen die Türen zwischen den Welten wieder eine Zeitlang halb offen.

Eine andere Bezeichnung für Beltane ist *Cetsamhuinn* oder *Celsamhain*, was soviel bedeutet wie „Gegensamhain". Tatsächlich sind beide Feste eng miteinander verknüpft und liegen sich im Kreis genau gegenüber. Das, was zum Maifest beginnt, muß an Samhain beendet sein:

Beltane	**Samhain**
Das Leben strömt in die Welt	Das Leben zieht sich zurück
Das Getreide muß gesät sein	Der Acker muß leer sein
Vereinigung	Abschied
Die Elfen kommen hervor	Die Elfen ziehen sich zurück

Anfang Mai, wenn der Dunkle König (Stechpalmenkönig) das Reich wieder an die Lichte Göttin oder den Eichenkönig übergab, begann das Sommerhalbjahr. Somit ist Beltane ein Fest des Sieges der Sonne über den Winter, der Fruchtbarkeit, der Zeugung, des Lebens selbst. Zu Samhain kehrte der Stechpalmenkönig jedoch wieder zurück, um über das Winterhalbjahr, die Zeit der Kälte, des Todes und der Ahnen, zu herrschen. Wird an Samhain der Verstorbenen gedacht, ist das Maifest ein eher frohlockendes Fest, mit dem Leben und Vitalität gefeiert werden.

An den beiden wichtigsten keltischen Festen des Jahres, *Beltane* und *Samhain*, sind auch die Menschen dem immerwährenden Tanz von Göttin und Gott ganz nah. Bedeutet er zum Sommer hin Fruchtbarkeit und Ekstase, wandelt er sich, je näher der Herbst kommt, zu einem langsamen Tanz des Todes in Kälte und Dunkelheit.

Das beherrschende Element des Maifestes ist die *Heilige Hochzeit* (Hieros Gamos), die Götterhochzeit. Gott und Göttin vereinigen sich, damit der die Erde wieder fruchtbar wird. Der Hirschkönig jagt die Maikönigin. In alter Zeit musste der stärkste Anwärter auf den Thron oftmals einen Hirsch erlegen, um seine Tauglichkeit zu beweisen. Nur durch die *Große Ehe* bekommt der Gott von der Göttin seine Königswürde und den Anspruch auf den Thron verliehen.

Dieser Brauch hat keltische Ursprünge und wird mit der *Lady Sovereignity*, der Königin des fruchtbaren Landes oder Erdmutter, in Verbindung gebracht, die für die Dauer eines Jahres einen passenden Herrscher an ihre Seite erwählte. Aus allen Bewerbern suchte sie sich durch eine Prüfung seines Charakters – nicht seiner Stärke, obwohl er körperlich unversehrt sein musste - den geeigneten heraus, da nicht rohe Kraft noch Knute, sondern nur ein edler Geist das Land wahrhaftig schützen konnte. Erwies er sich als schwach oder missbrauchte die ihm verliehene Macht, sah sie sich nach einem anderen um.

Blieb im Gegenzug ein schwacher oder verderbter Regent an der Macht, bedeutete das einen Bruch mit dem Land sowie Siechtum und Verwüstung. So ist der Ehebruch *Gwynhwyfars* in der Artussage, die sich nach dem nächsten passenden Bewerber umsieht, auch nur nach christlichen Maßstäben verwerflich. In jüngeren Erzählungen war die Blumenbekränzte meistens eine Fee und Herrscherin der Anderswelt, um die viele Ritter kämpfen müssen.

Bei der Bevölkerung wurde die Verbindung zwischen Gott und Göttin auch körperlich vollzogen, um das Land mit Fruchtbarkeit zu segnen. Dieser alte Brauch wurde „Das Lager im Felde" genannt, bei dem sexuelle Ausschweifungen nichts Ungewöhnliches waren. Das Leben, der Körper und die Verbindung zwischen Mann und Frau galten nicht als schmutzig und lasterhaft wie im späteren Christentum, sie waren heilig.

Zu den wichtigsten Bräuchen gehört der *Maibaum* als phallisches Symbol. Er symbolisiert den Gott und wurde festlich geschmückt, mit einem Kranz aus frischem Grün, farbigen Bändern, Eiern und Gebildbrot. Der Maibaum, oder *Maien*, sollte allein durch seine Gegenwart für Fruchtbarkeit sorgen. Als symbolische Handlung für den Geschlechtsakt zwischen Lichtgott und Erdgöttin führte man ihn rituell in die Erde ein; der Kranz, beziehungsweise die *Krone*, erfüllt dieselbe Funktion. Auch die *Bändertänze* hatten mit dem Verknüpfen der Bänder oftmals einen erotischen Hintergrund.

Daneben sollte das Flechten das Leben selbst in die Bänder weben. Das Stehlen oder Kippen eines Maibaums geht auf Versuche des Christentums zurück, der alten Tradition einen neuen Anstrich zu verleihen.

Als Verkörperung der Göttin brachte man den Quellen und Brunnen eine besondere Aufmerksamkeit entgegen, sah man in ihnen doch einen Ausdruck der weiblichen Organe, der Erde und ihrer lebensspendenden Eigenschaften. Sie wurden geschmückt und in ihrer Nähe Speise- sowie Trankopfer dargebracht.

Die Göttin selbst zog als Weiße Frau über die Fluren, um alles mit lebensspendendem Tau zu besprengen und nach ihren kleinen Helfern zu sehen. Beltane ist, als Fest der ursprünglichen Natur, den über Wachstum und Gedeihen wachenden Geistern, den Elfen und Feen gewidmet, den Hütern und Gestaltern, deren Kraft von diesem Tag an stetig zunimmt. Wie an Samhain werden auch in dieser Nacht die Grenzen, die die Welten voneinander trennen, so dünn, daß sowohl sanfte als auch wilde, ursprüngliche Energien wieder frei fließen. Wesen der Anderswelt können einfacher aus ihrer Welt in die der Menschen gelangen als zu anderen Zeiten.

In der keltischen Mythologie wechselten die Feen in der Beltanenacht von ihren Winterquartieren in ihre Sommerbehausungen, und es war äußerst unklug, sie dabei zu stören. Man stellte ihnen Brot, Milch und andere Opfergaben vor die Tür oder an ihre bevorzugten Straßen und zog sich dann zurück. Wie zu Samhain gab es auch in der Mainacht allerlei Verkleidungen und Schabernack, der aber eher als Werben, Locken und Balzverhalten junger Männer gedeutet werden kann, denn seit dem Altertum sind auch Brautschau und Brautwahl eng mit diesem Fest verknüpft.

Das zweite beherrschende Element der Mainacht ist der Tanz, wild und ekstatisch, mit dumpfem Trommelschlag und sexuellen Anklängen. Man nimmt an, dass mit den Tänzen ein Trancezustand erreicht werden sollte, der den Kontakt zur Anderswelt und den ins Land strömenden Energien erleichterte.

Der rituelle Tanz ist wohl auch ein bedeutender Grund für die Verteufelung der *Hexentanzplätze* durch die Kirche. Aus den Besen, Zweigen und Ruten, mit dem der Platz vor der Zeremonie energetisch gereinigt und vom „normalen Raum" abgetrennt wurde, machte man die Hexenbesen. Der schamanische Flug wurde zum Flug der Hexen, die Heilige Hochzeit ein orgiastisches Fest voller sexueller Perversionen. Die Priester mit Maske und Hirschgeweih erklärte man zum Teufel.

Auch das Feuer gehört untrennbar zum Maifest. Beltane war seit jeher ein Feuerfest, bei dem mit vielen Feuern der Winter endgültig vertrieben werden sollte. Man löschte das Herdfeuer des Winters und entzündete ein neues. Das Entfachen der Feuer symbolisierte den Sieg des Lichtes über die Dunkelheit sowie die Rückkehr von Sonne und Fruchtbarkeit.

📖 **Wissenswert:** Antike Quellen sprechen vom *Weidenmann*, der verbrannt wurde, um die Wiederkehr des Sommers und die Fruchtbarkeit der Erde zu sichern. Dabei soll es sich um ein keltisches Opferritual gehandelt haben, bei dem Menschen in überlebensgroßen, menschenförmigen Weidenkäfigen lebendig verbrannt wurden. Der Weidenmann stand symbolisch für den Winterkönig, der dem Sommerkönig Platz machen muß, beziehungsweise durch das Feuer transformiert wird. Da über die vorchristliche Ritualpraxis der Kelten so gut wie nichts bekannt ist, können diese Berichte weder bestätigt noch dementiert werden. Zahlreiche „Menschenopfer" stehen jedoch eher in enger Verbindung zu Ahnen – und Bestattungskulten. Wahrscheinlicher als ein grausames Menschen-Opfer-Fest sind demnach Strohpuppen oder Holzpuppen, wie man sie von anderen Opferbräuchen kennt, ein Beispiel wären Erntebräuche zu Mabonadh oder Samhain.

Darüber hinaus dienten die Feuer der (rituellen) Reinigung von Mensch und Tier. Bei den Kelten trieb man das Vieh zwischen zwei Feuern hindurch, um es vor Krankheiten zu schützen und fruchtbar werden zu lassen. Menschen sollte der Lauf durch das Feuer Glück bringen und wurde bis heute beibehalten. Paare mit Kinderwunsch springen gemeinsam über das Feuer, um diesen Wunsch mit dem Segen der Götter in Erfüllung gehen zu lassen. Natürlich durften auch andere Wünsche beim Sprung über das Feuer geäußert werden. Daneben wurden an Beltane auch die ersten öffentlichen Märkte und Versammlungen abgehalten.

Bei den Germanen war ein Äquivalent des Beltane-Festes Fest als *Hohe Maien* bekannt. Als Siegesfest der Sonne könnte es darüber hinaus mit dem *Sigrblót*, dem „Siegesopfer" (gemeint ist der endgültige Sieg der Sonne über die Reifriesen, im hohen Norden sollen auch die Vorbereitungen für die *viking*, die weiten Reisen, mit einbezogen gewesen sein) identisch gewesen sein[20]. Man feierte die Heilige Hochzeit von *Odin* und *Frigga*, die das Land wieder fruchtbar machen sollte. Zum Sommerbeginn wurde außerdem der Einzug des *Grünen Mannes* oder *Wilden Mannes* in Form von Ing oder Freyr gefeiert.

Vielerorts brannten Hügelfeuer, an denen wie heute gesungen, gespeist und getrunken wurde. Es fanden auf freiwilliger Basis Jungfrauenversteigerungen statt, wo Liebende einander für die Dauer eines Jahres ersteigern konnten, um zu sehen, ob die Verbindung einen Sinn hatte. Die Felder wurden durch die Vereinigung von Gott und Göttin aber auch von Mann und Frau gesegnet. Darüber hinaus stellte man am Abend vorher Maibäume auf.

---

[20] Das Sigrblót kennt man in zwei Bedeutungen: Einmal als wiederkehrendes Jahreskreisfest und zum anderen als Bitte- oder Dankesopfer im Zusammenhang mit Auseinandersetzungen oder Vorhaben.

Später gingen viele Menschen in die heiligen Eichenhaine und befragte die *Hagidisen* oder *Hagzissen*, die diese Haine hüteten, nach der eigenen Zukunft. Diese oft mit einem einfachen Wall umgebenen Stätten gehören gemeinhin zu den *Wallburgen*, womit Sprachforscher die *Wallburgisnacht* erklären. Den Gang oder die Reise zu den Wallburgen nannte man „Wallfahrt". Denkbar ist ebenfalls ein Bezug zur *Vala*, der (Zauber-)Stabträgerin, einer germanischen Seher-Priesterin; ist doch diese Nacht der dünnen Schleier wie geschaffen für Divination und Traumarbeit. Auch eine Göttin *Walpurga* oder *Walpurgis* wird als Namensgeberin diskutiert, eine Sonnengöttin, weiße Frühlingsgöttin, Maikönigin, die das Land mit Fruchtbarkeit segnete. Ihr Festtag wird auf den 25. Februar datiert.

Die angelsächsische *Walburga* / *Walpurga* (um 700) soll eine Nichte, manchmal auch eine Nachfahrin des Missionars *Bonifatius* gewesen sein. Ihr Namenstag war ursprünglich der 25. Februar, ihre Heiligsprechung soll am letzten Apriltag erfolgt sein. Die christliche Walpurgisnacht ist damit die Nacht vor dem Walburga-Tag und hat keinen Bezug zu Beltane oder Hohe Maien. Walburga ist die Schutzpatronin der Seeleute, der Bauern, Wöchnerinnen, unheilbar Kranker und Hungernden. Außerdem gilt sie als Schutzheilige gegen Zauberei und Hexerei, was sich auch im Brauchtum zur Walpurgisnacht wiederfindet, denn noch heute wird diese Nacht eng mit Hexenvertreibung und Dämonenabwehr assoziiert – selbst Angehörige alter Religionen fallen darauf herein und verbreiten Rituale gegen Schadenzauber.

Mit Einsetzen der Dämmerung begannen (und beginnen) daher eine Vielzahl christlicher Prozessionen. Eine Praxis, die eingeführt wurde, um Anhänger der alten, heidnischen Religionen von den heiligen Orten fernzuhalten. Wo das nicht gelang, wurden die alten Stätten verunglimpft, gemieden und mit einer bösartigen Bedeutung überlagert. Die mehr oder weniger christianisierte *Walpurgisnacht* wird heute definiert als der bekannte, von der Kirche verdrehte und pervertierte *Hexensabbat*. Sämtliche Spektakel, die heutzutage um den *Brocken* im Harz, den *Blocksberg*, herum abgehalten werden, dienen lediglich der Unterhaltung des Publikums mit althergebrachten Klischees. Sie haben keinen wirklichen Bezug zum Heidentum, sondern basieren lediglich auf der christlichen Vorstellung vom Heidentum.

Von allen heidnischen Festen war Beltane das einzige Fest, das sich beim besten Willen nicht für eigene Zwecke okkupieren ließ, im Gegenteil standen die unbändige Lebensfreude und sinnliche Erfahrung des eigenen Körpers im krassen Gegensatz zur geforderten asketischen Lebensweise. Daher wurden sämtliche Feierlichkeiten zu Teufelswerk erklärt und bei (Todes-)Strafe verboten. Den gerade christianisierten Menschen redete man ein, Dämonen und Hexen würden die Beltane–Feierlichkeiten dazu nutzen, die Welt mit Schadenzaubern zu belegen, oder sich mit dem Fleisch gewordenen Teufel zu paaren.

Darüber hinaus wurde verbreitet, die Tanzenden würden mit aller Macht versuchen, den Einzug des Frühlings zu verhindern. Vieles wurde verdreht, verfälscht und verleumdet und ging trotzdem in anderer Bedeutung ins Brauchtum ein. Anderes existierte, der erbarmungslosen Bekämpfung zum Trotz, im Geheimen weiter, denn vollständig konnten weder der alte Glaube noch die alten Feste ausgerottet werden (wenngleich sich das karolingische Bekehrungsprojekt bei der gewaltsamen Verbreitung des Christentums alle Mühe gegeben hat).

Während die Göttin als Herrin des Feenreiches weitgehend unbeachtet in den Hintergrund rückte, wurde der Gott zum Ziel perverser Gedankengänge und Vorstellungen. Man machte ihn zum gehörnten, bocksbeinigen Teufel, zum Widersacher des „reinen und einzigen Gottes". Der heidnische Gott hat Hörner, denn er ist eng verbunden mit den wechselnden Mondphasen. Er hat Fell und Hufe, denn er ist der Herr der Tiere. Außerdem vereint er in sich Licht und Dunkelheit, denn er ist derjenige, der in die Schatten gehen muss, um das Sonnenlicht zu erhalten.

Das Maifest

Bezeichnungen: Maifest / Maifeiertag, Körfest / Kürfest (Paare erwählten einander), Calan Mai, May Eve, Rudemas, keltischer Sommeranfang, Hohe Maien, Feuerfest, Sigrblót, Walpurgisnacht (christl.), Bealtaine (ir. Mai), May Day

Symbole und Deko: Maibaum (Birke), Feuer, Blumen, geschmückte Brunnen und Quellen, Weiden- und Birkenzweige, rot gefärbte Eier, Bänder und Schleierstoffe am Baum und an den Zweigen

Im modernen Paganismus stehen auf dem Altar Kelch und Dolch synonym für die Göttin und den Gott

Farben: Blutrot und Maigrün (kein Dunkelgrün), Weiß, Gelb, helles Orange

Bräuche und Rituale: Fruchtbarkeitsrituale, Tanz (um den Maibaum), Sprung über das Feuer, Spiele, Brautwerbung, Hochzeit / Handfasting

Datum und Schwellenzeit: 30. April / Sonnenaufgang

Räucherwerk und ätherische Öle: alle sinnlichen Düfte, Rose Benzoe, Tonkabohne, Vanille, Patchouli, Weihrauch, Sandelholz, Jasmin

Geweihte Speisen: Süßspeisen, Kuchen, Gebäck, runde Brote, alle roten Früchte, Obst, Kräuter- und Blütenvariationen, Milch, Eier als Symbol für Fruchtbarkeit

Götter und Göttinnen: Belenos, Odin, Pan, Freyr, Belisama, Diana, Morgaine, Frigga

Beltane – Weihrauch: 2 Teile Weihrauch, je 1 Teil Rosenblätter, Patchouli und Propolis

Für die Aromalampe: Rose, Benzoe, Patchouli, Tuberose oder Pfirsich

Bräuche zu Beltane

Die bekannteste Dekoration, des Beltane-Festes ist der Maibaum. Im Heidentum ist er ein phallisches Symbol und steht stellvertretend für die Sonne, die die Erde befruchtet. Man verziert ihn für gewöhnlich mit einer Krone und bunten Bändern. Der berühmte Bändertanz um den Maibaum geht auf einen alten Flecht- beziehungsweise Webzauber zurück, mit dessen Hilfe sich die Wünsche, Bitten und Gebete manifestieren sollten. Kleine Figuren aus Brotteig in Form von Gott und Göttin können ebenfalls in den Baum gehängt werden.

Wohnung und Altar schmücken bunte Bänder, Gestecke, Gebildbrot, Blumenkränze oder Blumensträuße - wobei den Feen beim Pflücken für gewöhnlich ein wenig Milch oder Brot geopfert wird. Die vorherrschenden Farben sollten rot und grün sein. Verräuchert werden schwere Düfte wie Moschus, Rose, oder Ylang-Ylang.

Traditionell gibt es an Beltane die ersten frischen Früchte, Kuchen und Süßspeisen. Da es sich um ein symbolisches Hochzeitsmahl handelt, passt zu Beltane heutzutage am besten ein (warm-) kaltes Buffet. Auch sollten kleine Küchlein in Form von Gott und Göttin gereicht werden.

Ritualvorschlag

- Nach Möglichkeit draußen feiern, mit Maibaum, Feuer und Speisen. Wichtige Zahlen sind drei und neun, neunerlei Kräuter oder neunerlei Hölzer für das Feuer. Die beherrschenden Farben sind rot und grün für die wiedererweckte Lebenskraft.

- Auf einem Altar stehen Kelch und Schwert als Symbol für die Heilige Hochzeit im Mittelpunkt. Farnwedel und andere Grünpflanzen sowie Speiseopfer drücken die Verbundenheit zum Kleinen Volk aus. (Vielleicht ein Fenster oder eine Tür offen lassen, damit die Feen und Schutzgeister ungehindert ein- und ausgehen können.)

- Sofern die Möglichkeit gegeben ist, Brunnen, Quellen, Wasserstellen mit Blumen und Girlanden schmücken, um die Göttin und die Geister des Wassers zu ehren.

- Bei einem Spaziergang die ergründende Natur auf sich wirken lassen und / oder *den Mai holen*. Dazu einen dicken, etwa mannshohen Ast schneiden, der zum Maibaum werden kann, ohne dass man sich am alljährlichen Birken-Massaker beteiligt. Der klassische Maibaum ist zwar eine Birke, aber auch ein Weiden- oder Tannenast würde denselben Zweck erfüllen. Diesen in die Erde einlassen, was in einem Ritual geschehen kann oder ihn in einen Topf mit Erde stellen, damit er nicht umkippt.

- Den Ast mit einer Schleierkrone, sowie bunten Bändern in den Farben Rot, Grün, Weiß schmücken, eventuell Figuren aus Brotteig, die Gott und Göttin symbolisieren, in den Baum hängen. Wer keinen Ast findet, kann auch einige Weidenzweige mit Bändern und Gebildgebäck schmücken.

- Das eigentliche Ritual mit einem kleinen Elfen- oder Mondritual beginnen. Das Feuer entzünden. **Tipp**: Für ein Feuer eignen sich Feuertonnen, die sich besser reinigen und beiseite räumen lassen als ein Steinkreis mit Asche und verbrannten Scheiten.

- Das Ritual selbst beinhaltet in der Regel die symbolische Vereinigung der Erdmutter (Kelch) mit dem Sonnengott (Dolch / Athame), beziehungsweise des Maibaumes mit der Erde. Ferner könnte ein Hirschgott erwählt werden, der zur Verkörperung der Erdgöttin gebracht wird, oder diese erst jagen und fangen muß. Auch kann die Transformation der weißen Jungfrau zur roten Göttin in Schleiertänzen nachgestellt werden.

- Feiern mit Musik und Tanz, bevorzugt Spiral- oder Bändertänze. Mit den Bändern wird bildhaft Liebe (beziehungsweise Wünsche für die Liebe) geknüpft oder verwoben, denn Beltane ist nicht nur ein erotisches Fest, sondern auch ein Fest tiefer Verbundenheit. Paare können sich symbolisch enger aneinander binden. Wer keinen Partner hat, kann ihn herbeiwünschen oder alte Wunden zum Heilen bringen, um neues Glück zu finden. Zudem ist Beltane die Zeit, in der man entscheiden sollte, welche Beziehungen es sich lohnt zu erhalten und welche man lieber beenden sollte. Das kreisförmige Schwenken von Feuerkugeln oder Fackeln, der *Feuertanz*, symbolisiert den Lauf der Sonne und den nie endenden Jahreskreis.

- Manchmal werden Rituale durchgeführt, die allen Teilnehmern die Möglichkeit bieten, sich mit der eigenen Weiblichkeit oder Männlichkeit auseinander zu setzen. Es gibt unendlich viele Möglichkeiten den Tanz und / oder die Vereinigung symbolisch darzustellen.

- Beltane ist ein Hochzeitsfest, daher ein Buffet oder gemeinsames Mahl mit anschließender Feier veranstalten.

Die besten Beltane - Rezepte

Schokofrüchte

Für die Schokofrüchte möglichst frische Früchte verwenden und diese jeweils zur Hälfte in Zart- oder Halbbitterkuvertüre tauchen. Zeitnah servieren.

Süße Blätterteigtaschen

Je nach Geschmack TK-Beeren, Äpfel, Orangen, oder Früchten nach Belieben, garen, andicken und leicht süßen. Dann entweder pur oder mit einer süßen Hollandaise in ausgerollten Blätterteig einschlagen.

Für die süße Hollandaise aus braunem Zucker, etwas Obstessig oder Zitronensaft, Weißwein oder Fruchtsaft, Zimt, Nelken, Vanille, Ingwer oder anderen Gewürzen eine Reduktion herstellen, also einkochen lassen. In der Zwischenzeit ca. 2 El Butter zerlassen.

2 Eigelb im Wasserbad mit der Reduktion cremig aufschlagen und ganz langsam die Butter unterrühren, bis eine sämige Konsistenz entsteht. Die Hollandaise zieht noch nach. Evtl. noch mit Blüten oder Kräutern abschmecken und vor dem Einschlagen auf d e Früchte streichen.

9 - Kräuter – Suppe

1 L Wasser (oder Brühe)

je 3 Möhren, Kartoffeln und Zwiebeln (würfeln)

junge Kräuter wie Schafgarbe, Bärlauch, Brennessel, Giersch, Veilchen, Gundermann, Petersilie, Schnittlauch, Knoblauchsrauke (wächst in der freien Natur noch zu wenig, kann man natürlich ein wenig mit TK-Kräutern tricksen)

Salz, Pfeffer, Brühepulver

Das Wasser zum Kochen bringen und das Gemüse darin garen. Kurz vor dem Servieren die gehackten Kräuter zugeben und einen Moment lang ziehen lassen. Diese Suppe ist eine Variation der Gründonnerstagssuppe, eine Tradition, die die Christen sich bei den Kelten und Germanen abgeschaut haben, die nach dem Winter die ersten jungen Kräuter nutzten, um den angeschlagenen Organismus zu stärken.

Oft unbeachtet, aber zu Beltane meistens schon groß genug zum Verarbeiten sind **Birkenblätter**. Als dem Beltanefest zugeordneter Baum kann die Birke daher auch in Form einer rituellen Speise auf dem Tisch eine bedeutende Rolle spielen. Ihre Blätter symbolisieren Heilung und Fruchtbarkeit und können wie alle größeren Blätter in Bierteig frittiert und mit etwas Salz und Pfeffer abgeschmeckt werden. Getrocknete Birkenblätter lassen sich wie Kräuter als Gewürz verarbeiten. Sie schmecken gut in Omeletts (Fruchtbarkeit), Füllungen, Teig oder im Ragout.

31. April / 01. Mai. Während der Morgendämmerung wurde aus Quellen und Bächen heiliges Wasser geschöpft, das in dem Ruf stand, Gesundheit, Glück und Jugend zu erhalten. Ähnliche Eigenschaften schrieb man dem Morgentau zu.

Sommer

Wenn der letzte Schnee geschmolzen ist, alles grünt und zu blühen beginnt, steht der Sommer vor der Tür. Jeder neue Tag dehnt sich ein bisschen weiter aus, während die Temperaturen merklich ansteigen. War der Wind bisher noch empfindlich kalt, wird er wärmer, je höher die Sonne auf ihrer Reise steigt. Ihr Schein ist nicht mehr müde und matt, sondern wird von Tag zu Tag strahlender. Siegessicher zieht sie ihre Bahnen über einen leuchtend blauen Himmel, der sich bis zum Horizont erstreckt und viel höher und weiter zu sein scheint als zu anderen Jahreszeiten.

Die Blätter an den Bäumen sind nicht mehr lindgrün wie im Frühling, sondern haben eine satte grüne Farbe bekommen. Die Luft ist duftgeschwängert und verspricht laue Abende und unbeschwerte Stunden. Für viele Pflanzen indes ist die Blütezeit bereits vorbei, während ihre Früchte noch bis zur Ernte wachsen müssen. Nach der langen Zeit des Mangels ist mit dem Sommeranfang alles im Überfluss vorhanden.

Im Sommer beginnt die Zeit, in der die Saat heranreift und die meisten Jungtiere geboren werden. Überall wimmelt es plötzlich von Leben, als hätte sich ein Damm geöffnet und dieses Leben in die Welt hinaus entlassen. Unzählige Vögel begrüßen den jungen Tag zum Morgengrauen mit ihren Liedern und verstummen erst lange nach dem Abendrot. Aus den jungen, gerade der Knospe entschlüpften Blättern ist ein dichtes Laubwerk gewachsen, das die Nestlinge vor neugierigen Augen verbirgt.

Von Mai bis Juli geschehen im Garten und der freien Natur die größten Veränderungen. Alle jungen Tiere wachsen heran und sind zum Ende des Sommers entweder selbständig oder dazu bereit, entwöhnt zu werden. An den dünnen, grünen Halmen des Korns sind in derselben Zeit pralle, gelbe Ähren gewachsen, die sich träge im warmen Südwind wiegen. In die Wochen zwischen Mai und Juli fällt auch die Phase, in der aus den abgeworfenen Blüten des Frühsommers die Früchte des Herbstes wachsen.

Beobachtet man den Rhythmus aus Wachsen, Sterben und Wiederauferstehen, wird recht schnell klar, warum das Jahr für einen langen Zeitraum in nur zwei Jahreszeiten geteilt wurde. Die markantesten Veränderungen bringen tatsächlich Sommer und Winter mit sich, so dass sie zur groben Einteilung des Jahres vollkommen ausreichend waren. Im heidnischen Jahreskreis gehören dem Sommer die Monate Mai, Juni und Juli, im Kalender beginnt er mit der Sommersonnenwende, während der meteorologische Sommeranfang auf den 1. Juni fällt.

Über den Sommer herrscht die Göttin in Gestalt der *Großen Mutter*. Sie vereint in sich zwei Archetypen des Weiblichen, nämlich die Mutter und die Verführerin. Die Große Mutter existiert jenseits des Muttermythos und aller vorgefassten Bilder, die den Frauen übergestülpt werden.

Sie ist in keinster Weise passiv, während der Gott regiert, sondern die Fordernde, die Formende, Gestaltende. Sie erschafft das Leben und wird mit Schwangerschaft, Kreativität, Sexualität, Fruchtbarkeit und Wachstum assoziiert. Dennoch ist sie nicht dazu da, einen Mann glücklich zu machen, oder seine Kinder auf die Welt zu bringen.

Ihre Farbe ist ein kräftiges Rot als Ausdruck ihrer Fruchtbarkeit und Schöpferkraft. Daher wird sie häufig als die *Rote Mutter* bezeichnet. Ihre Mondzeit ist der volle Mond, der wie eine kühle nächtliche Sonne verheißungsvoll am Himmel steht. Der Vollmond gilt als überaus inspirierend und umfasst eine magisch entrückte Zeit, in der ganz besonders weibliche Mysterien ein bedeutendes Thema darstellen. Darüber hinaus sagt man ihm nach, verborgene Talente zu wecken.

Der Großen Mutter begegnet man am Mittag. Genau dann, wenn die Sonne im Zenit steht und ihre Macht vernichtend sein kann, gleichzeitig aber das Leben erhält und Neues wachsen lässt. Ihre Himmelsrichtung ist der Süden, das Feuer ihr Element. Dieses Feuer kann ein Feuer der Leidenschaft sein, aber ebenso die Glut, die das Leben erhält und Kreativität verleiht. Als Lebensspenderin ist sie außerdem eng mit dem Wasser verbunden, den Brunnen, Quelle, Seen und Mooren. Hier zeigt sich, wie die Mutter langsam in die Ahnin, die das Wasser regiert, übergeht.

Die Große Mutter weiß alles über die Geheimnisse und Zyklen des Lebens. Sie ist eng mit der Ernte verbunden, mit dem Korn auf den Feldern, Fülle und Lebenskraft. Sie ist die Erdmutter, die Urmutter[21], der alles sein Leben verdankt. Jüngere Legenden und Mythen sehen sie als Königin und Beschützerin der Erde. In von den Kelten geprägten Gegenden ist sie oftmals eine Herrin der Feen oder eine Würdenträgerin der Anderswelt.

Aber sie ist auch die Schnitterin, die das aus der Welt entnimmt, was reif ist, kränkelt, oder einfach keinen Bestand mehr hat, die Holunderfrau, die im Herbst die Blumen verwelken lässt, damit es einen neuen Frühling geben kann. Alle *Großen Mütter* vereinen in sich Schöpfung und Zerstörung und können nicht entzweit werden, ohne auf einen essentiellen Part zu verzichten. Doch gerade in diesem liegt der Trost, den die Rote Mutter spenden kann, die sich mit dem Herbst oder dem abnehmenden Mond zur Leben nehmenden *Ahnin* wandelt.

Die germanische Göttin *Holda* erfüllt als Beschützerin und Hüterin der Seelen mit diesen ihr zugeschriebenen Eigenschaften die Voraussetzungen der Großen Mutter. Ebenso *Iuno Augusta*, die Große Mutter der Römer.

---

[21] Mutter-Gottheiten existieren weltweit. Man nimmt an, dass alle Muttergöttinnen sich aus einer voreiszeitlichen Erdmutter entwickelten. Alle Großen Mütter wachen insbesondere über die Frau, Geburt und Mutterschaft. Viele sind darüber hinaus Schutzherrinnen des heimischen (Herd-)Feuers.

Andere Muttergöttinnen wie *Nerthus, Tamfana / Hludana, Demeter, Tellus Mater* oder *Gaia* haben einen starken Bezug zur Erde. Entweder verkörpern sie die Erde selbst, wie die keltische Muttergöttin *Danu* oder die griechische Erdmutter *Gaia*, oder sie wachen über die Fruchtbarkeit der Erde. Zudem sind sie oftmals die Stammmütter der Götter oder der Menschen, wie *Anu, Isis* oder *Frigga*.

Die Rolle der Verführerin wird von der hebräischen *Lillith* verkörpert, der „bösen" Schwester Evas. Auch *Freya, Inanna* oder *Ishtar* gelten als große Verführerinnen, die aber interessanterweise alle zugleich Beschützerinnen und Geburtshelferinnen sind.

Die Lektion der Roten Mutter besteht im Grunde genommen darin, das Leben zu genießen und schöpferisch oder kreativ tätig zu werden. Sie kann sowohl körperliche als auch geistige Mutterschaft beinhalten, vor allem aber die sinnliche Erfahrung des eigenen Körpers. Die Große Mutter ist diejenige, welche die süßen roten Früchte wachsen lässt und die Blüten der roten Rosen für ein anregendes Bad zu zweit bereithält.

An der Seite der Großen Mutter geht der *Grüne Mann* in Form des gehörnten Herrn der Tiere, des Eichengottes, Waldgeistes oder anderer Vegetationsgottheiten wie *Silvanus, Cernunnos, Ing / Freyr*. Er ist der Gefährte, der ihr treu zur Seite steht, ihr Sohn-Geliebter und das Versprechen der Ewigkeit an eine sterbliche Schöpfung. Der *Grüne Mann* oder *Gehörnte* ist die älteste Darstellung männlicher Energie und wurde lange vor den kriegerischen Himmelsvätern als Urvater der Menschen verehrt. Er ist weder gut noch schlecht, sondern vereint in sich alle Gegensätze. Wie die Natur kann er (nach menschlichen Maßstäben) gütig oder grausam sein.

Dennoch hat er, der uralte Waldgeist, der sterbliche Teil der Göttin, viel Verständnis für die Ängste und Sorgen, die alles Vergängliche quälen. Mit ihm arbeiten alle, die mehr über die Abläufe in der Natur erfahren wollen, über die Zyklen und Rhythmen, denen die Vegetation unterworfen ist. Und vielleicht werden sie mehr erfahren als ihnen lieb ist, über die extrem langen Zeiträume, die es braucht, komplexe Ökosysteme entstehen zu lassen, deren Regeln der Mensch mit Füßen tritt, über Mutation und (Gen-)Modifikation und darüber, daß alles, was der Mensch seinem Lebensraum antut, früher oder später auf die Menschheit zurückfallen wird. Als Herr der Tiere ist der Gehörnte ein guter Ratgeber, wenn es darum geht, mehr über Tiere und ihre Beziehung zum jeweiligen Lebensraum zu lernen, um ein Bewusstsein für das große Miteinander zu entwickeln und zu begreifen, dass die Welt kein Terrarium ist, in dem alles in ewiger Stagnation verharrt, sondern ständigen dynamischen Prozessen unterworfen ist; auch wenn diese nicht ins humanistische Weltbild passen, das dem Menschen eine Sonderstellung bescheinigt.

Mai

Der Mai ist der Monat der Großen Mutter, der Schöpferin, der sogar ihren Namen trägt, denn Mai leitet sich ab von *Maia*, ein Name, der für zahlreiche Göttinnen verwendet wurde. In der griechischen Mythologie ist Maia eine Bergnymphe und gehört zu den sieben von *Orion* gejagten Schwestern, den *Plejaden*. Außerdem ist sie die Mutter des *Hermes*. Man verehrte sie als Göttin der Magie, der Voraussicht und der Heilkunst, vor allem der Frauenheilkunde und Geburtshilfe. Im alten Rom war sie die jungfräuliche Göttin des Frühlings und des Feuers, die über Wachstum, Wärme, Fruchtbarkeit und Sexualität herrschte. In Nordeuropa nannte man sie *Maj* oder *Mai*. Maias Fest wurde stets dann abgehalten, wenn die Wärme merklich zurückkehrte, die Erde wieder fruchtbar wurde und die Paarungszeit in vollem Gange war. Was zur Wintersonnenwende seinen Anfang nahm, wird nun sichtbar: Unter den sanften Fingern der Göttin erneuert sich das Leben, werden aus den bunten Blüten kleine grüne Früchte, die den Sommer über heranreifen. Darüber hinaus gibt es einen Bezug zu *Jupiter Maius*, dem Vegetationsaspekt des römischen Göttervaters, der nun das Wachstum in der Natur beschützt.

Bis heute kennt man die *Dame Mai* vor allem unter ihrem alten Namen, nämlich als *Wonnemonat*, *Wunnemanoth* oder *Wonnemond*, abgeleitet von *wunnimanot* für „Weidemonat" oder „Freudenmonat" (beides ist möglich). Der Mai war also der Monat, in dem das Vieh auf die Weiden entlassen wurde. Als *Wonnemonat* (Freudenmonat) ist er der Monat der Liebenden. Bezeichnungen wie *Blumenmonat* oder *Weidemanoth* für den Mai weisen darauf hin, dass die Natur sich in diesen Wochen in eine reiche Blütenpracht hüllt, die einst den Anfang der Weidesaison markierte. Der Maibutter sagte man eine große Heilwirkung nach, was inzwischen wissenschaftlich bestätigt ist und auf dem vitaminreichen ersten Gras beruht, das die Kühe zu sich nehmen. Seit aus arbeitstechnischen Gründen immer weniger Kühe eine Weide überhaupt zu Gesicht bekommen, wird die Butter oftmals mit künstlichen Vitaminen angereichert.

Wenn im Mai die Blumen blühten war auch das Gras lang genug für die hungrigen Mäuler der Tiere, und es gab wieder reichlich Milch, was dem Mai bei den Germanen den Namen *Thrimilkimanoth* (Monat der dreifachen Milch) eingebracht haben soll. Da im Gegensatz zu heute das Vieh nicht größtenteils - oder sogar permanent - im Stall gehalten wurde, waren dafür ausgedehnte Weide- und Winterfutterflächen vonnöten. Das bedeutete, dass die Hirten mitunter monatelang mit den Herden umherzogen und erst zur Zeit der Erntefeste (gegen Ende September) wieder heimkehrten. Gegenden, in denen noch der Weideauftrieb und -abtrieb praktiziert wird, sind selten geworden. Einst überall verbreitet, kennt man ihn als Almauftrieb und Almabtrieb mittlerweile nur noch aus dem Alpenraum.

Obgleich der Morgen und der Abend noch empfindlich kalt sein können und der Wind alles andere als lau durch die Blätter streicht, sieht man den Mai gemeinhin als einen Monat der Zunahme, der Vermehrung und des sprühenden Lebens. Dem Bauernkalender zufolge ist der Mai ein Anzeigemonat, denn friert es zu den *Eisheiligen* vom 12. – 15- Mai, ist damit zu rechnen, dass es noch länger kalt sein wird. Regen zu Anfang Mai bedeutete meist eine längere Regenperiode, die häufig zu Viehsterben, Ernteausfällen und Hungersnöten führte.

Im Brauchtum ist der Mai bis in die heutige Zeit ein wichtiger Monat, voller Frühlingssegen und Bitten um Fruchtbarkeit. Frau Sonne verjagt nun den Herrn Winter, der Maigraf tötet den Wintergrafen. Der Maikönig, der Maibaum, der Schlag mit der Lebensrute und das Begießen mit Mai-Wasser sind nicht mehr als ein kümmerlicher Rest einstiger Feierlichkeiten und Rituale. Der Maikönig repräsentiert den auferstandenen Vegetationsgott. Er ist der Grüne Mann, der, in ein Laubgewand gehüllt, den Feldern Fruchtbarkeit bringt. In den Städten übernahm später der Maigraf als Verkörperung des Frühlings die Rolle des Maikönigs. Dann gibt es die Maibraut mit dem Maibräutigam, die in der freien Natur geweckt werden müssen, was an die Heilige Hochzeit erinnert. Das Krönen der Maikönigin, die über die Felder geht und sie segnet, soll auf germanische Traditionen zurückgehen, bei denen die Göttin *Huld / Holda*, über das Land zog, um die fruchtbare Erde aus ihrem Schlaf zu wecken. Die Natur ist auf Wachstum und Gedeihen eingestellt, so dass die letzten Reste des Winters unbedingt beseitigt werden müssen. Lodernde Maifeuer sollten die letzten dunklen Wintermächte endgültig vertreiben.

Im Mai endet die Winteraustreibung und macht dem Bangen um die neue Saat Platz. Der Mai ist nicht nur vielbesungen, um ihn ranken sich auch allerhand Sagen und Legenden. So soll Mairegen das Wachstum der Pflanzen anregen, die Jugend bewahren und heilende Kräfte besitzen. In der Vergangenheit fing man ihn auf und bewahrte ihn das ganze Jahr über wohl verschlossen. Ebenso wandte man Maitau gegen zahlreiche Leiden an. Ein Bad im ersten Morgentau sollte vor allem die Gesundheit fördern, schützte aber auch vor Hexen. Dem ersten im Mai geschöpften Wasser wurden gleichfalls heilende Eigenschaften nachgesagt. Dafür musste es allerdings vor Sonnenaufgang getrunken werden.

Mit dem Aufhängen einzelner Zweige, dem *Maien* oder *Mai holen*, symbolisierte man das neue Leben in der wieder erwachten Natur. Im heidnischen Jahresrad läutet der Monat Mai den Sommer ein, und auch im keltischen Jahr, das nur zwei Jahreszeiten kannte, begann nach dem *Beltanefest*, dem *Jahrestag*, der Sommer. *Alles neu macht der Mai.* Und in der Tat steht der Frühling nun in voller Blüte. Die Bienen summen, Blumen bilden bunte Farbkleckse auf den Wiesen und die Vögel bereiten die erste Brut vor. Vielleicht rieseln noch vereinzelte Schneeflocken durch die Luft, doch die warme Jahreszeit gewinnt deutlich an Schwung.

Thema im Mai – Schönheit und Wohlbefinden

Wellness ist ein Schlagwort, das viele Hersteller reich gemacht hat. Im Nu werden Wellnessoasen und Schönheitsfarmen, in denen aufmerksames Personal die Kunden mit Kaviarcreme und Steinmassagen verwöhnt, aus dem Boden gestampft. Nur zu gerne suggeriert man, daß Schönheit und Wohlbefinden teuer erkauft werden müssen. Dabei hält die Werbung nicht immer, was sie verspricht. Oft ist cort, wo Wellness drauf steht, nicht unbedingt Wellness drin. Viele Kosmetika, die teuer verkauft werden, haben weniger Effekt als eine Packung mit Gartenerde.

Wer schön sein will, muß nicht zwangsläufig arm werden – oder gar leiden. Tatsächlich gibt es unglaublich viele Methoden, sich mit einfachsten Mitteln teure Wellness-Produkte effektiver und kostengünstiger nach Hause zu holen: Pflegende Masken sind schnell aus pürierter Avocado, Honig, Erdbeeren, Ananas oder Papaya hergestellt, wobei die Kosten ein Bruchteil der Produkte aus Parfümerie oder Reformhaus betragen. Je nach Hauttyp kann dieses Extrakt mit Quark, Buttermilch, Joghurt, Heilerde, Öl oder anderen Stoffen verrührt werden. Kühlende und pflegende Gels bekommt man aus Tinkturen oder Blütenwasser, die mit Gelatine (Agar Agar, Xanthan) angedickt werden. Ein Ganzkörperpeeling könnte aus gemahlenen Mandeln oder grobem Meersalz mit Mandelöl und ätherischen Ölen bestehen.

Vorsicht, denn reine ätherische Öle können bei Säuglingen und Kleintieren, insbesondere Katzen, schon durch Einatmen zum Tod führen.

Badeöle und Badesalze sind genauso schnell hergestellt. Badeöle werden einfach mit ätherischen Ölen versetzt. Auf die gleiche Art kann auch Bademilch gemacht werden, indem Milch oder Sahne mit ätherischen Ölen und / oder natürlichen Aromen wie Rosenblättern oder Harzen vermischt wird. Tolle Badesäckchen lassen sich mit Milchpulver, ätherischen Ölen und natürlichen Aromastoffen wie Kräutern und Gewürzen anfertigen. Ein Badesalz für jede Gelegenheit erhält man durch das Mischen von grobem Meersalz mit ätherischen Ölen und Grundstoffen wie Orangen- oder Zitronenabgeriebenem, Blütenblättern, Harzen, Kräutern oder Nadeln. Nach dem Bad dann die Haut mit Kräuterölen verwöhnen, die eine teure Hautcreme ersetzen können.

Anstatt chemisch hergestellte Produkte zu verwenden, können außerdem Duftwasser und Parfum auf Basis natürlicher Rohstoffe hergestellt werden. Für ein Parfum braucht man im Grunde drei verschiedene Düfte: Einen für die *Basisnote*, mit der begonnen wird. Hier werden in der Regel schwere Düfte aus Hölzern oder Rinden verwendet. Dann kreiert man mit flüchtigen, blumigen Düften die *Herznote*. Zuletzt wird die *Kopfnote* hinzugefügt, die den ersten Eindruck hinterläßt. Kopfnoten bestehen in der Regel aus flüchtigen Essenzen wie Gräsern, Zitrusnoten oder Kräuteressenzen.

Da Öle stark schmieren, verwendet man neben den ätherischen Ölen für ein Parfum oftmals kosmetisches Basiswasser oder eine Basis aus destilliertem Wasser und Alkohol.

Insgesamt wächst und fällt die Stimmung mit der Jahreszeit. Düfte und Farben werden im Sommer anders empfunden als im Winter, und so sind die meisten Trends daran angepasst. Ist Rosa als Make up–Farbe im Frühling angesagt, werden im Herbst meistens Erdtöne und warme Farben bevorzugt.

Frühling

Grundgedanke: Versprechen, Verlockung, Wachstum, Wiedergeburt

Farben: zarte Pastelltöne, ein zartes Gelb, Rosa, Lindgrün, Flieder

Parfum: Leichte, beschwingte (Blumen-)Düfte, Zitrusdüfte

Auftreten / Flirt / Verführung: Aktivität, leidenschaftliche Romantik

Sommer

Grundgedanke: Sinnlichkeit, Reife

Farben: Rot, Orange, satte Erdtöne wie Rost, Terrakotta

Parfum: Intensive, verführerische Düfte, Blumendüfte

Auftreten / Flirt / Verführung: Leidenschaft, Freude, Lust

Herbst

Grundgedanke: Melancholie, Wechsel, Abschied, Reife

Farben: bunte Herbstfarben, Goldgelb, Orange, Weinrot, erdige Farben

Parfum: „Beruhigende", ausgleichende, erdige Düfte, Harze, Wurzeln, Hölzer, Gräser

Auftreten / Flirt / Verführung: Dankbarkeit, feste Partnerschaften

Winter

Grundgedanke: Dunkelheit, Wärme, Gemütlichkeit

Farben: Schwarz, Weiß, Mischfarben, kaltes Blau oder Rot

Parfum: Schwere, erdige, „rückverbindende" Düfte aus Wurzeln und Hölzern

Auftreten / Flirt / Verführung: Träumen, romantische Liebe, Kuscheln

Mond im Mai

Strahlend und schön schiebt sich der Mond durch die feinen Wolken, die watteweich über das Firmament gleiten. Um ihn herum vibriert die Energie des Frühlings und entweicht knisternd in die Luft. Auf den Schwingen warmer Brisen, die sich über den kalten Wind legen, zieht ein Blumenduft heran, berauschend und betörend zugleich. Und während die Blüten zur Nachtruhe ihre Kelche schließen, küssen silberne Mondstrahlen die Kleinen Leute, die über ihren Schlaf wachen. Diesen Mond kennen die Menschen als *Hasenmond* oder *Feenmond*. Er ist ein ekstatischer, berauschender und kaum zu bändigender Mond, der Leidenschaft und Hingabe verspricht. In dieser Zeit kommen die Feen wieder hervor und sorgen ihrerseits für Fruchtbarkeit und kochendes Blut. Der Maimond ist wie geschaffen für Liebesrituale, aber auch das Kleine Volk ist hellhöriger als gewöhnlich, und die Kontaktaufnahme fällt leichter als im Herbst oder Winter.

Apfelmond (Anderswelt)

Mit der Obstbaumblüte kommt die Zeit des Apfelmondes, der endgültig die Tür zur anderen Welt öffnet. Aber er begleitet den Wandernden nicht nur auf die andere Seite, er verleiht auch Schutz auf dem Weg dorthin. Wer immer in die Welt des Apfelmondes eintaucht, der mit seinem silberhellen Licht sowohl die sterbliche Welt als auch die unsterblichen Welten bescheint, muss ein wenig verrückt sein (verrückt im Sinne von ver-rückt, unangepasst, der Normalität ent-rückt, von der Stelle ge-rückt, als Ausdruck von Erleuchtung und Doppelsichtigkeit, die es braucht, um in die Welt der Götter und Geister einzutauchen). Verrückt in der Bedeutung, wie man Mondsüchtige im Englischen als *Lunatics* bezeichnet(e). Ein altes englisches Gesetz unterschied deutlich zwischen Geisteskranken und Mondsüchtigen, die zu verschiedenen Mondphasen „verrückt" wurden, ansonsten aber „normal" waren. Da der Unterschied zwischen Vernunft und Verrücktheit ohnehin sehr fließend ist, bleibt die Definition von behandlungsbedürftigem Wahnsinn nur zu häufig eine Auslegung der vorherrschenden Moralvorstellung.

Interessanterweise verband man im Altertum Mondgötter weder mit Geisteskrankheit noch mit Gewalt, sondern eher mit Intelligenz und Weisheit. Während seit dem Mittelalter das Mondlicht als Auslöser für Geisteskrankheit angesehen wurde, hielt man im Heidentum „Verrückte" für gesegnet. Ihr Zustand war keine Unfähigkeit, sie war ein Geschenk der Götter. Die Geschichte kennt eine große Zahl „verrückter" Menschen, Schamanen, Priesterinnen oder Heiler, die sich außerhalb der Gesellschaft aufhielten, das Leben aus anderen Perspektiven wahrnahmen und denen die Türen zwischen den Welten offen standen. Sie alle besaßen die Gabe, aus der „Realität" auszusteigen, um in die Anderwelt einzutauchen.

Keiner dieser Menschen war jemals an die vorgegebenen Normen angepasst, was Erfahrungen jenseits der engen Begrenzungen des „Normalen" überhaupt möglich machte. Der vom Apfelmond Erleuchtete ist jener Magier, Schamane, Seher, der sich der Existenz anderer Welten außerhalb der physischen Welt bewusst ist und zwischen beiden Ebenen hin- und herreisen kann. Die Meinung anderer nimmt er zur Kenntnis, lässt sie aber nicht sein Leben bestimmen.

Doch der Raum für Andersartigkeit schrumpft. Heutzutage muß das, was von der Norm[22] abweicht, unbedingt bekehrt werden. Es hat klein beizugeben und sich anzupassen. Genauso wird mit Botschaften und Gefühlen aus dem Inneren verfahren. Sie werden als unheilvoll und bedrohlich eingestuft und eine Geisteskrankheit diagnostiziert. Der Prozess ist inzwischen so weit fortgeschritten, dass sogar Psychologen davor warnen, aus jeder Lappalie eine behandlungswürdige seelische Störung zu machen.

Der Mainstream diktiert, was normal ist. Jedes Anderssein gilt mittlerweile als Gemütskrankheit und wird nicht geduldet. Sobald etwas oder jemand von der Norm abweicht, finden sich sogleich Mahner, die gefährliche Gedankengänge vermuten. Vom Durchschnitt, der Norm, abweichendes Verhalten oder eine abweichende Meinung muss daher unbedingt korrigiert werden. Ebenso ist Individualität nur bestimmten Gruppen vorbehalten. Sie hat stets der Gemeinschaft zu dienen und wird außerhalb strenger Eingrenzungen als verachtenswertes Heischen nach Aufmerksamkeit rigoros bekämpft. Wo alle gleich sein müssen, darf es keinen Wunsch nach Beachtung geben. Alles Andersartige wird nur geduldet, solange die Political Correctness es vorschreibt. Läuft es ihr zuwider, ist fast jedes Mittel recht, es zu unterbinden.

Ganz besonders verpönt ist der Wunsch nach Einsamkeit, der mehr und mehr als psychische Störung gedeutet wird. Einzelgänger und Außenseiter haben sich in die Gemeinschaft einzufügen. Tun sie das nicht, werden sie als potentielle Bedrohung empfunden und diffamiert, gedemütigt, diskriminiert, therapiert. Selbst wenn das Individuum von der Masse abgelehnt, gemobbt, gedemütigt, gequält oder gar angegriffen und regelrecht in die Isolation getrieben wird, suggeriert man ihm, es wäre selbst schuld und

---

[22] Eine verbindliche Norm wurde erstmals von den monotheistischen Religionen definiert, als die Spaltung in *Wir* (die Gläubigen, Rechtschaffenen, Guten) und *Die da* (die Ungläubigen, Schlechten, Bösen, Verderbten) immer tiefer griff. Im weiteren Verlauf übernahm die Psychologie die Aufgabe, die *Normalen* von den *Unnormalen* zu unterscheiden und letztere – so es möglich war - an die gängigen, gesellschaftlich akzeptierten Norm anzupassen. Im Grunde hat die Psychologie mittlerweile die Rolle der Inquisition eingenommen. Sie beurteilt, was *normal* ist und wer diese Norm erfüllt - und wer nicht, mit Behandlungsmethoden, die zum Teil als Folter unter die *Genfer Konventionen* fallen würden, wenn man sie im Krieg verwendete. Während Männer weitestehend unbehelligt blieben, redet die Psychologie vor allem Frauen noch heute gerne *Abnormalität* ein und nutzt dabei die Macht gesellschaftlicher Konvention.

hätte diesen Zustand geradezu provoziert, indem es die Aufmerksamkeit auf sich gelenkt hat. Nach eigener Definition von normal und unnormal ist die große Masse damit vollkommen im Recht. Und da die Mehrheit diese Meinung teilt, muss sie folglich auch richtig sein. Allein dadurch, dass er nicht der Normalität entspricht, hat der Außenseiter alles selbst zu verantworten. Er schließt sich (als potentiell gefährlicher Einzelgänger) selbst aus der Gemeinschaft aus – auch wenn diese ihn zurückweist, ist es trotzdem seine Schuld. Für den Magier ist diese Entwicklung fatal, da gerade der Rückzug und die Beschäftigung mit sich selbst einen wesentlichen Teil seiner Arbeit darstellen.

Wen wundert es da, dass Apfelbäume (wie die Weide) in enger Beziehung zum Magier oder Schamanen stehen. Zu Menschen, die nicht nach den Regeln und Normen der Gesellschaft leben und von ihrem Umfeld schlichtweg für verrückt gehalten werden. Eine Vielzahl dieser Menschen fühlt sich eng mit der Natur, den Tieren und den ewigen Kreisläufen verbunden. Indem sie versuchen, sich selbst mit den Schwingungen der Erde in Einklang zu bringen, leben sie dem Zeitgeist entgegen, der Volksdressur, der pathologischen Fixierung auf Arbeit und Geld und dem Konsumismus. Ein Lebensstil, der sehr von der Norm abweicht und von Außenstehenden vielfach als Bedrohung empfunden wird.

Der knorrige, verwachsene Apfelbaum verbindet als Schwellenbaum das Leben mit dem Tod und gilt als Tor zur Erneuerung. Wer diese Schwelle im Zuge einer Meditation oder Reise in die Anderswelt überschreitet, wird nicht mehr derselbe sein wie vorher. Von nun an hat er im Apfelbaum einen treuen Begleiter in der jenseitigen Welt, der zudem Bewohner der anderen Seite anzieht.

Einer der bekanntesten Namen der Anderswelt ist *Avalon* (Apfelbaum / Apfelhain). Nicht zuletzt ist der Apfelbaum ein Synonym für die Große Mutter, das Urweibliche. In diesem Zusammenhang wird er mit Fruchtbarkeit und Wachstum in Verbindung gebracht.

Die beiden Runenmonde im Mai

Dieser Neumond, der in die Zeit der chaotischen Frühlings-Energie fällt, wird eng mit dem Übergang vom Tod zum Leben und dem Erscheinen der Weißen Frühlingsgöttin verknüpft. Er verspricht Erwachen, Wachstum, Erneuerung und Fruchtbarkeit. Doch es ist keine schlagartige Veränderung, die einsetzt, vielmehr geht es in kleinen Schritten voran. Alles, was erwacht, steht fortan unter dem Schutz von *Berkana*, *Beorc* oder *Berchta*, der Rune der Birkengöttin. Berkana und Birke leiten sich ab vom Wort *peraht* oder *beraht* für „silbrig", „glänzend" oder „weiß".

Überall im Norden wurde die Birke als Baum der Urmutter oder Allmutter angesehen. Sie symbolisierte die Erdmutter, die Große Mutter, die der Welt in jedem Frühling neues Leben schenkte. Ihre Rune ist Berkana.

Der Mond im Zeichen der Birkenrune ist gut geeignet, um sich zu erden und Kontakt zur Erdmutter herzustellen. Er ist stark von weiblichen Energien geprägt und kann Frauen zu einer natürlichen Weiblichkeit verhelfen. Männer wiederum können ihn nutzen, um einen besseren Zugang zu ihrer weiblichen Seite zu bekommen. Nicht zuletzt steht Beorc für ein erfülltes Liebesleben, weit entfernt von den gängigen Klischees. Es bedeutet weder schnelle Befriedigung, bei der Sex zu einem Wettbewerb verkommt, noch sieht es den einzigen Lebenszweck in der Fortpflanzung. Vielmehr stehen gegenseitiges Verstehen und Vertrauen im Vordergrund, denn nur eine enge Verbundenheit schafft die Voraussetzung dafür, aus einem rein biologischen Akt eine spirituelle Erfahrung machen zu können. Wie die Rune Berkana hat auch der ihr zugeordnete Mond einen stark sexuellen Hintergrund. Er verkörpert die fruchtbar werdende Erde, die vom Sonnengott umworben wird. Nicht umsonst ist der Maibaum eine Birke. Aber auch außerhalb von Beltane kann jede Frau mit der Birkenrune arbeiten, um neue Energie zu bekommen.

Da Beorc oder Berkana eng mit Heilung und Genesung verknüpft ist, können vor allem Frauen aus diesem Runenmond Kraft beziehen, um die folgende Zeit der Reinigung und Erneuerung unversehrt zu überstehen.

Mit der Gewalt gegen und dem Mord an Frauen, der Reduzierung der Frau auf ihre Gebärfähigkeit und der Verdrängung des weiblichen Geschlechts aus dem öffentlichen Leben wurde die Rune Berkana bereits vor langer Zeit auf den Kopf gedreht. Was heutzutage als *feminin* und mit der *Natur der Frau* umschrieben wird, wie Gehorsam, Putzen, Kochen, die Kinderpflege, ist im Grunde nichts weiter als die Folge einer rigorosen Verdrängung der Frauen aus Politik und Öffentlichkeit. Es brauchte Jahrhunderte, um der Gesellschaft den angeblichen *Mutterinstinkt* einzuimpfen - auch wenn zahlreiche Wissenschaftler gar von einer genetisch verankerten Unterwürfigkeit weiblicher Wesen sprechen. Eine „richtige" Frau ist heutzutage niedlich, hilfebedürftig und schwach, mag Glitzer und Rosa, Kinder und Tiere und sieht ihren Lebensinn allein darin, den Haushalt zu führen und dem Mann zu gefallen. Verwirklichen kann sie sich nur über Mutterschaft. Kinder zu bekommen ist folglich ihr eigentlicher Lebenszweck, ihre naturgegebene Aufgabe.

Nach wie vor glauben viele Menschen, eine Frau gehöre, nicht zuletzt zu ihrem eigenen Schutz, ins Haus, wo sie für das Private (den Sklavendienst) zuständig ist, während der Mann das öffentliche Leben organisiert. Und nach wie vor werden Frauen am Zustand ihrer vier Wände gemessen. An dem festgefahrenen Rollenbild konnten weder die gesamte Emanzipation noch eine andauernde Befreiung von gesellschaftlichen Zwängen auch nur ansatzweise rütteln.

Auch Dummheit wird von der öffentlichen Wahrnehmung als „typisch weibliches" Merkmal definiert. Zahlreiche Männer sehen es noch immer als „heilige Pflicht" einer Frau an, *sich still und in aller Unterordnung belehren* zu lassen, wie es in der Bibel gefordert wird. Vor allem im Zuge der Hexenverfolgungen sollte Frauen beigebracht werden, nicht *zu* klug oder sonst wie *anders* zu sein, wollten sie nicht als übernatürliche Wesen (Hexen) gelten. Unter dem Vorwand der geringeren Intelligenz werden Frauen seither von allen wichtigen Gebieten ferngehalten. Im Stolz auf Männer als Eroberer, Pioniere und Nobelpreisträger sollte man daher nicht vergessen, daß Wissen und Autonomie den Frauen vergangener Epochen sogar bei Todesstrafe verboten war.

Und nach wie vor bestimmen Männer nicht nur ökonomisch und juristisch über Frauen, sie prägen auch das Bild, das *frau* von sich selbst hat. Immer noch ist es erschreckend normal, dass Männer Frauen bewerten, während viele junge Mädchen der festen Überzeugung sind, ihr einziger Lebenszweck bestünde darin, einem Mann zu gefallen und seine Kinder auf die Welt zu bringen.

Je näher der Vollmond rückt, desto tiefer führt *Laguz* ins Bodenlose. Laguz oder *Lagu*, die Rune für Fließen und Wasser, steht stellvertretend für das Meer, die Gezeiten und die tiefsten Gefühle, die gleich dem Wasser immer in Bewegung sind. Beide sind gestaltlos, veränderlich und wandelbar; und weder Wasser noch Gefühle sind wirklich zu kontrollieren. Menschliche Gefühle sind oftmals nicht einmal Bestandteil des aktiven Bewusstseins. Wie das Wasser können sie Leben erhalten oder vernichten.

Launisch wie die mal ruhige, mal tosende See, zählt Laguz nicht gerade zu den beständigen Runen, steigert aber die eigene Intuition und das Verständnis der ewigen Mysterien. Als Rune des Meeres und weiblicher Energie ist Laguz eng verbunden mit dem Ursprung des Lebens, sowie dem Mond, der wiederum die Gezeiten ermöglicht. Die Meeresrune ist als Tor zum Unterbewußtsein zu sehen, das einen Zugang zu Träumen, verborgenen Talenten und Eingebungen darstellt. Dieses Tor zu durchschreiten hat jedoch seinen Preis, denn kaum jemand, der bei dem Versuch, die Tiefe seiner Gefühle auszuloten, in eben jene Tiefen hinabsteigt, kehrte jemals ohne Verluste oder Wunden zurück.

Laguz verkörpert sowohl Ruhelosigkeit als auch Unbeständigkeit und Unkontrollierbarkeit, eine ewige Wandlung, die allerdings nicht von Natur aus bösartig sein muss. Ganz im Gegenteil ist Lagu wie ein reinigender Strom, der allen Ballast, der das Leben ins Stocken geraten lässt, mit sich fortreißt, damit die Energie wieder frei fließen kann. Nicht zuletzt deshalb verbindet man Lagu mit Reinigung, vor allem im Bereich des Spirituellen. Sorgt das Meer durch seine Überflutungen für einen guten Ackerboden, so sind die emotionalen Überschwemmungen im Zeichen von Laguz ein notwendiger Untergrund für Erneuerung.

Und genau wie die Gezeiten, die einen Übergang vom Meer an Land erst ermöglichten, kann Lagu bislang verborgenen Fähigkeiten und vagen Visionen einen sicheren Untergrund bieten. Den, der die Gesetzmäßigkeiten des Lebens achtet und das Meer als Wiege allen Lebens respektiert, wird Laguz auf sanften Wellen durch sein ganz persönliches Lebensmeer schaukeln. Künstler, Gaukler, Freidenker, Heilerinnen und Schamanen können in besonderem Maße von den Energien dieser Rune profitieren.

Dreht man Lagu auf den Kopf, gerät der Fluss ins Stocken, bis er letztendlich zum Erliegen kommt. Auf den ersten Blick mag das nicht weiter schlimm erscheinen, doch schon bald beginnt es unter der Oberfläche zu faulen. Und weil die Rune vor allem das Gefühlsleben betrifft, beginnt die Zerstörung dort mit Gleichgültigkeit bis hin zu emotionaler Verrohung.

Spirituelles im Mai

Der Mai ist der Monat des Wachstums und der Fruchtbarkeit schlechthin. Gute Vorsätze finden nun einen nahrhaften Boden für ihre Umsetzung. Die Zeit, in der die Wärme zurückkehrt, ist eine gute Gelegenheit, Kontakt zu Naturwesen, Ahnen und Göttern aufzunehmen, um die eigenen Fähigkeiten zu wecken oder zu verstärken. Sehen Sie erste Erfolge bei dem, was Sie sich für dieses Jahr vorgenommen haben? Wenn ja, ist das ein Ansporn zum Weitermachen. Wenn nicht, ist entweder die Zeit noch nicht reif für Veränderungen, oder es wurde die falsche Richtung eingeschlagen. Es ist aber vielleicht auch nötig, erst einmal zu hinterfragen, wie das Individuum mit anderen interagiert, ob es nur nimmt oder auch zu geben bereit ist, ob es sich seiner selbst bewusst ist, oder sich durch andere definiert.

Die Eigenliebe stärken

In der modernen Welt ist es nicht einfach, ein gesundes Selbstbewusstsein zu entwickeln. Zum einen, weil es als egoistisch angesehen wird, sich mit der eigenen Person zu beschäftigen. Zum anderen, weil ein Virus grassiert, das geradezu explosionsartig um sich greift. Die Rede ist vom Schönheitswahn. Es wird gestrafft, geliftet, gespritzt, gecremt und geschminkt wie niemals zuvor. Vor allem Frauen sind geradezu ungesund auf ihr Äußeres fixiert. Es ist auch nicht leicht, zu sich selbst zu stehen, wenn die Werbung etwas ganz anderes vorgaukelt. Nie ist frau straff, jugendlich oder schlank genug.

In allen patriarchal strukturierten Gesellschaftssystemen ist ein Mangel an Schönheit für eine Frau die schlimmste aller Sünden. Also wird Schönheitsarbeit zur moralischen Pflicht – zumal sie die Frauen von wirklich wichtigen Dingen abhält.

Schönheit ist auch ein Machtinstrument. Im Gegensatz zu Männern müssen Frauen mit Angriffen rechnen, sobald ihr Aussehen nicht dem Schönheitsideal entspricht – zumal es offenbar eng mit ihrer Kompetenz und ihrem Charakter verknüpft ist. Bereits kleinen Mädchen wird damit gedroht, keinen Mann abzubekommen, wenn sie sich *so* verhalten oder *so* aussehen. Der häufig belächelte weibliche *Schuhtick* hat einen eher ernsten und historisch begründeten Hintergrund, denn während Männern allein durch ihr Geschlecht alle Türen offenstanden, wurde von Frauen verlangt, sich über Aussehen und Kleidung zu präsentieren, ja sogar zu definieren.

Noch heute führt der Weg zur Selbstverwirklichung nahezu unvermeidlich über das perfekte Äußere, wobei Mädchen recht früh lernen, sich ständig miteinander zu messen (die berühmte Stutenbissigkeit, bei Männern eher als „Durchsetzungsfähigkeit" bezeichnet) und hautnah miterleben, wie brutal die Konkurrenz aussortiert wird.

Wenn man also heute von *Emanzipation* und *weiblicher Macht* spricht, ist in der Regel die sexuelle Emanzipation gemeint, das Recht, sich in der Öffentlichkeit zu entkleiden. Tatsächlich werden der zeitgenössische positive Sexismus und die Hypersexualität als Ausdruck oder Folge weiblicher Selbstbestimmung ausgelegt. Von tatsächlicher Gleichberechtigung ist das alles weit entfernt. Die *normale* oder *menschliche* Frau, die imperfekte, alternde, behaarte, korpulente Frau, wurde in den letzten Jahrhunderten systematisch unsichtbar gemacht. Bereits recht früh wirft man Mädchen, die bestimmte Erwartungen an ihr Äußeres und Verhalten nicht erfüllen, vor, nicht feminin oder sexy genug zu sein, was meistens mit ihrer äußeren Erscheinung gleichgesetzt wird. Aufreizende Kleidung gilt dabei als *feminine* Kleidung.

Eine Entscheidungsfreiheit, das sexistische Spiel zu spielen, oder es bleiben hzu lassen, existiert kaum bis gar nicht, wenn Medien, Filme, Magazine stereotyp ein ganz bestimmtes Bild von Weiblichkeit vorgeben. Ab einem bestimmten Alter stürzt sich dann eine ganze (Kosmetik-)Industrie auf die Frau, um dem Altern keine Chance zu geben. Viele kleine Schönheitsfehler würden jedoch kaum auffallen, würde nicht ständig mit ausgestrecktem Zeigefinger darauf hingewiesen. Auch Hauterschlaffung wird von selbsternannten Experten als *typisches Frauenproblem* verkauft, dem auf jeden Fall bereits schon bei makelloser Haut vorgebeugt werden muss. Die vorwiegend auf der Phantasiewelt der Werbung basierende männliche Erwartungshaltung nach Makellosigkeit beim anderen Geschlecht wird dann gerne mit dem *natürlichen Wunsch der Frau nach Schönheit* umschrieben. Das Problem dabei: Die aktuelle Bewertung von Schönheit orientiert sich an einem Frauenbild, das keine sterbliche Frau erfüllen kann, denn die Vorlage für die perfekte Frau beruht auf Darstellungen und Statuen von Göttinnen.

Dabei steckt in restlos *jedem* Menschen eine Attraktivität, die nichts mit Kleidung, Aussehen oder Figur zu tun hat. Charisma und Ausstrahlung sind abhängig vom persönlichen emotionalen Zustand, nicht vom Spiegelbild. Ein Umstand, der nur zu leicht in Vergessenheit gerät, wenn man den vielen Frauenzeitschriften und Hochglanzmagazinen glaubt.

Sie können diese Kraft mit einem kleinen Ritual wecken, wenn Sie möchten. Lassen Sie dazu erst einmal die vielen, vielen gut gemeinten Tipps und Ratschläge im Zeitschriftenregal. Achten Sie auch nicht auf „Modeexperten" von eigenen Gnaden, die häufig ihren eigenen Stil oder einen momentanen Trend zur Allgemeingültigkeit erklären und am persönlichen Geschmack eines Individuums, das nicht in dieses Bild passt, meist kein gutes Haar lassen. Eine eigene Persönlichkeit ist (nicht beschränkt auf den Bereich Mode) nur zu oft unerwünscht. Die Folge ist dann ein Kleiderschrank, dessen Inhalt zwar dem Trend oder der neuesten Mode entspricht, seiner Besitzerin aber nicht wirklich gefällt.

Viele Kleidungsstücke, die als „Klassiker" oder „zeitlos" angepriesen werden, dienen dazu, weibliche Attribute zu verstecken und eine gewisse Androgynität herzustellen. Natürlich darf es figurbetont sein, keinesfalls aber *zu* weiblich. Farben wie Weiß und Schwarz, die als „klassisch–elegante Businesskleidung" gelten und angeblich keinen bestimmten Trends unterworfen sind, bilden bei näherer Betrachtung eine Art Uniform, die, insbesondere im Geschäftsleben, zur äußeren Gleichstellung der Geschlechter beiträgt. Um in der Geschäftswelt beruflichen Erfolg zu haben, muss eine Frau sich nicht nur nach außen hin verhalten wie ein Mann, sondern sich auch wie ein Mann kleiden. Man(n) verlangt von ihr, ihre Weiblichkeit abzulegen und damit zum Mann werden. Seriöses Auftreten bedeutet für Frauen meist unweibliches, androgynes Auftreten, das Kompetenz vermitteln soll, wobei offenes Haar als Zeichen der Weiblichkeit bei Frauen ebenso verpönt ist wie zu auffälliges Make up.

Um Ihren eigenen Stil zu finden, stellen Sie sich am besten vor einen Spiegel, vielleicht mit einer guten Freundin oder vertrauenswürdigen Familienmitgliedern, und suchen erst einmal nach Vorzügen anstatt immer auf dem herumzureiten, was kaum, nicht ausreichend oder gar nicht vorhanden ist. Sehen Sie dann Ihre Garderobe durch und achten Sie in Ruhe darauf, was gut zu Ihnen passt und (viel wichtiger) worin Sie sich wohlfühlen. Mode sollte nicht unbedingt dem Trend sondern dem Typ entsprechen, eventuell noch dem etwaigen Anlass. Wenn Ihnen also Bootcut-Jeans gut stehen, kaufen Sie keine Röhre, nur weil diese gerade angesagt ist. Genauso wenig Sinn hat es, Modefarben wie Lila, Gelb, Marsala oder Petrol zu tragen, wenn einem die Farbe nicht steht. Außer der Trendfrage stehen dann meistens noch die Kosten im Vordergrund, wobei Mode nicht zwangsläufig auch teuer sein muß. Vielleicht haben Sie ja das Talent, ein Noname-Stück von der Stange durch einige Änderungen in ein echtes Schmuckstück zu verwandeln.

Das eigentliche Ritual sollten Sie erst dann durchführen, wenn Sie Ihren ganz persönlichen Stil gefunden haben. Nehmen Sie ein Bad in Rosenblüten, mit Ihrem bevorzugten Duft. Ziehen Sie sich anschließend etwas an, in dem Sie sich rundum wohlfühlen und vor dem Sie glauben, daß es Ihre Ausstrahlung unterstreicht. Reiben Sie eine rote Kerze mit Benzoeöl, Jasminöl oder einem anderen Öl ein, das der Liebe zugeordnet ist. Tupfen Sie ein wenig verdünntes Öl auch auf Ihr Herzchakra. Setzen oder stellen Sie sich vor einen Spiegel, zünden Sie die Kerze an und bitten Sie eine Göttin, von der Sie annehmen, dass sie Ihnen wohlwollend zur Seite stehen könnte, um ihre Weisheit oder Führung.

Sie können auch ihre Probleme notieren und in der Räucherschale zusammen mit Weihrauch und Benzoe verbrennen. Bringen Sie der Göttin, die Ihnen zu Hilfe eilt in den nächsten Tagen ein kleines Dankopfer, vielleicht in Form von rotem Wein, roten Früchten und Rosenblüten.

Feste und Feiertage im Mai

Mit dem Sonnenaufgang am **1. Mai** enden die Beltanefeiern. Alles versammelt sich noch einmal im magischen Kreis, ehe er aufgelöst wird, und dankt der Großen Mutter für die Wiedergeburt der Welt. Ein wenig vom Morgentau, der von der weißen Frühlingsgöttin auf die Erde gefallen ist (Fruchtbarkeit), wird eingesammelt und aufbewahrt.

Wie im Herbst werden am Maimorgen die Grenzen zwischen den Welten dünn und die Schleier lüften sich. Sämtliche Kräfte der Naturgeister nehmen von jetzt an zu und erreichen zur Sommersonnenwende ihren Höhepunkt. Die Zeit um Beltane ist voll von überschäumender, ursprünglicher Magie und genau richtig für Weissagungen, Pflanzenmagie und Herzensangelegenheiten.

Irgendwo zwischen dem **1. Mai** und dem **21. Mai** ist das *Blóta i moti Sumri* anzusiedeln, manchmal als *Hohe Maien* bezeichnet, das simultan meist zu Beltane am 2. Vollmond nach Ostara gefeiert wird. Einigen Quellen zufolge dauerte dieses Fest zwölf Tage und könnte der Grund für den Glauben an vermehrtes Treiben von Hexen in dieser Zeit sein. Zuerst wurde die Heilige Hochzeit gefeiert und der letzte Schnee weggetanzt, nach elf oder zwölf Tagen des Feierns und der Ausgelassenheit kehrten die Tänzer an den Ort des Tanzes zurück, um sicherzustellen, daß kein Schnee mehr gefallen war.

Am **3. Mai** feierten die Römer das endgültige Erwachen der Erde mit Freudenfeuern und Feuerspringen als Akt spiritueller Reinigung.

Der **4. Mai** war bei den Kelten der Festtag der Göttin *Sheila Na Gig*, der Beschützerin der Frauen und der Armen.

Bekannter jedoch und deswegen von der Kirche geächtet – auch wenn sie diese heute noch in Form von Schnitzereien ziert -, ist diese Göttin als Sinnbild der Heiligkeit der weiblichen Genitalien. Die Vulva als Ausdruck oder Tor des Lebens. Ebenfalls am 4. Mai wurden die Weißdornbüsche, beziehungsweise die sie beschützenden Feen geehrt.

Am **6. Mai**, in Irland der Beginn des Sommers, wurde das Fest der *Inghean Buidhe* (Gelbhaariges Mädchen), der Göttin des Sommeranfangs, gefeiert. *Inghean Buidhe* war eine von drei Schwestern. Ihre Energie wird zu Beltaine, sowie Frühlings- und Blumenfesten beschworen. Ihre Schwester *Lassair* (Flamme), regierte während der Mittsommernacht, die dritte Schwester, *Latiaran* wachte an Lugnasadh über das sterbende Getreide.

Im alten Rom fanden am **9. / 11.** und **13. Mai** die *Lemuralia*, die Totenfeiern, statt. Benannt nach den Totengeistern, den *Lemuren*, waren diese Tage geprägt von Ahnenverehrung, aber auch von Bann- und Abwehrzauber.

Nach den Eisheiligen, um den **12. Mai** herum, meistens jedoch etwas später, ist seit dem 3. Jahrhundert das *Pfingstfest* angesiedelt, bei dem der Heilige Geist (symbolisiert durch die Taube) über die Jünger Jesu „ausgegossen" werden soll. Für gewöhnlich wird es 50 Tage nach Ostern begangen und bildet den Abschluß der Osterfeierlichkeiten. Obwohl es ein rein christliches Fest ist, sind deutliche Parallelen zu Frühlings- und Fruchtbarkeitsbräuchen, dem Wiederergrünen der Natur, vorhanden. Wie diese ist es ein Fest der erwachten Natur, mit dem die warme Jahreszeit, der Sommer, besiegelt wird. Häuser und Ställe werden mit Blumen und Zweigen geschmückt, die Glück und Fülle anziehen und gleichzeitig Böses bannen und Hexen abschrecken sollen. Viele Prozessionen und Umzüge erinnern an vorchristliche Traditionen, beispielsweise den Nerthus-Umzug. Daneben gab es unter den Hirten den Brauch, als Grüner Mann verkleidet die Tiere mit dünnen Ruten (Segen) auf die Weide zu treiben.

Vielerorts wird ein Ochse mit Blumenkronen, Glocken und Bändern zum Weideauftrieb herausgeputzt. Oft wird er auch in einer Prozession durch das Dorf geführt und anschließend verspeist, was auf vorchristliche Opfer hindeuten soll. Einige Quellen berichten vom *Pfingstfuchs* (Pinkstvoss, Pengsvoss), der seinen Ursprung in Feierlichkeiten und Opferriten zu Ehren des Gottes *Donar/Thor* haben soll. Dabei trug man einen Fuchs, das heilige Tier des Gottes, zur Verkündigung des Sommers herum. Später wurde es Brauch, mit einem Fuchs von Haus zu Haus zu ziehen, um Spenden zu erbitten. Noch im 18. Jahrhundert war es üblich, einen gefangenen oder erlegten Fuchs, beziehungsweise Marder, herumzutragen und dafür Eier einzusammeln – einige nehmen an, dass die Tiere vorher verstümmelt wurden.

📖 **Wissenswert**: Schon in der Tempelanlage von *Göbekli Tepe* nimmt der Fuchs als Göttertier eine Sonderstellung ein. Jahrtausendelang wurde er mit der Sonne und dem Feuer assoziiert.

Im Zuge der Christianisierung brachte ihm das flammendrote Fell den Status eines Teufelstieres ein, das es zu vernichten galt[23].

Der **18. Mai** war der Tag von *Pan*, dem gehörnten Gott der Griechen und Römer.

Der **20. Mai** war im Norden der Festtag von *Mjöllnir*, dem magischem Hammer des Gottes Thor. Überall fanden an diesem Tag rituelle Schlachten und Wettbewerbe statt. Auch nimmt man einen Bezug zum *Blóta i moti Sumri* an. Darüber hinaus soll um diesen Termin herum ein Frühlingsthing stattgefunden haben.

Am **24. Mai** ehrte man die *Mutter der Bäume*, von der man sich Gesundheit und eine reiche Ernte erbat.

Juni

Auch der Juni verdankt seinen Namen einer Göttin, nämlich *Juno / Iuno Augusta*, der römischen Göttermutter und Beschützerin Roms. Aufgrund der im Juni stattfindenden Sommersonnenwende war er zudem als *Midsomarmanoth* (Mittsommermonat) bekannt. Auch als *Solmanoth* (Sonnenmonat) wurde er bezeichnet.

Bis ins 16. / 17. Jahrhundert nannte man ihn *Brachet*, *Brahha* oder *Brachmanoth*, eine Bezeichnung, die sich daraus ableitete, daß zur Zeit der Dreifelderwirtschaft die brach liegenden Felder gepflügt wurden. Ähnlich wie bei den zwei Julmonden kennt man auch Juni und Juli als frühes und spätes *Litha* (Ærra / Æftera Liða).

Die Bezeichnung *Rosenmonat* wird meistens auf die im Juni blühenden Wild- und Kulturrosen zurückgeführt, könnte aber ebenso einen anderen Hintergrund haben, denn die Rose bekam ihren Namen von der alten Umschreibung für die Farbe *Rot* oder den *Tod*. Der Legende nach erhielt die rote Rose ihre Farbe vom Herzblut der Nachtigall, das die weiße Rose blutrot färbte. Mögen ihre Blüten noch so schön sein und der Duft noch so lieblich, kann beides doch nicht über die schmerzhaften Dornen hinwegtäuschen.

Als Zeichen für das aus dem Tod erblühende Leben pflanzte man Rosen auf Gräber. Friedhöfe bekamen die Bezeichnung *Rosengarten*.

---

[23] Eine Forderung, die heutige Jäger mit der beispiellosen Verfolgung des Fuchses nur zu gerne erfüllen. Obgleich Deutschland seit 2008 als tollwutfrei gilt, die Infektion mit dem Fuchsbandwurm so unwahrscheinlich ist wie ein sechsstelliger Lottogewinn und das Niederwild eher überfahren oder in Gülle ersäuft als gefressen wird, bleibt der Fuchs das meistverfolgte Tier. Für Füchse gibt es bislang keine Schonzeit. Selbst neugeborene Welpen werden im Bau von Hunden zerrissen, vergast, zertreten oder erschlagen.

Rosengärten oder Rosentore sollen daher nicht einfach nur mit Rosen bewachsen sein, sondern trennen die sterbliche Welt von der Jenseitswelt und markieren einen Übergang vom Leben zum Tod, beziehungsweise vom Tod zum Leben. In diesem Sinne war die blutrot auf- und untergehende Sonne ein wesentlicher Teil dieser Mythologie. Das Abendrot bedeutete den Sonnentod, denn mit jedem Morgengrauen wurde sie neu geboren. Später kam Rot als Farbe der Gerichtsdiener und Würdenträger hinzu, so dass der *Rosenmonat* in engerer Beziehung zur Sonnenwende und dem *Thing* denn zur Blume Rose stehen könnte.

Die Rose selbst wird hauptsächlich mit Lust, Leidenschaft und körperlicher Liebe assoziiert. Bei den Germanen war sie der Göttin *Freya* geweiht, die Griechen verbanden sie mit der Liebesgöttin *Aphrodite*. Im Christentum, das zunächst keine Verwendung für diese symbolträchtige Pflanze hatte, wurde die Rose in ein Sinnbild der Reinheit, Jungfräulichkeit, Fruchtbarkeit und Mutterschaft umgedeutet. Verkörperte sie bis dahin die körperliche Liebe, galt sie danach als Repräsentantin der geistigen und göttlichen Liebe. Dennoch blieb die ursprüngliche Symbolik in Ausdrücken wie „ein Röslein brechen" (Vergewaltigung) oder Straßennamen wie der „Rosengasse" oder dem „Rosenviertel" (in dem käufliche Liebe angeboten wurde) erhalten.

Nicht anders als der Mai ist der Juni der Monat der Liebe – nicht zuletzt, weil in diesen Wochen alle roten Früchte reif werden, die seit dem Altertum als Aphrodisiakum gelten. Zudem wirkt sich das vermehrte Licht auf die körpereigene Biochemie aus. Zarte Sonnenstrahlen streicheln die Seele, locken das Leben hinaus auf die Straßen und kurbeln das Bedürfnis nach Liebe und Zärtlichkeit an. Aufgrund der mit ihm verknüpften Symbolik ist der Juni dann auch wie geschaffen für Liebeszauber aller Art.

Den Sonnenmonat kennzeichnen die längsten Tage des Jahres, doch der 21. Juni bringt die Wende. Zwar kommen die meisten Blüten und die wirklich heißen Tage erst noch, aber das Licht verabschiedet sich bereits ab der Sommersonnenwende nach und nach aus der Welt. Nichtsdestotrotz beginnen mit dem Juni die warmen Wochen. Er ist der Monat der Blüten, der reifenden Früchte und der Leichtigkeit. Alles ist durchströmt von unbändiger Lebenskraft. Die Sonne steht jetzt sehr hoch am azurblauen Himmel, den keine Wolke trübt. Frösche quaken im lauen Abendwind an Tagen, die viel länger sind als die Nächte. Aus dem üppig rankenden Gestrüpp an Zäunen und Hecken lugt der Grüne Mann hervor. Die wärmer werdende Luft duftet nach Wasser, Blumen, Heu und reifendem Korn. Allmählich verfärben sich die Beeren, laden die ersten Sträucher zur Ernte ein. Die Reife- und Erntezeit beginnt.

Betrachtet man das Wetter, hat der Juni in den vergangenen zehn bis fünfzehn Jahren den Mai ersetzt. Ist es im Mai überwiegend noch sehr kühl, gewährt der Juni einen Vorgeschmack auf die heißen Tage, die noch kommen werden. Und wie der Mai gilt auch der Juni als Wetteranzeiger.

Regnet es im Juni, wird auch der Winter nass und klamm, ist es warm, gibt es voraussichtlich einen eher kalten Winter. Regnet es an Siebenschläfer, dem 27. Juni, soll es anschließend sieben Wochen lang regnen.

Thema im Juni – Die Elemente im Jahreskreis – Feuer

Dem Sommer mit seiner flirrenden Hitze, der Trockenheit, dem wirbelnden Staub, der feucht-heißen, schwülen Luft und den oftmals heftigen Gewittern wird das Element des Feuers zugeordnet. Den lodernden Flammen untersteht somit die wärmste Zeit im Jahr, in der alles heranreift und von der Sonne, die das Feuer vielleicht am besten repräsentiert, mit Lebensenergie versorgt wird. Aus den Blüten werden langsam Früchte, während das Korn sich von grün nach gelb färbt.

Die Elementale des Feuers sind die *Salamander*, die stärksten unter den Elementargeistern. Wobei die Bezeichnung Salamander ihrer Erscheinung nicht gerecht wird, da sie meistens in Flammengestalt auftreten. Ihre Heimat befindet sich tief im Bauch der Erde, wo sich das geschmolzene Gestein durch unterirdische Schluchten windet. Doch auch im heimischen Kamin kann man Elementale des Feuers finden.

Ohne die Salamander gäbe es keine Wärme. Alles würde erfrieren und zu Eis erstarren. Ihr Zuhause ist das Feuer, die glühende Lava ebenso wie der heimische Herd. Ihre Aufgabe besteht darin, das Blut und den Körper warm zu halten. Pflanzen versorgen sie mit warmer Lebensenergie und bewirken auf diese Weise die Reifung der Früchte. Darüber hinaus sind sie eng mit der Gefühlswelt verbunden. Ähnlich wie die *Muse* oder die *Aisling*, sorgen sie beim Menschen auch für spontane Eingebungen, vor allem dann, wenn eine enge Verbindung zur Tierwelt besteht. Vieles von dem alten Heilwissen der Priesterinnen, Heilerinnen, Schamanen, Knechte, Hirten und Schäfer soll aus dem Reich des Feuers stammen.

In der nordischen Mythologie wird das Feuer *Lodur*, manchmal *Loki*, zugeordnet. *Lodur* (der Lodernde), auch *Ve* genannt, war der Feuergott, der bei der Erschaffung von *Ask* und *Embla* den Menschen das warme Blut, Aussehen und Sprache schenkte. Auch der menschliche Geist wird als lodernde Flamme begriffen. Darüber hinaus findet man im Feuer alle heftigen Emotionen, wie Liebe, Hass, Wut, Trauer, Schmerz und Leidenschaft miteinander vereint.

Untrennbar zum Feuer gehört die Himmelsrichtung der Energie und Willenskraft, der Süden. Er steht mit seiner lichtdurchfluteten Sonnenkraft dem Norden, der mächtigen Dunkelheit, genau gegenüber und hält das Verhältnis von Wärme und Kälte in perfekter Balance.

Der heißeste Zeitpunkt eines Sommertages ist der Mittag, wenn die Sonne ihren höchsten Punkt, den *Zenit*, passiert. Daher ist das Feuerelement ebenso eng mit der Mittagszeit verbunden wie mit dem Süden.

Ohne Feuer in Form von Sonnenlicht, Wärmequelle oder Stoffwechselvorgang wäre das Leben auf der Erde genauso unmöglich wie ohne Luft, Erde oder Wasser. Somit ist Feuer, verkörpert von Licht und Wärme, der Motor des Lebens, ohne den alles erfrieren, ertrinken oder in ewiger Dunkelheit erstarren würde. Seine Kraft ist darüber hinaus überaus dienlich wenn es darum geht, auf einem langen Weg nicht die Motivation zu verlieren.

Feuer ist reine Energie, was alle Vorgänge von der Solarenergie über Elektrizität bis hin zu Umformungszuständen des Stoffwechsels umfasst. Es ist das einzige Element, das dem Körper nicht von außen zugefügt werden muss, sondern beim Verbrennen von Nahrung entsteht. Während Erde (Nahrung, Mineralien), Wasser (Flüssigkeit) und Luft (Atem) regelmäßig aufgenommen werden müssen, kann ein Teil des Lebensfeuers sogar noch abgegeben werden.

Und genau wie alle anderen Elemente ist das Feuer unentwegt in Bewegung. Es lodert, flackert, prasselt oder tost in einer gewaltigen Feuersbrunst dahin. Von der kleinsten Flamme bis hin zu verheerenden Buschbränden oder den gewaltigen Sonneneruptionen kann Feuer alles sein. Es ist wandelbar und von Zeit zu Zeit gefährlich. Genauso wie der Mensch braucht es Sauerstoff zum Atmen, fehlt dieser oder hat das Feuer ihn verbraucht, erlischt auch die Flamme. Doch selbst die kleinste Flamme stirbt nach altem Glauben niemals endgültig. Sie verlässt nur das Hier und Jetzt, um an anderer Stelle wieder neu zu entbrennen.

Die meiste Zeit lebt der Mensch in dem festen Glauben, das Feuer domestiziert zu haben, doch unter der ruhigen Oberfläche brodelt es gewaltig. Ein winziger Funke reicht bereits aus, um eine kleine Flamme in ein verzehrendes Flammenmeer zu verwandeln, denn das Feuer zu zähmen ist unmöglich. Man kann es eindämmen, umleiten, ja sogar löschen und damit töten, aber bezwingen wird es niemand.

Feuer ist das einzige Element, das nicht unter der Umweltverschmutzung zu leiden hat wie Wasser, Erde oder Luft. Ganz im Gegenteil hilft es dabei, die Welt vom Müll zu reinigen[24], denn es besitzt die einzigartige Gabe der Transformation und ist daher sehr eng mit Leben und Tod verbunden. Verwesung beispielsweise ist ein Stoffwechselvorgang, bei dem Wärme entsteht, Kompost ist in seinem Innern warm, Heu kann sich beim Fermentieren (Abbauvorgang) sogar selbst entzünden. Feuer vernichtet das Alte, damit das Neue leben kann.

---

[24] Doch diese Reinigung hat einen hohen Preis, denn Feinstaub und Nanopartikel aus den Müllverbrennungsanlagen vergiften nach und nach die Umwelt.

Alles, was tot ist, bekommt vom Feuer eine andere Gestalt. Im Angesicht des Feuers enthüllt alles seine wahre Natur. Feuer ist der beste Indikator um herauszufinden, dass alles Leben auf der Erde auf der Basis von Kohlenstoff entstanden ist, denn verbrennt man es, wird es schwarz. Aufgrund dieser Tatsache, der Gleichheit aller organischen und anorganischen Lebensformen des blauen Planeten, bleibt eigentlich kein Platz für Selbstverherrlichung, da sämtliches Leben auf ein- und derselben Grundlage basiert.

Obgleich Feuer alles andere transformieren kann, bleibt ihm selbst die Transformation verwehrt. Wer mit dem Feuer arbeitet, wird schnell feststellen, dass es sich selbst nicht allzu stark verändert. Zwar kann es in Größe, Intensität und Farbe variieren, nicht aber seine ureigene Gestalt wechseln. Glut bleibt Glut, ein Funke immer ein Funke und eine Flamme immer eine Flamme. Wenngleich Feuer mittlerweile physikalisch sehr präzise erklärt werden kann, hat es doch niemals auch nur ein wenig von seinem Reiz verloren. Zündelnde Kinder sind dafür das beste Beispiel. Auch ein Kaminfeuer oder das flackernde Kerzenlicht haben eine geradezu hypnotische Wirkung.

Das Feuer ist ein überaus aktives Element, es fordert, reinigt und verändert. Und manchmal zerstört es. Leider haben die Inquisitoren den Glauben, Feuer reinige die Seele, nur allzu wörtlich genommen, denn dazwischen stand noch der funktionstüchtige Körper. Es kann also Verderben bringen, aber auch Fruchtbarkeit. Einige Baumarten sind nur dann in der Lage, eine neue Generation hervorzubringen, wenn ein Waldbrand die Samenschale sprengt und damit den Keimling befreit. Der sagenhafte unsterbliche Vogel *Phoenix* verbrennt sich regelmäßig, um aus der Asche verjüngt wiedergeboren zu werden.

Im Unterschied zu allen anderen Elementen ist Feuer in Form von offenem Feuer kein allzu häufig auftretendes Element, das immer und überall verfügbar ist. Diese Eigenschaft des Feuers machte es für seine ersten Entdecker so wertvoll wie Gold. Feuer nur mit Hilfe von Stöcken oder Steinen zu entfachen ist nicht einfach, so dass die Glut niemals vollständig gelöscht, sondern einfach mitgenommen wurde. In der menschlichen Gemeinschaft waren zumeist Frauen die Hüterinnen des Feuerspirits, der (in Kombination mit den Ahnen) dann zum Herdgeist wurde. Später wachten mächtige Herdfeuergöttinnen über das Wohlergehen der Sippe.

Das Feuer als wohl faszinierendstes aller Elemente begleitet den Menschen seit Tausenden von Jahren und war eine der bedeutendsten Entdeckungen der Geschichte. Unabhängig von einer Wertung hat kein anderes Element die menschliche Kultur so sehr verändert wie das Feuer. Es brachte Wärme und Licht, machte Nahrung essbar, den Boden fruchtbar und enthüllte das Erz. Es brannte den Ton und machte Metall formbar.

Das Feuerelement kann nur kontrolliert erlebt werden, zum Beispiel, indem man eine Kerze anzündet oder ein Lagerfeuer entfacht. Doch sogar die kleinste und schwächlichste Flamme wird die typische Erhabenheit und verzehrende Energie des Elementes ausstrahlen, aus dem sie besteht. Der optimale Moment, diesem Element mit Respekt zu begegnen ist ein Lagerfeuer oder eine Kerze zur Mittagszeit im Hochsommer. Genau dann, wenn es auch ohne Feuer heiß genug wäre. Da aber die wenigsten Menschen einen dampfenden Komposthaufen als Begegnungsstätte wählen würden, bleibt nur die Möglichkeit der Flammen.

Trotzdem ist auch ein kontrolliertes offenes Feuer immer eine potentielle Gefahrenquelle.

Es überrascht nicht, dass dem Feuer, der grellgelben Sonne, dem hellen, bunten Sommer, der Sinn des Sehens zugeordnet wird. Ohne das Licht der Sonne oder des Feuers würde die Erde im Dunkel der Nacht versinken. Kreaturen, die an diese extremen Verhältnisse angepasst sind, wie Grottenmolche, fehlen meistens Hautpigmente, vor allem aber die Augen. Wer sich nur in absoluter Finsternis bewegt, muss nicht sehen können. Er bildet andere Sinne aus, die ihm eine bessere Orientierung ermöglichen. Feuer über den Gesichtssinn zu erleben ist nicht so unmöglich, wie es sich anhören mag. Abgesehen davon, dass alle roten, gelben und orangen Blüten dem Feuer zugeordnet werden, gibt es die Möglichkeit, Flammen auf Film, Papier oder Leinwand zu bannen.

Element Feuer

Himmelsrichtung: Süden

Tageszeit: Mittag

Jahreszeit: Sommer

Sternzeichen: Widder, Löwe, Schütze

Farben: Gelb, Gold, Rot, Orange, Weiß

Tier: Salamander, Echsen, Löwen, Pferde

Elementale: Salamander

Orte: Alle Flammen, Kaminfeuer, Lagerfeuer, Freudenfeuer, Orte der Umwandlung, Wüsten, Vulkane

Baum und Pflanzen: Mandelbaum, Weißdorn, alle roten oder scharfen (im Sinne von „heißen" Pflanzen), Chilies, Senf, Brennesseln, Mohn

Räucherwerk: Alle feurigen Düfte, Benzoe, Vanille, Olibanum, Weihrauch, Pfeffer, Ingwer, Zimt, Koriander

Metall: Zinn

Werkzeuge: je nach Tradition Stab oder Dolch, Räucherkohle, Räucherschale, Feuerstein, Verbrennen von Papieren oder Kräutern, Kerzen, Fackeln, Feuertonnen

Edelstein: Feueropal, Rubin, Karneol, Hämatit

Göttinnen: Alle Sonnen-, Herd- und Feuergöttinnen, Pele, Hestia, Brigidh, Vesta, Sunna, Sekhmet

Götter: Alle Feuer-, Sonnen- oder Schmiedegötter, Wayland, Vulcanos, Hephaistos, Ra, Lugh, Horus

Magie und Symbolik: Blut, Lebensfunke, Energie, Leidenschaft, Sexualität, Willenskraft, Mut, Kreativität, Spiritualität, Inspiration, Geistesblitze, Reinigung, Zerstörung, Transformation, Veränderung, Sonne, Wüste, Sommer

Positive Charakterzüge beim Menschen: Kreativität, Mut, Idealismus, Unabhängigkeit, Willenskraft

Negative Charakterzüge beim Menschen: Wut, Jähzorn, Eifersucht, Aggression

Lebensabschnitt: Jugend

Sinn: Gesichtssinn, Sehen

Feuermeditation

Eine Feuermeditation läßt sich optimal vor einem Kamin, Herdofen, Lagerfeuer, ja sogar vor einer Kerze durchführen. Nehmen Sie eine bequeme Position ein und atmen Sie einige Zeit bewußt ein und aus. Sehen Sie in die Flammen, wie sie sich nähren, das Holz verzehren oder das Wachs verformen, aus dem die Kerze gegossen wurde. Spüren Sie die Hitze des Feuers, die von Ihrem Körper genauso aufgenommen wird, wie das Sonnenlicht. Sie können sich danach vorstellen, ein kleiner Funke zu sein, immer auf der Suche nach einem Nährboden. Vielleicht sind Sie ein Lebensfunke, der vom Stoffwechsel seines Wirtes genährt wird, bis der Körper zu Staub zerfallen ist und Sie wieder in die Freiheit entlässt. Oder Sie gehören zu einer ganzen Reihe von Funken, wie sie ein Feuerstein schlägt – beziehungsweise ein modernes Streichholz.

Spüren Sie, wie Sie zusammen mit den anderen in ein weiches Bett aus getrocknetem Gras fallen, das Ihnen genügend Nahrung bietet, um zu wachsen und sich auszudehnen. Für einige Zeit werden Sie gehegt, gepflegt und gefüttert, bis die Nahrung erschöpft ist und Sie ausgebrannt in sich zusammenfallen, um wieder zu einem Teil des großen und uralten Feuergeistes zu werden, der tief im Erdinneren ruht, oder in einem abgeschiedenen Teil der Anderswelt über ein regelrechtes Flammeninferno herrscht, in dem nichts existieren kann außer den Flammenspirits, die sich darum drängen, einmal die sterbliche Welt sehen zu dürfen. Von Ihrer Position im Kamin aus können Sie über die Jahrtausende hinweg miterleben, wie die menschliche Welt sich wandelt.

Aus Feuerstein und Gras werden Streichhölzer und Feuerzeuge, die offenen Feuer weichen Herden und Kaminöfen, während Sie selbst noch aussehen wie am Tag ihrer Geburt aus dem Leib des ewig lodernden Feuergeistes.

Diese Meditation soll Kreativität und Willenskraft stärken, denn die ewige und unendliche Energie des Feuers ist in jedem Menschen vorhanden. Wie erschöpft, ausgebrannt oder matt man sich auch immer fühlen mag, das innere Lebensfeuer wird niemals unerreichbar sein. Daneben ist eine solche Phantasiereise immer dann sinnvoll, wenn eine Phase zu Ende gegangen ist und aus der Asche eine neue Lebenssituation erwachsen soll. Manchmal ist es dabei sogar vonnöten, eine gewaltige spirituelle Feuersbrunst zu entfachen, denn einige Veränderungen können nur aus der totalen Verwüstung entstehen.

Feuerritual

Suchen Sie sich einen Platz, wo Sie ungestört ein Feuer anzünden können, ohne mit einer Anzeige rechnen zu müssen. Bringen Sie dem Feuergeist ein Opfer dar, das einen Bezug zum Feuer hat. Sie können etwas roten Wein in die Flammen gießen, sie mit ein wenig Opferbrot „füttern" oder ihnen Holz oder Reisig als Nahrung anbieten. Ordnen Sie gelbe, rote oder orange Steine, Stäbe (beziehungsweise den Zauberstab), sowie Blüten in Sonnen- oder Flammenform um das Feuer herum an. Kerzen sollten Farbtöne des Feuers widerspiegeln. Stellen Sie sich dann vor, wie das Feuer alles am Leben erhält.

Sehen Sie die Kraft der Sonne, von der sich die Pflanzen ernähren, stellen Sie sich ihren eigenen Stoffwechsel als Flamme vor, die Ihre Nahrung in Energie transformiert. Fühlen Sie das hitzige rote Blut Ihrer Adern, den harten Schlag Ihres Herzens. Spüren Sie die Vitalität der ewig züngelnden Flamme und versuchen Sie, ein wenig davon mit in die reale Welt zu nehmen.

Danken Sie dem Feuer für sein Licht und seine Wärme, die es großzügig mit der Welt teilt, ehe es sich wieder mit dem Urelement Feuer verbindet. Bitten Sie das Feuer im Zuge des Rituals um seine Unterstützung, darum, Ihnen seine Energie zukommen zu lassen, wenn Ihre eigene nicht mehr ausreicht. Ersuchen Sie es um eine Stärkung Ihrer Willenskraft, Ihrer Kreativität, Ihrer magischen Fähigkeiten, mehr Selbstvertrauen, Erfolg, Liebe oder was immer Sie sich erhoffen.

Feuerräucherung: 3 Teile Weihrauch, 2 Teile Drachenblut, alternativ Zimt, 1 Teil Pfeffer

Feueraltar

Den Feueraltar richtet man nach Süden aus. Er wird mit Farben dekoriert, die das Feuer symbolisieren, daher sollten Altartücher und Kerzen rot, orange, rotorange oder goldfarben sein. Alles, was mit Feuer zu tun hat, kann auf den Altar gestellt werden, wie Räucherschalen oder kleine Laternen, ferner Sonnenscheiben, Lavasteine oder Edelsteine in Feuerfarben. Ein Feueraltar wird zur Steigerung der Kreativität, Willenskraft und Energie gebraucht. Daneben führt er durch Zeiten der Wandlung und des Verlustes.

Das Feuer im Garten

Feuer ist Wärme und Sonnenenergie. Wie der Name schon sagt, benötigen Pflanzen Sonnenlicht für den Vorgang der Photosynthese (*photo* = licht). Dem Feuer sind alle Früchte tragenden Pflanzen und Blumen in Feuerfarben zugeordnet, demzufolge ist der Süden die ideale Ausrichtung für einen Gemüsegarten. Darüber hinaus ist er ein Ort der Feuerstätten, wie Feuerschalen, Feuertonnen, Räucherschalen, Fackeln oder Laternen. Und auch der Grill hat seinen Platz im Süden.

Der Mond im Juni

Ein heller Schimmer fließt seidig und klar vom Himmel, wo zwischen all den funkelnden Sternen der volle Mond hervor scheint. Von der Erde betrachtet sieht er aus wie eine fahle Sonne, deren Schein sich einem leichten Nebel gleich auf die wachsende Saat legt. Letzte Keimlinge entrollen ihre Fühler und nehmen ein Bad im silbernen Licht, das sie liebevoll umhüllt und segnet. Der Mond im Juni läutet eine Periode des Wachstums ein, die Zeitspanne, in der auch in der Welt der Menschen Beziehungen wachsen und eine reichhaltige Kommunikation stattfindet.

Manche kennen den Junimond als *Kräutermond*, denn nun ist es soweit, in Vollmondnächten die ersten Kräuter zu ernten. Besonders heilkräftig sollen Kräuter sein, wenn sie in der Nacht der Sommersonnenwende geerntet werden. Die nun voll erblühten Rosen brachten ihm die Bezeichnung *Rosenmond* ein.

Davon abgesehen nennt man den Junivollmond auch *Lichtmond* oder *Sonnenmond*, da er zu einem großen Teil von der Sommersonnenwende beeinflusst wird. Er ist ein sehr gefühlsbetonter, romantischer Mond. Liebesrituale haben in dieser Zeit die besten Chancen, auf interessierte und wohlwollende Ohren zu stoßen, was dem Junimond auch Bezeichnungen wie *Paarmond* und *Honigmond* verlieh.

Eichenmond (Stärke)

Der Eichenmond wirkt ausgleichend und stabilisierend auf die Natur und somit auch auf das menschliche Leben. Einigen mag er etwas behäbig erscheinen, wie er in sich ruhend, beinahe stoisch, am Himmel seine Runden zieht, die meisten jedoch empfinden ihn eher als gesetzt und würdevoll. Er verkörpert die Weisheit des gereiften Geistes, der akzeptiert, dass auch er eines Tages Platz machen muss, für jene, die ihm folgen. Obgleich die Eiche ein Zeichen äußerer Stärke darstellt, ist es in den Tagen des Eichenmondes eher die innere Stärke, die nach außen strahlt.

Sensible und empfindsame Naturen, die sehr unsicher und oft zu verletzlich sind, sollten mit diesem überaus kraftvollen Mond arbeiten, um mehr Selbstbewusstsein, Mut oder ganz einfach nur ein etwas dickeres Fell zu bekommen. Was meist auf Kosten anderer Fähigkeiten geht, erhält diese nun auf gleicher Ebene. Das Besondere am Mond im Zeichen des Eichenkönigs ist nämlich, dass zwar der Mut gesteigert, die hohe Sensibilität unsicherer Menschen jedoch nicht beeinflusst wird. Davon abgesehen verleiht der Eichenmond sämtlichen Ritualen - allen voran Liebesritualen - seine besondere Kraft. Auch Kräuterweihen können in seinem Zeichen vorgenommen werden.

Wer sich ganz still unter eine Eiche setzt und dem Rauschen des Windes in der imposanten Krone lauscht, erhält wohl am besten einen Eindruck davon, wie sehr dieser Baum in sich selbst ruht. Es ist keine Überraschung, daß die Eiche einer der am meisten verehrten Bäume war (und immer noch ist). Gleichermaßen war sie Ritual- und Grabstätte. Geweihte Eichenhaine und verehrte einzeln stehende Eichen wie *Rabenbäume* oder *Odinseichen* sind aus der nordischen Kultur nicht wegzudenken.

Bei den Kelten wurde die Eiche als *Dossa* bezeichnet, was so viel wie „Schutz" oder „schützender Krieger" bedeutet. Sie war eng mit den Kriegern und Stammesführern verbunden und geleitete den Magier in schützender Funktion durch die Anderswelt. In der Mythologie ist die Gestalt des Kriegers jedoch relativ jung, verglichen mit der Figur des Gehörnten.

Lange vor dem Krieger wurden Eichen dem Gott der Wälder und der wilden Tiere, dem Grünen Mann oder Hirschgott zugeordnet. Eine andere Bezeichnung für die Eiche ist daher *Duir* oder *Dair* (heiliger / göttlicher Ort), wovon sich das Wort Druide ableitete.

Unter Eichen wurden die Götter verehrt, Recht gesprochen und das Schicksal der Welt vorausgesagt. Man verband sie mit Macht, Magie und Gerichtsbarkeit. Nicht zuletzt deswegen waren Eichen bevorzugte Thing-Plätze. Und obwohl zahllose Eichen von christlichen Missionaren und religiösen Eiferern verdammt, entweiht oder gar gefällt wurden, umgibt die Eiche noch immer ein Hauch des Majestätischen und Geheimnisvollen.

Im modernen Heidentum symbolisieren Eichen den Gehörnten in Gestalt des Grünen Mannes, des Baumgeistes oder Hirschgottes. Der zur Sommersonnenwende von der Göttin gekrönte Eichenkönig ist somit niemand anderer als der Grüne Geist und Hüter der Wälder. Er verkörpert die männliche Energie des gehörnten Gefährten, wohingegen die Göttin meist in Form einer Birke oder Buche verehrt wird. Dem, der zuhören kann, ist der Baumgeist der Eiche ein geduldiger Lehrer und Mentor, der ihm auf seinen ersten Schritten in die Anderswelt nicht von der Seite weicht.

Die beiden Runenmonde im Juni

Schon der Neumond erwacht im Zeichen der Sonne, denn er wird von *Sowilo*, der Sonnenrune, regiert. Sowilo, auch *Sunna*, nach der nordischen Sonnengöttin, steht synonym für die Kraft der Sonne. Im Jahreszyklus symbolisiert die Sonnenrune den Sonnengott, der nun auf der Höhe seiner Kraft angelangt ist. Die Sonne, als Sinnbild von Licht und Wärme, wird mit Lebenskraft, Ganzheit und vor allem Wachstum assoziiert, Eigenschaften, die auch der Rune Sowilo zugeordnet werden. Sie ist das Lebenslicht, das in jedem Wesen glimmt. Gleichfalls bedeutet Sowilo, oft auch *Sigel* genannt, Erfolg und Sieg in jeder Ausprägung. Zur Sommersonnenwende ist damit der endgültige Sieg des sommerlichen Lichtes über die Schatten des Winters gemeint.

Neben *Hagalaz* und *Eihwaz* zählt Sowilo zu den mächtigsten Runen. Wird sie mißbraucht, kann sie genauso verheerend einschlagen wie ein Blitz, der ihr Symbol ist. Ebenso reagiert sie empfindlich auf Unterdrückung, Tyrannei und Heuchelei. Wenn also heutzutage Machthaber Gesetze erlassen, die ausschließlich für sie zweckmäßig sind, wenn Ausbeutung die Grundlage für leistungslose Einkommen bildet und ein repressives System als Demokratie verkauft wird, ist Sowilo nicht weit. Überall dort, wo die Meinungsfreiheit demontiert wird oder Menschen zwar Rechte haben, diese aber aufgrund ihrer schwächeren Position nicht wahrnehmen dürfen und ihnen das Mitspracherecht verweigert wird, ruft es die bereinigende Kraft von Sowilo auf den Plan.

Erscheint der Vollmond, der einer Scheibe oder einem Rad ähnlich sieht, am Firmament, rollt zur selben Zeit die Rune *Raidho* oder *Rad* ins Blickfeld der Menschen. Raidho ruft der Menschheit bildhaft ins Gedächtnis, dass alles fortwährend in Bewegung bleiben muss, um Veränderung zu gewährleisten und Stillstand den sicheren Tod bedeuten würde. Nur dort, wo das Leben in Bewegung ist, kann es auch gesund bleiben. Wo immer wo es erlahmt und ins Stocken gerät, stirbt es ab. Wer Raidho folgt, entwickelt ein tieferes Bewusstsein für den ewigen Kreislauf, die Gesetze der Natur und die Notwendigkeit von Geburt, Tod und Wiedergeburt.

Im heidnischen Jahreskreis steht Raidho metaphorisch für das Rad (des Lebens) mit den acht Speichen und verbindet die Jahreskreisfeste miteinander. Als Rad mit vielen Speichen symbolisiert Raidho darüber hinaus das Gespinst der Nornen, in dem Lebenswege verwoben werden, sich mit denen anderer kreuzen und wieder auseinandergehen.

Der Rune Raidho werden tatsächlich gleich mehrere Bedeutungen zugesprochen: In erster Linie ist sie ein Ausdruck für Bewegung, das ewig drehende Jahres- oder Sonnenrad, den Tanz der Welt, wechselnde Zyklen und Rhythmen. Wo *Jera* die Abfolge verschiedener, sich wiederholender Perioden innerhalb eines Kreislaufs repräsentiert, verkörpert *Rad* den steten Fluß der Zeit. Dann bedeutet sie ganz real Reiten, Reise oder Fortbewegung in irgendeiner Art und Weise. Alles in allem beinhaltet diese Rune jedoch nicht nur Bewegung, sondern auch ein Ziel, zu dem der Reisende unterwegs ist. Dieses Ziel kann ungewiss sein oder zu hoch oder viel Planung, Entschlossenheit und Entbehrungen voraussetzen, aber immer ist es das Ende der Reise. Darüber hinaus kann Raidho ebenso für eine spirituelle Reise stehen wie auch für die Lebensreise selbst. Und zuletzt ist es möglich, daß Rad Interaktion, Kommunikation, Rat oder eine Nachricht beinhaltet.

Dem, der im Orakel die Rune Raidho zieht, steht häufig eine Aussprache, Versöhnung oder Wiedervereinigung bevor. Bei allem, was fortan im unsicheren Lebensgefüge geschieht, kann jedenfalls mit kosmischer Unterstützung gerechnet werden. Rads Auftauchen zu Litha fordert den Sonnenkönig dazu auf, sich bereit zu machen für seine Reise in die lange Nacht und Abschied zu nehmen, während er seinem Ziel, dem Wiedersehen in der Unterwelt, immer näher kommt.

Da sie alles in Bewegung hält, vor allem die Kommunikation, ist Raidho eine mächtige Rune, die, auf den Kopf gedreht, ebenso mächtige Blockaden hervorruft. Im Zwischenmenschlichen beinhaltet dies das Zurückhalten von Information, übermäßige Bürokratie oder ausufernde Kritiksucht. Kaum etwas kann überhaupt ohne Bewertung stehen gelassen werden. Weil nur einer im Recht sein kann, wird jegliche andere Meinung sofort demontiert. Das klärende Gespräch ersetzt immer häufiger der Abmahn-Anwalt. Auch der moderne unfreundliche, barsche und kurzangebundene Umgangston könnte auf Rad in der falschen Position zurückgehen.

Spirituelles im Juni

Leichtigkeit ist die Aufgabe für diesen Monat. Nicht ständig nur irgendwelchen Zielen hinterherjagen, sondern auch einmal innehalten und das Leben genießen, sich der Schönheit bewusst werden, die sich überall wieder einmal entfaltet.

Achten Sie bei Spaziergängen auf den Duft des reifenden Getreides, versuchen Sie, aller Hektik zum Trotz, die Blumen am Wegesrand zu bemerken und freuen Sie sich an den lau werdenden Nächten.

Das Leben ist kein Wettbewerb. In einer Welt, die ein Dach über dem Kopf, ausreichend Nahrung, eine permanente medizinische Versorgung und allem voran regelmäßige Arbeit als das absolute Glück definiert, kann das nicht oft genug angesprochen werden. Es geht zuletzt nicht darum, wer am härtesten gearbeitet oder am meisten erwirtschaftet hat. Am Lebensende wartet kein Pokal auf den, der am meisten ertragen hat, keine Siegesfeier für den besten Arbeiter und ebenso wenig eine Belohnung für Macht und Besitz.

Einer kleinen, dekadenten Oberschicht, die sich ausschließlich über Konsum definiert und bereits jedes Maß verloren hat (aber geradezu zwanghaft rafft), scheint entgangen zu sein, dass alles Materielle am Lebensende auf dieser Ebene verbleiben muss. Niemand wird jemals seine Konten ins Jenseits überschreiben können. Alle Menschen gehen ebenso nackt und mittellos wie sie bei ihrer Geburt in diese Welt gekommen sind.

Durch die in seinen Wochen stattfindende Sommersonnenwende ist der Juni untrennbar mit der Sonne verbunden. Für eine kurze Zeit siegt das Licht endgültig über die Finsternis. Nun blüht und gedeiht alles, auch die spirituellen und mentalen Kräfte entfalten sich und erreichen ihren höchsten Stand zur Sonnenwende. Da der Juni stark mit der Liebe assoziiert wird, gelingen in diesen Wochen Liebesrezepte und Liebeszauber besser als zu anderen Zeiten. Die Nacht der Sonnenwende wiederum verleiht magischen Arbeiten rund ums Geld und Gedeihen die nötige Stabilität.

Als Kräuternacht eignet sie sich ebenfalls für Rituale, die Kräuterweihen, Schutz und Stärkung zum Thema haben. Alte und schlechte Gewohnheiten sollten außerdem nun der Vergangenheit angehören, wohingegen die neuen in den Alltag übernommen werden.

Liebe anziehen

Ein bedeutendes Thema bei allen magischen Arbeiten ist die Liebesmagie. Wer nach Liebe sucht, wird daher an einen Punkt kommen, an dem er (oder sie) sich fragen muß, wie weit er dabei gehen will. Darauf basierend, dass Liebeszauber auch in Mythologie und Literatur meist nichts Gutes bewirken, sondern dazu neigen, ungeahnte Nebenwirkungen zu entfalten, sollte der Zauber so neutral wie möglich gehalten werden und nicht darauf abzielen, den Angebeteten mit allerlei Ritualen auf ewig an sich zu ketten. Liebe kann weder erzwungen noch irgendwie hergestellt werden. Selbst dann, wenn der Ausführende in der Lage ist, beim Objekt der Begierde eine gewisse Leidenschaft zu erzeugen, ist diese immer noch keine Liebe sondern nichts als eine Illusion und schlimmer noch eine Manipulation, die an Sklaverei grenzt.

In Hinsicht auf das karmische Gleichgewicht und die Achtung des freien Willens sind solche Methoden inakzeptabel. Und wer will schon einen Partner an sich binden, der nie aus freien Stücken bleiben würde?

Besser ist es, ganz allgemein nach Liebe zu suchen, ohne sich auf eine bestimmte Person festzulegen. Traditionell verwendet man für ein solches Liebesritual vor allem Blüten, dabei bevorzugt Rosenblüten. Soll die Liebe sexueller Natur sein, empfehlen sich rote Blüten, suchen Sie eher nach Freundschaft oder einer spirituellen Partnerschaft, bieten sich rosa Blüten an. Das gilt auch für die übrigen Werkzeuge. Wollen Sie Leidenschaft, aus der mehr erwachsen kann, brauchen Sie zusätzlich rote Deko, beispielsweise rote Tücher, rote Kerzen, rote Schüsseln und Schalen sowie rote Früchte und erotische Düfte, etwa Jasmin, Benzoe, Patchouli oder Ylang-Ylang. Sind Ihnen Freundschaft und ein Leben auf gleicher Wellenlänge lieber, sollten Sie zu rosa oder mattroten Tüchern, Kerzen und Geschirr tendieren. Düfte sollten leichter sein, vielleicht mit Zitrus- oder Gräsernoten.

Nun gibt es mehrere Möglichkeiten: Sie können in einer angenehmen Atmosphäre Ihren Liebhaber herbei träumen. Am besten geht das bei einem entspannenden Bad in sanftem Kerzenlicht, begleitet von leiser Musik und wohlriechenden Ölen. Während Sie das warme Wasser auf der Haut spüren, stellen Sie sich vor, wie der Partner an Ihrer Seite sein sollte. Sie könnten zudem (oder zusätzlich) mit den verschiedenen Energien Ihrer *Chakren*, insbesondere dem Herz- und Wurzelchakra, experimentieren. Oder Sie bauen einen Altar auf und rufen Ihren Idealpartner herbei, der allerdings nicht unbedingt der Traumpartner sein muss.

Wollen Sie einfach nur mehr Spaß und Sinnlichkeit in Ihr Leben bringen fragen Sie *Aphrodite, Inanna* oder *Freya* um Rat. *Bastet*, die Katzengöttin, kann Ihnen beibringen, spielerisch verführerischer und geheimnisvoller zu wirken. Sie liebt Musik und Tanz und beschützt die Menschen, ist aber manchmal etwas launisch und unberechenbar wie das Tier, das sie verkörpert. Da Bastet wie alle Katzen das Spielen liebt, kann sie obendrein dabei helfen, einer eingerosteten Beziehung neuen Glanz zu verleihen. Als eine Göttin, die wärmende (nicht die verzehrende von *Sekhmet*) Sonnenkraft und Vergnügen symbolisiert, sollte Baster jedoch nicht bei ernsten Absichten befragt oder herbeigerufen werden.

Feste und Feiertage im Juni

Am **2. Juni** wird ganz allgemein die *Mutter Erde* gefeiert.

Der **5. Juni** ist *Domna* gewidmet, der irischen Göttin der heiligen Steine und Steinsetzungen.

Den **15. Juni** kennt man als *Veitstag*. Veit ist der Schutzpatron der Schmiede und wird ebenfalls mit dem Wald assoziiert. Man vermutet in der Gestalt des Veit die christliche Entsprechung des Wettergottes *Donar* (Thor), der in dieser gefahrvollen Zeit die Ernte vor Hagel schützen sollte.

Mit dem Feiern der *Sommersonnenwende*, dem *Litha–Fest* am **21. Juni** vergeht der längste Tag des Jahres. Obwohl die heißen Tage erst noch bevorstehen, erreicht die Sonne an diesem Tag ihren Höhepunkt. Danach dehnen die Schatten sich immer weiter aus und das Licht zieht sich zurück, um zur Wintersonnenwende wiedergeboren zu werden. Das Fest ist der Gegenpol des Julfestes, das den Tiefpunkt der Sonne markiert und von Tod, Wiedergeburt und Hoffnung bestimmt wird. Hier jedoch stehen Reichtum, Überfluss und (Sonnen-) Energie im Mittelpunkt.

In dieser Nacht wird der Gott zum Sonnenkönig gekrönt und herrscht an der Seite der schwangeren Göttin über das Land. Für kurze Zeit ist er auf der Höhe seiner Macht. Als Beschützer und Versorger hat er Verantwortung übernommen und reift nun im Geist wie das Korn auf den Feldern. Da er weiß, daß er bald sterben wird, überträgt er seine gesamte Kraft auf die fruchtbare Erde, damit neues Leben, vorrangig in Form von Getreide, entstehen und wachsen kann. Landläufig wird die Sonnenwende deswegen mit Weisheit, materiellem Wohlstand und (Sonnen-)Kraft assoziiert.

Manchmal wird der *Kampf der Könige* nicht zur Tagundnachtgleiche im Frühling, sondern zur Sommersonnenwende angesetzt, wobei der Sonnengott schlussendlich der Dunkelheit unterliegt. Daneben gibt es Legenden zufolge den *Dunklen Zwilling*, den Wintergott, der zu Mittsommer geboren wird und seinen *Hellen Zwilling*, den Korngott, dann zur Herbsttagundnachtgleiche herausfordert - und diesen Kampf auch gewinnt. Noch ist aber der Sonnengott der unangefochtene Herrscher.

Das Eichenfest

Die Sommersonnenwende kennzeichnet den Übergang vom Frühling in den Sommer – nicht zuletzt ist ist dieser Tag der kalendarische Sommeranfang – und markiert gleichzeitig eine Verschnaufpause zwischen Aussaat und Ernte. Die Blütezeit ist vorbei. Überall reifen die Früchte und versprechen Fülle und eine reichliche Ernte. Auch die Zeit der Möglichkeiten ist nun vorüber. Es *wird* nicht mehr, es *ist*.

Und obwohl ein Freudenfest, mit dem die sorglose Zeit im Jahreskreis beginnt, wird an Litha auch der Sterblichkeit gedacht. Mitten im Leben tritt ganz leise der Tod in die Welt und sät das Samenkorn der Finsternis. Ebenso wie die Sonne wird jeder Mensch eines Tages den Zenit seines Lebens überschreiten, altern und sterben. Unweigerlich und unerbittlich dreht sich das Rad der Zeit. Das Fest markiert einen Wendepunkt, von dem an der Weg unweigerlich in die Dunkelheit führt.

Die Lektion, die das Fest der Sommersonnenwende bereithält, ist bitter, denn sie besagt, dass alles, was aufsteigt, eines Tages wieder herunter kommen und vergehen muss. Doch noch gibt es Licht und Leben im Überfluss, noch sind die Nächte lau und laden ein zum geselligen Beisammensein. Sorgen werden geteilt und für kurze Zeit abgestreift.

📖 **Wissenswert**: Historiker sehen im Mittsommerfest einen Vorläufer des angeblich weitaus jüngeren *Beltane-Festes*, einen Tag an dem man exzessiv das Leben feierte, derweil während der Mittwinterfeierlichkeiten respektvoll der Verstorbenen und Ahnen gedacht wurde. In der Tat kommen Kinder, die in dieser Nacht gezeugt werden, in einer günstigen Jahreszeit zur Welt. Und in der Tat gibt es zahlreiche Parallelen zwischen Litha und Beltane, die vermuten lassen, dass die Mittsommernacht auf zwei Feste gewissermaßen „verteilt" wurde. Wo Beltane ein erotisch-sexuelles Fest ist, wurde aus der einst ebenso rauschhaft und hemmungslos begangenen Sonnenwendfeier im Lauf der Zeit *Litha* als Fest der Freundschaft und Zusammengehörigkeit - ein erhabenes Fest, das zwar in erster Linie dem Sonnenherrscher und Eichenkönig gewidmet ist, aber auch der ausgleichenden Erdmutter.

Zuviel Sonne würde alles verdorren lassen, also braucht es kühles Wasser ebenso wie die Licht und Wärme. Feuer und Wasser, sowie deren Balance, sind wiederkehrende Themen des Festes, die einem kulturübergreifend begegnen. Zu Ehren der Sommergöttin werden an beiden Festen Brunnen und Quellen geschmückt, diesmal aber weniger unter dem sexuellen Blickwinkel, sondern um das Wasser als Heilsbringer zu feiern. Auch sind verschiedene Heil- und Schutzrituale ein fester Bestandteil der Litha-Zeremonien. Wie zu Beltane gab es auch an Litha einen Mittsommerbaum, um den getanzt wurde. Hier war er allerdings nicht unbedingt ein phallisches Symbol sondern eher ein Ort der freundschaftlichen Zusammenkunft - wobei vermutet wird, dass es ursprünglich weder einen Maibaum noch einen Mittsommerbaum gab, sondern einen Schutzbaum im Zentrum des Dorfes, der bei Festen oder Veranstaltungen eine wichtige Rolle spielte. Auch in ihrer grundsätzlichen Bedeutung weichen beide Feste inzwischen stark voneinander ab. Aus dem Turteln, dem Werben und dem glühenden Verlangen des Frühlings ist eine tiefe Verbundenheit erwachsen.

Die Bezeichnung *Litha* für das Fest der Sonnenwende ist etymologisch nicht geklärt. Während einige eine die Sonnenenergie ausgleichende (Mond-) Göttin *Lita(vis)* als Namensgeberin vermuten, halten andere die Bezeichnung für einen Monatsabschnitt für plausibler. Mit *litha*, was so viel wie „schiffbar" bedeutet, bezeichnete man die Monate Juni und Juli, in denen der Wind sich legte und die See ruhig blieb. Im Englischen gibt es den Begriff *lithe* für „geschmeidig". Auch wird vermutet, der Begriff *Litha* sei nicht mehr als eine Wortschöpfung der 1970er Jahre.

Das gälische *Mean Samhraidh* bedeutet soviel wie „Mitte" oder „Höhepunkt des Sommers". Da wie zur Wintersonnenwende die Sonne still zu stehen scheint, bezeichnet man dieses Phänomen im Sommer als *Summer Solstice*[25]. Die Sommersonnenwende ist der Zeitpunkt, an dem die Sonne senkrecht über ihrem Wendekreis steht. Im Norden geht sie teilweise gar nicht unter. Der neuzeitlich geprägte Name des Litha-Festes lautet *Alban Heruin* (Licht über der Küste / Mittagssonne), oder *Alban Hefin/ Hefeyn* (Licht des Sommers).

Der Volksmund bezeichnet es auch als *Eichenfest*, denn der Eichenkönig, der Herrscher über den Sommer, ist nun auf dem Höhepunkt seiner Macht, während der Stechpalmenkönig merklich schwach ist. Dementsprechend bestehen heutige Dekorationen in der Regel aus Eichenblättern und Eichenkränzen. Schreitet die Zeit voran, erstarkt der Stechpalmenkönig und aus dem Grünen Mann der üppig wachsenden Natur, dem Hüter der grünen Wälder, wird der gehörnte Wintergott.

Ein urkeltischer Feiertag zur Sommersonnenwende, der Mittsommernacht oder *Oiche Fheile Eoghain*, ist nicht nachweisbar, jedoch gab es, von der Heiligen Hochzeit, über das Opfer ans Wasser, beziehungsweise den Wassermann, bis hin zu Feuerfesten allerhand Brauchtum. Es waren Feste der Freude und der Dankbarkeit. Viele Früchte waren schon reif und konnten gegessen werden. Die restliche Ernte wuchs und gedieh und wurde zur Sicherheit noch einmal gesegnet. Schon bald würde alles im Überfluss vorhanden sein.

Im Norden hielten die Ahnen in dieser Zeit im Freien ihre Ratssitzungen, das *Thing*, ab. Bei ihnen hieß das Fest *Blóta ad midhjum sumri* (Mittsommeropfer), auch *Sumarblót*, *Miðsumarsblót* oder *Þingblót*. Das Fest ist ebenfalls bekannt als *Neues Litha*, während das eigentliche Mittsommerfest als *Altes Litha* auf den Vollmond des 7. Lunarmonats (~ 14. Juli) datiert wird.

Alte Schriften lassen auf ein zwölftägiges Fest schließen, was in etwa mit dem *Veitstag* am 15. Juni und *Peter und Paul* am 29. Juni hinkommen würde, mit der Sonnenwende als hohem Feiertag. Bis zur Ernte blieb noch Zeit zum Feiern und für Verwandtschaftsbesuche. Daneben gab es viele Hochzeiten, bei denen junge Leute einander vorgestellt wurden. Dieses Fest dauerte also mindestens drei Tage und wurde mit brennenden Sonnenrädern, welche diesmal auf ihrem Weg vom Hügel ins Tal den Abstieg des Sonnengottes darstellten, Strohpuppen und Wendefeuern gefeiert.

---

[25] Sonnenverehrung zu den Wendepunkten der Sonne ist aus allen Teilen der Welt bekannt, denn schon sehr früh war den Menschen bewusst, dass es ohne Licht und Wärme der Sonne kein Leben geben konnte.

Darüber hinaus gab es viele Rituale zu Ehren der Sonne (*Sunna*). Für den Ausgleich sorgte *Frigga*, die man an Brunnen und Teichen verehrte. *Thor* wiederum sollte die Ernte vor Hagel schützen. Zentrale Figur der neuheidnischen Tradition ist oftmals der Lichtgott *Baldur*. In der Tradition des *Zwillings* wird dieser von *Loki* getötet, der als Erntegott und Schnitter (er schneidet der Korngöttin Sif das Haar ab) seinen Platz einnimmt.

Unzählige Freudenfeuer loderten in den Himmel und stärkten vor ihrem Niedergang noch einmal die Macht der Sonne. Diese Feuer wurden umtanzt und übersprungen. Damals wie heute sprangen Liebespaare über oder durch das Feuer und erbaten auf diese Weise Glück, göttlichen Segen und Fruchtbarkeit. Daneben war der Sprung durch das Feuer ein Reinigungsritual oder gab Auskunft über die bevorstehende Ernte. Man warf Beifußgürtel ins Feuer, damit Stärke und Fruchtbarkeit des Thor auf einen selbst übergehen mochten. Liebende indes warfen Blumen in die Flammen und besiegelten damit ihre Zweisamkeit. In einem großen Ritual segnete man Familie und Tiere und bat die Götter um Schutz. Auch wurde den Flüssen und Teichen geopfert, damit sie nicht in der Sonne austrockneten.

Mittsommer ist nicht zuletzt auch ein Fest der Heilung und der heilenden Pflanzen, die nun auf dem Höhepunkt ihrer Kraft sind. Traditionell wird die Mittsommernacht zur Kräuterernte sowie Kräuterweihe genutzt. Kräuterkränze oder Kräuterwedel sollten jetzt gebunden, Heilkräuter bevorzugt in dieser Nacht geerntet werden. Alten Legenden zufolge soll es in der Nacht der Sommersonnenwende von Elfen und Feen nur so wimmeln, die nun für kurze Zeit ihre Kräfte in vollem Umfang einsetzen können, wodurch alle Pflanzen kräftiger in der Wirkung sind als an anderen Tagen. Die Litha-Nacht ist der günstigste Zeitpunkt, um magische Kräuterwedel zusammenzustellen oder Kräuterkränze zu binden.

Nicht zuletzt sind unendlich viele Sagen und Mythen mit der Mittsommernacht verbunden, zählt sie doch zu den drei Nächten, in denen die Grenzen zwischen den Welten dünn und durchlässig wurden. Man konnte dem Kleinen Volk bei seiner Arbeit zusehen und mit den Tieren sprechen.

Als klar wurde, daß weder andauerndes Glockengeläut noch tagelanges Beten gegen diabolische Einflüsse die alten Mittsommerfeste ausrotten konnte, widmete der Klerus den 24. Juni als wundertätige Nacht (*Johanni*) dem Apostel *Johannes dem Täufer*. Aus dem Sonnwendfeuer wurde das *Johannisfeuer* zur Vertreibung von Geistern und Hexen, derweil in dieser Nacht gepflückte Blüten und Kräuter nach wie vor als besonders heilkräftig galten, allen voran natürlich das *Johanniskraut*.

Sehr unerfreulich ist dieses Datum für Katzenfreunde, war doch das Johannisfeuer sehr beliebt, um in Weidenkörben gefangene Katzen darin zu verbrennen.

Litha zugeordnet

Bezeichnungen: Alban Heruin / Hefin, Mittsommer, Sommersonnenwende, Eichenfest, Mean Samraidh, Sommeranfang, längster Tag des Jahres, Kräuterfest, Sømarblót, Miðsumarblót, Þingblót, Holdertag, Litha

Symbole und Deko: Sommerblumen, Eichenblätter, Eichenkränze, Eicheln, Sonnensymbole, Feuer, Flammen, Kräuter, Feen, Kessel

Farben: Sonnengelb, Gold, Braun, Rot für die schwangere Göttin

Bräuche und Rituale: Über das Feuer springen, Sonnenrituale, Liebeszauber, Kräuterweihe, Kräuterwedel binden

Datum und Schwellenzeit: 21. Juni / Mittag

Räucherwerk und ätherische Öle: Eichenlaub, Weihrauch, Salbei, Bergamotte, Bergamottenminze, Rose

Geweihte Speisen: Sommerfrüchte, Gemüse, Brot, Milchprodukte, gelbe Speisen wie zum Beispiel Currys, Salate, goldener Wein, Eichenwein, Cidre

Götter und Göttinnen: Ing, der Grüne Mann, der Eichenkönig, Freyr, Baldur, Belenos, Talisien, Freya, Frigga, Sunna, Aine, Arianrhod, Sulis

Litha- Weihrauch: Eichenlaub, Lavendel, Zitrone, Salbei, Rose, Eisenkraut

Bräuche zur Mittsommernacht

Litha war das keltische Eichenfest, denn Sonne und Eiche waren eng miteinander verbunden. Beide symbolisieren Macht, Weisheit und Stärke – vollkommen unabhängig von Männlichkeit, denn die Geschichte kennt bedeutende Sonnengöttinnen. Oftmals war der Eichenkönig gleichbedeutend mit der strahlenden Sommersonne. Er herrschte über die warmen Monate, eher er sein Reich an den König der glanzlosen Wintersonne verlor. Auch der rhythmisch sterbende und auferstehende Vegetationsgott, der *Grüne Mann* findet sich oft im Brauchtum zwischen Beltane und Litha und soll auf einer Verehrung des Eichenkönigs basieren. So verkörpern Eichenlaub und Eichenzweige auch zur Feier den Gehörnten.

Um die Macht der Sonne zu stärken, werden in der Nacht Wendefeuer entzündet, Sonnenräder und Fackeln aufgestellt. Wo die Gegend es zulässt, können diese Sonnenräder als Symbol des sich ewig drehenden Jahresrades die Hänge hinabgerollt werden.

Man dekoriert mit frischen Früchten, Blumen und Kräutern in den Farben Gelb, Grün und Orange. Verräuchert werden Weihrauch, Lavendel und alle warmen, erdigen Düfte, wie zum Beispiel Patchouli, Eichenmoos oder Sandelholz.

Meistens schließt sich an das Ritual ein Festmahl an. Reichen Sie an Speisen vorrangig verschiedene Salate mit Dressings in allen Variationen. Auch frisches Brot, junges Gemüse, junger Käse und Milchprodukte gehören auf den Tisch. Ist keine große Feier geplant, reicht es vollkommen, Quark und Joghurt mit Erdbeeren anzurühren, oder zum Quark einen Obstsalat zu reichen.

Um eine intensiv gelbe Farbe (die der goldenen Sonne ähnelt) zu erhalten, können Speisen mit Kurkuma, Ringelblumenblüten oder Safran gefärbt werden, was sich gerade bei Currys empfiehlt. Als essbare Dekoration wären kandierte Blüten oder Kräuterchips sehr ansprechend. Auch Blüten-Eiswürfel sind schön anzusehen und schnell gemacht. Frieren Sie hierzu einfach Blüten in handelsüblichen Eiswürfelportionierern ein.

Wer etwas Besonderes möchte, nimmt sich zwei unterschiedlich große Schüsseln, füllt die größere etwa bis zur Hälfte mit Wasser und großen Blüten (und einigen Blättern) und stellt die kleinere so hinein, dass zwischen den beiden Schüsseln ein mit Wasser und Blüten gefüllter Raum entsteht. Dann wird das Ganze einige Stunden tiefgefroren und anschließend in kaltem Wasser aus den Formen gelöst. Die so entstandene Eisschale eignet sich gut zum dekorativen Anrichten von kalten Suppen, Bowlen, Eis oder Obstsalat. Bedauerlicherweise schmelzen Eisschalen bei hohen Temperaturen sehr schnell, daher empfiehlt es sich, die Schale auf Eis zu stellen. An Getränken ist „goldener" Wein (Honig- oder Apfelwein) die beste Wahl.

Ritualvorschlag

- Wenn möglich den Sonnenaufgang erleben – vielleicht beim Spaziergang durch den morgendlichen Tau. Dabei Dinge sammeln, die Wachstum, Sommer und Sonne repräsentieren, wie zum Beispiel Getreideähren, Eichenblätter oder Blüten und sie bis Samhain, wenn sie verbrannt werden, gut trocknen lassen.

- Den Altar mit frischen Sommerblumen und Eichenlaub dekorieren, Litha zugeordnete Farben sind Gelb, Grün, Orange und Rot, die Farben der Sonne und des Lebens.

- Für den Gott Sonnensymbole wie Sonnenräder oder Sonnenscheiben aufstellen, ebenso ein Schwert oder einen Dolch als Zeichen des Todes und der Endlichkeit des Lebens. Für die Göttin einen Kelch mit Wasser aufstellen und Schalen mit Wasser und roten Früchten verteilen.

- Wer kann, sollte draußen feiern, vorzugsweise mit einer alten Eiche als Mittelpunkt der Feier. Vielleicht ein *Miðsumarblót* darbringen oder einen Mittsommerbaum aufstellen und ihn mit Bändern und Küchlein dekorieren.

- Sonne und Feuer sind das Grundthema, daher Kerzen und Feuertonnen entzünden, in denen kleine Opfergaben und die Kräuter des vergangenen Jahres verbrannt werden

- Wer die alten Bräuche aufrecht erhalten möchte, springt vielleicht nicht nur über das Feuer, sondern geht zur Reinigung auch durch zwei Feuer

Die meisten Sonnenwend-Rituale beinhalten immer mehrere Komponenten. Einerseits wird die Sonne in Form des Eichenkönigs geehrt, gleichzeitig aber auch die Göttin in Form des Wassers und der ersten kleinen Ernte. Im Anschluß daran wird um Gesundheit und Wohlbefinden gebeten.

Die besten Litha-Rezepte

Erdbeer-Tiramisu

1 dunkler Biskuitboden, ca. 100 – 130 g

je 100 g Mascarpone und Magerquark

100 ml kalter Espresso oder Kaffee

5 El Cognac oder Amaretto

1 Schale Erdbeeren (500 g)

50 g Puderzucker, 3 El Zitronensaft

Den Biskuit würfeln und mit dem Kaffee beträufeln. Die Erdbeeren waschen, halbieren und in Cognac oder Amaretto marinieren. Zuletzt Mascarpone, Quark, Puderzucker und Zitronensaft verrühren und zusammen mit den Erdbeeren und dem Biskuit in Dessertschalen schichten.

Ringelerdbeeren und Schokokirschen

Je 20 Kirschen (mit Stiel) und Erdbeeren (auch mit Stiel)

100 g Zart- oder Halbbitter- Schokolade

jeweils 125 g dunkle und weiße Kuvertüre

Schokolade zerlaufen lassen, dann die Kirschen zur Hälfte darin eintauchen und zum Trocknen auf ein Gitter, ein Blech oder einen Teller geben.

Die Kuvertüren getrennt zerlaufen lassen. Jeweils 10 Erdbeeren zu drei Vierteln in die helle und in die dunkle Kuvertüre tauchen und trocknen lassen. Dann beide Kuvertüren in Spritzbeutel mit kleiner Öffnung füllen (diese kann man selbst aus Papier herstellen – einfach eindrehen, mit Eiweiß verkleben und die Spitze abschneiden) und von unten in einem Spiralmuster bis zum Ansatz auftragen. Am besten mit dem Ansatz nach unten auf einem Gitter trocknen lassen.

Zwischen dem **21. Juni** und **25. Juni** feierten die Iren das Fest von *Aine*, seltener das Festival ihrer Schwester *Grian*, die als Zwillingsschwestern die mächtige Sommersonne und die schwächere Wintersonne verkörperten.

Mittelalterliche Autoren vertreten die Ansicht, während eine Schwester den Himmel beherrschte, wurde die andere zur Herrin des Feenreiches. Die Sonnengöttin Aine, deren Name in der Übersetzung sowohl „Licht / Hitze" als auch „Schnelligkeit" bedeutet, kennt man darüber hinaus als *Lair Derg*, die „Rote Stute". Sie war die Göttin der Sommersonnenwende, der Sonne, des Feuers, der Fruchtbarkeit und der Heilung, des Lichtes und der Liebe. Die ihr zugeordnete Pflanze ist das Mädesüß.

In der Nacht der Sommersonnenwende wurden Aine zu Ehren Fackelumzüge und Lichterprozessionen abgehalten. Ferner finden sich viele Feuer- und Reinigungsbräuche. Manche setzen Aine der Großen Mutter *Danu / Anu* gleich.

Am **24. Juni** gab es im alten Rom ein Fest zu Ehren der Glücks- und Schicksalsgöttin *Fortuna*. Man erbat sich von der Göttin eine reichliche Ernte und guten Landregen, ohne Gewitter und Hagelstürme.

Der **29. Juni** ist der Festtag der Apostel *Petrus* und *Paulus*, bekannt als *Peter und Paul*. Viele der Bräuche lassen jedoch darauf schließen, dass die Feiern sich älterer Elemente bedienen, wie zum Beispiel dem Feuerspringen, bei dem jeder Teilnehmer einen Wunsch äußern darf. Auch das *Peterfeuer / Peterlfeuer*, bei dem eine Strohpuppe verbrannt wird (ein Brauch, für den es bislang keine Erklärung gibt), deutet auf vorchristliche Traditionen hin.

Juli

Der Juli hieß zuerst *Quintilus*, der „Fünfte" oder „fünfter Monat", wurde aber zu Ehren von *Julius Cäsar* in *Iulius*, kurz Juli, umbenannt. Sein alter Name lautet *Heuert* oder *Heumanoth*, manchmal *Hau*, *Hoimanot* oder *Hewimanot* und stammt aus einer Zeit, in der nicht schon im April mit der ersten Mahd begonnen werden konnte, sondern die Bauern sich bis zu den wirklich heißen und trockenen Tagen gedulden mußten. In früherer Zeit konzentrierte sich im Juli alles auf die bevorstehende Getreideernte. Daher kannte man ihn zudem als *Mahdmonat*, in dem das Korn reif war.

Der Sommer erreicht nun allmählich seinen Höhepunkt. Alle Kräfte der Natur wirken weithin sichtbar zusammen, lassen die Früchte reifen und die Landschaft in satten Farben erstrahlen. Der Wind ist lau, und eine drückende Wärme liegt schwer auf dem Land. Das Wetter wechselt zwischen flirrender Hitze und bedrohlichen Gewittern mit peitschendem Regen und kaltem Hagel. Aber dies ist nur eine Momentaufnahme in der Zeit, denn schon bald werden den Temperaturen sinken, während das Licht sich immer früher aus dem Tag stiehlt.

Frühlingsblumen werfen ihre letzten Samen ab, während die späten Blüten gerade erst zu knospen beginnen und das Getreide sich satt-gelb verfärbt. Unzählige Früchte sind bereits gesammelt, während andere noch etwas Sonne brauchen, um Farbe zu bekommen. Mit jedem Tag, den die Natur reift, kommt die Kälte näher. Zwar ist noch Hochsommer, doch schon werden die ersten zaghaften, noch warmen Anklänge des Herbstes spürbar.

Als wäre es in den Genen verankert, bereitet sich die Vegetation mehr oder weniger unbewußt auf den Abschied vor – wenngleich alles noch grünt und blüht und die Ähren an den Halmen immer dicker werden. Vielleicht spürt jedes Lebewesen tief im Inneren die Ankunft der Schnitterin, die herannaht, um den Tod in der Welt zu verbreiten. Und auch die Menschen beschleicht die leise Ahnung, dass eine Veränderung ansteht.

Da es für Höchstleistungen meist viel zu heiß ist, erwacht das Leben erst am Abend, wenn laue Winde Kühlung bringen und man bei angenehmen Temperaturen noch bis spät in die Nacht im Freien sitzen kann. Mondfeiern werden jetzt gerne in die freie Natur verlegt, wo Mond- und Erdenergie ungehindert fließen können.

Viele assoziieren die Monate Juli und August mit Hitze und Behäbigkeit, und in der Tat scheinen die Uhren nun etwas langsamer zu ticken. Wer sich in der Hitze des Tages ein wenig Zeit nehmen kann, der tut es auch. Nachmittags sind die Badeseen überfüllt, abends die Eisdielen und Biergärten. Das Leben hat sich für eine Weile auf die Straßen verlagert, allerdings nur solange, bis die Nächte wieder länger und die Tage kühler werden. Und dieser Moment ist absehbar.

Neben der oftmals schwülen Wärme ist der Juli bekannt für seine schweren Gewitter, Hagelstürme und raschen Wetterwechsel. Allein das Wetter entscheidet nun, ob die diesjährige Ernte gut oder schlecht ausfällt. Auch bei den Menschen werden Beziehungen jetzt auf ihre Festigkeit geprüft. Im Volksbrauchtum ist der Juli ein Schicksalsmonat, in dem ein einziger Hagelsturm alle Mühen und Anstrengungen vernichten könnte. Daher wurde schon im Altertum eine reichhaltige Vegetationsmagie eingesetzt, um die Götter und das Schicksal milde zu stimmen. Das Bangen um die Ernte bestimmte zahlreiche rituelle Handlungen – und bestimmt sie noch heute, auch wenn der moderne Mensch sich dessen kaum mehr bewusst ist.

Gemeinhin verbindet man mit dem Juli mehr Bauernregeln und Wetterprognosen als mit jedem anderen Monat. Regnet es am 1. Juli, so heißt es, dann regnet es für mehrere Wochen. Und das trifft in der Regel zu. Mit dem 3. Juli beginnen die *Hundstage*, die heißeste Zeit im Jahr, die bis zum 15. August dauert und in deren Anschluß der Sommer so gut wie vorbei ist. Die Hundstage stehen unter dem Schutz von *Sirius*, dem Hundsstern.

Thema im Juli – Amulette und Talismane

Die Tradition, Amulette und Talismane herzustellen und zu tragen, ist vermutlich so alt wie die Menschheit selbst. Die frühen Jäger verwendeten Tierzähne und Felle, um mit dem Tiergeist in Verbindung zu treten, oder damit die Kraft und Schnelligkeit des Tieres auf sie übergehen möge.

Federn wurden benutzt, um Kontakt zum Himmel und zu Geistwesen zu bekommen, davon abgesehen sollten sie ihren Träger reaktionsschneller machen. Nachfolgend kamen Edelsteine, Harze wie Bernstein oder Pflanzenamulette in Mode. Im Orient heute noch beliebt sind Symbole gegen den bösen Blick, meist aus Stein, Holz oder auf ein Stück Papier gemalt. Die größte Auswahl an Amuletten aus Stein, Holz, Elfenbein, Edelsteinen, Metall oder Ton gab es sicher zur Zeit der Ägypter, aber auch die Kelten trugen bereits Lochsteine, Edelsteine, Tierzähne oder Holz-/Hornamulette, die sie bis in den Tod begleiteten, um während der langen Reise Trost und Sicherheit zu spenden.

Der Drang, sich zu schützen oder Glück ins Leben hinein zu rufen, ist mehr als verständlich, und so boomt das Geschäft bis in die heutige Zeit, obwohl Gegner wettern und Psychologen die Wirkung solcher Gegenstände allenfalls mit einem Placebo-Effekt erklären. Doch aller Kritik zum Trotz gibt es kaum jemanden, der noch nie etwas mit sich getragen hat, das ihn in irgendeiner Weise beschützen oder ihm Glück bringen sollte. Wenngleich nur ein Bruchteil der Menschen es zugeben wird, tragen mehr als 95 % der Weltbevölkerung einen Schutz bei sich, wobei die Spanne vom Medizinbeutel (der weitaus mehr ist als nur ein Talisman) bis hin zur im Watt gefundenen Muschel reicht.

Der Unterschied zwischen einem Amulett und einem Talisman ist schnell erklärt: Ein Amulett wird überwiegend an einer Kette getragen. Es soll abwehren und vor schlechten Einflüssen schützen. Ein Talisman kann alles sein, eine Muschel, ein Edelstein, eine Figur oder anderes und soll Glück, Liebe, Reichtum oder ganz allgemein positive Energien anziehen. Talismane werden am Körper oder an der Kleidung getragen, an einem bestimmten Ort aufbewahrt oder auch Haustieren umgehängt. Ein Wunschstein beispielsweise ist schon ein Talisman. Amulette oder Talismane haben die Gemeinsamkeit, dass sie als Verzierung eines oder mehrere Symbole enthalten können, die eine lange magische Tradition zurückblicken, wie etwa das Pentagramm, eines der ältesten Schutzzeichen.

Oftmals wurden diese Zeichen und Symbole noch mit bestimmten Kräutern verbunden, die man als *Amulettkräuter* bezeichnete und getrocknet in Medaillons oder Kugeln legte, als Wurzel um den Hals trug oder auf andere Weise einem magischen Gegenstand beifügte. Zu ihnen zählten die Alraune, Weihrauch, Lorbeer, Beifuß, Eisenkraut oder Eschenholz.

Pflanzen, deren Kräfte auf das Amulett übergehen sollen, werden je nach Verwendung bei zunehmendem (anziehen) oder abnehmendem (abwehren) Mond geerntet. Einige schwören auf die Ernte bei Voll- oder Neumond. Pflanzen mit weißen Blüten sollten im Mondlicht geerntet werden, Pflanzen mit blauen Blüten bei Dunkelheit, die mit roten, gelben oder orangen Blüten um die Mittagszeit herum und grünblütige Pflanzen zu Schwellenzeiten wie der Morgen- oder Abenddämmerung.

Wurzeln erntet man im Herbst, vorzugsweise abends, wenn der Mond in einem Erdzeichen steht. Für ein Wurzelamulett sollte nicht der gesamte Wurzelstock aus der Erde gerissen werden, meistens tut es ein Ableger oder eine Nebenwurzel. Wo eine Teilung ohnehin zum Tod führen würde, sollte immer die kleinere Wurzel bevorzugt werden. Vielleicht möchte die betreffende Pflanze aber auch etwas anderes vorschlagen. Seien Sie in jedem Fall hellhörig.

Darüber hinaus kann aus jedem Gegenstand, der über einen längeren Zeitraum getragen wird, ein Talisman oder Amulett werden, ganz einfach indem er die Energien des Trägers in sich aufnimmt. Inzwischen verschwimmt die Grenze zwischen den Begriffen Talisman und Amulett mehr und mehr, beziehungsweise ist Amulett das bekanntere und häufiger genutzte Wort für einen magischen Gegenstand, der je nach Ausrichtung anziehen oder abwehren soll. Das Wort Amulett soll auf das lateinische Wort *Amuletum* (Kraftspender), beziehungsweise das arabische *Hammala* (Tragband) zurückgehen und wird meistens mit einem Schmuckstück assoziiert, das entweder fertig gekauft und / oder von seinem Träger gefertigt und magisch durch Rituale oder Energien aufgeladen wird.

Ein Amulett herstellen

Wenngleich man Amulette beinahe überall kaufen kann, ist es immer wieder ein besonderer Reiz, aus Materialien und Symbolen, die einem persönlich wichtig sind, selbst eines anzufertigen. Um ein Amulett herzustellen, sollte man sich vor allem von seiner Intuition leiten lassen und die Materialien oder Symbole verwenden, die sich *richtig* anfühlen. Schon die Form spielt dabei eine wesentliche Rolle, denn ein Medizinbeutel hat andere Eigenschaften als ein rundes Vollmondamulett oder ein keltischer Knoten.

Mondamulette sind in der Regel halbrund oder rund, je nach Aufgabe und Mondphase. Sonnenscheiben helfen ihrem Träger dabei, die Macht der Sonne und des Feuers zu nutzen.

Bei der Wahl des Materials ist außerdem zu berücksichtigen, ob es selbst einen Symbolcharakter haben sollte, wie zum Beispiel Weiden- oder Holunderholz, Pflanzenwurzeln und Knochen / Tierfell, oder später erst mit den entsprechenden Eigenschaften und Symbolen versehen wird.

Stoffe, Holzstücke, Papier oder Speckstein sind neutral und können als Träger für alles dienen.

Dann stellt sich die Frage, welche Farben und Symbole das Amulett verzieren sollen. Auch hier sollten die genommen werden, die sich anbieten oder *richtig* erscheinen.

Amulettsymbole

Ankh – ewiges Leben, Schutz

Horusauge – gegen den bösen Blick

Skarabäus – Glück, Schöpfung, Kreativität

Isis – Magie, Schutz, Liebe

Bastet – Freude, Liebe, Katzenmagie

Om – Gleichgewicht, Frieden, Meditation

Runen / Binderunen – Kraft der jeweiligen Rune, bzw. mehrerer verbundener Runen

Keltische Knoten – Freundschaft, Verbindungen

Planetensymbole – Eigenschaften des jeweiligen Regenten

Thorhammer – Kraft, Fruchtbarkeit, Schutz

Pentagramm – Schutz

Labrys (Doppelaxt) – Stärke, Schutz, Klarheit

Kreuz – Vier Elemente und Himmelsrichtungen

Drache – Weisheit

Feuerdrache – Energie

Luftdrache – Intuition, Kommunikation

Erddrache – Fruchtbarkeit, Schutz

Wasserdrache – Gezeiten, Rhythmen, Mondmagie

Sonne – Licht, Gesundheit, Glück

Mond – Wandel, Zyklen, Kreativität, Intuition, Glück, Mondtalismane werden bei zunehmendem Mond in Silber gefertigt. Sie enthalten meist Zeichen und Symbole, die unterschiedliche Phasen des Mondes beeinflussen.

Schwert – Mut, Kraft

Triskele – weibliche Dreifaltigkeit, Schutz, Mondmagie

Spirale – Zyklen, Unendlichkeit

Amulettweihe

Um ihre Kraft zu entfalten, müssen Amulette mit Eigenenergie aufgeladen werden. Weil jedes Amulett und jeder Mensch sich unterscheiden, sind auch die Techniken unterschiedlich. Einige schwören auf ein komplexes Ritual, bei dem die vier Elemente und eine Gottheit angerufen werden um dem Amulett ihre Energien zu verleihen, andere wiederum leiten eigene Energie in das fertige Amulett.

Vor dem Aufladen sollte das Amulett allerdings in jedem Fall gereinigt werden, was mit Hilfe von Wasser, Rauch, Erde, Feuer oder Salz geschehen kann. Um es mit Eigenenergie aufzuladen, könnte man zum Beispiel das Amulett einen Tag lang bei sich tragen ohne es jemandem zu zeigen. Damit es die Energien besser in sich aufnehmen kann, sollte es in dieser Zeit so oft wie möglich vom Träger berührt werden.

Im Anschluss wird jedes Amulett „besprochen", das bedeutet die laute Formulierung der Funktion, die es in Zukunft erfüllen soll. Später weiht man es mit Hilft von Luft als Zeichen der Kommunikation mit der spirituellen Welt, das kann der eigene Atem oder Räucherwerk sein. Auch die Wasser- oder Feuerweihe wird oft praktiziert. Zuletzt ist es ratsam, das Amulett im Verlauf der Weihezeremonie noch mit einem persönlichen Symbol zu versehen, einer Rune, dem eigenen Sternzeichen oder den eigenen Initialen. Nach dem Aufladen sollte das Amulett von Zeit zu Zeit gereinigt und neu aufgeladen werden, damit es seinen Auftrag erfüllen kann. Wird es am Körper getragen, ist es ratsam, es vor dem Schlafen abzunehmen. Geweihte Amulette dürfen (oder sollten) außerdem von fremden Personen nicht berührt werden.

Der Mond im Juli

Die von der Nacht verdunkelte Welt scheint ein Gegenstück des Tages zu sein, wie das Negativ eines liebgewonnenen Fotos. Noch hängt eine drückende Schwüle in der Luft, doch schon verwandelt die silberne Nachtsonne das lodernde Feuer des Tages in einen fließenden silberhellen Lichtkegel. Statt Wärme führt die sanfte Brise nun Kühlung mit sich und bringt das reifende Getreide zum Rascheln. *Schon bald*, raunt und wispert es in der Stille der Nacht, *ist die Zeit der Ernte gekommen*. Die Frühlingsblumen am Feldrain sind längst vergangen, während die Sommerblumen bei Tag der flirrenden Hitze trotzen.

Dankbar ruhen sie nun in der abgekühlten Nachtluft, die ihnen Erholung verspricht. Viele von ihnen werfen allzu rasch ihre Blütenblätter ab und scheinen innerhalb weniger Stunden zu zerfließen. Doch im friedvollen Schein ist selbst das Verwelken schön und jeder Abschied ein Fest.

Den Julimond kennt man als *Sichelmond*. Er steht im Zeichen der Ernte und des sterbenden Korngottes und ist durch diesen Abschied, das Opfer der Lebensenergie, kraftvoller als die vorherigen. Die Energien lassen sich jetzt besser lenken als zuvor, insbesondere für Rituale, die Stärke und Fülle betreffen. Aber auch Abschiede sind deutlich besser auszuführen. Weil dieser Mond die Getreideernte bescheint und darüber hinaus den Korngott in seinen (Opfer-)Tod begleitet, nennen ihn manche den *Kornmond*.

Stechpalmenmond (Dualität)

Zum Stechpalmenmond erstarkt der *Dunkle Zwilling*, der Schatten, der als *Mitläufer* auch die Menschen ein Leben lang begleitet. Im Zyklus des Gottes ist er der Wintergott, der dem Korngott gegenübersteht, der Stechpalmenkönig, der den Eichenkönig herausfordert, oder der Hirschgott, der den Grünen Mann ablöst. Nun regt er sich mit der Botschaft, daß nichts ins Stocken geraten darf, sondern einem fortwährenden Wandel unterworfen sein muss, um weiterhin existieren zu können. Wie in einem endlos rotierenden Kreis wird das Licht von der Dunkelheit abgelöst und die Dunkelheit vom Licht. Beides ist gleich gut und gleich schlecht. Vielmehr ergänzen sich Licht und Dunkelheit und werden im Zuge der Rotation eins.

Der Stechpalmenmond ist, abhängig von der Deutung, einer der stärksten im ganzen Jahr, denn er verbindet das Leben mit dem Tod und die sterbliche Welt mit der Anderswelt. Ebenso wie die Stechpalme als Brücke - oder besser Dreh- und Angelpunkt - angesehen wird, eröffnet auch der in ihrem Zeichen stehende Mond ungeahnte Möglichkeiten. Er gibt den Sterblichen die Chance, an ihren Anfang, ihren Ursprung zurückzukehren oder sich in die andere Richtung weiter zu entwickeln. Aber Vorsicht, denn genauso, wie der Eichenkönig sein Reich an den Stechpalmenkönig abtreten muss, oder der sommerliche Sonnengott das Firmament an den Herrn der kalten Wintersonne übergibt, hat jeder Schritt seinen Preis.

Die Stechpalme ist als immergrünes Gewächs eng mit dem Leben im Tod und der Wiedergeburt verknüpft, wobei die Zahl Drei eine bedeutende Rolle spielt. Im Ogham steht die *Tinne* stellvertretend für die drei Ebenen des Lebens, etwa Materie, Emotion und Spiritualität, Körper, Geist und Seele oder Leben, Tod und Wiedergeburt. Sowohl die Stechpalme als auch der Stechpalmenkönig sind eng verbunden mit der Eiche. Zum Winter hin fordert der Stechpalmenkönig den Eichenkönig heraus und besiegt ihn. Damit stellt er sicher, dass während der Periode aus Tod und Kälte das Leben weiterbesteht. Der *Tanaiste*, der dunkle Zwilling oder „Erbe" der königlichen Eiche ist somit die Macht, die jenseits von Werden und Vergehen existiert. Als immergrünes Gewächs ist die Stechpalme ein mächtiges Symbol für die Kontinuität des Lebens nach dem Tod, steht aber auch synonym für ein Opfer, das gebracht werden muß, wenn das Ziel erreicht werden soll. Sie versinnbildlicht das Streben nach Höherem, ist aber gleichzeitig eine gestaltgewordene Warnung, daß es nichts umsonst gibt.

Die beiden Runenmonde im Juli

Die Zeit des Neumondes wird von *Wunjo* oder *Wynn* regiert, der Rune, die mit Freude oder Belohnung für eingesetzte Mühen verbunden wird. Diese Rune ist gleichbedeutend mit Licht und Energie. Wunjo bedeutet Freude, Harmonie, materiellen Gewinn und das Erreichen von Zielen wie der Ernte oder dem Gelingen einer Lebensgemeinschaft. Manchmal äußert Wynn sich in Kleinigkeiten, etwa einer lebenslangen guten Freundschaft, dann wieder kann sie ein ganzes Leben zum Positiven hin umkrempeln und eine Periode des Kummers und der Entbehrungen zu Ende gehen lassen. Als letzte Rune eines Runenzaubers oder einer Binderune fixiert Wynn das Glück und verspricht einen erfolgreichen Ausgang. Auf spiritueller Ebene wird Wunjo mit dem Teilen von Freude assoziiert, mit Harmonie und einer ausgeglichenen Geisteshaltung. Taucht Wynn auf, kündigt sich meist ein Wechsel an, der mit Kunst und Kreativität zu tun hat. Neue Talente entwickeln sich oder werden plötzlich entdeckt. Häufig führen die neuen Fähigkeiten zu einem Wechsel im beruflichen oder sozialen Umfeld. Kranken kann die Rune der Freude aus seelischen Nöten heraus helfen.

Je näher der Vollmond kommt, desto stärker wird der Einfluß von *Hagel* oder *Hagalaz*, der Rune, die dem guten Gelingen noch gefährlich werden könnte. Hagalaz wird übersetzt mit tiefgreifenden, elementaren Veränderungen. Sie ist die Rune der *Hel* und ein Symbol für die Einheit von Erschaffen und Zerstören, die Urgewalt der Schöpfung. Hagel vereint Feuer und Eis, was sie zu einer mächtigen, aber auch gefährlichen Rune macht, denn ihre Wirkung ist gewaltig. Einigen kann sie die Kraft geben, Hindernisse zu überwinden, anderen einen gewaltigen Strich durch ihre gut kalkulierte Rechnung machen. Mit der häufig destruktiven und nicht zu kontrollierenden Rune Hagel zu arbeiten erfordert viel Erfahrung und Intuition, denn sie vereint in sich das absolut Positive mit dem absolut Negativen, wobei „Gut" und „Böse" nur leere Worte sind. Die Rune Hagalaz steht jenseits solch menschlicher Definitionen, vielmehr vereint sie diese Gegensätze zu einer untrennbaren Einheit.

Wie Hagel oder ein Blitz schlägt Hagalaz zu, um dem Leben eine andere Richtung aufzuzwingen. Wenn dies geschieht, sind einschneidende Veränderungen zu erwarten und ein Wechsel in vielen Bereichen des Lebens nicht mehr fern. Andrerseits kann Hagel hilfreich sein, um Stagnation aufzulösen und Bewegung in den Stillstand zu bringen. Tritt diese Rune beim Runenziehen oder Runenwerfen in Erscheinung, so kann sie, je nach Lage und Bedeutung der sie umgebenden Runen, von einem plötzlichen Wandel bis hin zu Notzeiten gravierende Veränderungen ankündigen. In der materiellen Welt steht Hagalaz synonym für eine kritische Zeit, in der die fast reife Ernte innerhalb weniger Minuten von Hagelschauern und überraschenden Kälteeinbrüchen vernichtet werden kann.

Spirituelles im Juli

Kurz vor der Ernte wirken alle Kräfte der Natur zusammen. Alles scheint wie von selbst und ohne viel Zutun zu reifen und auf sich selbst zu achten. Vorherrschend ist eine ruhige und entspannte, ja sogar einschläfernde Energie, die sich gut für Traumarbeit und Meditationen einsetzen läßt. Der Juli gibt jedem Individuum die Möglichkeit, sich selbst kennenzulernen und daran zu wachsen. Aber nicht zu früh gefreut, denn der Juli ist auch die Zeit, in der Pläne und Vorhaben auf eine harte Belastungsprobe gestellt werden können. Gleichwohl müssen sich Beziehungen bewähren und der weiteren Entwicklung standhalten.

Jetzt sind Beharrlichkeit und Durchhaltevermögen gefragt. Was bisher nicht von allein läuft, sollte nochmals überdacht und mit der nötigen Vorsicht genossen werden. Manchmal mag ein kleiner Schubs in die richtige Richtung reichen, um die Dinge wieder in Bewegung zu bringen. Hin und wieder jedoch ist es vonnöten, die Zielsetzung und Richtung zu ändern, wenn die Saat bis jetzt nicht aufgegangen ist.

Brotmeditation

Als kleines Juli-Ritual bietet sich im Hinblick auf die Getreidereife eine Brotmeditation geradezu an. Nehmen sie sich für diese Meditation (wie für jede andere Arbeit) genügend Zeit, stellen Sie Klingel und Telefon aus und stimmen Sie sich vorher darauf ein. Diese Meditation wird vorzugsweise mit selbstgebackenem Brot durchgeführt. Ist das aus irgendwelchen Gründen nicht möglich, weichen sie am besten auf ein frisch gebackenes Brötchen oder etwas Ähnliches vom Bäcker aus. Die Meditation sollte in angemessener Atmosphäre stattfinden; das könnte ein Kornfeld sein, aber auch ein Ort innerhalb eines Hauses, der mit Getreidehalmen und Kornblumen geschmückt wird. Vorherrschende Farben sind Gelb und Rot. Zünden Sie auch einige Kerzen in diesen Farben an.

Nehmen Sie dann ein Stückchen Brot in die Hand. Wie fühlt es sich an? Aus welchem Getreide ist es entstanden? Welche Struktur haben Krume und Kruste? Wurden ganze Körner oder Nüsse und Kerne mit verbacken? Ist es mit Lauge besprüht worden oder hat man es mit Mehl bestäubt? Riecht es primär nach Getreide oder vielleicht ein wenig säuerlich? Obwohl für viele Menschen Brot einfach nur Brot ist, gibt es unglaublich viele kleine, aber markante Unterschiede im Teig, den Zutaten oder allein bei der Verarbeitung der einzelnen Körner.

Mit dem ersten Bissen folgen dann weitere Eindrücke. Vielleicht hat das Gebäck eine harte Kruste, quillt dann aber im Mund auf, oder es sind Kerne und Körner darin, die zu vermehrtem Kauen anregen. Früher oder später schmeckt dann auch der Zucker durch, der in Form von Stärke enthalten ist.

Stellen Sie sich vor, welche Stadien ein Getreidekorn durchläuft, um auf dem Tisch zu landen. Erst einmal muß es von der Mutterpflanze ausgebildet werden. Um gedeihen zu können wird es in die Erde gelegt. Lange bevor man überhaupt etwas sieht, entfaltet es sich in völliger Dunkelheit. Dann stößt es durch die Erdschollen und beginnt mit dem Wachstum. Dabei ist die junge Pflanze von vielen äußeren Faktoren abhängig, denn sie braucht Licht und Luft, Wärme und Wasser. Stimmen diese Gegebenheiten nicht, siecht sie dahin und stirbt letztendlich. Mit der Blüte erreicht die Getreidepflanze den Mittelpunkt ihres Lebens. Dieser Augenblick entscheidet darüber, wie ergiebig sie einmal sein wird. Mit jedem Korn, das heranreift, wachsen die Chancen auf zahlreiche Nachkommen. Auch äußerlich verändert sie sich langsam, wechselt von grün zu goldgelb, während die einzelnen Fasern nicht mehr elastisch und biegsam sind, sondern durch das *Lignin* allmählich starr und ein bißchen spröde werden. Bei der Ernte stirbt die Mutterpflanze, doch ihren Samenkörnern stehen nun zwei Wege offen: Die einen sichern den Fortbestand und die nächste Generation. Andere werden verlesen und weiter verarbeitet.

Der zweite Weg ist die Reise, die das Getreide angetreten hat, aus dem der Teig entstanden ist. Je nach Verwendungszweck wurde es entweder ganz gelassen, gewalzt, geschält, gedämpft oder geschliffen. Ihm wurden die Randschichten und vielleicht auch der Keimling entfernt, damit der Teig schön locker und luftig werden kann. In der Backstube hat man es mit Flüssigkeit vermischt und geknetet, vielleicht wurden noch Sauerteig oder Hefen zugesetzt, um den Teig aufgehen zu lassen, dann erneut geknetet, bis alles die richtige Konsistenz hatte. Schließlich kam es in den Ofen, um zu Backwerk zu werden.

Völlig unabhängig davon, ob die Erfindung des Brotes gut für die Menschheit war und Getreide gesund ist oder nicht, sollte jedem spätestens während dieser kleinen Meditation bewußt werden, daß Brot nicht einfach totes Material ist, sondern daß auch hier ein Lebewesen stirbt, damit die Menschheit leben kann. Mit jedem Bissen Brot nimmt ein Mensch auch eine winzige Prise von der Erde zu sich, die alle Pflanzen mit Nährstoffen versorgt. Möglicherweise ist dieses Beispiel gut genug um zu verstehen, daß nichts in der Natur separat besteht, sondern alles ein großer Kreislauf ist, bei dem eine Komponente in viele andere hineingreift.

Feste und Feiertage im Juli

Am **3. Juli** feierten die Kelten die Göttin *Cerridwen*, die Hüterin des Kessels der ewigen Jugend als Ausdruck von Fruchtbarkeit und Unsterblichkeit. Cerridwen zugeordnet war die fruchtbare Sau, aber auch die vernichtende Sau, die ihre Jungen frißt.

Der **8. Juli** ist der nordischen Sonnengöttin *Sunna* oder *Sol* geweiht. Manche nehmen an, dass *Sunna* den keltischen Göttinnen *Aine* oder *Angharad von der goldenen Hand* gleicht. Mit ihrem von den beiden Pferden *Arvakr* (Frühwach) und *Alsvidr* (Allgeschwind) gezogenen Triumphwagen, der die Sonnenscheibe transportierte, reiste *Sunna* tagtäglich über den Himmel, immer verfolgt von den Wölfen *Hati* und *Sköll*, die Sonne und Mond stets dicht auf den Fersen waren.

Viele datieren das nordische Mittsommerfest / *Lidafest* auf den **14. Juli**, beziehungsweise **20. Juli** (~ Vollmond des 7. Lunarmonats) und merken an, dass es sich nicht um eines der großen Opferfeste handelte, sondern in engem Zusammenhang mit Partnerschaft und Heirat stand. Zu arbeitsreich war der Sommer, um große Feste und Zusammenkünfte abzuhalten. Dennoch begingen die Ahnen in der zweiten Juliwoche das Hochsommerthing, bei dem, wie bei der Weihe des Sakralkönigs, über eine neue Führung entschieden wurde. Wie das Julfest die Wintermitte, soll das Lidafest die Sommermitte markiert haben. Es war das „Bergfest" des Sommers.

Der **26. Juli** war der Tag von *Sleipnir*, dem achtbeinigen Hengst *Odins*, der ihn in Windeseile von *Asgard* nach *Midgard* oder *Utgard* bringen konnte, also vom Himmel zur Erde oder in die Unterwelt.

📖 **Wissenswert:** Der treue *Sleipnir*, ein Sohn des *Loki*, war dabei nicht nur Reittier, sondern der Schlüssel zur Unterwelt, in der seine Halbschwester *Hel* regierte. Ohne sein achtbeiniges Ross hätte selbst der Allvater vor verschlossenen Türen gestanden. Historiker vermuten hinter den vier Beinpaaren die vier Sargträger bei einer Beerdigung. Noch heute gelten Pferde als Seelenführer, die selbst die dunkelsten und tiefsten Abgründe der Unterwelt ungehindert erreichen können. Mit Sleipnir bekam ein ungewöhnliches Pferd einen ungewöhnlichen Namen, denn Sleipnir leitet sich ab von *sleipur*, was soviel wie „gleiten / gewandt / glatt" bedeutet und sich gleichermaßen auf die körperliche Gewandtheit des achtbeinigen Pferdes, das sich zwischen den Welten, in der Luft und auf dem Wasser so leichtfüßig bewegte wie an Land, wie auf seine überragende Intelligenz bezog. Auch die Menschen zollten Sleipnir ihren Respekt. Die letzte Garbe wurde als *Wuodefutter* für Sleipnir auf dem Feld stehen gelassen. Auch stellte man zu Jul Futter für Wotans Schimmel vor die Tür. Wie am Nikolaustag soll es ein Stiefel mit einer Hafergarbe darin gewesen sein.

Den **28. Juli** kennt man als *Domhnach Crom Dubh* (Sonntag des Dunklen Gottes, der für gewöhnlich auf den letzten Sonntag im Juli fällt, beziehungsweise auf den ersten Sonntag im August). Er ist *Crom Dubh* und oftmals auch seinem Alter Ego *Crom Cruaich* geweiht, dem Gott des Todes, der Dunkelheit und dem Schatten des Korns, das in diesen Tagen unter der Sichel fällt und stirbt. Crom Dubh, der „Dunkle Gebückte", wird gleichgesetzt mit dem Dunklen Zwilling, dem Schatten-Ich des Korngottes und oftmals als blutrünstige und grausame Gottheit angesehen – obwohl historische Beweise für die blutigen Opferungen und Rituale bis heute fehlen.

Crom Dubh ist das Schattenselbst des Lichtes in einer Welt, die zwar zwischen Richtig und Falsch unterschied aber nicht zwischen Gut und Böse, so daß die Maßstäbe der etablierten Religionen, die alle Dunkelheit mit dem Bösen und Grausamkeit gleichsetzen, auf die Figur des Dunklen Gottes nicht anzuwenden sind.

Sämtliche Offenbarungsreligionen wollen den Tag ohne die Nacht und das Leben ohne den Tod, was ein völliges Ungleichgewicht aller Kräfte bedeuten würde. Crom Dubh / Crom Cruach steht stellvertretend für Dunkelheit, Tod, Kälte und Winter, der Lugh, dem Licht, der Wärme und der Fruchtbarkeit folgt. Beide gehören zu den zyklisch sterbenden und wiederauferstehenden Göttern.

In der Nacht vom **31. Juli** auf den **1. August** begehen Hexen und Heiden auf der ganzen Welt das Schnitterfest *Lugnasadh*, das Fest des *Lugh*, des keltischen Sonnen- und Korngottes. Sie feiern damit den Beginn der Erntezeit und das erste von drei aufeinander folgenden Erntefesten. Für Lugnasadh existieren gleich mehrere Übersetzungen, wie *Zusammentreffen in Lugh`s Namen* oder *Hochzeit des Lichtes*. Licht und Erde feiern erneut ihre Verbindung und ermöglichen das Geschenk der Ernte.

Im Wicca wird die Deutung des Korngottes nun ambivalent. In der einen Version wird an Lugnasadh der Korngott getötet und sein Blut zur Fruchtbarkeit über die Felder vergossen, während seine Seele im Korn weiterlebt. Dieser Schatten verbleibt in der sterblichen Welt, bis an Samhain die lange Dunkelheit anbricht. Die Göttin wird langsam von der Mutter zur weisen Alten. In der anderen Version wird der Gott nun dementsprechend älter und schwächer wie die Sonne an Kraft verliert, während die Göttin mittlerweile sichtbar schwanger ist. Der Hintergrund bleibt derselbe: Die verblassende Sonne (oder der Kornkönig) opfert ihre Lebenskraft der Erde und den reifenden Früchten, denn obwohl das Licht bereits nachlässt, brennt die Sonne gerade in diesen Tagen am heißesten.

Heu und Getreide werden eingefahren, und es ist Zeit, sich zum Feiern zu versammeln. Man dankt den Göttern, die gleichzeitig in allerlei Ritualen darum gebeten werden, auch weiterhin (bis zum Ende der Ernte) ihre schützende Hand über das Land zu halten.

Das Kornfest

Lugnasadh ist das Fest der ersten Ernte, nämlich der Getreideernte und wird oft als das keltische *Korn-* oder *Brotfest* bezeichnet. Alles, was mit Reife, Ernte, Erde und Nahrung in Form von Getreide zu tun hat, wird hier thematisiert. Aber es ist auch ein ambivalentes Fest, das ebenso Opfer, Trauer, Abschied, Tod und Wiedergeburt beinhaltet. Altes muss vergehen, damit etwas Neues entstehen kann. Gefeiert wird in erster Linie der geopferte Kornkönig, aber auch die Erdmutter, die alle Lebewesen auf ihrem Leib trägt und daraus ernährt. Die Göttin ist nun nicht mehr nur die Nährende, Umsorgende, sie tritt als Schnitterin in Erscheinung, die das zurückholt, was sie hervorgebracht hat. So reichlich, wie sie gibt, nimmt sie am Ende auch.

Das Fest ist benannt nach dem keltischen Gott *Lugh*, dem Gott der Weisheit und der Kunstfertigkeit. Sein Beiname *Lamfhada* (mit dem langen Arm / von der langen Hand) wird als Sonnenstrahlen gedeutet und weist ihn damit insbesondere als Sonnengott aus. Mit *Samildanach* (der Geschickte) bezeichnete man Lugh als Herrn der schönen Künste. In all seinen Eigenschaften drückt sich der Sieg des Lichts über die Dunkelheit aus. Der Legende zufolge rief Lugh selbst diesen Tag zum Feiertag aus, zum Andenken an den Todestag seiner Pflegemutter *Taillte*. Taillte oder Tailtiu, als einer der vielen Aspekte der Großen Mutter, starb an Erschöpfung bei dem Bestreben, die Ebenen Irlands urbar zu machen.

Aufgrund der engen Beziehung zu Tailtiu und der Göttin des jenseitigen Reiches, mit der er eine Verbindung einging, sieht man Lugh im weitesten Sinne als einen Korngott. In dieser Eigenschaft war er nicht zuletzt ein Seelenführer, ein Gott der Seelenwanderung. In seinem Kern setzt sich auch der Korngott Lugh aus zwei Gottheiten zusammen, nämlich aus *Lugh*, der strahlenden Sonne und *Crom Dubh / Crom Cruaich*, dem *Dunklen Zwilling* oder *Tanaiste* (Erbe eines Herrschers), der nahenden Dunkelheit und Bewahrer der Fruchtbarkeit in der kalten Zeit.

In der walisischen Mythologie ist es die aus Blüten geformte *Blodeuedd* (Blumengesicht) die ihrem aufgezwungenen Ehemann *Lleu* (Lugh) den Tod bringt und zur Strafe in eine Eule verwandelt wird. Blodeuwedd, die nur einen Sommer lang existiert, deutet man gemeinhin als Sommergöttin des Wachstums und Erblühens. In der Tradition der *Lady Sovereignity*, der Herrin des Landes, müssen zwei Bewerber (Sommer und Winter) um ihre Hand kämpfen.

In Schottland kennt man die zwei Wochen vor Lugnasadh als *Helles Lugnasadh* und die zwei Wochen nach dem Fest als *Dunkles Lugnasadh*. Wie alle keltischen Feste begann auch Lugnasadh mit der Dunkelheit und endete im ersten Tageslicht. Mit zahlreichen Feuern versuchte man, die Macht der Sonne zu stärken und den Beginn der dunklen Jahreszeit so ein wenig hinauszuzögern.

Für die Menschen, die von Ernte zu Ernte lebten, neigten sich ab Juni die eisernen Getreidereserven dem Ende zu. Das alte Getreide war so gut wie aufgebraucht, das neue musste meist noch bis in den August hinein reifen. Mit dem Kornfest nahm man die Ernte symbolisch vorweg und sicherte den Rest auf (vegetations-)magische Weise.

Die ersten aus dem neuen Getreide gebackenen Brotlaibe wurden teils gegessen, teils in Form von Gebildbrot geopfert, was versinnbildlicht, *wie* wichtig das Getreide war. Da man glaubte, dass der Korngott oder Korngeist während der Ernte von Ähre zu Ähre sprang, wurde häufig aus der letzten Garbe eine Kornpuppe gebunden und diese bis zum Frühjahr sicher verwahrt. Später mischte man bei der Aussaat einige Samenkörner der letzten Garbe unter die neuen Samen, damit das Alte im Neuen aufgehen konnte. Oftmals ließ man sie auch als Opfer an die Erde stehen.

Das Schnitterfest gehört zu den Vorläufern des Erntedankfestes. Es war ein Fest tiefer Dankbarkeit und Ehrerbietung, aber kein stilles Fest. In alter Zeit wurden an den Festtagen große Strohfiguren errichtet, die Brunnen geschmückt und allerlei Spiele zu Ehren von Tailtiu veranstaltet. Den Überlieferungen zufolge gab es zahlreiche Feierlichkeiten. Überall wurden Märkte abgehalten, politische Entscheidungen gefällt, sowie mehr oder weniger spielerische und sportliche Wettkämpfe durchgeführt. Bei den Kelten schloss man in dieser Zeit die meisten Ehen, wobei auch ein Zusammenleben auf Probe für die Dauer eines Jahres möglich war, die *Tailteann-Marriage*. Kamen anschließend beide Parteien überein, diese „Ehe" nicht weiter fortzusetzen, wurde die Verbindung wieder gelöst.

📖 **Wissenswert:** Ein *Lugnasadh-Fest* ist nicht sicher belegt, wenngleich der *Coligny-Kalender* einen Tag *Lugo* anzeigt. Bekannt ist hingegen ein Fest der Stadt *Lugdunum*, bei dem Gott und Göttin verehrt wurden. Zudem kennt man zahlreiche Märkte und Erntedankfeste wie das *Lammasfest* oder das Fest des *Crom Dubh*. So wenig, wie zum Fest eine definitive Aussage getroffen werden kann, lässt sich der Festtag historisch belegen. Schätzungen umfassen die ersten beiden Wochen im August. Heute begeht man das Lugnasadh-Fest überwiegend am Augustvorabend oder am ersten Vollmond nach dem Beginn der Getreideernte – obwohl einige die Kraft der Schnitterin nutzen und es bei abnehmendem Mond feiern. Traditionell ist Lugnasadh ein Vollmondfest und wird am 2. Vollmond nach *Litha* gefeiert, wobei es mit dem nordischen Heufest oder Leinerntefest, dem *Hörmeitidr*, zusammenfällt. Einige unterscheiden zwischen dem *Heufest* am letzten Wochenende im Juli und dem *Brotfest* am zweiten Augustwochenende, vergleichbar mit *Lammas*.

Wie zu Lugnasadh stand auch beim nordischen *Hörmeitidr* das reifende Getreide im Mittelpunkt. In vielen Ritualen wurde Thor um den Zeitpunkt der Ernte herum (in seiner Funktion als Beschützer der Bauern) darum gebeten, Hagel und Unwetter fern zu halten und das Korn zu beschützen.

In anderen Ritualen weihte man den Boden und dankte Jörd oder Nerthus für die erste Ernte. Kräuterbüschel und Amulette wurden angefertigt und aktiviert. Um die Macht der Sonne zu stärken, wurden im Norden viele Feuer entfacht, Fackeln und Laternen angezündet. Über dem ersten Brot sprach man vor dem Festessen den Brotsegen. Außerdem stellte man Strohpuppen auf und band Garben zu Kränzen oder Kronen, mit denen im Winter oftmals die Wildtiere gefüttert wurden. Der Sage nach schneidet Loki in Gestalt des Schnitters das goldene Haar der *Sif* ab, welches als Sinnbild für die üppig wachsenden, wogenden Kornfelder interpretiert wird. Nach dieser Tat, über die ihr Gemahl Thor alles andere als erfreut war, standen die Felder kahl und erste Herbstwinde fegten über die Stoppeln.

Das Schnitterfest

Bezeichnungen: Fest der ersten Früchte, Schnitterfest, Kornfest, Brotfest, Hloaf Mass (christl.), Lammas (Brotfest nach der keltischen Brotmutter), Leinerntefest, Hörmeitidr, Tailteann-Marriage, Lúnasa (ir. August)

Symbole und Deko: Garben und Kränze aus Getreide, Erntekronen, Brotlaibe, Sicheln, Kornpuppen, Kornähren, Sonnenblumen, Kessel der Fülle

Farben: Weizengelb, Blutrot, Braun, Orange

Bräuche und Rituale: Wettkämpfe, Brotsegen, Dank, Ehen auf Probe

Datum und Schwellenzeit: 31. Juli / erstes Zwielicht am Nachmittag

Räucherwerk und ätherische Öle: Sandelholz, Eichenblätter, Ähren, Brombeerblätter, Bergamotte, Rose, Kampfer, Vetiver

Geweihte Speisen: Brot, Grützen, Getreideprodukte, Sommerfrüchte, Sommergemüse, Fisch, Geflügel, goldener Saft

Götter und Göttinnen: Lugh, Thor, Freyr, Tailtiu, Demeter, Ceres, Frigga, Huldr, Sif

Lammas-Weihrauch: Getreidekörner, Weihrauch, Sandelholz, Lavendel

Bräuche zum Schnitterfest

Dekoriert wird mit Kornblumen, Kornpuppen, Brombeeren, Kräuterkronen, Getreideähren und –garben, sowie Brot und Blumen. Auch eine Sichel sollte sich auf dem Altar finden, als Symbol für das Unabwendbare. Die primären Farben sind Korngelb, Orange und Rot. Verräuchert werden können Sandelholz, Brombeerblätter und Weihrauch.

An Speisen werden vornehmlich alle Arten von selbst gebackenem Brot und andere Getreideprodukte gereicht. Alles, was an Obst und Gemüse erntereif ist, wird aufgetischt. Zum Andenken des sterbenden Gottes werden Getreideähren, Brot und Wein dem Feuer geopfert. Als traditionelles Getränk gibt es Apfelmost oder Apfelwein.

Ritualvorschlag

- Die Feier beginnt bei Sonnenuntergang mit einem Opfer aus Kornähren und Brot.

- Der Altar wird mit Brotlaiben, Kornpuppen und Getreidekränzen vom Vorjahr geschmückt und mit Beeren und Sommerblumen in den Farben Rot und Gelb dekoriert. Rote und gelbe Kerzen werden aufgestellt, und auch das Altartuch sollte rot wie Blut oder gelb wie das Korn sein.

- Den Abend mit Musik, Spielen oder kleineren Wettkämpfen beginnen, wobei immer der Spaß im Vordergrund steht.

- Um den Tod des Gottes bildhaft darzustellen eine Sense aufstellen oder eine Sichel auf den Altar legen, mit der später in einem Ritual der Korngott geschnitten wird. Dazu im Lauf des Rituals feierlich eine erste Garbe schneiden (weil es nicht um die Menge sondern um das Opfer des Gottes geht, reichen einige Halme oder einzelne Ähren), alternativ Haferkörner oder Haferflocken weihen. Aus der ersten Garbe das erste Brot backen oder sie als Winterfutter aufbewahren. Manche säen sie im Frühling aus.

- Feuer und Laternen anzünden, um die Macht der Sonne zu stärken. Einige Ähren oder Körner dem Feuer opfern oder eine der Kornpuppen des Vorjahres verbrennen (was alternativ auch zu Samhain geschehen könnte). Aus der folgenden Ernte wird dann für Mabonadh eine neue gebunden, die mit ns neue Jahr genommen werden kann.

- Zum Mahl einen Brotsegen sprechen

Auch eine kleine Zeremonie bietet sich an, um die Getreideernte und das verblassende Licht zu feiern:

- Einen Laib Brot oder Figuren aus Ingwerbrot backen, dabei das Mehl ehren, das einst als Pflanze aus dem Leib der Erdmutter wuchs. Korrespondierende Kräuter, Getreidekörner, Kerne oder anderes zufügen. Alles bewusst auswählen und verarbeiten, damit es eine zeremonielle Handlung wird und sich merklich vom Alltag abhebt.

- Dem Teig die Form eines Mannes und / oder einer Frau geben und ihm einen Namen verleihen, etwa John Barleycorn, Osiris, Crom Dubh, Nerthus, Tanfana, Frigga, Tailtiu – das klingt christlich, denn auch im Sakrament der Kommunion wird das Brot gesegnet, verwandelt sich damit in den Leib Gottes und ernährt die Gläubigen. Damit übernahm das Christentum allerdings (so wird vermutet) nur das heidnische Fest des Korngottes.

- Meist werden Frauennamen empfohlen. Man kann auch ganz allgemein die Fruchtbarkeitsgöttin wählen und die Teigfigur als Die-aus-dem-Korn, Die-vom-Dreschboden, Die-der-Saat, Die-des-Laibes, Die Braut bezeichnen
- Nach dem Backen folgt das ritualisierte Fest: Wie im Christentum, das diesen Brauch übernommen hat, wird jedem ein Stück Brot oder eine Figur in den Mund gelegt mit den Worten: „Mögest du niemals hungrig sein."Dasselbe geschieht mit Wasser und Wein
- Einen Toast auf den vergehenden Sommer aussprechen und über die besten Zeiten des ausklingenden Jahres sprechen

Die besten Lammas-Rezepte

Topfbrot

400 g Mehl, 1 P. Hefe und ¼ L warmes Wasser zu einem Vorteig verrühren und abgedeckt an einem warmen Ort 20 min gehen lassen.

3 El Öl, Salz, Kräuter, evtl. Sesamsamen zugeben, zu einem festen Teig verkneten und nochmals 20 min ruhen lassen. Jeder andere Brotteig ist aber auch geeignet.

Dann brauchen Sie Tontöpfe (Blumentöpfe), die vor Gebrauch mehrmals heiß ausgekocht werden. Die Tontöpfe vor Gebrauch mit Öl einpinseln (innen) oder mit Margarine einfetten, die Teigstücke hineingeben und im Ofen bei ca. 180°C 20-30 min backen.

Ährenbrot

600 g Mehl	100 g Weizenvollkornmehl
1 P. Hefe	320 ml lauwarmes Wasser
2 Tl Salz	3 El Öl
1 Tl Zucker	

Alle Zutaten in eine Schüssel geben und mit dem Wasser verrühren. Den Teig an einem warmen Ort abgedeckt eine halbe Stunde gehen lassen. Danach zu einer glatten Masse verarbeiten und nochmals 30 min gehen lassen.

Dann den Teig in drei Teile teilen und zu einer Rolle formen (so lang wie das Backblech) und auf ein mit Backpapier ausgelegtes Blech geben. Die Rolle sollte am Boden (auf dem Backblech) etwas dicker sein als am anderen Ende, am besten formt man sie ganz leicht wie ein Dreieck, das mit der Spitze nach oben zeigt.

Die Rolle dann mit einer Schere leicht schräg einschneiden (von unten und bis ca. 1 cm über dem Boden) und die einzelnen Teigsegmente abwechselnd nach links und rechts auseinander drehen, so daß eine Ährenform entsteht. Nochmals kurz gehen lassen und im Ofen bei 180°C ca. 30 min backen.

Tipp: Die Teigstücke rechteckig ausrollen, mit Pesto bestreichen und von der breiteren Seite her aufrollen, danach ebenso einschneiden wie oben, die einzelnen Segmente auseinander drehen und backen. Ob mit oder ohne Füllung ist Ährenbrot immer wieder ein Blickfang.

Sehr beliebt zu Lammas und Mabonadh ist **Stockbrot**, das in jeder offenen Flamme zubereitet werden kann.

400 g Mehl

125 ml Milch

100 ml geschmolzene Butter oder Margarine

2 Tl Backpulver oder Natron

1 Tl Salz

Mehl mit Salz und Backpulver mischen, dann mit der Butter verkneten. Nach und nach soviel Milch zugeben, bis der Teig geschmeidig wird, aber trotzdem fest bleibt. Den Teig zuletzt in etwa brötchengroße Stücke teilen und kurz ruhen lassen. Natürlich kann man auch Hefeteig nehmen.

Für Stockbrot braucht man Stöcke. Am besten sind daumendicke Stöcke ohne Verästelungen, die nach oben hin spitz zulaufen. Die Rinde schmeckt nicht besonders gut, so daß das obere Drittel geschält werden sollte, ehe der Teig darauf kommt. Ist ein Ast gefunden, kann man den Teig entweder als Rolle darum wickeln oder ihn in das länglich geformte Brötchen stecken.

Wichtig ist dabei, daß der Teig den Stock gleichmäßig umgibt (ca. 5 cm Durchmesser), damit die Garzeit nicht zu lang ist. Dann wird der Stock vorsichtig in die Flamme gehalten und das Brot ungefähr 5 min gebacken. Während dieser Zeit den Stock drehen und darauf achten, daß der Teig nicht verbrennt. Ist das Brot gut, wird es vom Stock gezogen und so frisch wie möglich gegessen. Dazu kann man verschiedene Dips oder allerlei Aufschnitt reichen.

Herbst

Mit der immer tiefer stehenden Sonne geht der Sommer ganz sacht in den Herbst über. Zwar ist es noch sommerlich warm, aber die Nächte werden schon kühler. Morgendämmerung und Abendrot dehnen sich wieder weiter aus, und des Nachts streicht ein frischer Wind über das schlafende Land. An den Rosenbüschen öffnen sich zwischen den Früchten die letzten Blüten. Die Blätter verlieren ihren grünen Farbton und frösteln in der kühlen Brise. Mit jedem Tag, der vergeht, werden sie ein kleines Bisschen bunter, lösen sich vom Zweig und taumeln sanft zur Erde hinab. Die bitter-würzige Luft trägt den Geruch von Rauch, Erde und Moos mit sich.

Im Schutz der Dämmerung erheben sich unbemerkt weißgraue Nebelschwaden von Wassern und Wiesen und streichen durch das Gras wie Finger durch langes Haar. Dichte Schleier hängen über den Feldern. Ganz allmählich scheint der wabernde Nebel weite Teile der Landschaft zu verschlucken und verwandelt wieder freizugeben, als wäre die zeitlose Anderswelt im Schutz der Nebelwände am Diesseits vorüber gezogen. Durch die wallenden Nebelschleier bekommt der Sonnenuntergang etwas Mystisches und Unnahbares, das nur im Herbst zu spüren ist, wenn der Abschied naht und der Tod langsam Gestalt annimmt. Altes stirbt, um nach der langen Ruhephase Neuem Platz zu machen. Aber alles Scheiden geht sehr friedlich, ja beinahe heiter und beschwingt vonstatten, als wüsste jedes Lebewesen, daß etwas viel Größeres dahinter steckt, etwas, das mit einem in Fleisch und Knochen eingepferchten Geist nicht zu erfassen ist.

Die ersten Vorläufer der schweren Herbststürme rütteln an Fenstern und Türen, wirbeln über Stoppelfelder und rauschen in den Baumkronen. Ein frischer Wind fegt durch leere Straßen und bläst das trockene Laub vor sich her. In den klammen Häusern werden die ersten Feuer entzündet und flackernde Kerzen stärken am Abend das Licht einer verblassenden Sonne. Während die letzten Felder gemäht werden, müssen späte Früchte noch ein wenig in den schwächer werdenden Sonnenstrahlen reifen. Die kühler und feuchter werdende Luft riecht nach kaltem Rauch und schwelenden Kartoffelfeuern.

Die jungen Tiere, die im Frühling geboren wurden, verlassen ihre Mütter und müssen sich nun selbst behaupten. Viele streifen auf der Suche nach Nahrung herum, um sich einen dicken Winterspeck anzufressen, der ihnen in der winterlichen Kälte das Überleben sichern wird. Und auch die Menschen lassen es sich noch einmal gutgehen. Der Herbst ist eine Zeit des Erntedanks und der „Schlachtfeste", bei denen einst die überzähligen Tiere aussortiert wurden. Gleichermaßen läutet er eine Phase der Ruhe und der Erinnerung ein.

Im Gegensatz zu den voran gegangenen Jahreszeiten gibt es im Herbst die meisten Freudenfeste, Erntefeste, aber auch Totenfeste und Gedenktage, was zeigt, wie eng Leben und Tod, Fröhlichkeit und Trauer beieinander liegen. Neben dem Frühling ist der Herbst eine Jahreszeit, in der sich viele der alten Bräuche erhalten und mit neuen Traditionen vermischt haben. Die Feldweihen und Fruchtbarkeitszauber des Frühlings sind der Dankbarkeit gewichen, und wieder spielen bei allen Feierlichkeiten Abschied und Ahnen eine bedeutende Rolle. Wenn das Licht schwindet, Dunkelheit sich senkt und der Nebel die Tage in ein undurchdringliches graues Zwielicht hüllt, beginnt die Geisterzeit, in der die Ahnen heimkehren und die Wilde Jagd auf den Winterstürmen dahin braust.

Anders als der Frühling mit seiner verspielten Frische, oder der pralle, satte, überschäumende Sommer, strahlt der Herbst eine überwältigende und leicht melancholische Reife aus. Er ist die Jahreszeit der Vollendung. Von nun an kehrt Ruhe ein. Alles Wachstum weicht dem Verwelken. Es beginnt eine Zeit des Rückzugs und des Regenerierens, in der die Welt merklich entschleunigt wird; die Tore zwischen den Welten und auch ins eigene Innere stehen eine Zeitlang offen. Im Jahresrad ist der Herbst der große Sonnenuntergang, das Abendrot, das die Welt ein letztes Mal in ein warmes und tröstendes Licht hüllt. Er trennt Tag und Nacht, Leben und Tod. Und so, wie der Herbst zwischen dem Sommer und dem Winter steht, verbindet er auch Leben und Tod, denn genau wie dem Frühling wird ihm nachgesagt, die Kranken und Schwachen mit sich zu nehmen.

Mit dem Herbst, der im Hexenjahr die Monate August, September und Oktober umfasst, taucht die Welt ein ins Reich der Ahnengöttin, der *Weisen Alten*, der *Schnitterin* mit der Sichel, der *Dunklen Mutter Tod*, die das Leben wieder in den Mutterschoß zurücknimmt. Jetzt, zum unweigerlichen Ende des Sommers, steigt die Göttin in die Unterwelt hinab, um sich dort um die Verstorbenen zu kümmern. Sie ist die Frau im Berg, die Verborgene, Verhüllende; die Hüterin der Seelen in der Unterwelt, wo das ewige und transformierende Lebensfeuer sacht vor sich hin brennt. Die Ahnin ist die Göttin, die beschworen wird, um die Sterblichkeit besser begreifen zu können, das Unbeständige und Flüchtige - oder ganz einfach um mit Dingen abzuschließen.

Die Todesgöttin verkörpert die Schwelle zur Transformation. In Form der Großmutter bewahrt sie das archaische, oft verkannte Wissen um Leben und Tod, Unterwelt und Wiedergeburt. Sie ist Hexe, die vor dem Kessel der Wandlung steht und um alle Mysterien der Existenz weiß. Auch mit der Ernte wird die Ahnengöttin verbunden, doch tritt sie hier als Schnitterin auf, die allem, was lebt, das Ende bringt, damit es sich wandeln kann. Ihre Energie kann vielleicht geleugnet, nicht aber ignoriert werden. Nicht einmal Götter können ihr entkommen, denn selbst der unbesiegbare *Thor* wird vom Alter in die Knie gezwungen.

Daß die Ahnin nicht mehr fruchtbar ist wie die *Rote Mutter*, muß nicht bedeuten, daß sie unnütz ist. Nur patriarchal geprägte Kulturen erachten die alte und / oder unfruchtbare Frau als wertlos. Die Ahnengöttin hat weder etwas verloren, noch ist sie als Frau unvollständig. Sie hat vielmehr ihre Fruchtbarkeit hinter sich gelassen und behält ihr Blut, um aus dem, was einst Leben spendete, die Weisheit des Alters zu beziehen. Ihre Aufmerksamkeit richtet sich nun nach außen, um der nächsten Generation das Wissen zu vermitteln. Aufgrund ihrer Lebenserfahrung ist sie die Bewahrerin der Erinnerung, die Geschichtenerzählerin, Lehrerin, Mentorin, Beraterin oder Schlichterin. Die Ahnin lediglich als alte Frau wahrzunehmen, die den Tod in die Welt hinaus trägt, wird ihrer komplexen Aufgabe also nicht gerecht. Wie die Jahreszeiten und das Wetter ist sie wandelbar, kann häßlich oder schön, als Jungfrau oder Mutter auftreten.

Gemeinhin ordnet man der Ahnengöttin den Abend zu, die Dämmerung, die einen Ausgleich zwischen Licht und Finsternis schafft und allabendlich einem neuen Tag auf die Welt verhilft. Die Altmutter wacht über das Wasser, die Brunnen, Moore und Teiche, in denen sich Wasser- und Erdelement vermischen. Daher werden auch Grotten, Totenhügel und Höhlen eng mit ihr assoziiert. Und nicht zuletzt deswegen ist sie untrennbar mit der Farbe Schwarz verbunden, als Ausdruck für die Nacht, die den Tag gebiert, den unendlichen Kosmos, der in die Unterwelt übergeht und andersherum. Aus diesem Grunde ist sie auch nicht wirklich Bestandteil der sterblichen Welt, sondern lebt wie die *Hagazussa*, die Zaunreiterin, zwischen allen Welten, oder in der Unterwelt, wo das Geheimnis der Existenz verborgen liegt.

Ins Diesseits wechselt sie nur hinüber, um alles Sterbliche daran zu erinnern, daß es soweit ist, mit einem ausklingenden Zyklus abzuschließen. Im Gegenzug kommen die Verstorbenen zu ihr, um mit einem neuen zu begegnen. Im Herbst sind sowohl ihre trennende, vernichtende, als auch ihre erneuernde Kraft deutlich zu spüren. Wenn er gemeinhin als eine Zeit des großen Sterbens wahrgenommen wird, ist er doch vielmehr die Vorbereitung auf einen neuen Frühling. Alle ausgesäten Samen warten nur auf die ersten warmen Tage, um endlich wachsen zu können. Die Blumenzwiebeln der Frühblüher werden nun in die Erde gesteckt. Häufig wird auch schon im Herbst das Getreide in den Boden eingebracht.

Die der Todesgöttin zugeordnete Himmelsrichtung ist der Westen, wo die Sonne am Abend in einem blutroten Meer versinkt und das Tor des Todes in Form der Unterwelt liegen soll. *Nach Westen gehen* benutzt man im Englischen als Synonym für das Sterben. Ihre Mondzeit ist der abnehmende Mond, die Sichel, die dünner und dünner wird, um letztendlich ganz zu verblassen. Wie die Kraft der Todesgöttin wird dieser Mond für alles verwendet, was sterben oder enden soll.

Die Lektion, die sie für die Welt bereithält, ist bitter, umfasst sie doch alles, was mit Tod und Endlichkeit zu tun hat und sich mit positivem Denken nur schwer vereinbaren lässt. Sie ist die unbarmherzige Schnitterin, die durch die Reihen geht, ohne Unterschiede zu machen. Die unheimliche Alte, die in dunklen Wäldern und verfallenen Häusern haust. Mit Schmerz, Kummer, Reue, Siechtum, Krankheit und Tod zeigt sie der Welt ihr grimmiges Gesicht und steht damit im krassen Gegensatz zur modernen Licht-und-Liebe-Esoterik. Doch sie ist nicht willkürlich „böse", sondern sortiert das aus, was keine Zukunft mehr hat, um ihm einen neuen Zyklus zu ermöglichen. Gleich der Schnitterin auf dem Feld weiß sie immer um den richtigen Zeitpunkt. Stets erscheint sie im rechten Augenblick, damit nichts sein Leben über die Maßen verlängern kann und niemand vor seiner Zeit gehen muss.

Gleichzeitig hält sie auch Trost bereit, das Versprechen von Geborgenheit und verleiht neuen Mut wenn alle Hoffnung zu schwinden droht. Mehr als alle anderen Göttinnen sorgt die Ahnengöttin für ein Gleichgewicht, indem sie das Schöne mit dem Schrecklichen vereint. Beides ist ein Teil von ihr und kann nur zusammen erlebt werden. Womöglich hielt der Tod für die Menschen früherer Tage weniger Schrecken bereit, weil sie wussten, dass eine umsorgende Mutter sie im Augenblick des Sterbens liebevoll in ihre Arme nahm.

Als vernichtende Todesgöttin oder Zerstörerin treten Göttinnen wie *Kali Ma*, *Sekhmet*, *Skadi* oder die *Morrigan* auf. Auch *Hekate* als *Begegnerin* (Antaia) kann mit grausamen Zügen dienen. Sanfter sind *Hel*, *Holda*, *Carlin* oder *Nephtys*, die sich der Sterbenden annehmen.

Ihr männliches Pendant ist der Herr der Unterwelt als Bewahrer des warmen Sonnenlichtes, Wilder Jäger oder Totenführer. *Donn*, *Pwyll*, *Arawn* oder *Hades* - und auch *Odin* - verkörpern den Herrn der Toten und Führer des Wilden Heeres. *Crom Dubh* oder *Crom Cruach* erhalten das Licht und die Fruchtbarkeit in den Monaten der Kälte und des Mangels. Ihr Vorläufer war der gehörnte Gott des Winters, der *Hirschgott*, der zum Ende des Sommers den üppig wuchernden *Grünen Mann* ablöste und durch die schneebedeckte Landschaft streifte, um den Hungernden und Frierenden, den Kranken und Sterbenden beizustehen.

Auch ihre Lektion besagt, daß nichts ewig leben kann. Wenn die Wilde Jagd das zerstört, was kränkelt und keine Zukunft mehr hat, so mag dies aus dem modernen, pazifistisch geprägten, ewig barmherzigen und stets gütigen Blickwinkel heraus durchaus grausam anmuten, aber es ist nicht *teuflisch* oder gar *geistesgestört*, denn es sichert den ewigen Kreislauf.

August

Ursprünglich bezeichnete man den August als *Sextilus*, den sechsten Monat, bis er nach dem Sterbemonat des römischen Kaisers *Octavianus Augustus* (Erhabener) benannt wurde. Der August ist der Monat, in dem die Ernte in vollem Gange ist. Die Ahnen kannten ihn daher als *Ernting* oder *Erntemanoth*, den Monat der Ernte (Getreideernte). Daneben wurde er *Monat des Kornschnitts* genannt. Aufgrund der Getreidemahd bezeichneten ihn viele *Sichelmanoth* oder *Rispmoanne*. Der überlieferte Name *Weodmonat* bedeutet „Unkrautmonat".

Im August beginnt die Zeit der Erntefeste, die zu einem großen Teil auf Feierlichkeiten aus der Jungsteinzeit zurückgehen und damit zu den ältesten rituellen Festen gehören, die den agrarischen Jahreszyklus prägen. Ihr Inhalt hat sich bis heute kaum verändert und beinhaltet vor allem Dank für die (Feld-)Früchte. Moderne Erntedankfeste sind zwar christlich geprägt, folgen aber immer noch jahrtausendealten Traditionen, beispielsweise dem Binden der letzten Garbe oder der Erntekrone. Ein letztes Mal vor der langen Winterzeit herrscht Überfluß und wird geerntet, was einst gesät wurde. Die Zeit der Herbstfeste beginnt mit dem August und reicht bis in den Oktober hinein, wenn erste Fröste die Feldarbeit beenden. Den genauen Zeitpunkt bestimmt(e) dabei stets das regionale Ende der Ernte.

Seit jeher gilt der August als der Sonnenmonat schlechthin. Er ist außerdem, nicht zuletzt durch die *Hundstage* (23.07. – 24-08), meistens der wärmste Monat im ganzen Jahr. Aufgrund dieser langen und durchgehenden Hitzeperioden, die im August oft üblich sind, nannte man ihn auch *Hitzmanoth*. Im Volksmund gibt es die Redewendung „Was der August nicht kocht, kann der September nicht braten", was vollkommen richtig ist, denn was der August nicht zur Reife bringt, materiell wie spirituell, das reift in diesem Jahr in der Tat nicht mehr.

Der Monat August ist beseelt vom Geist der *Großen Mutter*. Er ist der Monat, der am stärksten mit der Muttergöttin assoziiert wird, der Erntemonat, in dem Fülle und Überfluss herrschen und die drückende Luft in der Mittagshitze flimmert. Die Sonne brennt heiß auf die Erde und versorgt die (Feld-)Früchte mit ihrer unbändigen Lebenskraft, die später, im kalten und dunklen Winter, zum Überleben so bitter nötig ist. Gleichzeitig wird aber schon ein bisschen Vergänglichkeit spürbar.

Mit dem August geht der Sommer vorüber und der Herbst zieht ins Land. Wenngleich der Monat August oft die höchsten Temperaturen des Jahres bereithält, darf man sich davon nicht täuschen lassen. Vielleicht sind die Tage noch warm, aber die Nächte werden bereits kühler, je kürzer der Tag wird. Nach der drückenden und für den Körper oftmals belastenden Hitze des Sommers ist es eine willkommene Kühle, die für Wohlbefinden und erholsamen Schlaf sorgt.

Der Herbst naht heran und was einst gesät wurde, wird nun geerntet, denn die Zeit des Wachsens ist so gut wie vorüber. Mit der Ernte, den Erntedankfesten und ersten Laternenumzügen klingt das Jahr dann langsam aus. Die Sonne hat ihren Zenit längst überschritten und verliert deutlich an Kraft. Das Tageslicht lässt merklich nach, wird milder und gelber. Im Gegensatz zum kühlen Sonnenschein im Frühling sorgt das warme, gelbliche Herbstlicht für eine ausgeglichene Stimmung und drosselt die Hormonausschüttung, was es dem Körper erleichtert, in den Wintermodus zu schalten.

Zusammen mit dem heißen Wind zieht nun ein leiser Hauch des Todes über die leeren Felder. Mit jedem Tag, der vergeht, kommt die Kälte näher. Wenngleich der August für gewöhnlich sehr heiß ist und zum Sommer gerechnet wird, ist er doch eine Zeit, in der es zu herbsteln beginnt, morgens der erste Dunst wie Watte auf den Wassern liegt und die Sonne ein wenig fahler auf die Erde scheint, was ihn eher in die Nähe des Herbstes rückt. Noch hängt am Abend die Hitze des Tages in der Luft, doch die Nächte werden schon länger, und das Glitzern der Sterne erscheint klarer. Für viele Menschen bedeutet die Zeit der bunten Drachen, Vogelscheuchen und Sonnenblumen, die den Herbst ankündigen, dass die Kälte sich auf den Weg gemacht hat, und trotz der Wärme und der bunten Farben, die noch vorherrschen, mischt sich ein Hauch von Wehmut unter die Freude. Mit dem August endet unweigerlich der Sommer. Fällt er ins Wasser, was sehr selten vorkommt, wird der Frühherbst ab Juli deutlich spürbar.

📖 **Wissenswert**: Gemeinsam mit dem 1. April und dem 1. Dezember gilt der 1. August als Unglückstag. Der christlichen Überlieferung zufolge wurde am 1. August nach dem Kampf der Engel der Teufel aus dem Himmel verstoßen.

Thema im August – Die Elemente im Jahreskreis – Wasser

Mit dem Herbst, der für einen kurzen Augenblick das Gleichgewicht wieder herstellt, den geheimnisvollen Nebeln und dem schwindenden Sonnenlicht wird das Element des Wassers verbunden. Das Wasser begleitet die Welt durch drei Monate des Rückzugs, des Abschieds und der Erinnerung. Es wird vom Mond regiert, der zum Herbst hin im Zeichen der Ahnengöttin steht, welche wiederum über den Tod, Wandlung und das Unbewusste wacht. In diesem Zusammenhang repräsentiert das Wasser alles zyklisch Wiederkehrende, die Gezeiten, Jahresrhythmen oder wechselnden Tage.

Seine Himmelsrichtung ist der Westen, wo die Sonne untergeht. Sie stirbt allabendlich, um im jenseitigen Reich wiedergeboren zu werden. Westen und Wasser werden als Orte des Friedens, der Ruhe, Meditation und des Vergessens definiert.

Durch seine enge Verbindung zum Mond hat das Wasserelement einen großen Einfluss auf die menschliche Gefühlswelt[26]. Es steht stellvertretend für Emotionen aller Art, Gedanken, Intuition und Unterbewusstsein. Auf diese Weise verbindet es die Oberfläche in Form der Ratio mit den unauslotbaren Tiefen des Geistes, den Instinkten und Gefühlen. Wasser ist Emotion und Emotion ist wie Wasser. Und gleich dem Wasser müssen Gefühle fließen können, um nicht ins Stocken zu geraten oder zu verfaulen. Wie ein Sturzbach, ein lauer Sommerregen oder eine Welle des Ozeans wäscht das Wasser allen seelischen Schmutz und Dreck fort und lässt nur das reine Selbst zurück. Es gilt als Tor zur inneren Weisheit und schafft den Ausgleich zwischen Feuer und Erde. Dem Ruhelosen kann das Wasser einen tiefen Frieden bescheren, dem Trauernden bringt es durch das Vergießen von Tränen Erleichterung. Sterbende zieht es häufig zum Wasser. Wasser verbindet die Lebenden mit den Toten, die Enkel mit den Ahnen und Frauen mit der sich wandelnden Mondgöttin. Die ihm zugeordnete Rune ist *Laguz*.

Wasser kommt seit Urzeiten überall auf der Erde vor. Es entstand aus Kondenswasser, das als Regen auf die Erde fiel. Daher ist die Wassermenge auf dem Planeten begrenzt. Sie bleibt immer in etwa gleich, nichts verdunstet oder geht anderweitig verloren. Allen Lebewesen, die seither die Bühne des Lebens bevölkerten, stand zu allen Zeiten stets dasselbe Wasser zur Verfügung. Da es immer in den Kreislauf zurückkehrt, ist es physikalisch nicht möglich, Wasser zu „verschwenden" oder zu „verbrauchen".

Kein anderes Element hat die Evolution so sehr beeinflusst wie das Wasser, denn es bildet die Grundlage allen Lebens auf der Erde. Wasser ist Leben. Wo keines ist, kann es kein Leben geben. Es ist allgegenwärtig, in Ozeanen, Flüssen, Bächen und Seen und gefroren an den Polkappen, wo es einen Schutzmantel gegen die Kälte bildet. In Form von Regen durchdringt

---

[26] Die moderne Welt stellt Menschen auf einen Sockel, die *etwas leisten, ihre Ellenbogen gebrauchen, kein Blatt vor den Mund nehmen, hart im Nehmen, flexibel, entschlußfreudig, belastbar sind* – notfalls auch durch die Einnahme von Medikamenten. Sie, die Lauten und Unsensiblen, haben Vorbildfunktion und prägen die Rahmenbedingungen. Sensible, vorsichtige, empfindsame und gefühlsbetonte Menschen hingegen gelten schnell als launisch, verweichlicht und wenig belastbar. Auch das Wort emotional ist inzwischen beinahe zu einem Schimpfwort verkommen und oftmals gleichbedeutend mit irrational. Besonnenheit und Umsicht werden mit Unsicherheit und Schwäche gleichgesetzt, Freundlichkeit nur zu oft mit Dummheit. Für das Verdrängen der Menschen, die Dinge wahrnehmen können, die anderen verborgen bleiben, zahlt die Gesellschaft jedoch einen hohen Preis, denn mit dem Verlust des Ahnens und Wähnens, dem Bauchgefühl, der Intuition als Grundlage für Eingebungen, Kreativität und Innovation, fehlt es deutlich an Gleichgewicht.

es alles. Sogar in der Wüste benetzt der Tau den heißen Sand und erlaubt Leben, wo man es nicht erwarten würde. In den kargen Hochebenen trinken Frösche vom Nebel.

Von allen Elementen ist das Wasser vielleicht das Wandelbarste. Es existiert in Form von Flüssigkeit, Eis und Dampf und je nachdem kracht, schäumt, rauscht, sprudelt oder murmelt es. Jeder einzelne Tropfen ist veränderlich und wechselt laufend seine Gestalt. Als Regen oder Schnee fällt er vom Himmel, verdunstet und wird als Eiskristall, Nebelschwade oder Regentropfen wiedergeboren. Auch das große Element des Wassers ist ständigen Veränderungen unterworfen und erneuert sich laufend in einem ewigen Kreislauf. Wieder und wieder gefriert, versickert, verdunstet es, oder erhebt sich, um über den Boden zu gleiten - über Land wandernde Aale, die den Nebel manchmal als Wasserquelle nutzen, haben schon manch nächtlichen Spaziergänger um ein Haar zu Tode erschreckt und bilden die Grundlage für zahlreiche Gespenstergeschichten. Der Morgentau auf den Gräsern soll Legenden zufolge von den Nüstern und aus der Mähne des Nachtpferdes *Hrimfaxi* auf die Erde fallen. Man erzählt, alle Tautropfen bestünden aus den Eiskristallen des kalten Himmels, die dann auf der wärmeren Erde zu schmelzen beginnen.

Die geheimnisvollste Gestalt des Wassers ist zweifellos der Nebel, der wabernde Dunst, der mal eilig, mal behäbig über die Landschaft zieht, oder wie eine Wolke über dem Wasser steht. Kaum etwas ist so flüchtig und unergründlich wie das feine Gespinst aus Wassertropfen, so dass es kaum überrascht, wenn die Menschen ihm rätselhafte Eigenschaften nachsagten. Im Nebel erscheint nichts so, wie es wirklich ist, und das, was man klar zu sehen glaubt, ist im Enceffekt nichts weiter als Blendwerk und Illusion. Auch soll der Nebel die sterbliche Welt von der Anderswelt trennen.

In Sagen und Legenden wird dem Wasser immer auch eine gewisse Heimtücke nachgesagt, denn unter der glatten, spiegelnden, ruhigen Oberfläche kann überall und jederzeit ein tiefer Strudel lauern. Von einer Sekunde auf die andere wird aus der ruhigen See ein brausendes Wellenmeer, das Schiffe und Seeleute in die Tiefe zieht. Nichts und niemand vermag die immense Kraft des Wassers aufzuhalten, wenn Flüsse über die Ufer treten und ganze Dörfer mit sich reißen. Selbst dort, wo es an die Felsen schlägt oder einfach nur beharrlich tröpfelt, wird es sich seinen Weg bahnen. Nicht weniger gefürchtet ist das vermeintlich harmlose Moor mit seinem Schwingrasen und den leise glucksenden Tümpeln.

Auch die Elementale des Wassers, die *Undinen*, legen einen zwiespältigen Charakter an den Tag. Undinen, sowie ihre Verwandten, die *Nixen* und *Wassernymphen, Meermänner* und der *Nöck* können sowohl hilfreich als auch tödlich sein und in unzähligen Gestalten auftreten. Viele vereinen Schönheit und Gefahr.

Während der *Kelpie* oder das *Each-Uisge* in Pferdegestalt erscheinen und ihren unglücklichen Reiter oftmals ertränken, zieht es *Meerjungfrauen* und *Selkies* häufig zu sterblichen Männern hin, was oftmals tragisch endet. Alle Wassergeister haben einen bedeutenden Einfluss auf das Wasser in der Welt, denn sie halten es am Fließen und versorgen es mit Sauerstoff und Nährstoffen. Sie bevölkern jede Landschaft, in der es Wasser gibt. Man findet sie auf Inseln und in abseits gelegenen Buchten, an stillen Weihern und sprudelnden Quellen ebenso, wie an tosenden Wasserfällen und in der Gischt des Ozeans. Daneben erstreckt sich ihr Wirken auch auf die Lebenssäfte von Mensch, Tier und Pflanze.

Vorstellungen, die Erde wäre aus Feuer und Eis entstanden, wie sie sich in der nordischen Mythologie finden, sind keinesfalls abwegig, denn vor langer Zeit ging das Element des Wassers eine Symbiose mit dem Feuer (der Sonne) ein, um Leben entstehen zu lassen. Die ersten „höheren Lebewesen" des Planeten waren *Cyanobakterien* (Blaualgen), die keinen Sauerstoff benötigten, sondern Photosynthese betrieben und daher noch Sauerstoff abgeben konnten. Auf diese Weise füllten sie die Atmosphäre mit dem lebensnotwendigen Gas. Cyanobakterien gelten als die Vorfahren aller Pflanzen.

Gerät das Wasserelement aus dem Takt, hat das Folgen für die gesamte Umwelt, denn kommt der Puls des Wassers, der Golfstrom, zum Erliegen, wird es nicht nur kalt, es bilden sich (wie in allen stehenden Gewässern) *Hydrogen-Sulfide*. Diese sind so giftig wie Zyanid und beschränken sich nicht nur auf das Wasser. Im *Perm* (Erdzeitalter), als die Wasserbewegung schon einmal zum Erliegen kam, sorgten Hydrogen-Sulfide für ein Massen(aus)sterben, bei dem 90% aller Lebewesen vernichtet wurden.

Ohne Wasser in seinen zahlreichen Formen würde alles Lebendige ausdörren und vertrocknen. Zuviel Wasser würde es ertränken. Daher muss das Wasser genauso wie das Feuer stets im Gleichgewicht sein. Wasser ist ein Element, das alle Lebewesen miteinander teilen müssen, denn selbst Fische trinken hin und wieder. Das klare Nass kann überall dort erlebt werden, wo es natürlich vorkommt, an Flüssen, Teichen, Bächen, Seen oder Weihern. Selbst der kürzeste, mit Entengrütze bewachsene Graben legt die immense Wandlungsfähigkeit des Wassers an den Tag.

Der geeignete Zeitpunkt um mit dem Wasserelement in Kontakt zu treten, ist ein See oder Bach in der herbstlichen Dämmerung. Wer mehr über Gefühlswelten, Mondmagie und Intuition lernen möchte, arbeitet zusätzlich mit einer Weide, wen die dunklen Abgründe nicht schrecken, wählt als Weggefährten vielleicht lieber eine Erle.

Der Sinn, der mit dem Wasserelement verbunden wird, ist der Geschmackssinn, der eng an den Geruchssinn gekoppelt ist. Einige Tiere, beispielsweise Katzen und Pferde, verfügen über das *Jakobsonsche Organ*, das ihnen beim sogenannten „Flehmen" eine Wahrnehmung zwischen, beziehungsweise die Kopplung von Geruchs- und Geschmackssinn ermöglicht. Obwohl Menschen nicht über das J-Organ verfügen, können sie dennoch viele Gerüche geradezu schmecken. Meeresluft ist meist so dick, dass sie sich schwer auf die Zunge legt, und auch den Duft nach Wald oder Moos können viele auf der Zunge schmecken.

Nicht der feine Gaumen, sondern die Zunge ist dann auch das hauptsächliche Geschmacksorgan. Verschiedene Parzellen mit speziellen Rezeptoren erkennen unterschiedliche Aromen. Grob werden süß, sauer, salzig und bitter unterschieden. Viele Tiere können im Gegensatz zum Menschen Süßes nicht schmecken, weshalb man ihnen mit Süßigkeiten nicht wirklich eine Freude machen kann. Sogar der zeitgenössische, von künstlichen Zusatzstoffen verdorbene Geschmackssinn kann wieder trainiert werden. Um das zu erreichen sollte man eine Zeitlang sehr vielseitig und dabei kräuterreich kochen, um die Zunge an die leichtere Würze zu gewöhnen. Auf den, der dies bis zum Ende durchhält, warten ganz besondere Geschmackserlebnisse, die ihm die natürlichen Aromen näher bringen und den geschönten Geschmack irgendwann als zu intensiv empfinden lassen.

📖 **Wissenswert:** Das Wasser hält einen traurigen Rekord, denn es ist das am meisten leidende Element. Es wird verschmutzt und vergiftet, das Meer als Müllkippe missbraucht. Ganze Teppiche aus zellveränderndem, krebserregendem Plastikmüll treiben auf dem Wasser und finden sich in den Mägen von Meereslebewesen (die winzige Plastikteile mit Plankton verwechseln) wieder. Östrogene, Wachstumshormone und Antibiotika aus Medikamenten, um nur die bedeutenden Bestandteile zu nennen, finden sich nicht nur im Trinkwasser, sie regnen geradezu vom Himmel. Überdies löst das von der Menschheit massenhaft erzeugte Kohlendioxid das aus Kalk bestehende „Skelett" von Meereslebewesen auf, so daß sie elendig zugrunde gehen. Eine Gefahr, die häufig heruntergespielt wird.

Als wäre dies nicht genug, breiten sich so genannte *Todeszonen* aus, die entstehen, wenn die Erde überdüngt wird und der Dünger mit dem Wasser und Abwasser in die Flüsse und damit ins Meer gelangt. Das nährstoffreiche Wasser begünstigt das Wachstum von Algen, die beim Absterben sämtlichen Sauerstoff verbrauchen und damit das Leben um sich herum unmöglich machen. Solange jedoch eine Überdüngung indirekt subventioniert wird, unterstützt beharrliche Lobbyarbeit aktiv die Ausbreitung von Todeszonen. Und weil dank der Lobbypolitik die Wirtschaft über dem Natur- und Umweltschutz steht, werden sich auf in Zukunft nicht allzu viele Menschen über Massensterben in den Flüssen wundern.

Mehr als ein Drittel aller Flüsse auf der Erde gelten inzwischen als biologisch tot, das Meer, die Wiege des Lebens, ist hoffnungslos verschmutzt und überfischt. Das Bedürfnis der See nach Regeneration wird kaum zur Kenntnis genommen, so dass mehr und mehr Tier- und Pflanzenarten unwiederbringlich aussterben.

Gigantische Fabrikschiffe plündern die Weltmeere, ohne sich um die Bestände, die sie vernichten, zu kümmern. Man verhält sich, als gäbe es das Meer im Sonderangebot. Dreiviertel aller Fische müssen sterben, ehe sie die Geschlechtsreife erreicht und sich vermehrt haben. *Aquakulturen* (Fischfarmen = Massentierhaltung unter Wasser) sind dabei keine Lösung, wenn jährlich mehr als 3 Millionen Tonnen kleiner Fische als *Industriefisch* in der Natur gefangen und zu Fischmehl verarbeitet werden, um die Farmfische damit zu füttern.

Hinzu kommt eine weitere Million Tonnen an Meereslebewesen, die man als *Beifang* kurzerhand vernichtet. Blutrünstige „Traditionen", menschlicher Beuteneid und wirtschaftliches Wachstum kosten noch einmal so viele Meeresbewohner ihr Leben. Darüber hinaus beeinflussen Medikamente und anderen krebserregende Substanzen aus Fischfarmen (vor allem der Lachszucht) das ökologische Gleichgewicht. Und nicht zuletzt werden Farmfische nicht selten so brutal behandelt, dass ihr Fleisch mit Hämatomen übersät ist.

Nicht einmal vor der Tiefsee macht der Profitwahn Halt. Sie wird zerstört, ehe sie vollständig erforscht ist. Vollkommen rücksichtslos verheeren kilometerlange Treibnetze ganze Unterwasserwelten und lassen nur eine öde Wüstenei zurück. Meeresbiologen warnen seit Jahren davor, dass die Ozeane um das Jahr 2050 vollkommen leer sein werden, trotzdem wird kaum etwas zum Schutz der Weltmeere unternommen. Zum einen, weil die Zerstörung unsichtbar voran geht, zum anderen, weil noch immer die Meinung vorherrscht, alle Meere dienten allein dem Wohl der Menschheit, die sich an ihnen bedienen darf.

Vor allem diejenigen, die es besser wissen müssten, halten das Meer nach wie vor für unerschöpflich und protestieren vehement gegen einschränkende Fangquoten und Fangverbote. Solange auch nur noch *ein* Fisch im Meer zu finden ist, werden daher die Fangflotten noch tagtäglich hinausfahren. Um diesen Tag hinauszuzögern, vernichten Fischer reuelos sämtliche tierischen Nahrungskonkurrenten, die ihnen, wie sie immer wieder betonen, „die Lebensgrundlage nehmen".

Und obwohl einige Bestände mittlerweile dermaßen überfischt sind, dass sie auszusterben beginnen, steht ihr Schutz noch in den Sternen. Daran konnten auch alle Artenschutzkonferenzen der letzten Zeit nichts ändern. Ohnehin sind derartige Veranstaltungen eher dazu gedacht, das Gewissen der Weltöffentlichkeit zu beruhigen, als tatsächlich Veränderungen zu bewirken. Ein Umdenken hat bislang nicht eingesetzt, und auch Einschränkungen gleich welcher Art werden eher als persönliche Beleidigung empfunden.

Element Wasser

Himmelsrichtung: Westen

Tageszeit: Abenddämmerung, Zwielicht

Jahreszeit: Herbst

Sternzeichen: Fische, Krebs, Skorpion

Farben: Blau, vorwiegend Dunkelblau oder ein Mix aus Grün und Blau, Türkis, Schwarz

Tier: Alle im und am Wasser lebenden Tiere, Wale und Delphine, Robben, Otter, Seevögel, Wasserschlangen, Drachen als Schlangen, Pferde

Elementale: Nixen, Nöck, Meerjungfrauen und Meermänner, Rusalkys, Asrai, Kelpies, Selkies

Orte: Flüsse, Seen, Meere, Quellen, Bäche, Teiche, Brunnen

Baum und Pflanzen: Weide, Holunder, Erle, alle Wasserpflanzen, Algen, Moose, Farne

Räucherwerk: Alle geheimnisvollen, nicht zu schweren, flüchtigen Düfte wie Rose, Jasmin, Geißblatt

Metall: Silber

Werkzeuge: Kelch, Kessel, Wasserschale, Spiegel

Edelstein: Aquamarin, Blautopas

Göttinnen: Alle Wassermütter, Aphrodite, Morgane, Nehalennia

Götter: Poseidon, Manannan, Llyr, Dylan, Neptun, Osiris

Magie und Symbolik: Das Unbewusste, Psyche, Emotionen, Gezeiten, Rhythmen, Weiblichkeit, Frauenmagie, Mondmagie, Fruchtbarkeit, Sonnenuntergang, Spiritualität, Träume, Heilung, Pflanzenmagie

Positive Charakterzüge beim Menschen: Fürsorge, Vergebung, innere Balance, Freundlichkeit, Sensibilität, Empathie

Negative Charakterzüge beim Menschen: Erdrückende Fürsorge, Depressionen, Launenhaftigkeit, Gefühlskälte

Lebensabschnitt: Reife und Alter

Sinn: Geschmackssinn

Wassermeditation

Auch eine Wassermeditation beginnt mit Ruhe und Atmen. Um sich auf die Energien des nassen Elementes einzustimmen, können Sie einen Zimmerbrunnen laufen lassen oder eine Schale mit frischem Wasser aufstellen. Am besten gelingt diese Meditation erfahrungsgemäß direkt an einem Bach, Teich, See oder Flussufer.

Tauchen Sie Ihre Hände in das Wasser und fühlen Sie, wie die Tropfen über Ihre Haut und durch Ihre Finger rinnen. Vielleicht haben Sie versehentlich ein wenig Entengrütze mit aus dem Wasser gefischt. Geben Sie diese dem Wasser zurück, damit die Tiere sich davon ernähren können.

Denken Sie einen Moment lang daran, dass die Welt unter Wasser beinahe genauso aussieht wie auf der Erdoberfläche. Tief unter den Wellen existieren die gleichen Wälder, Ebenen und Gebirgszüge wie an Land, wenn auch Tier- und Pflanzenwelt ein wenig anders aussehen als im Ozean der Luft. Und wer glaubt, unter Wasser herrsche eine unheimliche Stille, der irrt gewaltig. Nirgends, nicht einmal im kleinsten Teich, ist es so totenstill, wie viele Menschen es sich vorstellen, die mit dem Meeresgrund eine tote, leere Welt assoziieren.

Kehren Sie nun wieder zurück zu Ihren Tropfen, die im Boden versickern und stellen Sie sich vor, wie diese Tropfen sich wieder mit dem wogenden Leib des Wassers (rück-)verbinden. Vielleicht möchten Sie, als ein Tropfen von vielen, gemeinsam mit den anderen auf die Reise gehen. Ihnen schließen sich viele, viele andere Tropfen an, bis Sie schließlich ein winziges Rinnsal sind, das gemächlich durch den Boden tröpfelt. Beinahe schwerelos gleiten Sie auf unterirdischen Strömen durch Höhlenlabyrinthe, die älter sind als die Menschheit. Es ist stockdunkel und doch sind Sie sich der Anwesenheit mehrerer Grottenolme bewusst, die ihr ganzes Leben in absoluter Finsternis verbringen.

An einer Quelle wird es schlussendlich hell. Es ist eine Reise ins Ungewisse, doch Sie können nicht zurück in die Dunkelheit der Erde, denn unzählige Tropfen drängen Ihnen nach. Noch immer ein Rinnsal, winden Sie sich durch das Gras, bis Sie in ein Bett fließen, das Sie selbst in Form Ihrer Urahnen in die Erde gegraben haben.

Das Bett wird breiter, je mehr Tropfen nachfließen. Sie werden zu einem Bach und schließlich zu einem Fluss, der sich wie eine gewaltige Schlange durch die Landschaft windet. Sonnen- und Mondlicht spiegeln sich in Ihren Fluten, und die Bäume tauchen ihre Äste in das fließende Wasser Ihres Leibes. Im Frühling tragen Sie tauende Eisschollen mit sich fort. Der Sommer lässt einen Großteil Ihres Leibes verdunsten. Kommt der Herbst, fallen bunte Blätter trudelnd von den Bäumen und schließen sich Ihrer Reise an. Der Winter lässt Sie beinahe in Ihrem Lauf erstarren und überzieht Sie mit einem eisigen Tuch aus den kristallenen Körpern Ihrer Brüder und Schwestern.

Wieder und wieder ergießen Sie sich unaufhörlich in den endlosen Ozean, mal aus einem Delta heraus, dann wieder als große Einheit einzelner Tropfen. Sie sind Eis, Dunst, Flocke. Sie sickern, perlen, tröpfeln oder rieseln und sind doch stets verbunden mit dem Ur-Ozean, in dem sich alles Wasser einst versammelte.

Eine solche Meditation macht es einfacher, den ewigen Kreislauf zu erfahren, den ein Wassertropfen stellvertretend für den Meditierenden antreten kann. Auch der Mensch ist durch seine Gefühle mit den Gezeiten des Wassers enger verbunden als er zugeben mag. Im Zuge einer Wassermeditation ist es daher leichter in emotionale Bereiche vorzudringen, die ansonsten tabu sind.

Wasserritual

Dieses Ritual ist ein Reinigungsritual, das in einem See oder Teich genauso gut wie zu Hause in der Badewanne oder unter der Dusche durchgeführt werden kann. Nehmen Sie Dinge mit, die das Element des Wassers symbolisieren, etwa Mondsteine, Perlen, Muscheln, blaue Kerzen oder andere hell- und dunkelblaue, grünblaue oder türkisfarbene Gegenstände. Füllen Sie einen Kelch mit klarem Wasser, das als Trankopfer dient und ordnen Sie die anderen Dinge mondförmig oder halbmondförmig um den Kelch herum an. Wenn Sie das Ritual in der Badewanne durchführen, können Sie Rosen- oder Jasminduft ins Wasser geben.

Zünden Sie die Kerze(n) an, machen Sie das Licht aus und übergeben Sie dem Wasser das Trankopfer. Steigen Sie dann hinein und bitten Sie die Ahnengöttin oder Ihre persönliche Gottheit, Sie anzuhören und mit Liebe oder Ruhe zu umgeben. Lassen Sie Ihre Gefühle fließen. Visualisieren Sie, wie Sie von der Göttin (oder einem Gott) ein helles Licht erhalten, während alles Negative und Quälende Ihren Körper verlässt. Übergeben Sie Ihre Sorgen und Ihr Leid einer Wesenheit, die sehr viel besser damit umgehen kann als Sie oder teilen Sie es wenigstens mit einer verständnisvollen Entität, die Ihnen möglicherweise mit neuen Einsichten weiterhilft. Steigen Sie dann aus dem Wasser, wenn Sie das Gefühl haben, allen Ballast losgeworden zu sein.

📖 **Wissenswert:** Nach der umstrittenen *universellen Resonanztheorie* soll Wasser Klänge, Emotionen und andere Informationen in seiner Struktur speichern und sich sogar daran erinnern können. Manche sind davon überzeugt, dass Schwingungen und Frequenzen, zum Beispiel Worte, aber auch Gedanken, auf das Wasser einwirken können. Dabei ist Licht so etwas wie ein Katalysator. Die Kraft wird als *Orgon* (freie Energie / Körperenergie) bezeichnet und soll universell verfügbar sein.

Wasserräucherung: Zwei Teile Rosenblüten, ein Teil Sandelholz, ein Teil Benzoe oder Kamille.

Wasseraltar

Der Wasseraltar wird nach Westen hin ausgerichtet und in Farben dekoriert, die dem Wasser zugeordnet werden. Altartücher und Kerzen sollten blau oder blaugrün sein. Ferner können Muscheln, Perlen, Meeressand, blaue oder grünblaue Steine um einen Kelch oder eine Schale im Zentrum gelegt werden. Ein Wasseraltar ist der richtige Ort für ein Tagebuch, Traumtagebuch oder Buch der Schatten. Er unterstützt darüber hinaus jegliche Arbeit mit Emotionen, Mondmagie, Frauenmagie, Erinnerung, Meditation und Unterbewusstsein. Zudem kann die Beschäftigung mit den Ahnen und der Vergangenheit (eigentlich der Erde zugeordnet) an einem Wasseraltar geschehen. Auch für Unerfreuliches, das man bewältigen oder loslassen möchte, ist der Wasseraltar genau der richtige Ort.

Das Wasser im Garten

Wasser ist im Garten in vielfältiger Weise vertreten. Man gießt mit Wasser, pflanzt einige Gewächse im Regen oder legt einen Teich an. Dem Element Wasser werden alle großblättrigen Pflanzen und Wasserpflanzen wie Seerosen oder Sumpfgras zugeordnet. Auch der Frauenmantel, die Pflanze der Alchemisten, auf dessen großen Blättern das Wasser scheinbar wie auf Lotos perlt, wird mit dem Wasser assoziiert. Die passenden Bäume sind Weiden, Erlen und Holunder.

Im Idealfall wird im Westen ein kleiner Teich angelegt, aber auch Wasserschalen, Kelche, blaue / grünblaue Steine oder Mondsymbole können das Wasserelement repräsentieren.

Der Mond im August

Staub wirbelt am Horizont auf und weht scheinbar auch über das freundliche Antlitz des Mondes, der wissend vom Himmelszelt hinunter auf die Erde lächelt. Noch sind die Tage heiß und die Nächte lau. Doch nicht ein milder Hauch, nicht eine milde Brise kann bleiben. Flüchtig wie Blütenduft sind sie und kurzlebig wie das Korn, das in diesen Tagen unter der Sichel fällt. Braune Stoppeln schimmern auf den Feldern, wo wie kleine Häuser die gebundenen Garben stehen. Jede einzelne ein Ehrenmal für den Geist des Feldes, dessen Kraft nun in ihnen wohnt. Am Waldrand und in den Gärten reifen die Früchte, färben sich im Schein der Sonne von grün nach rot, blau und violett. Das letzte Sonnenlicht verweilt noch einen Augenblick auf den Wiesen und mischt sich mit einem kühlen silbrigen Schein, der Trost und Ruhe verspricht.

Den Augustmond kennt man als *Kornmond* oder *Erntemond*. Die Getreideernte nähert sich unter seinen wachsamen Augen langsam ihrem Ende. Der Kornmond gibt zu bedenken, daß nichts ewig währt und man sich ab und an von einigen Dingen trennen muss, um andere zu bekommen. Trotzdem steht dieser Mond im Zeichen von Üppigkeit und Überfluß, auch Herzenswünsche gehen schneller in Erfüllung.

Haselnußmond (Ahnin)

Der erste Herbstmond ist der Ahnin, der Todesgöttin, geweiht. Er beinhaltet Ordnung, Gleichgewicht und Gerechtigkeit. Im Zeichen der Hasel vermittelt dieser Mond der Welt, dass nichts und niemand dem Lauf der Dinge entkommt. Auch die Schnitterin, die mit der Sichel in der Hand durch die Reihen schreitet, unterscheidet nicht zwischen den einzelnen Halmen, sondern mäht kontinuierlich und gleichmäßig. Die Haselfrau wird, wie die Holunderfrau, sehr eng mit dem Tod assoziiert, mit der Weisheit, daß Unsterblichkeit nichts anderes als immerwährende Stagnation bedeuten würde. In gleicher Weise wird die Haselfrau mit Tradition und Erinnerung verbunden, mit dem historischen Erbe der Menschheit, Geschichten und Überlieferungen, die von Generation zu Generation weitergegeben werden. Sie ist eine Verkörperung des nordischen *minni*, der (kollektiven) Erinnerung. Wenngleich die Haselfrau mit Trauer und Verlust gleichgesetzt wird, so kann dieser Verlust nach der Trauerphase eine ungeheure Kreativität freisetzen.

Der Haselstrauch, als weltliches Symbol der Göttin, wird eng mit Tod, Trauer und Verlust, aber auch mit Hoffnung verknüpft. Haselnüsse, die ein Symbol für Fruchtbarkeit darstellen, sollen jeden, der sie verzehrt, inspirieren und mit Wissen versehen. Forschungen haben bewiesen, dass die kleinen Nüsse wertvolle Eiweiße und Fette enthalten, die das Gehirn mit Nährstoffen versorgen. Ihnen wird eine ungemein aufbauende Wirkung auf Gehirn und Nervenzellen nachgesagt, was durchaus zu Geistesblitzen führen könnte.

Die beiden Runenmonde im August

Der Neumond sowie der zunehmende Mond stehen im Zeichen der Fülle. *Gebo*, oder *Gifu*, die Gabe, die Rune der Freigiebigkeit und der Geschenke bestimmt diese Zeit. Die Menschheit empfängt von der Kornmutter das Geschenk der Ernte. Aber Geschenke verpflichten zugleich zu einer Gegengabe. In der altnordischen Tradition erforderte jedes Geschenk ein Gegengeschenk. Die Erdmutter hat ihre Kinder mit der Ernte beschenkt, aber diese Gabe ist nicht kostenlos. Sie beruht auf der Verantwortung, die der Mensch einst für den Boden übernommen hat. Darüber hinaus bedeutet Gebo nicht nur eine Gabe sondern auch eine Partnerschaft oder Vereinigung. Bindungen, die vor allem auf gegenseitigem Respekt und weniger auf Ausbeutung oder Unterdrückung beruhen.

Die Menschheit ist diese Verbindung mit dem Land eingegangen, und schon viel zu lange kommen Geschenke nur aus einer Richtung. Insgesamt ruft Gebo zu Großzügigkeit und Freigiebigkeit auf, vor allem dazu, sich nicht allzu sehr an materielle Dinge zu klammern. Manchmal birgt Verzicht einen viel größeren inneren Frieden in sich als der kurzfristige Kaufrausch.

Damit ist nicht die von den etablierten Religionen angestrebte Besitzlosigkeit gemeint, so wenig wie Minimalismus oder Konsumverweigerung, sondern ein Abwägen zwischen Bedarf und Bedürfnis, beziehungsweise Luxusartikeln, die man zwar nicht braucht, aber furchtbar gern alle auf einmal in mehrfacher Ausführung hätte. Die Verachtung von weltlichem Besitz blockiert die Kräfte der Rune genauso wie Habgier und Profitdenken. Erst, wenn zwischen Geben und Nehmen ein Gleichgewicht herrscht, ist die der Rune innewohnende Energie auch in der Lage, ungehindert und harmonisch fließen. Trotzdem kann Gebo nur dann wirken, wenn auch eine grundsätzliche Bereitschaft zum Verzicht vorliegt und Geschenke nicht verbindlich eingefordert werden. Zieht man diese Rune im Rahmen der Liebesmagie, bedeutet sie eine stabile Liebesbeziehung. Bezüglich Fragen geschäftlicher Art kündigt Gebo eine gewinnbringende Partnerschaft an. In Briefen wird Gebo als Synonym für einen Kuss verwendet.

Je näher der Vollmond kommt, desto dringlicher rät *Ansuz* dazu, nichts Neues anzufangen, denn die Kälte ist nicht mehr fern. Die Rune steht symbolisch für das Element Luft, das alles durchdringt und kann sich so auf allen Ebenen der materiellen und spirituellen Existenz frei bewegen. Ansuz verkörpert Inspiration, Atem und Sprache, sowie die Vernunft auch das zu akzeptieren, was man vielleicht nicht wirklich verstehen kann, aber dennoch akzeptieren muss. Sie ist die Rune der Spiritualität und des Wissens, denn anders als heutzutage schlossen sich Wissen und Wähnen nicht kategorisch aus.

Ansuz oder *As* ist bekannt für ihre Signalsprache. Sie repräsentiert das Unbewusste oder Unterbewusste und nutzt Träume, Offenbarungen, Eingebungen oder Geistesblitze zur Kommunikation. Ihr Ausdruck ist nicht der Befehl, sondern die Poesie. Ereignisse, die von Ansuz angekündigt werden, sollte man ernst nehmen, denn As ist die Rune der Prophezeiungen, ein Sprachrohr der Götter, insbesondere des Gottes *Odin*. Vermutlich benannt nach den *Pfahlgöttern* (*Ans* = Pfahl, Balken), aus denen die Asen hervorgegangen sein sollen, ist Ansuz besonders eng mit der Götterwelt verbunden.

Nicht selten läutet diese Rune eine Prüfung ein, die zwischen der Frage und dem Rat steht. Ebenso kann sie stürmische Zeiten ankündigen, an deren Ende eine Wiedergeburt, eine Erneuerung steht. Im Jahresrad verkündet Ansuz den Aufbruch in einen neuen Zyklus. Wenn die Wilde Jagd als Herbststurm durch die Bäume rauscht, kann man unter dem Wind und dem Hagel auch As raunen hören.

Interessant ist, dass die Welt offenbar im Moment die Umkehrung von Ansuz erlebt, die sich in Form von Lügen, leeren Aktionen, Intrigen und Sensationslust äußert. In einer tristen, grauen und zubetonierten Welt lassen sich viele von bunten Oberflächlichkeiten täuschen, wird häufig nur Blendern eine Chance gegeben.

Passend dazu wird Bildung auf die reine Schulausbildung reduziert. Längst schon beinhaltet sie nicht mehr eine Mischung aus Umgangsformen, Eloquenz, Neugier, der Fähigkeit zu Weitsicht und Reflexion - und sicherlich auch Wissen, sondern wird auf dogmatisch anmutende Wissensvermittlung und *Aus*bildung beschränkt. Auswend g gelerntes Bücherwissen definiert man als „hohes Bildungsniveau", basierend auf der Grundlage einer geradezu naiv anmutenden Quellen- und Studiengläubigkeit.

Das Denken bewegt sich in vorgefertigten Schemata, wobei Zeugnisse und Diplome das Wissen legitimieren. Die Lehrmeinung ist die ultimative und unumstößliche Wahrheit. Sobald eine Autorität von einer anderen autorisiert wurde, besteht kein Zweifel mehr an ihrer Kompetenz und damit auch an ihrer Unantastbarkeit. Jeder noch so kleine Funke Kreativität und Phantasie wird beinahe mit Ketzerei gleichgesetzt und zugunsten der Uniformität abgewürgt, notfalls medikamentös behandelt, Eigeninitiative bestraft. Das ganze System ist außerdem darauf ausgelegt, die Schwachen oder Kritischen frühzeitig auszusortieren, denn weitaus wichtiger als der eingepaukte Lehrstoff ist das Befolgen von Regeln. Wer nicht wie gewünscht funktioniert, wird es trotz guter Noten am Zeugnis merken. Darüber hinaus enthält der feste Glaube, ein Mensch ohne Zeugnisse, Diplome oder akademischen Abschluss würde über keinerlei nennenswerte Qualifikation verfügen, der Gesellschaft viel Potential vor.

Spirituelles im August

Im Kornmonat sollte der (Grund-)Gedanke um die Endlichkeit den Tag und die Rituale bestimmen. Sonne und Korn opfern sich, damit die Menschen leben können, und alle Kräuter erreichen noch einmal einen Punkt größter Wirksamkeit. Da der August unter dem Schutz der Großen Mutter steht, die ihren Sohn und Geliebten der Welt opfert, bietet sich noch einmal die Chance, das Schicksa zu eigenen Gunsten zu beeinflussen.

Rituale für Heilung, Gesundheit und vor allem Freundschaft stehen in diesen Tagen unter einem guten Stern. Genau wie die Ernte werden außerdem Geld und Geschäfte nun von der Göttin günstig beeinflußt. Vielleicht rücken auch die Ziele, die man sich gesetzt hat, in greifbare Nähe.

Was im Verlauf des Jahres zugleich freudig und besorgt beobachtet wurde, findet jetzt entweder wohlwollende Unterstützung oder ist zum Scheitern verurteilt. Die Zeichen der Zeit stehen auf ernten oder trennen. Sollten die Dinge nicht befriedigend laufen, wird angeraten, ein Vorhaben ganz aufzugeben oder wenigstens zu verschieben. Es ist besser, sich auf einen neuen Kreislauf einzurichten als eine Sache weiter zu führen, die im Grunde bereits verloren ist.

Verharren

Die modernen Menschen leben in einer hektischen Welt, sind nonstop erreichbar, immer unterwegs und stehen ständig unter Strom. Sie fahren in Schnellzügen, kaufen am Drive-In-Schalter, essen Fastfood und tendieren eher zum One-Night-Stand als zu einer festen Beziehung. Wer dem zu entgehen versucht und sich etwas Ruhe gönnen möchte, gilt schnell als faul und unproduktiv.

Jeder ist auf Erfolg getrimmt, der Tag vollkommen *durchgetaktet*. Für das Nichtstun gibt es im engen Zeitplan keinen Platz. Das Motto ist *schneller, höher, weiter, besser*, wenn nötig bis zum bitteren Ende. Alles muß unbegrenzt und auf der Stelle verfügbar sein. Wenn es möglich wäre, würde darauf hingearbeitet, daß die Welt sich schneller dreht als sie es im Moment bewerkstelligt. Wer die dreißig hinter sich gelassen hat, wird zwar körperlich viel älter als die Generationen vor ihm, zählt aber häufig schon zu den Verlierern, wenn es um den Arbeitsplatz geht.

Beruflich dermaßen eingespannt, daß der Tag eigentlich einige zusätzliche Stunden haben müsste, geht es nach der Arbeit nicht etwa nach Hause, sondern zum Walken, ins Fitnessstudio oder zur After-Work-Party. Wer dann noch ein wenig Zeit findet, soll doch bitte ein Ehrenamt übernehmen. Auch im Urlaub wird nicht etwa gefaulenzt, sondern ein strikt durchorganisiertes Tagesprogramm eingehalten, denn schließlich muß sich alles auch *lohnen*.

Viele Menschen sind durch die Einflüsse von außen, die ständig auf sie einprasseln, überquellende Terminkalender und die zahlreichen Anforderungen, die an sie gestellt werden, derart überfordert, dass sie das Bedürfnis nach Ruhe nicht einmal bemerken. Hektisch und getrieben eilen sie durch die Welt, um allem irgendwie gerecht zu werden. Kaum noch etwas geschieht spontan. Um den eigenen Geburtstag feiern zu können, der sich zeitlich eher selten verschiebt, muß man meist ein Jahr im Voraus Bescheid geben, damit die eingeladenen Freunde in ihrem Terminplaner nachsehen können.

Die Menschheit scheint vergessen zu haben, daß jeder einzelne Moment ein Unikat ist. Dass es ihn nur *einmal* gibt und man ihn *so* niemals wieder erleben wird. Nicht eine Sekunde kann zurückgeholt werden, sie erst einmal unbemerkt verstrichen ist. Um also nicht eines Tages bedauernd auf ein Leben zurück zu schauen, das irgendwie das eines anderen zu sein scheint, sollte jeder Mensch lernen, nicht ständig alle Wünsche und Träume vor sich her zu schieben, bis der richtige Zeitpunkt erreicht ist, oder sie gerade in die Lebensplanung hinein passen, sondern wenigstens einen Teil davon zu erfüllen. Wer sich mit dem Gedanken trägt, später, irgendwann, eines Tages, nachdem das Ziel erreicht ist, noch leben zu wollen und sein Leben bis dahin auf Sparflamme fährt, könnte eine böse Überraschung erleben, denn oft genug gibt es kein *Später*.

Versuchen Sie, neben all den vielen Dingen, die Sie erledigen *müssen*, um die Träume anderer zu realisieren, etwas zu tun, was Sie erledigen *wollen*. Und zwar nicht irgendwie schnell mittendrin, sondern ganz bewusst. Nutzen sie das Hier und Jetzt für einen Moment, der nur Ihnen gehört. Planen Sie täglich einen Augenblick ein, den Sie in aller Ruhe und mit der nötigen Aufmerksamkeit dem widmen, was *Sie* tun möchten. Damit ist kein Besuch im Ferienpark oder in der Disco gemeint, vielmehr sollte dieser Moment eigens der Langsamkeit gewidmet sein.

Im August, dem Monat mit den oftmals schönsten Wochen des Jahres, wird allmählich der Herbst spürbar. Der Winter ist nun näher als der Frühling. Schon bald werden, ganz ohne vorherige Ankündigung, die Bäume kahl und das Wasser gefroren sein. Lassen Sie daher bei einem Spaziergang die sich ewig wandelnde Landschaft nicht achtlos an sich vorüber ziehen, sondern bleiben Sie auch einmal stehen, um die Schönheit der Natur zu bewundern. Sehr gut geht das, wenn man sich einen bestimmten Punkt sucht, beispielsweise eine Landschaft, einen Baum oder einen Weiher, und daran den Wandel der Jahreszeiten verfolgt. Oder beobachten Sie die Wolken, die am Himmel immer neue Gestalten annehmen.

Vielleicht möchten Sie auch, stellvertretend für die Herdfeuer, abends die erste Kerze des gemächlich ausklingenden Jahres anzünden. Sehen Sie der kleinen Flamme beim Tanzen zu – und bemerken Sie vielleicht mehr als nur das Licht. Nehmen Sie sich auch dann, wenn eigentlich etwas anderes dringender zu erledigen wäre, Zeit für Ihre Lieben, lassen Sie sich ein Bad ein, lesen Sie ein Buch oder tun Sie sich einfach ohne Hast und Eile etwas Gutes.

Feste und Feiertage im August

Vom **1.** auf den **2. August** wird mit dem *Lammasfest*, dem Fest des Überflusses, die Erntefeier fortgesetzt. Obwohl *Lammas* meistens als anderer Ausdruck für *Lugnasadh* verwendet wird, kann es als eigenständiges Fest angesehen werden. Wie alle keltischen Feste markiert es eine Zeit des Übergangs, in der die Mächte sich abwechseln. Der Kornmutter folgen die Ahngeister, die den Herbst ankündigen.

Lammas steht von seiner Definition her mehr als *Lugnasadh* im Zeichen der Göttin als Schnitterin. Sie ist diejenige, welche die Sichel in der Hand hält, unter der ihr Geliebter fällt. In einigen Mythen gehen Göttin und Gott (oder ein Stellvertreter) in das Feld hinein und nur die Göttin kommt wieder heraus. In der Regel opfert sich der Jahreskönig jedoch erst zu *Samhain*. Blutige Menschenopfer, wie sie mit den Kornfesten *Lammas / Lugnasadh* hartnäckig in Verbindung gebracht werden, hatten vermutlich einen ähnlichen Hintergrund, die starke, nicht von Hass, sondern von Liebe geprägte Verbindung zwischen dem Opfer und den Opfernden.

Dieser Akt der Liebe stand vermutlich Pate für die zahlreichen Legenden von Liebe und Verrat an Sonnenkönigen, wie ihn *Blodeuwedd, Kriemhild, Gwenhwyfar* oder *Morgaine* begehen. Der Ehebruch, der *Morgaine* oder andere Göttinnen angelastet wird, soll die Fruchtbarkeit der Erde sichern. Sexualität ist somit ein gewichtiges Thema des Kornfestes.

Lammas leitet sich ab von *Hloaf-Mass* (Brotfest / Brotweihe), soll aber ebenfalls der Name einer alten Kornmutter sein. Man sieht in *Lammas* (Brotmutter), eine alte angelsächsische, manchmal keltische Göttin, vergleichbar mit der jüngeren *Kornmuhme*, die das Feld gegen ungebetenen Besuch verteidigt und dafür sorgt, daß bei der Ernte auch Pausen eingehalten werden.

Die Figur der *Korngöttin* oder *Kornmuhme* ist auf der ganzen Welt bekannt. Die Europäer kennen sie, die Indios und ebenso gibt es sie auf dem afrikanischen Kontinent. Je nach Getreideart nennt man sie *Maismutter, Hirsemutter* oder *Weizenmutter*. Im Englischen ist sie die *Corn Hag*, die Ahnin, die Freigiebigkeit, aber auch den Schlaf des Todes bringt. In Deutschland kennt man sie als *die Alte* (manchmal *der Alte*), *Flachsmutter, Hafermutter, Roggenmuhme, Harkemai* oder *Gute Frau*. Im vorchristlichen Litauen verehrte man die Roggenmuhme als *Rugio Boba*, die *Alte im Korn*. Identitätslos als *Kornmutter* oder *Kornmuhme* bewacht sie das Getreide und hilft den Schnittern bei der Ernte.

Seitdem die alten Götter zu Dämonen und Teufeln wurden, mutierten beinahe alle Erd- und Fruchtbarkeitsgöttinnen zum Schreckgespenst der *Roggenmuhme* oder *Kornmuhme*, der Kinderscheuche im Feld. Betrachtet man den Lauf der Geschichte, wird die Gestalt der *Kornmuhme* zunehmend ambivalent. Sie kann hilfreich sein oder die Ernte behindern, straft aber nur den, der das Getreide nicht achtet. Einmal ist sie die gütige *Kornmutter*, dann wieder ein übler *Korndämon*, was vermutlich auf die Ergiebigkeit der Ernte oder Einflüsse der etablierten Religionen zurückzuführen ist. Schwarze Pädagogik machte, um spielende Kinder aus den Feldern zu verbannen, die Kornmutter zu einem in den Feldern hausenden Dämon. Die harmlose Variante besagt, dass die Kornmuhme Kinder, die das Getreide niedertreten, in Blumen verwandelt. In der anderen Variante sterben diese Kinder im Kornfeld einen grausamen Tod. Diese erzieherische Maßnahme (das Einpflanzen von Angst) war über Jahrhunderte hinweg beliebt, wirkungsvoll, machte nicht viel Mühe und bescherte der Obrigkeit stets ein leicht zu regierendes Volk.

Bei allen Erntefeiern spielte die letzte Garbe eine ebenso bedeutende Rolle wie die erste. Die letzte Garbe war als Dankesgabe der Kornmutter oder dem Korngeist vorbehalten. Die erste Garbe hingegen erntete man schweigend oder im Rahmen einer Zeremonie. Sie wurde gedroschen, gemahlen und zu einem Laib Brot verbacken. Dieses erste Brot aus dem Getreide des neuen Jahres symbolisierte den Leib des Korngottes und verlieh der Menschheit nicht nur symbolisch neues Leben.

Daneben war man davon überzeugt, die erste Garbe wäre von einem Geist, dem *Korngeist*[27] (oder Korngott), bewohnt, den die Schnitter mit ihren Erntearbeiten in seiner Ruhe störten. Dieser Geist, aus dem später ein Dämon wurde, musste nun von Reihe zu Reihe fliehen, bis ihm als Zuflucht nur noch die letzte Garbe blieb, in der er dann gefangen war. Auf diese Weise wurde die Seele des Feldes in die letzte Garbe gebannt.

Diese letzte Garbe mit der ihr innewohnenden mächtigen Wesenheit wurde meist nicht geschnitten, sondern als Opfer an die Götter mit der Bitte um Fruchtbarkeit stehen gelassen. Andernorts erntete man die letzte Garbe und setzte sie als Strohpuppe bei Erntefeierlichkeiten mit an den Tisch. Sie wurde als „Der Alte" bezeichnet, oder im Hinblick darauf, dass sie oft als dicke, fruchtbare Frau gedacht wurde, „Die Alte" oder „Die Großmutter", vergleichbar mit der *Corn Hag*. Manchmal bildete sie auch die erste Saat des neuen Jahres. Die Schnitterin der letzten Garbe nannte man *Braut*, *Garbenbraut* oder *Erntekönigin*, den Schnitter im Gegenzug *Bräutigam*. Auf dem Feld verkörpern noch heute Strohpuppen einen Mann und eine Frau als Sinnbild von Fruchtbarke t.

Die Ahnen opferten die letzte Garbe *Sleipnir*, dem sagenhaften Hengst Wodans, des Wilden Jägers. Sie war ein Ernteopfer, um einerseits die Schöpferkraft nicht auszubeuten und sich andrerseits die Fruchtbarkeit *Friggas*, der Erde, zu sichern. Auch wurden vielfach Garben mit ins Haus genommen, um im Winter die Vögel zu füttern. Aus Getreidegarben, Blumen und Kräutern flocht man Erntekränze und Erntekronen. Ein alter Bindezauber, bei dem (Sonnen-/Sommer)Energie und Dankbarkeit mit in die Arbeit einflossen. Daneben dienten die Flechtarbeiten der Korngöttin als Winterquartier.

Das *Lammas-Fest* kann man feiern wie *Lugnasadh*, mit Brot, Brotsegen und Kornpuppen, man könnte aber auch ein anschließendes Elementenritual ausführen, bei dem man den Elementaren seinen Dank ausspricht, denn ohne Wasser, Sonnenfeuer, Luft und Erde zum Wachsen würde nichts auf dieser Welt gedeihen. Denkbar wäre ebenfalls, sofern die Möglichkeit besteht, selbst ein wenig Getreide anzupflanzen und die letzte Garbe, beziehungsweise, wenn es wenig ist, einen Halm als Haus und Opfer für den Korngeist stehen zu lassen.

📖 **Wissenswert**: *Garbe* bedeutet in der Übersetzung soviel wie „die Heilende" und beweist unzweifelhaft den Wert, den das Getreide für die frühen Menschen gehabt haben muss.

---

[27] In diesem Zusammenhang kennt man den *Kornwolf* oder *Kornfuchs*. Fuhr der Wind in Wellen durch das Getreide, sagte man *der Fuchs geht durch das Korn*. Kinder wurden gewarnt, der Fuchs säße im Feld. Dieser Fuchsgeist sollte in der letzten Garbe verbleiben (*de Voss sitt drin, holt em fast*). Daher bezeichnete man die letzte Garbe selbst als „Fuchs".

Die Kirche machte aus dem 1. August einen Unglückstag, an dem nichts begonnen werden sollte und deutete diesen Tag um in den Fall *Luzifers* (Morgenstern), der wie *Lugh* ebenfalls ein Lichtbringer war, vom Himmel in die Hölle. Im Grunde beschreibt es den herbstlichen Niedergang des Lichtes.

Historisch überliefert ist ein römisches Fest, bei dem die Götter *Maia Augusta* und *Mercurius Augustus* verehrt wurden.

Der **13. August** gehört der römischen *Diana*, der jungfräulichen Jägerin, Göttin des Mondes, des Wildes und der freien Natur. Einige Quellen nennen den 15. August und ordnen den 13. der Göttin *Hekate* zu.

In Wales war der **15. August** der Festtag von *Arianrhod*, der großen Weberin. In Deutschland kennt man ihn als *Maria Himmelfahrt*, in einigen Gegenden als *Kornmuttertag*. In der christlichen Tradition wird Maria an ihrem Todestag in Form der *Ährenkleidmadonna* oder *Kornmutter* als Beschützerin der Feldfrüchte verehrt. Einige nehmen an, dass damit ältere Erntefeste wie das *Haustblót* überlagert wurden.

Da nun alles reift und gedeiht und auch Kräuter noch einmal ihre größte Kraft entfalten, ehe sie verblühen, kennt man ihn als *Kräuterweih* oder *Wurzelweihtag*. Kräuter und heilkräftige Blumen wurden zu teils riesigen Büscheln oder Sträußen gebunden und den Winter über aufbewahrt. Ein Büschel muss mindestens sieben und kann bis zu 99 verschiedene Kräuter und Gräser / Getreide enthalten. Dazu gehören, um nur einige zu nennen, Hafer oder Wildhafer, Königskerze, Borretsch, Goldrute, Kamille, Frauenmantel, Melisse, Rainfarn, Wermut, Raute oder Thymian.

In den Kräutern steckte nun die Kraft des Sommers, die mit allerhand Riten bewahrt werden sollte. Häufig wurden sie in der Kirche gesegnet und im Anschluss mit nach Hause genommen. Bei Bedarf (Krankheit, Unwetter, Feuer) bereitete man daraus Medizin, vergrub die entsprechenden Kräuter (Fruchtbarkeit, Ernte, Ertrag) oder verbrannte sie (Unwetter, Krankheit).

An diesem Tag beginnt ebenfalls der *Frauendreißigst*, eine hohe Zeit der Heilerinnen, Priesterinnen, aber auch der „gewöhnlichen Frau", die sich der Gaben der Natur bedient und sie zu Ölen, Auszügen oder anderen Essenzen verarbeitet. Diese Zeit geht bis zum 8. September. Ganz langsam neigt sich nun auch der Hochsommer seinem Ende zu.

Mit dem **24. August** enden die *Hundstage* und es beginnt merklich zu herbsteln. Im Alpenraum wird das Vieh von den Hochalmen auf die Niederalmen getrieben.

Der **27. August** wird als Geburtstag von *Isis* angesehen, ihre Schwester *Nephtys* wurde am **28. August** geboren.

September

Wie viele andere Monate wurde auch der September doch recht phantasielos nach seinem Platz in der Reihenfolge der Monate benannt: Das lateinische *septem* bedeutet „sieben". Die Ahnen waren da einfallsreicher. Sie kannten ihn vor allem als *Skeiding* oder *Scheiding* („dahinscheiden / sterben" oder „scheiden / unterscheiden" der warmen Jahreszeit von der kalten) und *Herb(i)stmanoth* / *Harvestmanoth* (Erntemonat) oder *Fruchtmonat*. Man nannte ihn auch *Herpsten, Hjerstmoanne* oder *Erster Herbst*, allesamt Umschreibungen für die Ernte, denn der September ist der letzte Erntemonat, in dem alles eingefahren sein muss, ehe der Winter Einzug hält[28]. Auch das *Haustblót* (Ernteopfer / Herbstopferfest) steht als Erntefest in enger Beziehung zum September.

Das Feiern zum Abschluß der Ernte im August oder September (seltener später) mit erlesenen Köstlichkeiten und gutem Wein ist eine sehr alte Tradition, die ihren Anfang nahm, als die Menschheit sesshaft wurde. Einen Teil der Ernte brachte man den Göttern als Opfer dar. Ein anderer wurde arrangiert, vorgeführt, bewertet und anschließend verarbeitet. Noch heute gibt es zur Erntezeit zahlreiche Wettbewerbe und Ausstellungen, werden Erntekronen, Kräutersträuße und Blumenkronen gebunden. Bezeichnungen wie *Havermaend* oder *Gerstmaend* weisen darauf hin, daß einst zu dieser Zeit, viel später als heute, das letzte Getreide geschnitten wurde. *Witumanoth* oder *Holmanoth* verweisen auf Holzarbeiten und das Sammeln von Holz, während *Herbst(th)ing* andeutet, daß der September ein Monat war, in dem Zusammenkünfte abgehalten wurden.

Mit dem September, beziehungsweise dem *Altweibersommer*, beginnt für viele Menschen die wohl schönste Zeit im Jahr, eine geradezu magische Zeit, in der überall Pilze aus der Erde sprießen und verblassende Sommerblumen an die Flüchtigkeit der Zeit erinnern. In Wald und Feld stellt die Natur das Gleichgewicht wieder her und bereitet sich auf eine lange Ruhepause vor.

Zaghaft breitet sich ein bronzefarbener Schimmer aus, der schon bald die Blätter an den Bäumen golden, kupferrot und ockerfarben leuchten lässt. Der Himmel ist so blau wie sonst nur in der kühlen, klaren Frühlingsluft, aber nun ist es ein tiefgründiges und sattes Blau. Prall und glänzend schimmern schwarze Brombeeren und rote Hagebutten in den Hecken. Sonnengelbe Quitten reifen in der Spätsommersonne. Mehr und mehr ähnelt die Landschaft einem Ölgemälde.

---

[28] Das deutsche Wort Herbst, abgeleitet von *Haust* oder *Herbist,* benennt (wie das englische *Harvest*) eigentlich die Ernte, beziehungsweise die *Erntezeit* im dreigeteilten Jahreskreis der Germanen und umfasst die Wochen, in denen die meisten Früchte reifen und es in der Natur langsam leer und kalt wird.

Der Herbst nähert sich mit großen Schritten und bedeckt Feld und Flur mit seinem wallenden Nebelmantel. Auf fein gewobenen Spinnennetzen glitzert der morgendliche Tau. Die Dunkelheit schleicht sich immer früher in den Tag und lässt die Abende länger werden. Zugvögel sammeln sich für ihre Reise in den wärmeren Süden, und langsam wird es still in der Natur. Von der Sonne ausgeblichene Gräser rascheln im leichten Windhauch. Trauer liegt über allem, geküßt vom Hauch der Vergänglichkeit.

Der Herbst hat etwas Eigenes, etwas Verwunschenes. Diese mystische Zeit, in der die Tage noch mild sind, während die Nächte langsam kühler werden und Tautropfen sich auf Spinnennetzen sammeln; in der die Schreie der Wildgänse durch die klare Luft hallen oder vom dicken Nebel verschluckt werden, zieht viele Menschen in ihren Bann. Sie beginnt ab Mitte September und erstreckt sich, je nach Wetterlage, bis in den Oktober hinein. Die Ursache ist ein meist jährlich auftretendes Festlandhoch über Osteuropa, das den Mitteleuropäern einen verlängerten Sommer beschert.

In Deutschland kennt man diese Wochen als *Altweibersommer*, *Flugsommer* oder *Indianersommer*, wobei die beiden ersten Bezeichnungen auf die feinen Spinnfäden zurückgehen, die nun überall zu finden sind. Bei den Germanen herrschte der Glaube vor, es seien die Haare alter Frauen, welche diese beim Kämmen verloren hatten. Anderen Überlieferungen zufolge sollen sie vom Gespinst der Nornen stammen. Tatsächlich jedoch gehören diese Fäden jungen Spinnen, die sich von warmen Aufwinden über das Land tragen lassen, um anderswo eine neue Heimat zu finden.

Die Bezeichnung *Altweibersommer* geht auf das 17. / 18. Jahrhundert zurück und hat vermutlich zwei Wurzeln: Zum einen das Wort *weiben* für das „Knüpfen" oder „Spinnen" (der verknüpften Spinnfäden) und zum anderen das silberne und feine Haar alter „Weiber" - ein Ausdruck, der nicht immer ein Schimpfwort war. Die Christen nannten die zarten Fäden später *Marienhaar*, *Mariengarn* oder *Marienseide*. Als Ursprung der Fäden wird die Jungfrau Maria angeführt, die mit vielen tausend Jungfrauen über das Land geht, um es mit Seide zu überspinnen. Maria ist damit die Nachfolgerin der Mondspinnerin *Holda*. Man nannte die zarten Fäden auch *Herbst-* oder *Sommerseide*. Sie galten als Glücksbringer und Boten für gutes Wetter. Einige bezeichnen die Zeit der Spinnfäden als *Hohe-Frauen-Zeit der Götti*n, die über die Fluren wanderte, um die Seelen der Verstorbenen nach Hause zu holen, damit der (Lebens-)Faden weitergesponnen werden konnte.

📖 **Wissenswert**: Eine besondere Stellung unter den Pflichten, die der Winter mit sich brachte, nahm das Weben und Spinnen ein. Rituell bannte man dadurch seine Wünsche, Träume und Hoffnungen in den Stoff oder das Stück, das entstand. Heutige Flecht-, Kordel- oder Knotenzauber, die dazu dienen, bestimmte Gedanken oder Eigenschaften einzufangen und mit anderen zu verflechten, haben im Weben ihren Ursprung.

Das *Weiben* (spinnen / weben) und *wicken* (wahrsagen, zaubern, manchmal binden und flechten) sind zwei Dinge, die beinahe untrennbar mit dem Herbst und der Weisen Alten verflochten sind. Auch das englische *witch* für Hexe leitet sich vom Wort *wicce / wicca* ab. *Das Weben war eine magische Erfindung, es war Schöpfung. Frauen nannten die Göttin oft auch die Große Weberin. Kette und Schuss war das Gleichnis für Männliches und Weibliches. Grableintücher wurden nicht eingefasst, damit die Große Weberin weiterweben konnte... ein neues Gewand.* (Eluan Ghazal, Schlangenkult und Tempelliebe)

Der September wird oft als „Mai des Herbstes" bezeichnet. Während es im Mai aber *schon* blüht, blüht es im September *noch*, und die Blüten sind keine Frühblüher sondern die letzten Nachzügler. Trotzdem ähneln sich die beiden Monate, denn bei moderaten Temperaturen ist es warm und die Stimmung entspannt und fröhlich. Sind im Mai Frühblüher in allen Regalen zu finden, wird es ab September langsam Zeit für die erste Herbstdekoration. Bunte Drachen, Sonnenblumen, Kürbisse und Vogelscheuchen tummeln sich nun in den Läden und läuten die Zeit der Erntedankfeste ein. Es wird kälter und die Menschen rücken dichter zusammen. Allmählich müssen Vorbereitungen für den Winter getroffen werden. Zahlreiche sommerliche Tätigkeiten finden jetzt ihren Abschluss: Pumpen werden abgebaut, Blumenzwiebeln ausgegraben und frostempfindliche Stauden abgedeckt. Auch der moderne Mensch, der nicht mit der Ernte beschäftigt ist oder Nahrungsmittel für die kalte Jahreszeit verarbeitet, sondern sie im Supermarkt kauft, muss sich dennoch auf die kalten Monate einrichten und tauscht vielleicht die Sommerkleidung gegen die Winterkleidung - oder kramt die dicken Decken hervor.

Thema im September – Vergänglichkeit

Der Herbst erinnert die Menschheit alljährlich schmerzlich an die Endlichkeit aller Dinge, daran, dass alles Sterbliche in seiner jetzigen Form auf der Bühne des Lebens nur einen einzigen Auftritt hat, ehe es wieder im Dunkel der Zeit verschwindet. Auf der Welt herrscht ein ständiges Kommen und Gehen. Imperien erscheinen auf der Bildfläche und verschwinden wieder. Organisches stirbt und verfault, Eis schmilzt, Gebäude verfallen. Und alles, vom größten Dinosaurier bis hin zur kleinsten Amöbe, ist ein Teil der Geschichte, die das Leben schreibt.

Tod und Verfall sind allgegenwärtig. Sie begegnen jedem Menschen jeden Tag in ganz banaler Gestalt. Sei es die Ruine eines alten Hauses am Stadtrand, der Komposthaufen des Nachbarn, oder nur der faulende Apfel am Wegesrand. Etwas vergeht, damit etwas Neues nachkommen kann - und es wäre vermessen zu glauben, alles, was vergangen ist, würde durch etwas Besseres ersetzt.

Der biologische Prozess ist relativ simpel: Mikroorganismen, die rund 90 % der Biomasse auf der Erde ausmachen, zerstören organisches Material und wandeln es zu anorganischer Materie um. Wasser ist in dieser Hinsicht besonders „schädlich", denn es enthält besonders viele Mikroben und löst Strukturen nachhaltig auf (auch der Mensch besteht zu einem großen Teil aus Wasser).

Je nach Blickwinkel kann es grausig, friedlich oder sogar schön sein, die Endlichkeit aller Dinge zu erleben. Meistens hat der Mensch jedoch ein recht eindimensionales und ziemlich morbides Interesse an der Sterblichkeit, das sich nicht zuletzt in Horrorfilmen und Schockfotos äußert. Dargestellt wird *der böse Tod, das nächliche Grauen, die Wiedergänger, Zombies* und *Blutsauger*, alles, was für einen behaglichen Schauer und Gänsehaut sorgt. Doch nur der Mensch empfindet Grauen beim Anblick des Todes oder dessen, was aus toten Dingen wird. Aasfresser (wie die Maden) hingegen profitieren vom Tod. Vieles kann nur leben, weil etwas anderes stirbt und im Tod Nährboden für neues Leben wird. Auf der anderen Seite muss alles auf dieser Erde Leben nehmen, um selbst leben zu können.

Vor allem das große Sterben im Herbst erinnert den Menschen alljährlich an die eigene Endlichkeit, zumal er selbst kein Qualitätsprodukt ist, das die Jahrhunderte unbeschadet übersteht. Jeder einzelnen Zelle ist vorgegeben, wie oft sie sich teilen darf, ehe sie sich zerstört. Seit Jahrhunderten arbeiten Forscher daran, den Menschheitstraum von der Unsterblichkeit zu erfüllen, ungeachtet dessen, dass immerwährendes Leben auch immerwährenden Stillstand bedeuten würde. Doch selbst wenn die Menschheit eines Tages einen Weg finden sollte, unsterblich zu werden — das Universum ist es nicht.

Die meisten Menschen beschäftigen sich erst dann mit ihrer eigenen Sterblichkeit, wenn sie direkt mit dem Tod konfrontiert werden. Die Vergänglichkeit ist mittlerweile zum Störfaktor geworden in einer lauten und leistungsorientierten Welt. Was nicht funktioniert, wird aussortiert, beim Menschen der Druck solange erhöht, bis die gewünschte Leistungsfähigkeit erreicht ist. Wo das nicht gelingt, oder die Leistungsgrenze überschritten ist, wird auch der Mensch oftmals regelrecht „entsorgt".

Zwar fördert die Wegwerf-Gesellschaft mit Sollbruchstellen immer mehr kurzlebige Verbrauchsgegenstände, die immer mehr Müll verursachen, doch das, was die Endlichkeit tatsächlich ausmacht, wird von der Gesellschaft beinahe vollständig ausgeblendet. Sie ist alt, unnütz, unproduktiv. Es gibt dort keinen Platz für Jugend, Elan, Fortschritt oder Wirtschaftswachstum. Im Gegenteil findet hier alles sein Ende. Doch aus dieser Endgültigkeit erwächst auch immer neues Leben. Totes erzeugt neuen Lebensraum, wird besiedelt, tröstet, bietet Basis und Schutz.

Vielleicht muss man ein Leben gelebt haben, um den Herbst tatsächlich schätzen zu lernen, den Wandel und die Veränderung, die er mit sich bringt, die Erkenntnis, dass nichts auf dieser Welt ewig Bestand hat und auch nicht haben darf, da Stagnation einen immerwährenden Todeszustand bedeuten würde. Mit Sicherheit braucht es eine gewisse Lebenserfahrung um zu erkennen, dass alles auf der Erde endlich und nur geliehen ist und eines Tages im Tod oder im Zerfall seine Erfüllung finden muss. Er ist der Teil des Lebens, der seinen Fortbestand sichert.

Eng damit verbunden ist die Erkenntnis, dass man Altes oder Vergangenes nicht zurückbringen kann. Man kann es aufwendig erhalten, restaurieren oder erneuern, doch meistens verliert es dabei seine „Seele", während etwas völlig Neues entsteht. Dennoch neigt der Mensch dazu, Dinge zu bewahren, die längst vergangen sind, aus Gewohnheit, Angst oder einfach aus einem Gefühl der Nostalgie heraus. Gepresste Blumen bewahren das Andenken unbeschwerter und längst vergangener Kindertage, verblichene Fotos halten Erinnerungen an schöne Zeiten lebendig. Und in der Tat besitzen viele Dinge aus der Ferne betrachtet einen nostalgischen Charme, so wie Vieles rückblickend romantisiert wird. Aber je näher man kommt, desto mehr entgleitet das Bild, bekommt einen schalen Beigeschmack und will nicht mehr so recht in die jetzige Zeit passen.

Arbeiten Sie in den ersten Herbsttagen mit den Ahnen oder der Ahnengöttin, um den tieferen Sinn der Endlichkeit zu verstehen. Erfreuen Sie sich an schönen Erinnerungen, wissend, dass diese Zeit vergangen ist und nicht zurückgeholt werden könnte, ohne an Reiz zu verlieren. Räumen Sie dabei auch den unschönen Erinnerungen einen Platz ein und Zeiten, denen Sie keinesfalls hinterher trauern, denn auch diese haben dazu beigetragen, den Menschen zu formen, der Sie heute sind.

Vielen Menschen erlaubt ein bewusster Rückblick ein bisschen mehr Vertrauen in den Kreislauf des Lebens mit der Einsicht, dass nichts für immer hierbleiben kann, kein wohliges Gefühl, kein schöner Moment und auch kein Lebewesen. Dass man es ziehen lassen muss, damit es nach Hause gehen und verwandelt zurückkehren kann.

Tipp: Wer einen Garten hat, kann alljährlich Zeuge der Magie des Vergehens werden. Natürlich nur, wenn er auf das penible Aufräumen verzichtet und das Verblühte nicht abschneidet – was ihm auch sein Garten danken wird, denn eine Blätterdecke schützt die Beete vor allzu strengem Frost. Bäume und Sträucher bieten außerdem allerlei Frucht- und Rindenschmuck für die bunte Jahreszeit. Wer dann genau hinsieht, wird bemerken, dass alle Blüten und Blätter im Farbspektrum zwischen Braun (Erdverbundenheit, Geborgenheit) und Schwarz (Mystik, Dunkelheit des Todes / Kosmos´ / der Unterwelt, Unergründlichkeit) enden, was interessant ist, denn die Farblehre assoziiert beide Farben mit Endlichkeit und Abschluss, dem die Wiederkehr folgt, die oftmals schon als grünlicher Schimmer auf den abgestorbenen Pflanzenteilen liegt.

Der Mond im September

Still gleitet der Mond über leere Felder und hüllt alle in ein fahles Licht, die ohne Deckung umherstreifen. Dunkle Schatten verfinstern sein rundes Gesicht. Die ersten Wolken ziehen am klaren Himmel auf, ruhig und langsam, aber bestimmend. Von diesem Tag an wird der Regen nicht mehr warm sein, sondern herbstlich kühl. Veränderung liegt in der Luft, die noch mild ist, aber schon ein Frösteln verursacht. Die Blätter an den Bäumen sind nicht mehr kraftvoll und grün. Wann immer der bleiche Schein über sie hinweg wandert, lockt er schon ein wenig von dem goldenen Schimmer hervor, der an den Spitzen glänzt. Zum Ende des Sommers zieht die Natur ein Kleid in warmen, sanften Tönen an und verblasst langsam, während am Morgen der erste Tau auf den Wiesen glitzert.

Der Septembervollmond wird als *Wildmond* oder *Jägermond* bezeichnet. Im festen Glauben, daß nicht der Jäger das Tier niederstreckte, sondern das Tier sich aus freien Stücken opferte, bat man die Mondgöttin, die wilde Jägerin, um ein gutes Gelingen und einen schnellen Tod für das Wild [29].

Dieser Vollmond markiert den Übergang vom Leben zum Tod. Wie das Mabonadh-Fest stellt er für einen kurzen Augenblick ein Gleichgewicht der Kräfte her. Seine Lektion besteht darin, Zuversicht zu wecken, Vertrauen in den Kreislauf des Lebens, in dem alles heilig ist und ein Recht auf Leben hat. Der Septembermond gibt das Versprechen ab, dass alles was stirbt, eines Tages wiedergeboren wird. Zum Vollmond im September werden deswegen hauptsächlich Rituale ausgeführt, die Zuversicht, Gleichgewicht, Rhythmen und Zyklen beinhalten.

Weinrebenmond (Ernte)

Wie der September steht der Weinrebenmond in enger Beziehung zur Ernte und hat zwei wesentliche Merkmale. Fülle, Überfluß und Feste kennzeichnen die ihn beherrschenden Energien. Er ist ein sehr sinnenfroher, lebensbejahender Mond, der von einer intensiven, fast kindlichen Freude beseelt wird, die allen zu Eigen ist, die voll und ganz im Leben stehen. Die Feste des *Dionysos* oder *Bacchus* sollen allesamt unter dem Mond des Weinstockes stattgefunden haben. Im Licht des Weinrebenmondes scheint die Zeit still zu stehen, so daß es nicht einfach ist, aus all dem Überschwang heraus überhaupt an ein Morgen zu denken.

---

[29] Der moderne Jäger, der unter dem Deckmantel von „Hege", „Bestandsregulierung" und „Naturschutz" das Töten von Lebewesen als Freizeitbeschäftigung, Sport oder gar zur Entspannung betreibt - das massenhafte und meist sinnlose Abschlachten von Leben womöglich noch als *Kultur* versteht -, ist das Produkt einer postfeudalistischen, anthropozentrischen, maßlosen und naturentfremdeten Welt und hat den ursprünglichen Sinn der Jagd, nämlich sich und den Seinen durch das Blut anderer Lebewesen das Überleben zu sichern, nicht wirklich verstanden.

Die andere, stillere Seite des Weinrebenmondes ist der Ausklang, der ihn beschattet. Die Fülle weicht dem Mangel, das Leben dem Vergehen. Im Weinrebenmond gibt es einen kurzen Moment perfekter Harmonie, in dem sich beide Seiten in vollkommenem Gleichgewicht befinden.

Weinreben und Weinstöcke im allgemeinen gelten als Sinnbild für Ausgleich und Übergang, aber auch für Fülle und Wachstum. Da Wein zum Wachsen eine Wirtspflanze oder eine andere Stütze, braucht, diese aber – anders als Efeu oder andere Kletterpflanzen – nicht umbringt, ist er eine Pflanze, an die sich alle wenden können, die etwas über harmonisches Zusammenleben und Eintracht erfahren wollen.

Der Weinstock verfügt über ein großes Maß an Verständnis, welches er mit denen teilen möchte, die sich darauf einlassen. Er ist der beste Lehrer für Themen wie Unvoreingenommenheit, Neutralität, Eintracht, in Einklang mit etwas zu leben, oder Harmonie ins Leben zu bringen. Der Weinstock, der seinen Wirt genau kennt, ist außerdem der beste Ansprechpartner, wenn es um Intuition und Menschenkenntnis geht. Zwischenmenschliche Schwierigkeiten und Entfremdung werden häufig mit Hilfe der biegsamen, aber nicht erdrückenden Weinrebe behoben.

Die beiden Runenmonde im September

Zeitgleich mit der Finsternis, die der Welt einen neuen Mondlauf bringt, flammt *Kaunaz* auf. Kaunaz oder *Ken*, wie die Rune oft genannt wird, steht stellvertretend für ein Licht in der Dunkelheit, aber auch für Feuer und Wärme, sowie Inspiration und Geistesblitze. Sie verkörpert das äußere und innere Feuer. Und alle drei Deutungen, so unterschiedlich sie auch sein mögen, sind enger miteinander verbunden, als es auf den ersten Blick scheint.

Die Rune paßt bestens zum September, den Tagen des ausklingenden Sommers, in denen die Wärme sich nach und nach ins Erdinnere zurückzieht und die Tage kürzer werden. Kenaz ist hier nicht nur das Licht in der hereinbrechenden Dunkelheit, sondern findet sich auch in den zahlreichen Feuern, die wieder früher und länger brennen als in den vergangenen Wochen. Waren die Straßen nur Tage zuvor an lauen Sommerabenden noch voll, ziehen viele Menschen es vor, die kühler werdenden Abende zu Hause zu verbringen. Als Folge des Rückzugs, denn das Leben spielt sich nun wieder vermehrt innerhalb von Häusern und Wohnungen ab, bleibt mehr Zeit für Kreatives, für neue Ideen und Projekte.

Künstlerisch tätige Personen können aus Kaunaz ein großes Maß an Inspiration schöpfen, Magier bitten die Rune um Willenskraft. Auch ist das Feuer von Ken hilfreich zur Transformation. Wann immer Veränderungen herbeigeführt werden sollen, kann Kenaz eingesetzt werden. Darüber hinaus wird die Rune mit dem Feuer der Leidenschaft sowie sexuellem Verlangen in Verbindung gebracht.

Auf den Kopf gedreht wird aus dem inspirierenden Feuer ein zerstörendes. Die Folgen sind nicht unmittelbar zu spüren, sondern offenbaren sich fast unmerklich in geistiger und spiritueller Unfruchtbarkeit. Kunst verkommt zu purem Kommerz. Kreativität wird abgewürgt oder in vorgegebene Bahnen geleitet. Für Phantasie gibt es keinen Platz. Einst geachtete Tätigkeiten verkommen zu brotloser Kunst, so dass Ziele nicht verwirklicht werden können.

Unter dem Licht des vollen Mondes galoppiert die Pferderune *Ehwaz* durch alle Straßen, um der Menschheit zu versichern, daß auch künftig alles in Bewegung bleiben wird, damit Althergebrachtes dem Erneuerten Platz machen kann. Stillstand bedeutet immer auch Stagnation oder Rückschritt, ein Zustand, den Ehwaz brechen kann. Ehwaz bedeutet ständige Veränderung und ist alles andere als der ruhende Pol nach dem viele suchen. Aber die Zwillings-Rune ist ebenfalls geprägt von Treue und Vertrauen, von zwei verschiedenen Komponenten, die sich ergänzen und eine Einheit bilden, manchmal ohne einander nicht existieren könnten. Reiten zum Beispiel bedeutet immer die Einheit von Mensch und Tier. Daher will Ehwaz dem Menschen nicht zuletzt auch das Verhältnis *zu* und vor allem die seine Abhänigkeit *von* allen tierischen Mitgeschöpfen bewusst machen.

Als schnelle Boten standen Pferde in enger Beziehung zur Unter- oder Jenseitswelt, sie trugen die Seelen nach Hause und konnten Reisende von der sterblichen Welt in die Anderswelt und wieder zurück bringen. Die Beziehung beruhte auf Loyalität und Vertrauen und glich seit jeher mehr einer Partnerschaft als einem Verhältnis aus Befehlsgeber und Befehlsempfänger. Auch die *Fylgja* tritt häufig in Pferdegestalt auf.

Daneben verkörpert die Rune vor allem Diplomatie und Fingerspitzengefühl, wozu nicht nur eine gewisse Geschicklichkeit beim Verhandeln gehört, sondern insbesondere auch das Talent, im zwischenmenschlichen Bereich die richtigen Töne zu treffen.

In spiritueller Hinsicht repräsentiert Ehwaz die eigene Motivation und Antriebskraft, und niemand würde sich selbst prügeln, um diese zu steigern. In der Welt der Materie kündigt Ehwaz Veränderungen, Fortschritt, Reisen, Transporte oder andere Wechsel an. Auch ist sie eine Rune der Fruchtbarkeit und sinnlicher Erfahrungen.

Dreht man die Rune herum, erhält man nicht nur Mißtrauen und Reibereien. Beziehungen gleich welcher Art fehlt es an Ausgewogenheit. Verhandlungen laufen durch falsche Wortwahl ins Leere, Streitereien wiegeln sich auf, weil niemand nachgeben will. Geschäftskontakte kommen zum Stillstand und wichtige Projekte werden auf Eis gelegt.

Spirituelles im September

Der September ist auch heute noch der letzte Erntemonat. Was im Frühling (materiell wie spirituell) gesät wurde, wird spätestens jetzt eingefahren, ehe der Winter kommt. Die Menschen sind nun empfänglicher für Inspiration und Geistesblitze. Ideen finden neuen Raum und ihnen wird mehr Aufmerksamkeit geschenkt.

Nach der Hektik der vergangenen Wochen bringt der September auch eine erholsame Atempause. Er markiert die Zeit des Gleichgewichts zwischen Licht und Schatten und ist eine gute Gelegenheit, sich zurück zu ziehen, um die Gedanken zu ordnen - oder vor dem Winteranfang neue Kräfte zu sammeln. In einer Zeit, die von Abschied geprägt ist, können die Menschen ein letztes Mal ausgelassen und sorglos sein, ehe der lange Winter anbricht. Doch mit der eingebrachten Ernte schleicht sich auch der Gedanke an Vergänglichkeit ins Leben, im Gepäck die enttäuschende Lektion, daß alles im Leben seinen Preis hat – und der Preis des Lebens ist der Tod. Nicht der böse Tod, wie er immer dargestellt wird, sondern der dunkle Tod, der mit Ruhe und Regeneration einhergeht.

Schlechtes wie der Tod, Rückzug, Ängste, Wutgefühle und Trauer sind in der nördlichen Hemisphäre unglaublich negativ behaftet, es darf nicht existieren. Die Folge sind Verleugnung und Verneinung der „dunklen" Seiten des Lebens. Alles auch nur ansatzweise Negative wird geflissentlich ausgeblendet. Derjenige, dem Schlechtes widerfährt, hat nur nicht positiv genug gedacht und muss folglich an seiner Einstellung arbeiten, was viele Menschen, die erkrankt sind, oder bei deren sich einfach kein Erfolg einstellen will, unter enormen Druck setzt.

Und genau da zeigt sich die Problematik des propagierten „positiven Denkens"[30]: Wer nur noch positiv denken will, ist gezwungen, Erfahrungen und Gefühle zu negieren. Eindrücke müssen manipuliert werden, um ins Weltbild zu passen, was zu einer Scheinwelt, unkritischer Denkweise und im schlimmsten Fall zu fehlendem Realitätsbezug führt, denn es fehlt der nötige Realismus.

---

[30] Für Vertreter des positiven Denkens, beziehungsweise der Theorie des Resonanzgesetzes (Gleiches zieht Gleiches an), funktioniert die Psyche wie ein Computer, den man beliebig umprogrammieren kann. Was dabei herauskommt, ist: reiner Selbstbetrug, eine Art „naivpositives magisches Wunschdenken", mit dem alles machbar sein soll, wenn man nur fest genug daran glaubt und die Realität ausblendet. Kritik und Zweifel sind unerwünscht, also werden Kritiker mundtot gemacht. Anstatt sich mit Sorgen, Ängsten, Zweifeln oder negativen Gefühlen auseinanderzusetzen, blendet man sie aus und verliert so allmählich die Fähigkeit zur (Selbst-)Reflexion. Situationen werden nicht mehr realistisch eingeschätzt. Jede Erfahrung, jede Krise und sei sie noch so schlimm, wird als Chance gedeutet. Weil Gedanken angeblich das Leben bestimmen und negative Gedanken Negatives anziehen sollen, wird auch von anderen entrüstet gefordert, *nicht einmal daran zu denken.* Immer mehr wird das positive Denken mit seiner Denkzensur zur kollektiven Wahnvorstellung, zur Realitätsflucht, zum Religionsersatz einer unkritischen, angestrengt gut gelaunten Gesellschaft und ihrer Alles-ist-möglich-wenn-ich-nur-will-und-alles-Unangenehme-ausblende-Prediger.

So wenig wie immer nur Frühling sein kann, sollte ein aus dem Ruder gelaufener Optimismus das Leben bestimmen. Ein wenig Melancholie, Selbstzweifel und Weltschmerz sind sicher nicht die Vorstufe zu handfesten Depressionen. Wenngleich Rückzug und der Wunsch nach Einsamkeit in einer Gesellschaft, die auf Konsum, Vergnügen und Geselligkeit aufgebaut ist, mittlerweile einer Geisteskrankheit gleichkommen, ist beides doch mit einem ungestörten Frieden verbunden, den man nicht beim Feiern oder inmitten irgendwelcher Vereinsaktivitäten findet. Wer dem stillen und schweigsamen Menschen eine mangelnde Sozialkompetenz bescheinigt und glaubt, die Menschen daran hindern zu müssen, sich zurückzuziehen, indem er sie mit Konsum und ständiger Berieselung durch verschiedene Medien abzulenken versucht, trägt damit nicht zuletzt zur immer weiter um sich greifenden Perspektivlosigkeit und Unzufriedenheit bei, die sich letztendlich in den Frustkäufen des Konsumismus äußert.

Viele Menschen befinden sich in einem besonderen Gefühlszustand, der sich nur im Herbst feststellen lässt, eine Mischung aus tiefer Ruhe, freudiger Erwartung und auch Angst vor der dunklen Jahreszeit, den tiefen Gefühlen, die sie bereithält. Auf der Schwelle zum Winter entscheidet der nächste Schritt über die Reise ins Ungewisse, denn anders als im Frühling liegen dahinter das Sterben der Vegetation, Schmerz, Verlust und viele Wochen voller Kälte und Dunkelheit. Es gilt, seinen Fuß bewusst über diese Schwelle zu setzen und alles Unerfreuliche hinter sich zu lassen, mit dem Wissen, dass dahinter nicht unbedingt Tod und Schaden lauern müssen, sondern die dunkle Jahreszeit auch eine Zeit der geistigen Reife, der Ruhe und Besinnlichkeit sein kann. Eine Zeit um auszuruhen, Kräfte zu sammeln und über Vergangenes zu reflektieren.

Freuen Sie sich an dem, was Sie erreicht haben oder ernten konnten. Finden Sie heraus, was Sie noch brauchen, um gut über den Winter zu kommen, und was einen Abschluss finden muss, um den Ablauf der Jahreszeiten nicht zu stören. Lassen Sie das enden, was keinen Sinn mehr hat, führen Sie hingegen alles weiter, was auf fruchtbaren Boden gefallen ist und vielleicht nur noch „überwintern" muss und bereiten Sie die Dinge vor, von denen Sie sich Erfolg erhoffen.

Erntedank

Das Erntedankfest ist keine Erfindung der Kirche, seine Wurzeln reichen viel weiter in die Vergangenheit zurück, als man gemeinhin annimmt. Im Norden werden als Ursprung Erntefeste wie *Lugnasadh* oder das *Haustblót* angesehen. Der vereinende Grundgedanke aller Erntefeste war Dankbarkeit für die Schätze der Erde, die einer tiefen Verbundenheit mit der Natur entsprang. Dazu kam der Respekt gegenüber allem Lebendigen, sowie selbstverständlich die Anerkennung und Würdigung der harten Arbeit, die der Ernte vorausging. Allesamt Eigenschaften, die der modernen Gesellschaft deutlich abgehen. Viele Dinge des täglichen Lebens, darunter vor allem die Nahrungsmittel, werden ohne Dank und ohne Respektsbezeugung als selbstverständlich hingenommen. Mit jeder Generation geht außerdem mehr Wissen verloren. Häufig wissen Kinder nicht einmal mehr, dass man Kartoffeln ausgraben muss, dass die Beeren für die Marmelade zuvor gepflückt werden müssen, dass Brot aus Getreide entsteht, welches vorher geerntet und gedroschen werden muss – und dass die Gewinnung nicht nur Arbeit macht, sondern auch von der Witterung und anderen Umständen abhängig ist.

Dennoch ist das Brauchtum rund um das Erntedankfest nicht nur im bäuerlichen Leben außerordentlich lebendig geblieben. Vielerorts gestaltet man die Feste sehr pompös, mit Erntekronen, Ernte-Rädern, Prozessionen und Umzügen. Doch auch im Privaten findet sich ein Moment, die Gaben der Natur zu würdigen. Vielleicht schon im Juli bei einem ersten Spaziergang durch die wogenden Getreidefelder, mit einem Dank an das Korn dafür, dass es die Menschen im Winter gut versorgt.

Dekorieren Sie zum eigentlichen Fest mit herbstlichen Früchten, Blättern, Ranken, Erntekörben und anderen Dingen in gedeckten Farben. Verräuchern Sie Düfte, die mit Vergänglichkeit assoziiert werden, wie Eichenmoos, Patschuli oder Vetiver. Verabschieden Sie im Rahmen einer kleinen Zeremonie die Früchte dieses Jahres. Die Zeit des Keimens und Wachsens ist nun, mit der Ernte, unwiderruflich vorüber. Die Beeren an den zunehmend kahlen Sträuchern werden wirklich die letzten sein, ihnen folgen keine, die gerade nachkommen und noch reifen müssen.

Danken Sie den Elementen und der Erde, die den Früchten, dem Korn oder dem Gemüse das Wachstum ermöglicht hat. Sie ehren damit den Boden, der den Wurzeln Halt und Nahrung bietet. Haben Sie einen Garten, ist dort alles gewachsen, weil Sie es gesät und sich darum gekümmert haben. Hätten Sie das nicht getan, wären die Pflanzen vielleicht in der Sonne vertrocknet oder von anderen Gewächsen überwuchert worden, woran der Boden als Grundlage nicht viel hätte ändern können. Sie können auch dies (Ihre harte Arbeit) würdigen.

Vielleicht möchten Sie das Fest mit einem Gang über die Stoppelfelder ausklingen lassen, um sich auf den Abschied einzustimmen, oder stellen in der herbstlichen Dunkelheit flackernde Rübenlaternen auf, mit denen Sie die ersten *Nachtreiter*, die zurückkehrenden Ahnen, begrüßen.

Moderne Heiden feiern Erntedank in der Regel zur herbstlichen Tagundnachtgleiche.

Feste und Feiertage im September

Das **Ende der Getreideernte** markiert die *Sichelhenke*, ein Abschlußfest, das Ende August oder Anfang September gefeiert wurde. Mit dem Aufhängen der Sicheln war die Erntezeit vorbei und der Herbst konnte kommen.

Der **1. September** ist zwar kein Feiertag, aber dennoch im Bauernkalender ein wichtiger Tag. Er gilt als *Wetterlostag*, mit dem der Herbst beginnt.

Zwischen dem **6.** und **12. September** (immer an einem Montag) wird in England der *Abbots Bromley Horn Dance* begangen, ein Hirschtanz, der sich bis ins Mittelalter (ca. 12. Jhd.) zurück datieren lässt und offenbar sehr viel ältere Wurzeln hat. Mit diesem Tanz sollte das Jagdglück beschworen werden. Das Alter der verwendeten Rentier- und Hirschgeweihe wird zum Teil auf 1000 Jahre geschätzt. In der älteren Mythologie wandelt sich der laubbedeckte Grüne Mann (der Sommerkönig) wieder zum Gehörnten (Winterkönig). Der Wächter der grünen Wälder legt sich schlafen, während der Hirschgott, der Hüter der wilden Tiere, die Menschheit durch die Monate der Dunkelheit, der Kälte und der Leere begleitet.

Den **8. September** kennt man als *Kleiner Frauentag*. Er fällt in die Zeit, in der die Zugvögel zum Überwintern in wärmere Gefilde fliegen. Vegetationsmagisch wird in einem kleinen, persönlich gestalteten Erntedankfest um Schutz für das eingebrachte Korn gebeten. Dafür werden unter anderem Kornähren verteilt oder am Scheunentor angebracht.

Mit der Herbsttagundnachtgleiche (Herbstäquinoktium), dem *Mabon / Mabonadh - Fest* vom **21.** bis zum **23.September**[31] beginnt die Zeit der langen Nächte und das große Sterben nimmt seinen Anfang. Die ersten Blätter fallen, und eine spürbare Kühle kündigt den Herbst an. Stille senkt sich auf das Land, während am fernen Horizont ein bleicher Mond erscheint. Zum zweiten Mal im Jahreskreis sind Tag und Nacht gleich lang, ehe die Sonne sich mehr und mehr entfernt. Mabonadh markiert einen Augenblick im Jahr, der den Ausgleich zwischen Sommer und Winter schafft und in dem sich alles in der Natur im Gleichgewicht befindet, ehe die Veränderung einsetzt. Interessanterweise regiert gleichzeitig zur Balance des Festes das Sternzeichen der Waage.

Im Jahreskreis liegt Mabon dem Fest der Ostara gegenüber. Was jedoch im Frühling mit der keimenden Saat begann, ist nun beendet. Die Ernte ist eingebracht und alle Kräfte, die bisher in die Welt hinaus strömten, treten den Rückzug an. Sie richten sich nach innen, und auch Rituale, die den inneren Frieden oder die innere Kraft stärken, gewinnen an Kraft.

---

[31] Über das genaue Datum der Herbsttagundnachtgleiche herrscht Unklarheit. Der 21. September würde sich dem Muster der Sonnenfeste anschließen, die astronomische Tag-und-Nachtgleicht sowie der kalendarische Herbstanfang jedoch fallen auf den 22. / 23. September.

Im Wicca bereitet der (Korn-)Gott sich nun auf den Abschied vor. Er akzeptiert seinen Opfertod und nimmt Wärme und Licht mit sich. Sein Schatten allerdings lebt weiter, bis er an Samhain endgültig in die Unterwelt eingeht, um wiedergeboren zu werden. Die andere Deutungsvariante besagt, daß der (Sonnen-)Gott nun merklich schwächer wird und dem Tode immer näher kommt. Er erwartet sein Ende, während das Diesseits die *Dunkle Mutter* willkommen heißt. In Gestalt der Kornmuhme zieht sie ein letztes Mal über die leeren Felder und verschwindet in den Nebeln der Anders- oder Unterwelt, um sich dort um die Seelen der Dahingeschiedenen zu kümmern. Sie ist die Urmutter, die sich nun der Sterbenden annimmt. Auf der anderen Seite trägt sie bereits das neue Leben in sich.

Der Grüne Mann legt sich in diesen Tagen schlafen. Sein Bart wird gelb und seine Blätter verwelken, je mehr sich die Vegetation zurück zieht. Seinen Platz übernimmt der Hirschgott, der gehörnte Herr der Tiere, der die Welt durch eine Phase der Kälte, des Mangels und des Todes geleitet.

Ein zweites Mal wird auch der *Kampf der Könige* thematisiert. Der *Dunkle Zwilling* tritt gegen seinen *Lichten Bruder* an. Doch jetzt ist es der Sonnengott oder Eichenkönig, der unterliegt und sein Reich an den Wintergott, beziehungsweise den Stechpalmenkönig, abtreten muß. Die beiden Könige symbolisierten die Kontraste Licht und Finsternis, Sommer und Winter, Wärme und Kälte, Ernte und Brache, *nicht* Gut und Böse, Rein und Unrein, Engel und Dämon. In einem immerwährenden Zyklus lösten sie einander ab, und keiner war schlechter oder besser als der andere. Auch die Wintergeister waren keine bösen, dämonischen Mächte. Sie verkörperten gemeinhin die Kälte oder in Bezug auf die kalte, dunkle Zeit des Jahres das, was den Menschen Schaden zufügte, wie Krankheit, Hunger oder Schwäche und vor dem man sich zwar zu schützen versuchte, es aber dennoch als Teil der Welt verstand und annahm.

Erst in den letzten Jahrhunderten ging man dazu über, die alten Mächte als „Das heidnische Böse" zu definieren, das danach trachtete, dem Menschen zu schaden. Häufig waren es auch lediglich die „inneren Dämonen", denen man mit Kränzen, Amuletten oder Sprüchen entgegen trat.

Winter, Kälte und Dunkelheit waren ebenso ein Teil des Lebens wie der Sommer mit seinem Licht und seiner Wärme, nur war das Leben nun um Längen härter. Einige dieser Energien, etwa die kalten und rauen Wintergeister, werden lediglich als negativ empfunden und gehören im Grunde genommen wie die Pflanzengeister zu einem vollständigen Jahreskreis. Aber soweit ist es an Mabon noch nicht. Zunächst einmal stehen das Geschenk der Ernte und Danksagungen im Vordergrund.

Im Wicca steht die Zeit an, Eide und Schwüre zu erneuern. Da zugleich eine Phase der Rückschau beginnt, vergewissern sich viele, was erreicht wurde und ob sie diesem Weg weiterhin folgen wollen.

Ritualgegenstände werden gereinigt und mit neuer Energie aufgeladen, Besen gebunden und geweiht. Auch Vorbereitungen für die dunkle Jahreszeit, darunter Ahnenarbeit, Tancearbeit oder Traumreisen, nehmen einen großen Raum ein. Viele treten ganz bewusst den *Gang in die Dunkelheit* an.

Das Herbstfest

Wenn die Blätter sich bunt färben und im milden Herbstlicht in warmen Farben leuchten, wenn feine Nebelschwaden über das Land ziehen und die Spinnen sich auf die Reise machen, ist die Zeit gekommen, ein uraltes Fest zu feiern. Ein Fest der Freude und der Dankbarkeit und gleichzeitig ein Fest der Traurigkeit, denn die Ernte ist so gut wie vorüber. Die meisten Felder sind leer, die Früchte eingelagert oder verarbeitet. Mit dem Ende der Weinlese kommt auch das Ende der fruchtbaren Zeit. Das Leben verlagert sich von draußen nach drinnen und die ersten Herbstfeuer werden entzündet.

Mabonadh / Mabon ist ein Schwellenfest und liegt als Gegenstück im Jahreskreis dem Ostara-Fest, der Frühlingstagundnachtgleiche, genau gegenüber. Tag und Nacht sind gleich lang und halten sich die Waage, doch anders als im Frühling ist dieser Moment vollkommener Balance, dieser Zwischenzustand (Sommer / Herbst, Tag / Nacht, sterbliche Welt / Anderswelt), im Herbst viel deutlicher spürbar. Es ist ein Atemzug jenseits der Zeit. Auf den Jahreskreis übertragen ist die Herbsttagundnachtgleiche ein Synonym für die Dämmerung, den Augenblick zwischen Tag und Nacht im großen Abendrot der Jahreszeiten.

Der Sommer ist vorbei. Es beginnt eine Reise in die Nacht, ins Innere, das Reich der Ahnengöttin, der Erdmutter, die alle neuen Samen in der Finsternis ihres Leibes birgt. Ein alljährlicher kleiner Tod im großen Sterben. Nicht umsonst beinhalten zahlreiche Herbstfeste die Themen Tod, Ahnenverehrung und Wiedergeburt. Mehr als jedes andere Fest, *Samhain* ausgenommen, bildet das herbstliche Erntefest eine Brücke oder Nahtstelle zur Anderswelt, wo die Geister der Vorfahren sich zu regen beginnen.

Geht es im Frühling um Fülle, Wachstum, Fruchtbarkeit und Zeugungskraft, begegnen einem im Herbst Rückzug, Sterben, Loslassen und Wandlung. Das verzehrende Feuer des Sommers weicht dem kühlen herbstlichen Wasser, dem Regen oder feinen Dunst. Der Sommer wird verabschiedet, während gleichzeitig der Herbst ins Land zieht, um seinen Zauber zu verbreiten. Von den Tümpeln und Weihern, den Senken und Gräben erheben sich erste silbergraue Nebelschleier. Die letzten Beeren leuchten blauschwarz und orangerot im sich verfärbenden Laub, und Pilze schießen geradezu über Nacht aus dem Boden. Wenn der Nebel sich auflöst, leuchten Tautropfen auf den Spinnweben zwischen den Gräsern.

Das Jahr befindet sich in einem ruhigen Fluss, der es langsam ausklingen lässt. Es herrscht eine harmonische, sanfte Energie. Die Natur hat damit begonnen, sich zurückzuziehen und stimmt sich allmählich auf eine Zeit des Ruhens ein. Jegliches Wachstum wird nun beendet. Mit dem Fest der zweiten Ernte, der Ernte von Nüssen, Früchten und Pilzen, endet in der Natur die Vegetationsphase. Mabon markiert das Ende der Erntezeit.

Für die Menschen beginnt nach dem Verarbeiten der Ernte eine ruhigere Phase, in der noch einmal stolz auf das zurückgeblickt werden kann, was erreicht wurde. Kartoffelfeuer laden zum Stockbrotbacken ein, während erste Laternenfeste die lange Dunkelheit ankündigen, die sich senkt. Ein bisschen wehmütig nimmt man Abschied von der Wärme des Sommers.

Die Erträge wurden für den kommenden Winter eingelagert und die Menschen bedanken sich dafür mit Opfergaben bei der Erde, die alle Früchte hervorbrachte und den Göttern, die gutes Wetter und reichliches Wachstum ermöglichten. Feierlichkeiten beinhalten daher vor allem Dank für die Fülle der Ernte und die Fruchtbarkeit der Erde. Abhängig davon, was in der Region gedeiht, gibt es die unterschiedlichsten Feste (Weinlese, Kartoffelernte, Hopfenernte, Obsternte). Dabei wurde vor allem den Weinreben und Trauben eine besondere Bedeutung zugemessen, denn Mabonadh war seit jeher ein Fest, das eng mit dem Wein assoziiert wird. Untrennbar mit dem Fest verbunden sind außer dem Wein auch erste bunte Herbstblätter, späte Früchte, Herbstblumen – und nicht zuletzt Wildgänse und Kraniche, die in den ersten kalten Nächten sehr deutlich zu hören sind.

Daneben waren lange Zeit der Respekt gegenüber den Ahnen, sowie die Besänftigung unheilbringender winterlicher Mächte fester Bestandteil der Zeremonien. Ein letztes Mal vor der langen und entbehrungsreichen Zeit dankte man für die Gaben der Natur und opferte die schönsten Früchte, um Unheil abzuwehren und die Erde wieder fruchtbar werden zu lassen. Eine besondere Rolle spielten dabei die ersten und letzten Früchte, die häufig als Speise für die Naturgeister zurückgelassen wurden. Ehe die Technik dem Menschen das Reisen erleichterte, war es auch das letzte Mal vor dem langen Winter, dass alle zusammen kamen. Lange Reisen waren in den kommenden Wochen nicht mehr möglich. Verschiedene Rituale sorgten daher für Sicherheit, (Zusammen-)Halt und Zuversicht.

Nichtsdestotrotz ist Mabonadh das Fest der Fülle und des Überflusses und noch erfüllt von der mütterlichen Energie der Sommergöttin. Bekanntestes Symbol dieses Festes ist daher wohl das Füllhorn. Das magisch-mythische Füllhorn (*Cornu copiae*) aus dem endlos Nahrung quillt, erscheint häufig in Verbindung mit Fruchtbarkeitsgöttern. Viele dieser Götter haben gleichzeitig einen engen Bezug zur Unterwelt, was verdeutlicht, *wie* eng Leben und Tod beieinander liegen. Die keltische Göttin *Epona* trägt in ihrer lebensspendenden Funktion ein solches Horn.

Der Ursprung des Füllhorns wird in den Stierkulturen Kretas und Ägyptens vermutet, die den Hörnern der Stiere (und auch der Ziegen) eine ganz besondere Macht zusprachen. Die griechischen Götter bekamen ihr Unsterblichkeit verleihendes *Ambrosia* aus dem Horn der Ziege *Amaltheia*. Im nordischen Glauben ist es die Ziege *Heidrun*, aus deren Horn (seltener Euter) der lebenspendende Met quillt. Die Nordgermanen sahen das Trinkhorn als Verschmelzung des Weiblichen (dem Hornboden als Kelch) mit dem Männlichen (der Hornspitze als Phallussymbol). Bei vielen Methörnern gab es strenge Richtlinien, nach denen das Trinken zu geschehen hatte.

Ebenfalls an Mabonadh wird einer etwas in Vergessenheit geratenen irischen dreifaltigen Göttin gedacht, nämlich *Bo Dubh*, *Bo Find* und *Bo Ruadh*, der „schwarzen, weißen und roten Kuh", die, aus dem westlichen Meer kommend, die öde Insel in fruchtbares Land verwandelten. *Bo Dubh* ging nach Süden, *Bo Ruadh* nach Norden, während *Bo Find*, die „weiße Kuh", das Landesinnere ihr Eigen nannte, dort einem männlichen und einem weiblichen Kalb das Leben schenkte, die ihr Volk auf ewig ernähren sollten und anschließend in Begleitung ihrer beiden Schwestern wieder im Meer verschwand.

Die Bezeichnung *Mabon* für das Fest der Herbsttagundnachgleiche wird seit den 1970er Jahren verwendet und geht auf eine walisische Legende zurück (auch vermutet wird eine reine Wortschöpfung, zu der ebenso Mabonadh gehört). Der zufolge war *Mabon* (Großer Sohn) im Alter von nur drei Tagen spurlos verschwunden. Seine Mutter *Modron*, (Große Mutter), die Herrin der Erde und der Anderswelt, suchte verzweifelt nach ihm und versank schließlich in tiefe Trauer. Schlussendlich fanden ihn die am längsten lebenden, weisesten Tiere, Lachs, Adler, Amsel, Eule und Hirsch, im Bauch der Erde (der Unter- oder Anderswelt / Gebärmutter der Göttin) und befreiten ihn. So wurde Mabon als lichter Gott wiedergeboren. Später ging Mabon als Gott der Jugend, sowie als Jäger, Harfespieler und Begleiter von *Artus* in die walisische Mythologie ein.

Parallelen dazu finden sich im Mythos von *Kore* (Persephone) und *Demeter*. Nach dem Raub ihrer Tochter durch *Hades*, den Gott der Toten und der Unterwelt, war die Erdgöttin Demeter derart verzweifelt, dass sie auf der Erde nichts mehr wachsen ließ. Um nicht alles Leben zum Tode zu verdammen, musste Hades Persephone wieder freigeben, hatte ihr jedoch in der Unterwelt einige Granatapfelkerne zu essen gegeben, was zur Folge hatte, dass sie jedes Jahr die Zeit vom Herbst bis zum Frühling in der Unterwelt verbringen musste. Und alljährlich verfiel auch Demeter in Trauer, ließ im Herbst alles sterben und zum Frühling hin neu erblühen.

Das wichtigste Fest zu Ehren der Göttin Demeter, die *Eleusinischen Mysterien*, fand daher nicht im Frühling statt, sondern im Herbst. Es begann am 23. September und ging bis zum Monatsende.

Neukelten bezeichnen das Fest als *Alban Elued* oder *Eluen* (Licht über dem Wasser) im Sinne von Abenddämmerung oder Herbst. Alban Elued / Eluen ist eng mit der Anderswelt verknüpft, einem magischen Ort, der zwar Gefahren und Herausforderungen birgt, aber auch Stärke und Weisheit. Im Herbst meditieren daher viele Heiden, um ihre eigene Anderswelt zu betreten und gestärkt zurückzukehren. Anders als zur Frühlingstagundnachtgleiche, bei der man die Vögel willkommen hieß, verabschiedet man nun die Schwärme auf ihrem Weg in den Süden und bereitet sich auf die dunkle Jahreszeit vor. Türen und Fenster werden mit Herbstblumen und Kränzen geschmückt und Rituale zur Verabschiedung des Sommers durchgeführt. Nun ist die letzte Gelegenheit, die Geschäfte des Sommers zu beenden. Danach beginnt eine ruhige Zeit, in der die Vorbereitungen für den Winter getroffen werden.

Von den historischen Kelten hat sich – allein wegen der unterschiedlichen Reifezeit der Früchte - kein fest datiertes Herbstfest überliefert. Feierlichkeiten konnten also nicht auf einen festen Termin fixiert werden, sondern fanden statt, nachdem die Ernte komplett eingebracht war. Am nächsten kommt dem das irische *Blas an Fhomair*, ein festliches Mahl zum Ende der Ernte am 23. September.

Die Germanen brachten zur Tagundnachtgleiche, oft auch Ende September, das *Haustblót* (Ernteopfer) oder *Herbstblót* dar. Vielfach wurde es als *Herbstfest* oder *Herbstopferfest* bezeichnet, mit dem die Ernte offiziell abgeschlossen wurde. Oft wird es auch dem *Vetrnottablót* gleichgesetzt und auf einen späteren Zeitpunkt datiert. *Beda Venerabilis* erwähnt den Begriff *Hālægmōnath* (Heiligmonat) für den September, in den die Feierlichkeiten gefallen sein sollen und beschreibt eine Mischung aus Opferfesten und Thingversammlungen. Auch in verschiedenen *Sagas* wird ein herbstliches Opferfest erwähnt.

Man schmückte Türen und Eingänge mit Kränzen, band Garben und Erntekronen und dankte den Göttern für alles, was eingebracht werden konnte. Beherrschende Götter waren Thor, der die Bauern beschützte, Freyr und Freya, die dem Boden Fruchtbarkeit geschenkt hatten und Frigga / Jörd, der man für die Feldfrüchte dankte. Vielerorts wurde eine Kornpuppe, die den gestorbenen Korngott darstellen sollte, vergraben oder verbrannt. Man opferte außerdem Met, Milch, Feldfrüchte, Honig und Brot. Als kleine Aufmerksamkeit für die Götter und Geister ließ man die letzte Frucht am Baum hängen. Heute hingegen wird alles ratzekahl leergepflückt, die Hecken abgeschlagen, um mehr Boden zu bekommen und im Frühling immer noch ein kleines Stückchen Weg mehr untergepflügt. Daneben brannten allerorts Feuer. Mit gemischten Gefühlen wurde der Sommer verabschiedet und die dunkle Zeit erwartet.

📖 **Wissenswert:** Eine lokale Göttin, die mit den herbstlichen Erntefeiern assoziiert wird, ist *Tamfana* (Ernte-Spenderin / Verteilende), deren heilige Tage sich mit dem Haustblót deckten. Tamfana, auch *Tanfana* oder *Thambana*, war die Herbstgöttin der *Marser*, eines germanischen Stammes und die Gefährtin des Allvaters *Tiwaz*. Zuerst eine Mondgöttin, wurde sie später zur Leben gebenden Muttergöttin. Ihr Fest im September bildete das Gegenstück zur Nerthus-Feier im Frühling. Die Göttin ist identisch mit *Hludana* (die Vielarmige, Vielseitige), *Hlödyn, Huldr, Grund* und *Jörd* und verkörpert die herbstliche Ernte.

Die Herkunft des Namens ist nicht vollständig geklärt. Er enthält sowohl die Silbe ~ana für „Mutter" als auch ~tan für „Wasser", ~tanhuz für „stark" oder „Hügel", sowie das niederländische ~tange als Bezeichnung für eine Sanddüne, was einige zu der Vermutung veranlasst, Tamfana wäre keine Göttin gewesen, sondern die Bezeichnung für einen erhöht liegenden, heiligen Ort. Die meisten Hinweise deuten auf eine Erdgöttin mit einem starken Bezug zum Wasser hin, den beinahe alle Erdmütter aufweisen, weswegen Tamfana auch häufig als Variante der Göttin *Nehalennia* gesehen wird. Sprachforscher leiten Tamfana von der Göttin *Tanit* ab. Die Göttin gilt als Namensgeberin für die Tanne (holländisch *den Tanne* oder *Denneboom*) sowie den Vornamen *Tanneke*. Der Göttin *Tan* zu Ehren stand nahe der Ems ein Tempel, der von den Römern vernichtet wurde.

Der Frühherbst mit seinen kürzer werdenden, aber dennoch schönen Tagen, dem *Herbstequinox* und der Waage als herrschendes Sternzeichen verschafft allen Menschen die einmalige Gelegenheit, an ihrem inneren Gleichgewicht zu arbeiten. Moderne Heiden nutzen die frühe Dunkelheit, um zu meditieren oder Geistreisen zu unternehmen. Sie sehen nach innen, ziehen Bilanz, überlegen, was erreicht wurde, verschoben werden muß, oder ganz aufgegeben werden sollte und befreien sich von emotionalem Ballast.

Obwohl kein richtiges Feuerfest, ist Mabon nicht zuletzt auch ein Fest der Herdfeuer, die nun wieder brennen. Selbst den modernen Menschen, die weder Kamin noch Herd kennen, sondern an der Zentralheizung sitzen, bleibt nicht verborgen, daß der Herbst langsam spürbar wird und alle instinktiv vermehrt zusammenrücken. Es beginnt die kühle, dunkle und stille Zeit des Jahres. Die Kleidung wird dicker, je stürmischer und ungemütlicher sich das Wetter präsentiert. Wer es vermeiden kann, geht nicht hinaus, und so bleibt wieder Zeit zum Lesen, Basteln oder Klönen.

Um Mabonadh herum war es ebenfalls an der Zeit, die Weidetiere zurück in den Stall zu holen. Ein Brauch, der sich bis heute in teilweise sehr eindrucksvollen Prozessionen erhalten hat, wobei die Glocken nicht nur dazu dienen, das Vieh wiederzufinden, sondern in der christlichen Tradition gleichfalls Dämonen und böse Geister abhalten sollen.

Zahlreiche Landwirte behaupten hartnäckig, daß Kühe und Pferde nach dem dritten Oktober anfangen zu „wandern" und damit beginnen, aus den Weiden auszubrechen. Der Instinkt sagt ihren, dass es langsam Zeit wird, günstigere Orte aufzusuchen.

Das Herbstfest

Bezeichnungen: Herbstfest, Hopfenfest, Herbstopferfest, Haustblót, Alban Elued, Weinfest / Winzerfest, zweites Erntefest, Herbstäquinox / Herbstequinox, Erntedankfest (christl.), Haferfest

Symbole und Deko: Früchte, Getreide, Beeren, Blätter, Tücher, Kränze, Körbe, Erntekronen, Ernte-Räder, Efeu und andere Ranken, Füllhorn, Krüge

Farben: Braun, Korngelb, Dunkelgrün, Bronze, Violett, Aubergine, Brandorange, Dunkelrot, Kupfer und andere Herbstfarben

Bräuche und Rituale: Den Kornkönig begraben, die Sonne schlafen legen, Garben, Kornkränze und Erntekronen binden, Rückbesinnung, Umzüge / Laternenumzüge, Häuser und Höfe schmücken, Wein keltern, Weben

Datum und Schwellenzeit: 23. September / Abenddämmerung

Räucherwerk und ätherische Öle: Beifuß, Salbei, Eichenblätter, Eichenmoos, Vetiver, Patchouli, Nadelbäume

Geweihte Speisen: Wein, Weintrauben, alle Variationen an herbstlichen Früchten / Gemüsen

Götter und Göttinnen: Pomona, Karpo, Demeter, Persephone und Hades, Epona, Habondia, Mabon, Dionysos und andere Götter des Weines und der Freuden, alle sterbenden Götter, alle Erd- und Erntegöttinnen

Mabonadh-Weihrauch: Eichenmoos, Patchouli, Benzoe, Vetiver, Zeder zu gleichen Teilen

Bräuche zu Mabonadh

Mabonadh ist ein eher ruhiges Fest im Zeichen des ausklingenden Jahres, geprägt von Verlust und Vergänglichkeit. Türen und Fenster werden mit Kränzen geschmückt. Auch sollten Herbstblumen sowie einige bunte Blätter die Dekoration ergänzen. Während des Rituals oder in einer separaten kleinen Zeremonie werden später die ersten fallenden Blätter gesegnet.

Dekoriert wird vorwiegend in dunklen (Herbst-) Farben und mit allem, was die Natur hervorgebracht hat. Das können Garben oder Kornähren sein, das erste Herbstlaub, Herbstblumen, Herbstfrüchte, Eicheln, Efeu oder Samen. Verräuchert werden Myrrhe, Eichenmoos, Zeder, Sandelholz oder Salbei.

Der Tradition entsprechend reicht man an Mabonadh späte Früchte und Wurzelgemüse. Da die Zeit der „Schlachtfeste" beginnt, in der früher die Herden verkleinert wurden, kann auch Fleisch auf den Tisch kommen. Passende Beilagen zu Fleisch sind Herbstfrüchte wie Kastanien, Pilze, Beeren, sowie Orangen, Feigen und Exoten wie Kakis oder Mangos. Zitrusfrüchte passen gut zum Braten, süße Früchte wie Bananen sind zu Kurzgebratenem zu empfehlen.

Mit dem September beginnt ebenfalls die Muschelsaison. So sollten bei einem traditionellen Mabonadh-Mahl auch Meerestiere als Zeichen ewiger Fruchtbarkeit gereicht werden.

Ritualvorschlag

- Am 23. September gegen Abend mit einem Speise- oder Trankopfer beginnen. Der Altar wird mit herbstlichen Symbolen wie Herbstblühern, zum Beispiel Sonnenblumen, Kürbissen, Vogelscheuchen, Drachen[32] sowie Krügen, Ranken, Beeren, Kornkränzen, Kornpuppen, Eicheln und den ersten Herbstblättern dekoriert. (Vielleicht einige Pflanztische oder andere Tische mit verschiedenen Motiven aufbauen und den Altar selbst nur schlicht dekorieren).

- Passende Farben wären abgesehen von typischen Herbstfarben ein dunkles Rot und Violett, Farben, die ausdrücken, daß die das Fest beherrschende Magie sehr kraftvoll, aber eher spirituell und nach innen gerichtet ist. Wie schon zu Lammas werden außerdem gelbe und rote Kerzen aufgestellt und kleine Kornpuppen, Kränze, Garben wie auch Gebildbrot in Form von Gott und Göttin verteilt. Das Gebildbrot wird später dem Kleinen Volk geopfert, den Elfen und Feen, die sich nun zurückziehen. Auch nicht fehlen dürfen eine Figur der Muttergöttin, ein Kelch oder Krug mit Wein und ein Füllhorn mit Herbstfrüchten.

- Vor dem gemeinsamen Mahl wird (manchmal) rituell der Kornkönig der Erde zurückgegeben, was auch zu Samhain geschehen könnte. Denkbar wäre ebenfalls, ihn zu verbrennen oder den Winter über schlafen zu legen, damit sein Schatten sich lösen und auf den Weg machen kann.

- Das Herdfeuer rituell entfachen, denn die kalte Jahreszeit naht. Alternativ könnte eine Kerze angezündet werden, die alle den Winter über begleitet und im Frühling abgebrannt sein sollte.

---

[32] Die bunten Drachen, die heutzutage lustig ihre Kreise am Himmel ziehen, sollen einen mythologischen Hintergrund haben: Man glaubte, dass die Sonne in die Unterwelt hinabstieg, wo sie von Drachen (und Reiffriesen) gefangen gehalten wurde.

- Sämtliche Rituale sollten Dank beinhalten, einen Segen für die ersten fallenden Blätter oder das bildliche – aus Garn oder Kordeln - Verknüpfen aller Hoffnungen und Träume für den langen Winter. Auch könnte jeder überlegen, was er nicht mehr auf seinem weiteren Lebensweg dabei haben möchte und sich nach dem Fest davon trennen. daneben ist das Geben und Teilen ein wichtiger Bestandteil des Festes. Weil Mabonadh unter dem Zeichen der stillen, nach innen gerichteten Magie steht, können viele Aktionen schweigend ausgeführt werden.

- Zu Mabonadh gehört untrennbar ein gemeinsames Erntedankmahl. Speisen bestehen aus Pilzen und Herbstfrüchten wie Gemüsekuchen, Suppen und anderen Gerichten. Weil Mabonadh als Fest des Weines und der Lese gilt. sollte Wein nicht fehlen. Dazu den Tisch mit Trauben, Blättern, Beeren und Hopfendolden schmücken und die Göttin und den Gott cazu einladen, an dem Mahl teilzunehmen. Vor dem Essen wird über Getränke und Speisen ein kurzer Segen gesprochen, der ebenso Dank an die Göttin und den sich opfernden Gott beinhaltet.

- Im Gegensatz zu den anderen Festen klingt das Herbstfest meistens eher ruhig und besinnlich aus.

Da es die Zeit des Webens, Binders und Flechtens ist, könnte anstelle eines ganzen *Mabonadh-Rituales* jeder Teilnehmer ein Band flechten, in welches er für jedes wichtige Ereignis des vergangenen Jahres einen symbolhaften Gegenstand einbringt. Dasselbe gilt für das, was von der Zukunft erhofft wird. Dabei werden alle Hoffnungen und Vorstellungen auf die Arbeit projiziert.

Auf diese Weise sollen Dinge ins Leben „hineingewebt oder hineingeflochten" werden. Im Anschluss wird das fertige Band auf den Altar gelegt oder im Zimmer aufgehängt. Man könnte auch alle Bänder zu einem einzigen flechten, was eine Vereinigung aller Kräfte, Wünsche und Gedankenwelten darstellt.

Häufig wird auch der *Gang in die Dunkelheit* zelebriert, wissend, dass die Natur vor dem Wachstum eine Ruhepause einlegen muss. Dabei ist die (Tür-)Schwelle ein wichtiger Teil, denn sie symbolisiert den Übergang. In vielen Coven übergibt die Sommergöttin ihre Macht an die Wintergöttin.

Die besten Mabonadh - Rezepte

Zwiebeln mit Hackfleischfüllung

4 Gemüsezwiebeln (schälen, unten leicht begradigen und in Salzwasser ca. eine Viertelstunde bis 20 min köcheln, dann abkühlen lassen)

1 hartes Brötchen (einweichen)	1 Ei
500 g Hackfleisch	200 ml Weißwein

Senf, Salz, Pfeffer, Majoran oder Beifuß, Petersilie

Den Ofen auf 180 °C vorheizen. Das Gehackte mit dem ausgedrückten Brötchen, dem Ei, 1 Tl Senf, Salz und Pfeffer sowie den Kräutern verquirlen. Danach von den kalten Zwiebeln den Deckel abschneiden und vorsichtig mit einem Tl aushöhlen, bis ein ca. 1,5 cm breiter Rand bleibt. Die Hackmasse vorsichtig in die Zwiebeln füllen.

Das Innere hacken, mit dem Weißwein sowie 1 – 2 El Öl verrühren, mit Salz und Pfeffer abschmecken und in eine Auflaufform geben. Dann die gefüllten Zwiebeln hineinsetzen und zugedeckt ca. 40 min garen. Zuletzt die Deckel auflegen und warm werden lassen. Dazu Reis oder Kartoffelspalten reichen.

Schweinemedaillons in Bier-Pfefferkuchensauce

Pro Person 1-2 Medaillons	500 ml Braunbier
100 g Pfefferkuchen	2 Stangen Porree (würfeln)

Salz, Pfeffer, Koriander, 6 Lorbeerblätter, einige Pfefferkörner

Die Medaillons kurz von beiden Seiten in einer Pfanne anbraten, salzen und pfeffern. Den Porree im Bratfond ebenfalls kurz andünsten. Dann die Medaillons zusammen mit dem Porree auf ein tiefes Backblech geben, Pfefferkuchen und Gewürze hinzufügen. Zuletzt das Bier angießen und alles für 20 min bei 180 °C in den Ofen schieben. Den Fond (wenn zu dünn) mit etwas Mehlbutter binden.

Gebackener Spaghettikürbis

Den Kürbis halbieren, Kerne entfernen und mit Zwiebelringen, zerstoßendem Pfeffer, einer Zimtstange und Honig füllen. Wieder zusammenfügen, fest in Alufolie wickeln und im Ofen oder in Glut garen lassen. Der Spaghettikürbis gart gleichmäßiger, wenn die Schale rundherum mit einer Gabel eingestochen wird.

Der **28. September** ist der Festtag der griechischen Göttin *Baubo*, welche die um ihre verlorene Tochter trauernde *Demeter* aufheitert.

Der **29. / 30. September** war dem germanischen *Erntefest*, dem *Wodansblót* oder vielfach *Friggatag*, vorbehalten und wird dem *Haustblót* gleichgesetzt. Es wurde *Frigga* (*Nerthus, Njörd, Tanfana*) für die Ernte gedankt und der Besuch des Allvaters erwartet, der zur Erntezeit umherzog, um zu prüfen, ob jeder bereit war, ein wenig von dem abzugeben, was ihm gegeben worden war. Ein Reisender oder unerwarteter Gast wurde in dieser Zeit besonders liebevoll umsorgt. Darüber hinaus begann man damit, Speisen für die Angehörigen der *Wilden Jagd* vor die Tür zu stellen. Selbstverständlich lud man den Allvater auch zum *Haustblót* (Herbstopferfest) ein, bei dem reichlich aufgetischt und beim Gedächtnistrunk der Götter und Ahnen gedacht wurde. Odin weihte man das Erntebier, während seinem Pferd *Sleipnir*, dem Seelenführer, die letzte Garbe (die der Schnitter bei der Ernte stehen liess), das *Wudfutter*, angeboten wurde. Nach dem *Wotansblót* geleitete der Allvater das Totenheer der Wilden Jagd in den Herbststürmen wieder zurück nach Midgard, ins Diesseits, damit der Winter Einzug halten konnte.

Traditionell wurde gleichzeitig das große *Herbstthing* abgehalten, bei dem alle Dinge geklärt werden mussten, die man nicht mit in die dunkle Jahreszeit nehmen wollte. Damit zu Yule Friede herrschen konnte, wurden Aussprachen angeregt, Streitigkeiten und Prozesse vor dem Winter beendet. Bei Flurumgängen wurde dann das künftig zu bewirtschaftende Land zugeteilt und die Grenzen abgesteckt, denn in den nächsten Monaten würde die Witterung alle Zusammenkünfte unmöglich machen.

Die Kirche übernahm das Herbstfest als *Erntedankfest*, das am 29. September oder am ersten Sonntag nach diesem Datum gefeiert wird. Auch kennt man den Termin als *Kirchweih / Kirmeß* oder *Michaelifest* (*Michaelstag, Michaelmas*) zu Ehren des Erzengels *Michael*, der an diesem Tag den ehemaligen Lichtbringer *Lucifer* in die Hölle verbannt – eine auffällige Parallele zum Kampf der Könige. Einige trennen die beiden Feste in den Höllensturz Lucifers zu Lugnasadh und den Festtag des Erzengels Michael an Mabonadh. Da Michael außerdem als Richter und Führer der Verstorbenen auftritt, der die Seelen ins Jenseits geleitet, kann man davon ausgehen, dass der Erzengel hier den Allvater ersetzte.

Der Tag gilt darüber hinaus als Scheidetag, denn von nun an werden die Tage merklich kürzer: *Michael zündet´s Licht an und schneidet den Tag ab.* Die regional stattfindenden *Michaelimärkte* läuten die kalte Jahreszeit ein.

Aus dem Haustblòt wurde das *Erntedankfest*, beziehungsweise das *Martinsfeuer*, der Gedächtnistrunk zur *St. Michaels-Minne*. In Schottland kennt man den Tag als *St. Michaels Day*, bei dem Tänze zu Ehren der Cailleach aufgeführt werden, die nun wieder zum Leben erwacht, beziehungsweise von den Tänzern symbolisch zum Leben erweckt wird.

Da in vergangenen Zeiten das Bierbrauen den Sommer über unmöglich war und erst im kühlen Herbst wieder begonnen werden konnte, kennt man das Datum als *Biersilvester*, mit dem ein neues Braujahr begann.

Im Alpenraum beginnt die Zeit des Almabtriebs. Zum Dank dafür, den Sommer lebendig überstanden zu haben, wird das Vieh (ehemals nur die Leitkuh) herausgeputzt und mit Bändern, Papierrosetten, Glocken, Spiegeln, Blumen, Kräutern sowie immergrünen Pflanzen geschmückt. Vieles dient dabei der Abwehr von Unheil auf dem Weg ins Tal, insbesondere die Spiegel, die alles Unheil fernhalten sollten. Im Tal werden die Tiere vor dem Aufstallen zuerst dreimal um den Hof getrieben.

Oktober

Der Oktober wurde ebenfalls nach seinem Standort im römischen Jahr benannt, denn *octo* bedeutet „acht", woran auch die spätere Kalenderreform nichts ändern konnte, denn heute ist der Oktober der zehnte Monat. Im nordeuropäischen Raum hingegen gab es für den Oktober viele Namen, darunter *Wynmoanne*, oder *Winmanoth* (Weinmonat), *Windumemanoth* (Holzmonat), *Winterfylleth* (abgeleitet vom *Wintervollmond*, der den Winterbeginn anzeigt) oder *Dachsmond* wegen der bevorstehenden Jagd auf Dachse. Relativ jung ist die Bezeichnung *Gilbhart* (Vielgelb oder Gelbwald, abgeleitet von *gilben* für das sich verfärbende Laub).

Im Oktober, dem letzten Monat im Hexenjahr, siegen die langen Nächte merklich über die kürzer werdenden Tage. Immer früher setzt die Dämmerung ein, und immer später wird es im Gegenzug morgens hell. Dunkelheit legt sich auf die Welt. Gleichzeitig geht ein Frösteln durch die Natur. Mit kaltem Nieselregen und stürmischem Wind, der die Wolken über den Himmel treibt und an den Fensterläden rüttelt, zieht der Herbst alle Register.

Nebelschwer liegt die Endlichkeit auf den kahlen Feldern. Die Ernte ist eingebracht, und der Sommer hat sich schon lange verabschiedet. Nach und nach verlieren die Bäume all ihre Blätter. Kraniche und Wildgänse ziehen in Scharen über den wolkenverhangenen Himmel und verschwinden im grauen Nirgendwo. Auf den Straßen wird es nun merklich ruhiger, und auch die Biergärten und Gaststätten räumen die Bestuhlung von draußen wieder in den Keller. Alles zieht sich zurück und trifft letzte Vorbereitungen für die kalte Jahreszeit. Ein bisschen Wehmut mischt sich unter die Geschäftigkeit, denn mit den warmen Tagen ist es erst einmal vorbei.

Und dennoch ist die Zeit vor dem kalten Winter eine lustige und bunte Zeit, in der farbenfrohe Drachen am Himmel stehen und die Früchte der Ernte die Fenster zieren. Spätblüher erstrahlen im warmen Sonnenlicht, und die Bäume bilden einen Flickenteppich in warmen Gelb- und Rottönen. In Japan ist die herbstliche Farbenpracht der Göttin *Tatsuta Hime* gewidmet, die zum Herbstbeginn aus zahllosen Seidenfäden einen bunten Teppich webt, sich dann in einen Wind verwandelt und diesen hinwegfegt, damit die Menschen wissen, dass die Zeit der bunten Blätter und der Herbststürme gekommen ist.

Für eine große Zahl an Menschen ist diese bunte Zeit kurz vor dem Winter eindeutig die schönste im ganzen Jahr, die es zu genießen gilt. Möglicherweise ist es die Gewissheit, daß diese Pracht, die dem staunenden Beobachter ein derart intensives Erleben der sterbenden Vegetation gestattet, nur bis zum ersten Frost andauert. Wenn dann frühmorgens der erste Rauhreif auf Gräsern und Blättern glitzert und silbergraue Nebelfetzen die Welt in ein unwirklich anmutendes Dämmerlicht hüllen, ist ihr Schicksal besiegelt. Dann zeigt sich unmissverständlich, daß nichts in der Welt auf ewig in einer einzigen Form fortbestehen kann, sondern sich ständig verändern muß.

Nach der Ernte kehrt Ruhe ein. Die Fluren sind leer und liegen brach. Auf den Höfen werden die letzten Arbeiten erledigt und das Vieh spätestens Mitte Oktober von der Sommerweide nach Hause geholt. Immer öfter hängt am Morgen der Nebel als dicker, schwerer Schleier in der Luft. Mit ihm öffnen sich die Tore zur Jenseitswelt, was den Menschen die Zwiesprache mit den Ahnen erleichtert und ihnen eine Gelegenheit gibt, nach innen zu sehen, dem eigenen *Tanaiste, der dunklen Schwester* zu begegnen und Ängsten oder Aggressionen entgegen zu treten. Gemeinhin sieht man im Oktober einen Monat der Läuterung und der Besinnlichkeit, in dem die Vergänglichkeit des Lebens spürbar wird.

Vor einer großartigen Kulisse wie der Oktober sie bietet, dem Farbenrausch im goldenen Herbstlicht, den beinahe lautlos fallenden Blättern, der sterbenden Pflanzenwelt und den grauen Tagen verwundert es nicht, daß für vorangegangene Generationen das Jahr im Tod endete und die meisten Gedenktage und Ahnenfeiern in diesen Abschnitt des Jahres fallen.

Nach diesen goldenen Tagen wird es in der freien Natur allmählich winterlicher, regnerisch und ungemütlich. Mit dem Ostwind, der jaulend um die Häuser braust, zieht eine unangenehme und schneidende Kälte ins Land. Hin und wieder mischen sich zum Ende des Monats Oktober die ersten kleinen Schneeflocken unter die Regentropfen. Die Welt tritt ein in eine kalte, dunkle Phase, in der sich viele Menschen ungeachtet der fallenden Temperaturen und der langen Nächte ganz besonders beschützt und geborgen fühlen.

Die Menschen früherer Zeiten bereiteten sich auf den Winter vor, und ein letztes Mal bogen sich die Tische unter der Last der Köstlichkeiten. Schon bald genug würden die Mahlzeiten karg ausfallen, denn Mangel, Kälte, Krankheit und Tod waren im Winter oft an der Tagesordnung. Das unbeschwerte Leben des Sommers, die warmen Tage und lauen Nächte fanden mit dem ersten Wintereinbruch ihr Ende. Von nun an spielte sich das Leben in verräucherten Stuben ab. In der dunklen Jahreszeit wurde die Feuerstelle zum Pol des Lebens. Mit dem Entfachen der Feuer begann auch die Zeit des Geschichtenerzählens und häuslicher Arbeiten.

Thema im Oktober: Ein Buch der Schatten führen

Bücher der Schatten sind nicht zuletzt seit der Fernsehserie *Charmed* von einem Hauch des Unheimlichen und Geheimnisvollen umgeben. Dabei ist ein Buch der Schatten nicht spektakulärer als ein Tagebuch oder Traumtagebuch. Geprägt wurde der Begriff *Book of Shadows* vorwiegend von *Gerald Gardner*, dem „Begründer" der Wicca-Tradition. Aus diesem Grund sind es meistens Anhänger dieser Tradition, die ein Buch der Schatten führen.

Doch auch für Nicht-Wiccaner ist es durchaus sinnvoll, ein Tagebuch, eben ein Buch der Schatten, zu führen. Sei es, um auf Vergangenes zurückgreifen zu können, oder einfach nur, um ein Fortkommen in verschiedenen Bereichen überhaupt zu bemerken. Ein Buch der Schatten ist demnach in erster Linie ein Arbeitsbuch, in dem alles verzeichnet werden kann, was einem wichtig erscheint. Es wächst mit allen Arbeiten, die durchgeführt werden und ist jedem Lernenden ein unentbehrlicher Begleiter. Viele dieser Bücher enthalten den kompletten magischen Lebensweg ihres Besitzers. Darum wurden und werden Bücher der Schatten nicht selten zum Schutz ihres Inhaltes in Runen oder Geheimschriften verfasst.

Die überwiegende Mehrheit der Autoren legt ein persönliches Buch der Schatten an, das außer ihnen nur Familienmitgliedern oder engen Freunden zugänglich ist. Darüber hinaus besteht die Möglichkeit, als kompletter Zirkel ein solches Buch zu führen, in dem Rituale, Anrufungen, Zaubersprüche und andere Dinge verzeichnet werden können.

Im Handel sind überaus edel und geschmackvoll aufgemachte Bücher der Schatten zu bekommen. Jede normale Kladde, ein Block oder Arbeitsbuch sind aber ebenfalls geeignet, solange sie nicht in eine Lose-Blatt-Sammlung ausarten. Einige führen ihr Buch der Schatten am Computer, was zwar nicht sehr romantisch anrührt, aber durchaus praktisch ist, da gelöscht und eingefügt werden kann ohne Seiten herausreißen zu müssen.

Wie das Buch geführt und strukturiert wird, ist nicht zuletzt abhängig von der Richtung seines Besitzers. Wichtig ist, um nicht stundenlang blättern zu müssen, ein Inhaltsverzeichnis, das laufend aktualisiert wird. Sinnvoll sind anschließend Fachbegriffe, Symbole, magische Korrespondenzen sowie die Jahreskreisfeste. Darüber hinaus werden meistens Mixturen, eigene Rituale, Gedichte und Anrufungen verzeichnet. Häufig enthalten Bücher der Schatten zudem Anleitungen zu verschiedenen Arten der Magie, zum Beispiel Natur- oder Elementenmagie, Kerzenzauber, Mondmagie oder Zaubersprüche. Relativ oft werden sich auch Auflistungen, Rezepte oder Handarbeitsanleitungen darin finden. Auch Träume, Meditationen und / oder Visionen sollten schriftlich festgehalten werden.

Weiterhin kann ein Buch der Schatten Angaben zu Kräutern enthalten, wie Namen, Anbau, Pflege und Wirkungsweise. Außerdem Verwendungs-möglichkeiten, Verarbeitung und Rezepte. Ein Tipp zu Mixturen und Re-zepten: Um Kritzeleien zu vermeiden, verwenden Sie während der Ver-suchsphase ein Schmierblatt und notieren Sie in das Buch der Schatten nur noch das fertige Rezept inklusive Wirkung.

Ebenso können die verschiedensten Orakel im Buch der Schatten vermerkt werden. Bei Kartenorakeln sind es in der Regel die unterschiedlichen Le-getechniken, die ihren Weg ins Buch finden. Für astrologische Arbeiten empfiehlt sich vielfach ein Zeichenblock, auf dem außer Informationen auch Horoskope erstellt werden können. Runen wiederum werden oft-mals in Zusammenhang mit Inschriften und Runenmagie aufgelistet.

📖 **Wissenswert**: Obwohl beide einen ähnlichen Hintergrund haben, ist ein Buch der Schatten nicht gleichbedeutend mit einem *Grimoire*. Grimoires - vom französischen *Gramaire* - waren (wie die Bücher der Schatten) An-sammlungen von magischem Wissen. Ihre Blütezeit hatten sie vom Spätmittelalter bis ins vorletzte Jahrhundert. Inhalt waren unter anderem das Herbeirufen von magischen Wesenheiten, die Herstellung von Talis-manen, Anleitungen zur Astrologie, Rituale und Mixturen. Da sie auf christlichem Glauben aufgebaut waren, enthielten viele zudem ganze Lis-ten von Dämonen, Engeln und anderen christlichen Wesenheiten sowie abstrakte Formeln und biblische Zaubersprüche.

Der Mond im Oktober

Blutrot scheint ein praller Mond durch die dünnen Nebelschwaden. Undeut-lich und verschwommen, eher Geist denn fester Körper, wandert er da-hin, während unter ihm die Blätter sacht zu Boden schweben und die letzten Früchte von den Bäumen fallen. Jeder Luftzug ist nun kalt und schneidend und trägt das Unvermeidliche auf seinen Schwingen.

Der Wind singt ein klagendes Lied von Abschied und Vergehen, bläst gespensterhafte Wolkenfetzen zwischen Erde und Mond und reißt sie gleich darauf wieder fort. Wenn er sich legt, ist es ganz still im Angesicht des vollen Mondes, der sein Licht auf die die sterbende Welt wirft.

Der Vollmond im Oktober wird *Blutmond* genannt. Er erinnert an alle, die ihr Leben lassen mussten, damit etwas anderes existieren kann und ist geprägt vom Innehalten und Gedenken. Dieser Mond ist ebenfalls besonders mächtig und begünstigt Rituale, die mit Ahnen, Tod, Erinnerung und Kontinuität zu tun haben. Da der Oktober oft die ersten richtigen Nachtfröste mit sich bringt, bezeichnete man den Oktobermond in vielen Gegenden als *Reifmond*. Auch kennt man ihn als *Mond der fallenden Blätter* oder *Scheidemond*.

Eibenmond (Unsterblichkeit)

Mit dem Aufgehen des Eibenmondes werden die Menschen an Tod und Vergänglichkeit erinnert. Aber nicht allein das Sterben wird mit dem Eibenmond assoziiert. Vielmehr vereint er in sich Ende und Neuanfang. Obzwar dunkel, birgt der Eibenmond keinerlei Schrecken, denn er bringt die nötige Ruhe zur Regeneration. Dieser finstere Mond steht wie die Eibe, die ihm seinen Namen gegeben hat, zwischen dem Tod und der Wiedergeburt. Wenn der Eibenmond friedlich seine Bahn am Himmel zieht, geht ein Abschnitt endgültig vorbei und läutet damit den nächsten ein. Weil aber die Essenz all dessen, was ein Ende findet, niemals vergeht, sondern sich lediglich unablässig wandelt, verspricht der Eibenmond vor allem Unsterblichkeit.

Neben der Eiche war die Eibe einer der meistverehrten Bäume auf der Nordhalbkugel der Erde. Zwei Eiben zählten zu den Fünf Großen Bäumen Irlands. Die Germanen verehrten die „Nadelesche", *Yggdrasil* als Baum, der die Welten miteinander vereinte. Eiben galten als uraltes Symbol für Tod und Wiedergeburt – nicht zuletzt weil ihre Lebensdauer mehr als 4000 Jahre betragen kann. In der Mythologie werden sie eng mit Alter und Weisheit verbunden. Darüber hinaus sieht man in ihnen Schwellenbäume, die das Leben vom Tod und der Wiedergeburt trennen. Im *Ogham* vereint die Eibe das Wissen aller Bäume in sich, so dass sie aus einem schier unendlichen Brunnen an Kenntnissen schöpfen kann. Vielleicht, wenn sie höflich darum gebeten wird, läßt die uralte Eibenfrau den einen oder anderen Sterblichen an diesen Einsichten teilhaben.

Die beiden Runenmonde im Oktober

Den Neumond beherrschen *Thorns* chaotische Energien. Diese Nacht ist wie ein blinder Fleck, aus dem heraus sich alles genauso zum Guten wie zum Schlechten wenden kann, denn diese Rune verkörpert alle gegensätzlichen Kräfte.

Sie ist eine Rune der Extreme und wie ein Dorn, der sich in die bestehende Ordnung bohrt. Thorn oder *Thurisaz* regiert das Schattenreich und steht jenseits – vielleicht auch über - aller Ordnung. Die Dornenrune wird mit den mächtigen Kräften aller Urenergie wie auch dem Unbewussten assoziiert, mit intensiven Gefühlen, die nur sehr schwer zu kontrollieren sind. Thorn beschwört ein enormes Gefühlspotential, verspricht aber gleichzeitig Schutz und Rückendeckung. In einer Zeit, die gleichermaßen von Macht erleuchtet wie von Hindernissen beschattet wird, gilt es den Ausgleich zu schaffen oder zu finden und beide Kräfte ins Gleichgewicht zu bringen, um sich den Problemen zu stellen, damit man nicht eines Tages von ihnen beherrscht wird. Thorn kann jedem die dazu notwendige eiserne Willenskraft verleihen.

Thurisaz wird mit den Riesen (*Thursen*) assoziiert, die in der nordischen Mythologie einen sehr ambivalenten Charakter aufweisen und oftmals für physische oder mentale Unwetter sorgen. Die Rune ist außerdem eng mit dem Gott Thor verbunden, mit dem Thorhammer, der schützen oder zum Sieg führen kann. Ferner ist Thurisaz die Rune der Schmiede und Krieger. In der Magie wird die Rune zum Schutz eingesetzt oder dazu benutzt, Unerwünschtes und unerwiderte Liebe zu bannen oder zu vernichten. Bevor man mit Hilfe von Thorn jedoch alle winzigen Unannehmlichkeiten im Leben zu beseitigen versucht, sollte man sich im klaren darüber sein, dass man eventuell eine gewaltige Energie auf Nichtigkeiten richtet. So wenig ein Blitz sich zum Rösten von Brot eignet, sollten Kleinigkeiten mit Hilfe von Thurisaz beseitigt werden.

Ist die Zeit der Prüfungen überstanden, lächelt der folgende Vollmond schon freundlicher und vor allem ruhiger vom Firmament. Dieser Mond steht ganz im Zeichen von *Othalaz*, der Heimatrune. Othalaz oder *Odal* wird mit Rückzug übersetzt. Die Rune rät den Menschen, lieber zu Hause zu bleiben in einer Zeit, in der sich die Urmächte der Wilden Jagd zu regen beginnen und die Winterstürme sich auf die Reise machen. Ebenso verlangt Odal, alles Alte zu beenden, ohne die Erinnerung daran aufzugeben, denn manchmal kann das Alte eine starke Wurzel für Neues sein. Diese mächtige Rune vereint in sich Vergangenheit und Gegenwart, denn die Vergangenheit ist der Ursprung und das Erbe der Gegenwart.

Meistens wird die Rune mit Boden in Form von Besitz assoziiert, was nicht ganz richtig ist, denn Odal beschreibt nicht nur Heimat und Ländereien, sondern auch das Vermächtnis der Ahnen, das Sippenerbe. Neben materiellem Erbe beinhaltet dieses Vermächtnis vor allem Familienbande und spirituelle Verbindungen zwischen lebenden und verstorbenen Familienmitgliedern. Heimat muss daher nicht unbedingt ein Ort außerhalb sein, man kann sie auch tief im Inneren tragen. Das Wissen und die Erfahrung der Vorfahren kann ebenso kostbar sein wie ein Stück Land, auf dem eine Ölquelle sprudelt. Aus diesem Grund wird Odal häufig genutzt um Kontakt zur metaphysischen Welt aufzunehmen.

Diese zweite *Odin* zugeordnete Rune beschützt sowohl die Menschheit als auch ihr materielles und spirituelles Erbe, mahnt aber gleichzeitig an, daß alle Materie eines Tages dorthin zurückkehren muß, woher sie ursprünglich gekommen ist. Daher wird sie auch mit Verlust in Verbindung gebracht. Menschen ermöglicht sie die Rückverbindung mit den Vorfahren des eigenen Kulturkreises. Sterbenden oder Verstorbenen kann sie den Übergang ins jenseitige Reich erleichtern.

Othalaz findet durch ihre jüngste Vergangenheit gemeinhin wenig Beachtung, ist aber die Rune, die alle Menschen mit ihrem Ursprung verbindet. Kann diese Energie nicht mehr frei fließen oder wird durch eigennützige Interessen unterbrochen, sind die Folgen dramatisch: Werte verlieren an Bedeutung, Familienbande zerfallen, Kinder verwahrlosen.

Man sollte meinen, eine Umkehrung von Odal würde in Verfolgung und Fremdenfeindlichkeit enden, doch genau das Gegenteil ist der Fall. Auf den Kopf gedreht steht die Rune für Entwurzelung und Identitätsverlust. Die indigene Bevölkerung wird entweder vertrieben oder gezwungen, ihre Identität, Kultur, Religion und ihre Werte aufzugeben, um die eines anderen Volkes anzunehmen.

Gleichzeitig startet oftmals ein weiterer Prozess, bei dem die einheimische Bevölkerung allmählich durch Masseneinwanderung verdrängt wird. Während die Vertreibung ganz offensichtlich ist, vollzieht sich der Identitätswechsel nicht ganz so abrupt.

Nachdem von der Antike bis zur frühen Neuzeit die einheimischen Völker entweder dämonisiert (Barbaren / Heiden) oder als unzivilisiert (Wilde) dargestellt wurden, hat die Vorgehensweise inzwischen eine neue Ebene erreicht. Einem regelrechten Schuldkult[33] folgt eine Diktatur der Toleranz, die in einem regelrechten Toleranzwahn gipfelt, der von der autochthonen Bevölkerung fordert, sich alles gefallen zu lassen. Bereits früh werden die Kinder auf eine undifferenzierte und ungesunde Duldsamkeit getrimmt, die eine regelrechte Unterwerfung fordert.

Das devote Verhalten unter dem Deckmantel der Toleranz wird jedoch nicht als solche wahrgenommen, sondern als Schwäche gedeutet. Also werden von den Einheimischen laufend Zugeständnisse gefordert, welche deren Lebensbedingungen beschneiden und die vorherrschende Kultur allmählich untergraben.

---

[33] Da Schuld neben Angst, Armut und Religion das beliebteste psychologische Steuerungsmittel zur Verhaltenskontrolle darstellt, wird die indigene Bevölkerung mit einem belastenden Bild unter Druck gesetzt. Das können längst vergangene Verbrechen, beziehungsweise eine „historische Schuld" sein, aber auch einfach nur ein allgemein besserer Lebensstandard.

Spirituelles im Oktober

Der Monat Oktober erstrahlt meistens in bunten Farben. Nicht umsonst spricht man vom *Goldenen Oktober*, einer Zeit, in der die Blätter sich verfärben und dann langsam im Licht einer schwächer werdenden Sonne dem Erdboden entgegen trudeln. Mit einer gewaltigen Farbenpracht bäumt sich die Vegetation ein letztes Mal gegen das Unvermeidliche auf. Bunte Kronen laden zum Herbstspaziergang ein, und das Laub raschelt geheimnisvoll unter den Füßen. Doch wenngleich der einkehrende Friede nach Stillstand aussehen mag, dreht sich das Jahresrad unbemerkt immer weiter.

In dieser Umbruchphase, wenn die Bäume kahl werden, das Sonnenlicht sich rar macht und der Wind auffrischt, führt die Natur den Menschen eindrucksvoll vor Augen, wie präzise alles aufeinander eingestimmt ist. Sommerliche Geschäftigkeit weicht dem Frieden, lautstarke Hektik einem angenehmen Schweigen. Draußen auf den Wiesen und Feldern ist es still geworden und leer. Hier und da stehen noch ein paar verblühte Sommerblumen am Wegesrand. An den kahl werdenden Zweigen hängen verschrumpelte Beeren, von denen der Regen auf die Erde tropft. Große Vogelschwärme haben sich gesammelt und sind in wärmere Gefilde gezogen. Jetzt, wenn die Luft kälter und klarer wird und die Abende empfindlich kühl, kann man am Himmel die letzten Züge der Wildgänse auf ihrem Weg nach Westen verfolgen. Der erste Frost ist meistens nicht mehr fern.

Die allgemeine Aufbruchstimmung geht langsam in eine notwendige Ruhepause über. Auch die Menschen ziehen sich zurück und sind den Winter über eher passiv als aktiv. Die kalten Abende laden nicht mehr zu Spaziergängen oder dem Verweilen im Freien ein. Vielmehr locken sie die Menschen mit dem Versprechen von warmem Kerzenschein und einer großen Tasse voll heißem Tee in die Häuser zurück. Die Gedanken sind mehr nach innen gerichtet, was den Blick in die Zukunft aber nicht unbedingt trüben muß. Nur wer weiß, wozu er fähig ist und was bereits geleistet wurde, ist auch in der Lage, daran anzuknüpfen. Mit dem Oktober kommt zum zweiten Mal eine Zeit der inneren Reinigung. Es gilt, die Geister des alten Jahres ziehen zu lassen, damit etwas Neues kommen kann.

Wenn Sie noch an Dingen arbeiten, die sich erfüllen sollen, sind Ruhe und Besonnenheit vonnöten, um diese Pläne mit Erfolg zu krönen. Wenn es trotzdem nicht klappt, ist es vielleicht besser, den Weg ein wenig zu ändern, um ans Ziel zu kommen. Denn wer weiß, was der Reigen der ersten Nebelgeister noch an Wendungen und Überraschungen bereit hält. Gönnen Sie sich entsprechend dem Geist des Oktobers einen Augenblick der Untätigkeit, in dem Sie Vergangenes noch einmal Revue passieren lassen und sich an den Dingen erfreuen, die Sie bislang tatsächlich erreichen konnten.

Abschied nehmen

Der Oktober ist einer der buntesten und zugleich einer der traurigsten Monate im Jahr. Die Vegetation stirbt, das alte Jahr endet und noch mehr geht unwiederbringlich dahin. Nutzen Sie den Oktober, um sich bewusst von allem Alten zu verabschieden. Dekorieren Sie dazu den Altar oder einen normalen Tisch in gedämpften (Erd)Farben. Alle dunklen Farben wie Braun, Schwarz, Dunkelgrün oder ein dunkles Rot bieten sich an. Stellen Sie braune oder andere dunkel gefärbte Kerzen auf und verräuchern Sie erdige Düfte wie Patschuli, Eichenmoos, Zeder oder Vetiver.

Suchen Sie nach Dingen, die Sie mit dem Jahresrad in Verbindung bringen, etwa verblühte oder getrocknete Frühlingsblumen, Kräuter, in denen noch der Sommer steckt, Getreideähren, erste bunte Blätter. Auch Kalender, Fotos oder andere Erinnerungsstücke können Vergänglichkeit symbolisieren. Der Kelch im Westen wird mit Wasser gefüllt, das eine enge Verbindung zur Vergangenheit herstellt. Entzünden Sie in einer Feuerschale ein kleines Feuer, in dem Sie Blüten, Blätter oder Notizen verbrennen können, wenn Sie etwas bildhaft verabschieden möchten. Rufen Sie die Geister des ausklingenden Jahres sowie die Ahnen an, damit sie die Sterbenden freundlich empfangen. Halten Sie nichts fest, das vielleicht mit den sterbenden Energien ins jenseitige Reich hinüber wechseln möchte. Vielleicht kann es nur dort einen Abschluß oder Heilung erfahren.

Begrüßen Sie an *Samhain* oder am Tag danach die Geister des neuen Jahres mit weißen oder pastellfarbenen Kerzen und allem, was diese Energien auf ihrem Weg ins neue Jahr unterstützen kann. Leichte, beschwingte Düfte beispielsweise geben ihnen Kraft. Keimlinge in dunkler Erde symbolisieren die aus der Unterwelt neu geborene Energie. Auch ein Athame oder der Zauberstab werden als Energielieferanten interpretiert. Hüten Sie sich allerdings davor, der hereinströmenden Energie eine bestimmte Richtung aufzwingen zu wollen. Diese universelle Kraft ist nicht für einzelne Menschen bestimmt und kann nicht für eigene Zwecke und Ziele kanalisiert werden.

Feste und Feiertage im Oktober

Auf den **1. Oktober**, beziehungsweise den ersten Sonntag im Optober, fällt das Erntedankfest. Mit Erntekronen, Ernte-Rädern, Feldschau, Prozessionen und Festen lässt man das Bauernjahr ausklingen. Vielerorts gibt es zudem Ernte-Umzüge (vormals mit geschmückten Opfertieren). Das Fest soll an alte Dankbarkeits- und Fruchtbarkeitszeremonien angelehnt sein und auf die Germanen zurückgehen.

Am **14./15. Oktober** wurde das zweite Elfen- und Ahnenfest oder *Disablót* (Disenopfer) des Jahres begangen, bei dem den Ahnen, Göttern, Geistern und Elfen, den *Alfar*, geopfert wurde. Manchmal nannte man die Tage vom 14. bis zum 31. Oktober *Vetrnat* (Winternacht). Offizieller Termin für das Fest ist der erste Vollmond des 10. Lunarmonats (alternativ der erste Vollmond nach dem Haustblót oder der Herbsttagundnachtgleiche). Oft wird es auch dem *Haustblót* oder *Vetrnóttablót* gleichgesetzt, was an der engen Bindung an den Jahreskreislauf liegen kann, der regional unterschiedliche Feiertage vorgibt.

Der 14. Oktober galt als *Första Vinterdag* (erster Wintertag). In dieser Zeit begann offiziell das Winterhalbjahr. Vielerorts endete ein Jahreskreis. Man feierte das Ende der Ernte und brachte den weiblichen Ahnen, Priesterinnen, Göttinnen und Geistern, den *Disen* oder *Idisi*, ein Dankopfer dar. Zu einer Zeit, da alles in der Natur stirbt, ist es nicht verwunderlich, daß neben den Göttern, die ihr Leben für den Fortbestand der Welt geopfert hatten, auch der Verstorbenen gedacht wurde. Man schmückte die Gräber mit Kränzen und Opfergaben, Nüssen, Getreide, Brot und anderen, eher persönlichen Dingen, die dem Verstorbenen zu Lebzeiten wichtig gewesen waren, und auch im Haus gab es ein Ahnenopfer oder einen Ahnentisch. Für die *Wilde Jagd*, die in diesen Tagen auszog, um sich den Reifriesen in den Weg zu stellen, Ahnen und Elfen wurden Getreidegarben sowie Opferspeisen vor die Tür gestellt. Die Nacht des Festes verbrachten die Lebenden in der Regel mit Erzählungen, Erinnerungen und Zukunftsschau. Laute Fackelumzüge stellten die Wilde Jagd nach.

Einige Quellen bezeichnen die Zeit vor und um Samhain herum als die *Winter-* oder *Eisennächte*, in denen die gefallenen Krieger angerufen wurden und die *Wilde Jagd* sich zu regen begann. Odin als Sturm- und Totengott reitet auf seinem achbeinige Ross durch die Lüfte, begleitet von Frigga / Hel, den Wölfen Geri und Freki, seinen Raben Hugin und Munin, sowie den Seelen der Verstorbenen. Ihnen schließen sich die Einherjar an. Der heiße Atem *Sleipnirs* brachte der Welt der Nebel, und wo immer Schaum von den Kandaren der Pferde auf die Erde tropfte, wuchsen der Sage nach die mystischen Fliegenpilze.

Es wird vermutet, dass unter anderem auch die *Martinsumzüge* auf diese Mythologie zurückgehen, als vom Christentum übernommene Darstellung der Wilden Jagd, angeführt vom Schimmelreiter Odin, dem die Verstorbenen in Form von hellen Lichtern folgen. Historiker gehen davon aus, dass in vergangenen Zeiten nicht Kinder, sondern vor allem Erwachsene durch die Straßen zogen und Opfergaben einsammelten. Vermummt und maskiert könnten sie Pate gestanden haben für die vorweihnachtlichen *Wilden Kerle*, die zur Adventszeit ihr Unwesen treiben. In großen Feuern wurde symbolisch das alte Jahr verbrannt. Gleichzeitig sollten sie die Macht der Sonne stärken und vor Unheil bewahren.

Man erwartete den Wilden Jäger, opferte und verspeiste die *Wodansgans* und deutete aus ihren Knochen das Kommende. Aus dem Reiter auf dem Schimmel wurde später Sankt Martin, während man die Wodansgans zur Martinsgans und das Totenfeuer zum Martinsfeuer umdeutete. Die Geschichte kennt überdies zahlreiche Reiterfiguren, die in diesen Tagen umherziehen und ihren Ursprung vermutlich im Allvater haben.

Das Pferd war bei den Germanen ein heiliges Tier und hatte einen festen Platz bei sämtlichen Feierlichkeiten. Wie Wolf und Rabe war es ein Tier der jenseitigen Welt, das der Unterwelt und den alten Mächten näher stand als den Menschen. Noch heute kennt man Umzüge mit festlich geschmückten Pferden, vor allem zu St. Leonhard am 6. November.

📖 **Wissenswert**: Häufig wird das nordische *Vintrnatsblót*, *Vetrnóttablótr*, *Vetriblóta* oder *Blóta i moti vetri* (Winteropfer) als *Zweites Disablót* bezeichnet, wobei nicht ganz sicher ist, ob das Fest auf den ersten, oder aber eher den zweiten Vollmond nach dem *Haustblót* datiert war – was es dann allerdings eher in die Nähe des 14. November rücken würde.

Da es keinen einheitlichen Festkalender gab, gestaltet sich die Rekonstruktion alter Feste schwierig und ist nicht nur abhängig vom Mond, sondern auch von Region, Volksstamm und Epoche. Durch die zeitliche Nähe der Feiertage wird häufig von einem herbstlichen Festzyklus ausgegangen, der sich in Tagen wie dem Erntedankfest, Allerheiligen, St. Leonhard und St. Martin erhalten hat. Denkbar ist ebenfalls die regionale Verschiebung ein- und desselben Festes aufgrund der Witterung. In Deutschland kommt erschwerend hinzu, dass alles auch nur ansatzweise Germanische so lange relativiert wird, bis es romanischen (römischen) Ursprungs oder wenigstens orientalisch beeinflusst ist. *Snorri Sturluson* erwähnt drei (Haupt-)Feste: *„Man soll opfern zum Winteranfang für das Jahreswachstum (Disablót / Vetrnóttablót), zur Mitte des Winters für guten Ertrag der kommenden Ernte (Jól) und zum dritten Mal zum Sommeranfang, das Siegopfer (Sigrblót)."* (Heimskringla, Ynglinga saga, Kapitel 8). Zum Vetrnóttablót begrüßte man den Winter und bat den Gott *Freyr* (*Fro-Ing*) um einen milden Winter und eine gute Ernte im folgenden Jahr. Auch *Ullr* (Winter) und *Odin* (Tod) wurden um Erbarmen gebeten.

Am **16. Oktober**, *St. Gallus*, ist die Weidezeit endgültig vorbei (*Nach St. Gall bleibt die Kuh im Stall.*). Der Tag soll ebenfalls einen engen Bezug zur *Winternacht* haben.

Der **17. Oktober** ist bekannt als das Festival von *Hengest* (oder *Hengist*) und *Horsa*. *Hengest* und *Horsa* waren zwei Brüder, die bei der Besiedelung Englands eine bedeutende Rolle gespielt haben sollen. Beide gelten als Stammväter der Sachsen. Wahrscheinlicher als historische Figuren sind allerdings zwei Pferdegötter und Herrscher der Jenseits- oder Unterwelt, da vielfach *Hengest* mit „Hengst" und *Horsa* mit „Stute" übersetzt wird, was einen Bezug zum König und der Königin der Unterwelt herstellt.

Mit dem **18. Oktober** naht das Fest von *Herne dem Jäger*. Herne, der gehörnte Jäger, wird oft als jüngerer *Cernunnos* gedeutet, da beide Namen denselben Wortstamm haben. Um Samhain herum tritt dieser Wintergott endgültig in die Welt hinaus. An ihn erinnern die *Kornigou*, Kekse in Form von Geweihen, die von Mitte bis Ende Oktober verteilt werden.

Am **20. Oktober** wurde das *Fest des Weines* gefeiert. Auf den Tisch kamen Brot, Käse, Trauben und natürlich Weine aller Art. Auch war Wein ein beliebtes Tankopfer. Man weihte außerdem neue Trinkhörner.

Mit dem *Samhainfest* am **31. Oktober** endet und beginnt das moderne Hexenjahr[34]. *Samhain* (wörtl. Sommers-End, im modernen Gälisch „November"), auch *La na Samhna* (Tag des Novembers), ist das einzige Neumondfest im Jahreskreis und wird in der 11. Neumondnacht des Mondjahres gefeiert. Feiert man streng nach dem Mondkalender, fällt der Festtag in etwa auf den *Martinstag*, beziehungsweise die nordische *Winternacht*. Auch die Tradition zu feiern, wenn die Sonne 15 Grad Skorpion erreicht, rückt das Fest in die Nähe des Martinstages. Der Einfachheit halber liegt das Fixdatum auf dem 31. Oktober und kann sich über drei Tage erstrecken.

Auf der Isle of Man ist *Samhain* unter dem Namen *Hop-tu-Naa* bekannt. Hop-tu-Naa markiert den Beginn der Jahresnacht und den Höhepunkt des Herbstes, an dem das Leben sich aus der Welt zurückzieht. Als *Oie Houney* (Neujahrsabend/-nacht), von *Shogh ta'n Oie* (besondere Nacht), ist es der Vorläufer des Halloweenfestes. In Wales nannte man die Dunkelheit vor dem 1. November *Nos Calan Gaeaf* (Nacht des Winteranfangs). Sie war eine von drei aufeinander folgenden Nächten, den *Teir Nos Ysbrydnos* (Geisternächte), in denen Orake und Prophezeiungen vorgenommen wurden. So warf man unter anderem Nüsse ins Feuer und deutete aus dem, was geschah, die Zukunft.

Im modernen Heidentum stirbt der Gott in Form der Sonne oder der Vegetation nun endgültig und reist in die Unterwelt, um wiedergeboren zu werden. In dieser Nacht wird er zum König der Unterwelt gekrönt und herrscht fortan zusammen mit der Göttin über das finstere Reich. Samhain ist die Nacht der *Dunklen Göttin*, die Nacht von *Cailleach, Hel, Hekate, Morrigan* und *Cerridwen*, aber auch die Nacht des *Dunklen Gottes*, der zum König der Unterwelt wird und in Gestalt von *Pwyll* und *Arawn* an ihrer Seite über das finstere Reich herrscht. Der Sonnengott hat sich geopfert und die Erdgöttin trauert in Gestalt der *Weisen Alten* um ihren verlorenen Sohn / Geliebten, bis an *Yule* das Licht zur Welt kommt.

---

[34] Gemäß der keltischen Überzeugung, alles Neue entstünde in der Dunkelheit, ist Samhain als Fest des Jahresanfangs nur logisch. Dennoch ist diese Theorie umstritten. Kritiker verweisen auf eine Fehlinterpretation des *Kalenders von Coligny* und vermuten den Jahresbeginn im März oder zu Beltane. Bei den Germanen gilt die Wintersonnenwende als Jahreswechsel, beziehungsweise der erste Vollmond nach der Wintersonnenwende.

📖 **Wissenswert**: Kaum ein Fest ist umstrittener als das Samhainfest. Meist wird dabei Samhain, beziehungsweise ein wie auch immer geartetes herbstliches Ahnenfest der Kelten, als historisch nicht belegbare Geschichtslüge angeführt. Tatsächlich lässt sich kaum noch feststellen, welche Spuren griechische / römische Totenfeste wie die *Lemuralia* oder *Anthesterien* und nachfolgend christliche Glaubensvorstellungen hinterlassen haben und wie groß deren Anteil ist, der späteren (heidenchristlichen) Traditionen zugebilligt werden muss. Im Lauf der Jahrhunderte mischte sich heidnische Totenverehrung mit christlichen Vorstellungen, naiver Frömmigkeit und wunderlichstem Aberglauben.

Experten vermuten die Wurzeln des Festes weit in vorchristlicher Vergangenheit und geben einen Zeitraum von 3000 bis 5000 Jahren v.u.Z. an. Damit wäre *Samhain / Samhuinn / Samhraidhreadh* eines der ältesten Feste der Menschheit. Von den historischen Kelten hat sich das Fest *Trix Samonis* überliefert, welches Anfang November gegangen wurde und weitestgehend dem Samhainfest entsprechen soll. Die Festlichkeiten erstreckten sich über mehrere Tage. Vergleichbar mit der heutigen Karnevalszeit nimmt man inzwischen (mit regionalen Unterschieden) einen ganzen Festzyklus zwischen Oktober / November und Januar / Februar an – ähnlich der nordischen Julzeit.

Das Winterfest / Totenfest

Mit dem Winterfest endet das alte und beginnt (vor allem in der Tradition des *Celtoi* und *Wicca*) das neue Hexenjahr. Das Licht unterliegt der Dunkelheit. Die lange Nacht, die *Jahresnacht*, ist hereingebrochen. Jene dunkle Jahreshälfte, in der die Erde schläft und der Winter in Gestalt der Alten Frau bis zum Imbolcfest über die Welt herrscht. Das Aufgehen der *Plejaden*, der Wintersterne, läutet diese Herrschaft auch in der physischen Welt ein. Samhain ist das Ende aller warmen und hellen Tage.

Im Gegensatz zu den anderen Festen, die das Leben feiern, ist das Winterfest geprägt vom Rückzug, abnehmender Lebenskraft, Tod und Wandlung. Daher ist auch der Festtermin zu Neumond, wenn der Mond auf dem Tiefpunkt einer Macht ist, nur logisch. Dennoch ist Samhain kein Fest des Todes, sondern vielmehr ein Fest der Ahnen (hier ähnelt es dem *Disablót*) und der Verabschiedung des Lebens in die Anderswelt, wo es den langen Winter überdauert.

Für Heiden aller Traditionen markiert das Fest nach wie vor eine Zeit des Nachdenkens, des Rückblicks auf das vergangene Jahr. Eine Zeit des Opferns und Loslassens, des Akzeptierens von Notwendigkeiten. Man nimmt Abschied von der Sonne und gedenkt der verstorbenen Familienmitglieder und Freunde, die nun in einer anderen Welt weiterleben.

Der Herbst ist fast vergangen und weicht dem frühen Winter. Das Jahr befindet sich auf der Zielgeraden und tritt ein in eine stille und nachdenkliche, meist ein wenig melancholische Phase. Nach und nach geht die Vegetation in einen Sterbeprozess über, und auch die Zeit der Fülle ist vorbei. Das Leben zieht sich bis zum Frühling in den Schoß der Erde zurück. Für Kräutersammler bedeutet es das unumstößliche Ende der Sammelzeit.

Das Winterfest ist das letzte und irgendwie auch das erste Hochfest im Jahreskreis. Das Ende wandelt sich zum neuen Anfang. *Transformation* ist daher der beherrschende Gedanke dieser Nacht, in der Leben und Tod aufeinander treffen, um zu verschmelzen und sich gegenseitig neu zu erschaffen. Das alte Jahr endet am Abend, das neue beginnt aber erst mit dem neuen Morgen. Die Nacht dazwischen liegt im Niemandsland der Zeit. Vergangenheit, Gegenwart und Zukunft gehen ineinander über. Die Welt existiert gleichzeitig in Zukunft und Vergangenheit, einem Schwebezustand, der es Göttern und Geistwesen erlaubt, in die Welt der Menschen zu huschen und dort die Geschicke zu beeinflussen. Alles wendet und wandelt sich und beginnt von Neuem, während das Jahresrad sich für eine weitere Umdrehung auf Null stellt.

Die Tore der Anderswelt (der Hügel) öffnen sich und die Seelen wandeln über das Land. Alle Grenzen zwischen der materiellen und metaphysischen Ebene verwischen, und die Toten besuchen diese Welt, um den Winter anzukündigen. Seit jeher wird an Samhain der Vorfahren und Freunde gedacht – besonders all derer, die im Lauf des Jahres verstorben waren.

In dieser einen Nacht bekommen die Toten die Erlaubnis, das Reich der Lebenden zu betreten, um mit ihren Lieben zu feiern. Um den nächtlichen Besuch willkommen zu heißen, wurde das Haus geputzt, Wasser und Speisen im und vor dem Haus bereitgestellt und das Feuer nochmals geschürt. Türen und Tore ließ man unverschlossen, damit die Ahnen heimkehren konnten. Kerzen in den Fenstern sollten ihnen den Weg weisen. Für alle, die im vergangenen Jahr gehen mussten (oder ganz allgemein für die Verstorbenen), wurde außerdem ein leerer Platz am Tisch eingedeckt.

Im Jahresrad ist die Winternacht ein Moment, der außerhalb der Zeit existiert und alles auf den Kopf stellt, was die Menschen zu wissen glauben. Demzufolge feierten nicht nur die Lebenden, sondern auch die Naturgeister, die Götter und die Ungeborenen. Man ehrte die Verstorbenen, schmückte ihre Lieblingsplätze und hielt Zwiesprache mit ihnen. Viele erbaten Trost oder Führung. Dennoch ging man davon aus, dass die Anderswelt nicht nur die geliebten Ahnen und Freunde entließ, sondern auch Tote, die noch eine Rechnung zu begleichen hatten, sowie Geistwesen, die den Menschen nicht wohlgesonnen waren. Daher gab es allerhand magische Handlungen, mit denen unerwünschter Besuch ferngehalten werden sollte, wie zum Beispiel Verkleidungen und lärmende Umzüge.

📖 **Wissenswert:** Ob diese Furcht ursprünglicher Bestandteil des Festes war, oder sich erst mit fortschreitender Christianisierung entwickelte, kann nicht mehr geklärt werden. Auch die Nähe des Festes zum Totenreich der Anderswelt soll bereits einen deutlich christlichen Einfluss aufweisen.

Weil Samhain im Jahreskreis dem Beltanefest gegenübersteht, nennt man es auch *Beltanes dunkler Zwilling,* und in der Tat geht nun alles andersherum. Das dunkle, leicht wehmütig anmutende Samhainfest liegt dem lebensprühenden Beltanefest gegenüber (zusammen bilden sie die Einheit von Leben und Tod) und ist ein erhabenes, nachdenkliches und düsteres Fest. Allerdings nicht wirklich ein Fest der Angst und Trauer, denn jeder kann gewiss sein, daß die Dunkelheit ein Ende hat und das Licht schon bald wiedergeboren wird. Im krassen Gegensatz zu christlichen Trauerfesten wie Allerheiligen war Samhain durchaus ein ausgelassenes Fest, ein Fest des Überflusses, bei dem auch die Ahnen am kollektiven Festmahl teilhaben konnten.

Das Winterfest ist das dritte und letzte Erntefest, bevor es kalt und dunkel wird und markiert den Abschluss der Erntezeit. Spätreife Früchte und Beeren müssen nun gesammelt werden, ehe sie dem Frost anheimfallen. Ein alter christlicher Aberglaube besagt, zur Winternacht würden sich die Pforten der Hölle öffnen und alle Dämonen in die Welt entlassen. Ihr Atem aus Nebel und Rauhreif soll das Sterben der Vegetation bewirken, und es hieß, daß man von diesem Tag an nichts mehr essen durfte, was noch an den Sträuchern hing, weil es in der Nacht von Höllenwesen verunreinigt worden war. Es ist denkbar, daß die Höllenbewohner und Nachtgeister synonym für die ersten Fröste stehen, die viele Sachen ungenießbar werden lassen. Die Ernte musste vorher eingebracht sein, oder sie wurde von den Nachtfahrenden vernichtet.

Außerdem kehrte das Vieh zurück in die Ställe. Oftmals ist daher mit der dritten Ernte auch die „Fleischernte" gemeint. Wer seine Tiere mit eher dürftigen Futtervorräten durch den Winter bringen musste, überlegte es sich gut, wie viele er behalten konnte. Alle anderen wurden in einem großen „Schlachtfest" getötet und so die Vorratskammern für die kalte Zeit gefüllt, denn nur während der Frostperioden war es kalt genug, Frischfleisch für die Weiterverarbeitung (Salzen, Räuchern, Trocknen) zu lagern, das ansonsten verdorben wäre. Im Winter gab es keine Fliegen, die ihre Eier in die Vorräte legen konnten. Ein Teil des Fleisches wurde während der Feierlichkeiten verspeist, ein anderer Teil sicherlich auch den Göttern geopfert.

Wenngleich ein letztes Mal reichlich aufgetischt und das Leben gefeiert wurde, schwangen gleichzeitig Angst und Sorge wegen des bevorstehenden Winters mit. Die Befürchtung, nicht genügend Vorräte gesammelt zu haben, lag in der Luft, ebenso die Furcht vor Krankheiten und dem nasskalten Wetter.

Nicht zuletzt dienten die Feierlichkeiten auch dazu, die Bande zwischen den Hirten, die mit dem Vieh von den Sommerweiden kamen und der Dorfbevölkerung erneut zu festigen, Eide zu erneuern oder Bündnisse für die kalte Jahreszeit zu schmieden.

Blutbräuche oder gar Menschenopfer lassen sich für das Fest nicht nachweisen. Ebenso wenig wie dunkle Rituale zur Erlangung von Macht und Einfluß. Eher ist es die Zeit der Initiationen und Orakel. Trotzdem ist der Charakter dieses Festes ambivalent. Es spricht die Urängste an, die Angst vor Siechtum und Tod, Hunger und Krankheit, aber auch ganz abstrakt die Furcht vor den dunklen Winkeln und Abgründen der eigenen Psyche.

Den stärksten Einfluss auf das moderne Samhainfest hatte sicherlich die Glaubenswelt der diversen keltischen Stämme (unterschiedlicher Zeitperioden, so dass nicht sicher ist, wie viel vom Charakter des Festes bereits christianisiert wurde), bei denen sich zahlreiche Legenden zu Samhain abspielen. In der keltischen Mythologie stirbt der Korn- und Sonnengott *Lugh*, beziehungsweise der *Held*, durch die Hand seines Nachfolgers und Zwillings-Ichs, auch *Taniste / Tanaiste* (Erbe eines Herrschers). An Samhain tritt er in die Unterwelt ein, während der Zwilling die Herrschaft übernimmt. *Crom Dubh* verkörpert also sowohl die nahende Dunkelheit (Unterwelt) als auch die blasse, kalte Wintersonne. Aber so hell der Doppelgänger des Sonnengottes auch strahlt, sein Feuer ist kalt und kann die im eisigen Atem *Cailleachs* frierende Welt nicht wärmen.

Samhain bedeutete den immerwährenden „Kampf" der Gegensätze Wärme und Kälte, Wachstum und Verfall, Licht und Finsternis, Leben und Tod. Aber ohne den Tod des Lugh und eine Zeit der Wandlung konnte es kein neues Leben geben. Somit endete ein (Sonnen-) Zyklus, damit ein neuer beginnen konnte. Ein altes Jahr ging zu Ende und ein neues trat in die Welt hinaus. Der Sonnengott nahm endgültig Abschied von der Welt und übergab die Herrschaft an den Wintergott. Zur Wintersonnenwende dann wurde oftmals der neue Herrscher geboren.

Ebenso kennt man den rituellen Königsmord, die Opferung des Jahreskönigs. Die *Lady Sovereignity* als Personifizierung des Landes, die Erdmutter und große Königin, erwählte jeweils für die Dauer eines Jahres einen Herrscher, der für das Wohlergehen der Menschen und die Fruchtbarkeit der Felder verantwortlich war. Ging seine Regierungsperiode zu Ende, was meist um Samhain herum geschah, war es seine Pflicht, im (rituellen) Tod einem Nachfolger Platz zu machen und sich für das Wohl der Gemeinschaft zu opfern.

Entsprechend der Überzeugung, daß sich alles von der Dunkelheit zum Licht hin entwickelt[35], wurde auch das neue Jahr in der Dunkelheit geboren. Demzufolge war *Oidche Samhraidh*, die „Novembernacht" (oder besser der Novembervorabend) ab der abendlichen Dämmerung eine heilige Zeit, in der die Welten verschmolzen. Elfen und Feen zogen sich in ihre Winterquartiere zurück und nahmen auch schon einmal an den Umzügen der verkleideten Menschen teil. Womöglich haben hier viele mit Samhain verbundene sexuelle Anspielungen ihren Ursprung. Einerseits waren sexuelle Freizügigkeiten unter dem Schutz der Verkleidung durchaus denkbar. Andrerseits ist die Mythologie voll von erotischen Begegnungen zwischen Feen und Sterblichen.

Ohnehin sind Totenfeste und Sexualität eng miteinander verknüpft, ganz besonders bei den Kelten. Vermutlich weil sie so gegensätzlich sind und doch das eine nicht ohne das andere existieren kann. Aber es gibt noch eine andere Deutung, ist Samhain doch Beltanes dunkler Zwilling. In dieser Nacht feiern Gott und Göttin in der Unterwelt die „dunkle Hochzeit", die der Erde auch im Wintertod die Fruchtbarkeit sichern soll. Hier findet sich auch die zweite Übersetzung des Wortes *Samhain*, das auch soviel wie „Vereinigung" oder „Vermählung" bedeutet.

Die Menschen feierten dieses Fest außerhalb jeder Norm mit Feuern und Verkleidungen, und genau wie bei den Germanen blieb an der keltischen Tafel ein Platz frei. Möglicherweise war dieser Platz aber nicht *immer* unbesetzt. Neueren Erkenntnissen zufolge wurden auf den Hebriden die sterblichen Überreste der Vorfahren mit Hilfe von Moorwasser konserviert und später als Mumien im Haus aufbewahrt, so daß es denkbar ist, daß dieser Ehrenplatz ganz real einer verstorbenen Person gehörte. Daneben kennt man insbesondere von den Hebriden Überreste schamanischer Mittwinter-Riten, bei denen vor allem die Wiedergeburt der Seelen aus der winterlichen Kälte eine bedeutende Rolle spielt.

Und so ist auch die Ahnenverehrung das zentrale Thema des Festes. Die enge Verbindung zu den Ahnen, die das Land urbar gemacht und einem selbst das Leben ermöglicht hatten, war eine allgegenwärtige Präsenz im täglichen Leben. Man erlebte sich nicht als getrennt von den verstorbenen Ahnen, sondern fragte sie um Rat und erbat Hilfe bei Krankheit oder schwierigen Entscheidungen. Auch gaben die Vorfahren ihren Nachkommen die Gelegenheit, sich selbst ein bisschen besser zu verstehen. Sie wurden verehrt und geachtet.

---

[35] Die Dunkelheit war lange vor der Schöpfung da. Aus ihr ist alles hervorgegangen. Das Leben beginnt in der Dunkelheit des mütterlichen Schoßes, und auch viele Keimlinge können nur in der Schwärze des Erdbodens wachsen. Das Dunkel als böse, schlecht oder geringer / niedriger als das Licht anzusehen, wie es der monotheistische Dualismus und die Licht-und-Liebe-Esoterik vertritt, entbehrt jeder realistischen Grundlage.

Da an Samhain nicht nur die engsten Verwandten heimkehrten, sondern auch bedeutende und hochgeschätzte Vorfahren, begegnete man ihnen mit einer Mischung aus Ehrfurcht und Scheu.

Ebenfalls von den Kelten stammt der enge Bezug zur Anderswelt. Wie zu Beltane standen auch nun die Elfenhügel weit offen. Feen (Sidhe) und Geister mischten sich unter die Lebenden. In dieser besonderen Nacht wurden die Grenzen zwischen der Welt der Sterblichen und der Anderswelt ebenso dünn wie die Grenzen, die Vergangenheit, Gegenwart und Zukunft voneinander trennten. Den Verstorbenen wurde eine Nacht gewährt, ihre Hinterbliebenen zu besuchen. Ungeborene hatten die Möglichkeit, sich eine Mutter für ihre nächste Inkarnation zu suchen.

Diese Nähe zur Anderswelt (als Welt der Geister und Gespenster) hatte einen deutlichen Einfluss auf den späteren Spukcharakter des Festes. Wenngleich die Furcht vor Geistern und Dämonen der bestimmende Faktor des *Halloweenfestes* ist, gab es für die Kelten eigentlich keinen denkbaren Grund, sich die eigenen Vorfahren vom Hals zu halten. Dem entgegen steht die Theorie, dass zwar nur wohlmeinende Geister die Häuser betreten konnten, man sich aber doch durch Verkleidung, Bannsprüche und Feuer vor den Feen oder anderen ungebetenen Gästen schützte, die allerlei Unfug trieben und einen auf die andere Seite ziehen konnten.

Rübenlaternen (im Deutschen *Rübenlichtle*) mit eingeschnitzten Grimassen sollten den geliebten Verstorbenen den Weg weisen und gleichzeitig unleidliche Bewohner der jenseitigen Welt fernhalten. Diese Bräuche finden sich heute noch in Form von geschnitzten Kürbissen, Lampions und Laternen wieder. Verzierte Kürbisse (die Kelten selbst kannten keine Kürbisse) sollen ihren Ursprung in der schon christianisierten keltischen Tradition haben. Hier waren sie gedacht als Abschreckung gegenüber Elfen und Feen, die auf der Suche nach Kindern waren, die sie für würdig hielten, ihre Welt zu betreten. Besorgte Eltern höhlten die Gewächse aus und ritzten Zeichen und Fratzen hinein, die durch ihr schreckliches Aussehen alles Böse in die Flucht treiben sollten. In der Samhainnacht wurden Rüben (später Kürbisse) mit einer Kerze darin nun nicht mehr als Wegweiser ans Fenster oder vor die Tür gestellt, sondern dienten dazu, mißgünstige Naturgeister und unheilbringende Spukgestalten fernzuhalten. Es war zudem nicht ratsam, sich umzudrehen, wenn man Schritte hinter sich vernahm, denn die Verstorbenen konnten einen leicht versehentlich mit auf die andere Seite nehmen.

📖 **Wissenswert**: Dabei muss man beachten, dass die vorchristliche jenseitige Welt oder keltische Anderswelt nicht gleichbedeutend mit der christlichen Hölle oder dem christlichen Himmel war, sondern ein Ort, an dem Götter, Ahnen und Feen wohnten und wo der ehrlich Suchende große Weisheit erfahren konnte. Die Anderswelt war ein Ort der Wunder, der aber auch große Gefahren barg, was die sichere Rückkehr betraf. Neugierige, die an *Beltane* oder *Samhain* in der Anderswelt verschwanden, waren nicht etwa Geistern und Dämonen zum Opfer gefallen, sondern einfach im Bruch des Zeitgefüges zur falschen Zeit am falschen Ort und landeten daher schon einmal auf der anderen Seite.

Es wird vermutet, dass sich das *Volk in den Hügeln* aus den Verstorbenen in den Hügelgräbern entwickelte, den Ahnen und Vorangegangenen. Für die Kelten lebten dort, in den wundersamen Hügelgräbern einer untergegangenen Kultur, die vor ihnen existierte, die Ahnen. Nicht ihre eigenen Vorfahren, sondern die Ahnen derer, die einst das Land besiedelten. Einige betrachteten sie als Götter, andere wiederum als Feen. Eine andere Interpretation spricht von vertriebenen Heiden, die auch in Zeiten gewaltsamer Christianisierung den alten Glauben bewahrten und in den Hügelgrabanlagen eine sichere Zuflucht fanden.

Deutungen von Samhain als Feuerfest legen nahe, dass von den Druiden ein heiliges Feuer entzündet wurde, von dem aus jeder Haushalt seinen Herd neu anfeuerte. Um allen das neue Jahr zu verkünden, wurden auch auf den Hügeln Feuer entfacht, von denen Läufer im Wettstreit jeweils eine Flamme in jedes Dorf brachten (eine sehr umstrittene Theorie). Weiterhin wird vermutet, dass die Knochen der Opfertiere in die Flammen des zentralen Feuers geworfen wurden, um aus ihnen die Zukunft zu erfahren. Aus dem *Bone-fire* (Knochenfeuer), soll dann später das *Bonfire* (Lagerfeuer) geworden sein. Ferner verbrannte man darin, wie im Frühling, den Weidenmann zum Erhalt der Fruchtbarkeit; den Korn- oder Sonnengott in Form einer großen Puppe aus Holz und Stroh. Einige vermuten tatsächlich neben Tier- und Pflanzenopfern reale Menschenopfer, mit denen die Götter und Geister vorsorglich besänftigt und milde gestimmt werden sollten.

Die Winterzeit stand an und keiner konnte sicher sein, dass ihm die Sorgen nicht über den Kopf wuchsen. Vielleicht brachte das nasskalte Wetter schwere Krankheiten und Seuchen mit sich. Womöglich reichten die Vorräte nicht, oder sie verfaulten, wurden von Schädlingen gefressen, gestohlen oder als Tribut eingefordert. Neben zahlreichen Schutzopfern geht man davon aus, dass zu Samhain in einem großen Fest ebenfalls die neuen Herrscher erwählt oder gekrönt und Gesetze erlassen wurden - in den Grundzügen vergleichbar mit dem germanischen *Thing*.

Im Lauf der Jahrhunderte verschmolzen viele Bräuche und wurden letztlich vollends christianisiert. Erst jetzt bekam das Fest seinen spukhaften Charakter[36]. Man mied nun in dieser Nacht die Friedhöfe, Wegekreuzungen und Übergänge, die nicht mehr von den Feen, sondern von Geistern und Dämonen bevölkert waren. Jeder fürchtete die *Schwarze Sau*, die in Be-

---

[36] Überall dort, wo die Offenbarungsreligionen auf alte Vorstellungen trafen, entstanden die absurdesten Mischformen und wandelten sich Ahnen- und Naturverehrung zu infantilem Aberglauben.

gleitung einer kopflosen Frau (eine verdrehte Darstellung der Wintergöttin) umherstreifte und in der Dunkelheit nach Opfern suchte.

Bei Samhain von einem *Gruselfest* zu sprechen, ist allerdings so richtig wie die Behauptung, für Christen ginge es an Weihnachten einzig und allein um die Geschenke. Alle Themen, die in Bezug auf Samhain / Halloween vorkommen, wie Ahnenverehrung, Blut, Tod, Vergänglichkeit, sind mitnichten Kunstgebilde eines Gruselfestes oder grausiger (Opfer-)Praktiken, sondern entstammen den Zyklen der Natur, in der nun alles zu sterben scheint. Die Felder liegen brach. Alle Bäume verlieren ihre Blätter. Die Herbstblumen erfrieren im eiskalten Hauch der ersten Nachtfröste.

Für moderne Heiden ist die Winternacht ein überaus wichtiges Datum. Die Ernte ist eingefahren – materiell wie spirituell - und die Natur läutet eine Ruhepause ein. Für viele Heiden beginnt mit der dunklen Zeit eine Zeit der Stille und des Rückzugs. Sie besinnen sich auf ihre Wurzeln, anstatt zu versuchen, die entstehende Leere mit oberflächlichem Konsum und materiellen Gütern zu füllen. Man widmet sich der Arbeit am eigenen Ego, beschäftigt sich mit Themen wie Tod und Dunkelheit und versucht, im Lärm der modernen Welt die leisen Zwischentöne der Geister zu hören. Für die Verstorbenen werden Kerzen entzündet und die Gräber der vorangegangenen Lieben ein letztes Mal vor dem Winter hergerichtet.

📖 **Wissenswert:** Vielen ist der Begriff *Halloween* geläufiger als *Samhain*, wobei Halloween nicht mit Samhain identisch ist, sondern eine nachfolgend in christlicher Zeit entstandene Abwandlung des Festes. Das Wort leitet sich ab von *All Hallow's Eve(ning)*, während das Fest selbst eine Verbindung aus Allerheiligen und Samhain darstellt – wenngleich eine Theorie existiert, die in *Halloween* oder *Helloween* Parallelen zur nordischen Unterweltsgöttin *Hel* entdeckt haben will.

Halloween vereint zahlreiche Traditionen, von alten germanischen, keltischen, römischen und griechischen Bräuchen, über christliche Sitten bis hin zu neuzeitlichen Jahreskreisfeiern und kann daher auf reichhaltiges Brauchtum zurückblicken. Es ist eine Mischung aus Herbst- und Erntebräuchen, Verkleidungsbrauchtum sowie Heischebräuchen (Bitten um Gaben, oft verbunden mit dem Versprechen, für die Toten zu beten). Einen großen Teil davon nimmt die Ahnenverehrung ein, die sich in ganz Nordeuropa in der Zeit vom Erntedankfest bis zur Fasnacht findet.

Die Thematik Todesfurcht, Geister und Grusel bringen die christlichen Feste Allerheiligen und Allerseelen ein. Möglich sind auch Parallelen zu den römischen *Lemuralia*, sowie zu den griechischen *Anthesterien*, deren dritter Tag von ausgeprägter Geisterfurcht bestimmt war. Das Umherziehen von Tür zu Tür, das klassische *Trick or Treat*, gehört zu den alten Heischebräuchen. Zusammen mit den Rauhnächten oder der Walpurgisnacht zählt man Halloween zu den *Unruhenächten*, in denen Streiche gespielt wurden und man sich allerhand Schabernack einfallen ließ.

Älteste schriftliche Zeugnisse stammen aus dem 7. Jahrhundert (*Beda Venerabilis* notiert das Schlachten überzähliger Tiere im November, weswegen der Monat auch *Blutmonat* genannt wird), einer Zeit, in der christliche Synoden vermehrt alles daran setzten, heidnische Riten abzuschaffen. Als sicher belegt gelten Nachweise aus dem 17. Jahrhundert, vor allem im katholisch geprägten Irland. Mit irischen und schottischen Einwanderern kam das Brauchtum auf den amerikanischen Kontinent, wo der Einfluss dort ansässiger Kulturen hinzukam, wie zum Beispiel die *Tage der Toten*. In den 1980er Jahren entwickelte sich im Schmelztiegel der Vereinigten Staaten ein gruseliges, farbenfrohes Herbstfest, das die triste und graue Herbstzeit ein bisschen bunter machte. Seit den 1990er Jahren wird das Fest erfolgreich nach Europa reimportiert, mit zum Teil deutlichen regionalen Unterschieden, was das Feiern betrifft.

Mit dem großen Erfolg kommt auch die Kritik. Vor allem von der Kirche wird Halloween scharf kritisiert, steht es doch den *stillen Tagen* entgegen, an denen Veranstaltungen aller Art, die nicht dem ernsten Charakter der Feste entsprechen, untersagt sind. Zudem wird bemängelt, dass einheimische „alte Bräuche" verdrängt werden. Man empört sich außerdem über „Vandalismus" und „menschenverachtende Rituale" und sieht in ihnen gerne die *„Grundlage aller heutigen Missstände, der Unmoral und des Werteverlustes"*. Viele Artikel zu dem Thema berichten von „okkulten Zeremonien" und „rituellen Opferungen", selbst die Polizei warnt davor, schwarze Katzen ins Freie zu lassen. Tatsächlich lassen sich weder Menschenopfer, noch Tieropfer, noch die Vertreibung böser Mächte oder ein Kinderopfer einfordernder Totengott *Samhaine/Saman/Samon* nachweisen. Auch die immer als Quelle angeführten *schriftlichen Aufzeichnungen* der Druiden dürfen angezweifelt werden, da die Druiden es als verwerflich ansahen, Wissen schriftlich festzuhalten.

Den christlichen *Reformationstag, Allerseelen* oder *Allerheiligen* auf diesen Tag zu legen (um 830 wurde Allerheiligen vom 13. Mai auf den 1. November verlegt), war nichts weiter als das Bestreben, die alten Bräuche des heidnischen Festes mit der christianisierten Form der Ahnenverehrung zu überdecken. Doch während das Christentum keinen Kontakt zu den Toten erlaubt, beziehungsweise die Toten unerreichbar im Himmel oder Jenseits sind, war im Heidentum auch das Feiern mit den verstorbenen Ahnen selbstverständlich.

In den USA bereits seit vielen Jahren ein beliebter Feiertag, schwappt die Halloweenwelle nun zurück auf den europäischen Kontinent und droht langsam, dem Karneval den Rang abzulaufen. Hexen, Gespenster, Teufel und Dämonen haben in dieser Nacht Hochkonjunktur, ebenso der Kostümverleiher. Halloween ist ein durch und durch kommerzialisiertes Fest, bei dem fast nichts mehr an altes Brauchtum oder Ahnenverehrung erinnert. Leider bleibt bei all dem Kitsch, Grusel und der Maskerade die dem Fest zugrunde liegende Bedeutung auf der Strecke.

Im Vergleich zu den Germanen wird Samhain dem *Vetrnøttablót* (Winternacht) und dem *Mittwinterfest* gleichgesetzt. Bei den Germanen wurden Herbst- und Totenfeuer entzündet, in denen Strohpuppen und geflochtene Körbe verbrannten. Den Verstorbenen legte man als Wegzehrung verschiedene Opfergaben auf die Gräber. Ein Brauch, der sich im *Seelengebäck* (Seelenbrot, Seelenzopf, Seelenwecken) zu Allerseelen erhalten hat. In diversen Ritualen hielt man Zwiesprache mit den Verstorbenen, riskierte einen Blick in die Zukunft oder versuchte, die destruktiven Wesenheiten gnädig zu stimmen.

Obgleich auch im Glauben der Germanen der Tod neues Leben barg, verbreitete er zugleich Schrecken. Ehe also der Winter anbrach, eine Zeit des Mangels, der Kälte und Dunkelheit wurde ein letztes Mal mit Verkleidungen und viel Lärm ausgelassen gefeiert. Maskierte verkörperten die Wilde Jagd, das Ahnen- und Geisterheer, das nun in Form der herbstlichen Stürme auszog um alles mitzureißen, was müde, krank, alt und morsch war und keinen Fortbestand mehr hatte. Auch stellte man den Kampf der Götter gegen die Winter- oder Eisriesen nach.

In Schottland gehört die Nacht vom **31. Oktober** auf den **1. November** der Göttin *Carlin* (alte Frau), einem Aspekt der *Cailleach*. Bis vor gar nicht langer Zeit wurde aus der letzten Korngarbe eine Puppe gefertigt und als Bildnis *Carlins* aufgestellt, um unerwünschten jenseitigen Besuch fern zu halten. Ebenfalls in dieser Nacht wird die Göttin *Branach*, die keltische Variante der Hekate, verehrt.

Das Winterfest

Bezeichnungen: Samhain (ir. *November*), Samain, Samhuinne, Keltisches Neujahr, All Hallows Eve(ning) / Halloween / Allerheiligen (christl.), Totenfest, Mittherbst, Winternacht, Vetrnatsblót, Vetrnøttablót, Eisennächte, Apfelfest, Nos Calan Gaeaf, Hop-tu-Naa, Third Harvest, Hexensilvester

Symbole / Deko: Rüben, Kürbisse, Äpfel, Masken, Verkleidungen, Katzen, Holunder, Efeu, Nüsse, weiße und schwarze Kerzen, Wegefeuer, Schere, Sichel

Farben: Schwarz, Rot, Grau, Orange

Bräuche / Rituale: Sceancen, Innenschau, Laternen schnitzen, Feuer und Kerzen entzünden um den Geistern und Ahnen zu leuchten, Reinigung, Loslassen, Ahnenverehrung, Heilige Hochzeit

Datum / Schwellenzeit: 31. Oktober oder 11. Neumond des Mondjahres / Einbruch der Dunkelheit, manchmal Mitternacht, die *magische Stunde*

Räucherwerk und ätherische Öle: Weihrauch, Wacholder, Eisenkraut, Mastix, Rosmarin

Geweihte Speisen: Apfel, Kürbis, rotes Herbstgemüse, roter Wein, rote Säfte

Götter und Göttinnen: Die Göttin in Gestalt der Alten, Cailleach, Skadi, Cerridwen, Nudd, Arawn, Odin, Ullr, der gehörnte Gott, Freyr

Samhain-Weihrauch: Mastix, Weihrauch, Wacholder, Apfelholz

Bräuche zu Samhain

Samhain ist das Fest der Toten, das Ende des Sommers und des alten Jahres. Es gibt auch den modernen Menschen die Möglichkeit, sich mit schwierigen Themen wie Tod und Angst auseinanderzusetzen. Arbeiten mit den Schatten und der dunklen Göttin prägen diese Zeit.

Es wird mit Äpfeln, Rüben, Kürbissen, Herbstlaub, Hagebutten-, Holunder- und Eibenzweigen sowie späten Herbstblumen dekoriert. Die beherrschende Farbe ist Schwarz, aber auch Braun und ein dunkles Orange oder Rostrot sollten vorkommen. Auf dem Altar stehen Bilder von Verstorbenen. Passendes Räucherwerk wäre Wacholder, Eichenmoos, Salbei oder Tannennadeln.

Typische Speisen sind Wurzelgemüse, Nüsse und Beeren, Brot und vor allem Äpfel in allen Variationen. Äpfel haben eine enge Verbindung zu Leben und Tod und galten als Speise der Verstorbenen. Neu hinzugekommen und für gut befunden ist der Kürbis. Als Getränk eignen sich Kräutertees, rote Säfte oder roter Wein.

Es wird für eine Person mehr eingedeckt, als Gäste erwartet werden. Dieser Platz wird ebenso bedient wie die anderen, die Speisen im Anschluss entweder im Feuer geopfert, vergraben oder an die Tiere verfüttert.

Ritualvorschlag

- Die Feier beginnt gegen Abend am 31. Oktober.

- Der Altar wird mit Herbstblumen, Holunderzweigen, Immergrün, Nüssen, Blättern, Getreide und Äpfeln hergerichtet. Im Wicca liegt das Augenmerk auf einem Granatapfel als Zeichen für Fruchtbarkeit. Mit Samhain korrespondierende Farben wären Schwarz, Dunkelrot, Braun und Orange. Die keltischen Farben der Anderswelt sind weiss und rot für männliche und weibliche Fruchtbarkeit, weiße Tiere mit roten Ohren galten als Boten aus der jenseitigen Welt.

- Schwarze und weiße Kerzen symbolisieren die Gegensätzlichkeit von Licht und Dunkelheit. Köpfe und Masken schützen einerseits in einer chaotischen Nacht vor unbeabsichtigten magischen Unfällen, dienen andrerseits aber auch dem Totengedenken und sollen für Eingebungen aus anderen Welten empfänglicher machen. Ebenso werden sie mit Tierverwandlung assoziiert.

- Ein Kessel steht für den Kessel der Wandlung und Wiedergeburt - dieselbe Funktion kann auch der Kelch erfüllen. In Verbindung mit dem magischen Stab oder Athame hat der Kelch ebenso einen sexuellen Aspekt. Mit beiden zusammen wird an Samhain wie zu Beltane der symbolische Akt der Vereinigung des Königs und der Königin der Unterwelt vollzogen. Ein ebenfalls tief verankertes Symbol des Samhain-Festes ist der Besen als Instrument der Reinigung.

- Überall sollten Bilder von Verstorbenen aufgestellt werden. Eine Kerze im Fenster weist den Seelen den Weg nach Hause. Vielleicht schmückt man den Lieblingsplatz der geliebten Verstorbenen, oder dekoriert mit Gegenständen, die ihnen im Leben lieb und teuer waren. Für die vorüber ziehenden Götter, Ahnen, Geister und Elfen werden Speisen und Opfergaben vor die Tür gestellt. Am Tisch wird ein freier Platz genauso eingedeckt wie die anderen, die Speisen am nächsten Morgen geopfert.

- Häufig wird als Ritual das *Stille Mahl* vollzogen, dabei wird in völligem Stillschweigen und im Gedenken an die Toten gespeist, bis das Schweigen von der vollziehenden Person wieder aufgehoben wird. Eine andere Möglichkeit wären Gespräche mit lieben oder auch ungeliebten Verstorbenen. Viele empfinden diesen Austausch als unglaublich befreiend.

- Die heilige Speise an Samhain sind Äpfel. Andere Speisen bestehen aus Herbstfrüchten und herbstlichen Gemüsen. Als Getränk wird für gewöhnlich Apfel- oder Glühwein gereicht. Man räuchert mit Apfelholz, Wermut, Wacholder, Eichenmoos, Tannennadeln und Salbei.

- Rituale befassen sich mit den beschwerlichen und ermüdenden Seiten des Lebens. Viele erbitten von der Göttin Führung und Kontakt mit dem inneren sowie dem höheren Selbst. Auch die Verabschiedung des Gottes kann Thema sein, dazu könnte man beispielsweise Kerzen symbolisch nacheinander erlöschen lassen. Ebenso sollte Dank für ein Jahr voller Wärme und Nahrung mit ins Ritual einfließen.

- Im magischen Kreis brennt ein Feuer, in dem bei Reinigungsritualen Papiere mit geschriebenen oder gemalten Dingen verbrannt werden, die sich auflösen sollen. Altes und Überflüssiges wird so zur Klärung oder Reinigung dem Feuer übergeben. Auch Zettel, auf denen Dinge und Angewohnheiten geschrieben stehen, von denen man sich trennen will, werden im Feuer verbrannt. Diese Feuer dienen außerdem verlorenen Seelen, die den Weg in die Unterwelt noch nicht gefunden haben, als Wegweiser.

Die besten Samhain – Rezepte

Apfeltaschen

3-4 Blätterteigplatten (auftauen lassen, ausrollen, evtl. einmal durchteilen)

pro Tasche 1-2 El Apfelmus

Apfelmus auf den ausgerollten Platten verteilen, einschlagen, die Kanten gut andrücken und mit den Nähten nach unten auf ein mit Backpapier ausgelegtes Blech legen. Die Taschen mit etwas Wasser besprengen oder eine Tasse mit Wasser in den Ofen stellen. Im vorgeheizten Ofen bei ca. 180°C backen, bis der Blätterteig aufgegangen ist.

Apfel-Hack-Spiesse

1 Zwiebel (abziehen, fein würfeln, anschwitzen und abkühlen lassen)

300 g Hackfleisch	1 Ei
Paniermehl	2 Äpfel

Holzspieße

Hackfleisch mit der Zwiebel, dem Ei und etwas Paniermehl vermengen, mit Salz und Pfeffer würzen. Dann aus der Mischung kleine Bällchen formen. Äpfel achteln und abwechselnd mit den Hackbällchen auf Spieße stecken. In einer Pfanne rundherum anbraten, bis das Hackfleisch gar ist.

Der 13. Mond

Das Mondjahr kennt noch einen weiteren Mond, nämlich den *Blauen* oder *Schwarzen Mond*, der auftritt, wenn durch die Abweichung des Sonnenjahres vom Mondjahr innerhalb eines Monats ein zweiter Voll- oder Schwarzmond am Himmel erscheint. Die Kräfte dieses Mondes sind von großer Macht geprägt und beherrschen alles, was in ihren Einflussbereich gerät.

Der dreizehnte Mond regiert eine Zeit zwischen den Zeiten, die voller Magie und Zauber ist. Er bescheint ein Land zwischen den Welten, wo Tag und Nacht, Leben und Tod, Zukunft und Vergangenheit eins sind. Dieser Mond gibt allem eine zweite Chance und schenkt jedem einen Moment unbegrenzter Möglichkeiten. Er ist vergleichbar mit der leeren Rune oder einer *Tabula rasa*, einer leeren Tafel. Wer dieses Potential zu nutzen weiß und es weise und umsichtig einsetzt, kann eine Gelegenheit bekommen, die Dinge geradezubiegen. Weil gleichzeitig auch die Realität ein wenig zwischen den Welten schwebt, sind alle magischen Arbeiten intensiver und erfüllen sich leichter.

📖 **Wissenswert**: Neben diesem dreizehnten Mond gibt es viele Zeiten und Orte, die zwischen den Welten liegen. Das magische Zwielicht der Abend- und Morgendämmerung gehören ebenso dazu wie die dunkelste Stunde *Mitternacht* oder Feste wie Samhain und Beltane. Orte, an denen die Grenzen verschwimmen sind Höhlen, Brunnen, Weiher, Baumwurzeln oder Baumwipfel und ganz besonders Stätten der Toten und des Todes, die als machtvoller Ort der Erinnerung und des Übergangs die Welt der Sterblichen mit dem Jenseits verbinden.

Der dreizehnte Mond ist als *Holundermond* bekannt. Der Holundermond verbindet das Individuum mit der Masse, im Leben wie auch über den Tod hinaus. Er beschattet die letzten Schritte in der sterblichen Welt, die als Bild den Tod überstehen und ebnet den Weg ins Ungewisse. Im Englischen nennt man den Holunder auch *Elder Tree* (Baum der Alten oder Ahnen).

Wo der Schwarzdorn lehrt, die Unvermeidlichkeit des Todes anzuerkennen oder die Eibe Unsterblichkeit verspricht, fordert der Holunder, sich mit dem eigenen Selbst auseinander zu setzen und die eingesperrten Geister der Scham, Schande, Peinlichkeiten oder Lächerlichkeit freizulassen. Dieser Vorgang wird meist als Akt der spirituellen Reinigung interpretiert, die zwar erschöpfend sein kann, aber von vielen als befreiend empfunden wird.

Dem Heidentum sind Konzepte der Belohnung oder Bestrafung nach dem Tod so fremd wie der Glaube, dass jetzige Taten kommende Inkarnationen bestimmen. Jeder ist für seine Taten (nicht sein Schicksal!) im Hier und Jetzt verantwortlich und erlebt die Auswirkungen, die diese auf seine Umgebung haben, in jeder Sekunde selbst mit. Daher ist stets zu bedenken, dass jede Handlung weit reichende Konsequenzen haben kann und genau abgewägt werden sollte, was im Rahmen des großen Gleichgewichts vertretbar ist und was nicht.

Der Holunder kann eine große Hilfe sein, die Balance aller Dinge klar zu erkennen und sich von Verhaltensmustern zu lösen, die immer wieder zu denselben Erlebnissen führen können – was nicht gleichbedeutend mit einer *sich selbst erfüllenden Prophezeiung* oder der penetranten Forderung nach positivem Denken ist, sondern lediglich bedeutet, daß man (gemäß seinem Schicksal) ohne Veränderung auf der Stelle tritt.

Manche verbinden den dreizehnten Mond alternativ mit dem *Heidekraut*, welches stellvertretend für das Grab steht, das Ende und Neuanfang miteinander verbindet. Die Heide repräsentiert das letzte Stadium vor der Wiedergeburt, den Moment, in dem die spirituelle Reinigung abgeschlossen ist und der Grundstein für Neues gelegt wurde. Auch im Diesseits ist es manchmal nötig, etwas sterben zu lassen damit es wiedergeboren werden kann. Erst diese Überzeugung macht es vielen Menschen möglich, das, was liebgewonnen wurde, ganz loszulassen.

Die leere Rune

Die Schicksalsrune stellt die große Lebensfrage, die jeder Mensch eines Tages für sich selbst beantworten muss. Die leere Rune wurde nachträglich ins Runenalphabet eingefügt um das Ungewisse besser darstellen zu können und ist eigentlich eine Spielerei, da alle anderen Runen genügend Aussagekraft haben. *Wyrd* steht stellvertretend für das Schicksal und ist eng mit den Nornen verbunden.

Jedes Leben ist geprägt von Höhen und Tiefen und innerhalb der vorgegebenen Bestimmung das, was der Einzelne daraus macht, denn wenn das Schicksal es erlaubt, kann die Zukunft durchaus verändert werden. Taucht die leere Rune auf, ist alles denkbar und möglich. Alle Richtungen stehen nun für kurze Zeit offen und es ist jedem selbst überlassen, was er daraus macht, ob er die günstige Gelegenheit ergreift oder verstreichen lässt. Ebenso kann Wyrd dazu benutzt werden, unerfreulichen oder verfahrenen Lebenssituationen eine neue Richtung zu verleihen, wobei es besser ist, flexibel zu reagieren und den Nornen oder dem Universum das letzte Wort zu überlassen.

Die Elemente im Jahreskreis – Äther

Der Äther (oder *Akasha*) wird häufig als das *fünfte Element* gedeutet. Er ist das feinstofflichste aller Elemente, das alles durchwirkt und miteinander verbindet; alle anderen Elemente, Jahreszeiten und Himmelsrichtungen, das Innen und Außen. Der Äther durchdringt sämtliche Ebenen des Seins und steht stellvertretend für Spiritualität, das Verborgene, das Ungewisse, das Göttliche. Einige kennen ihn als *ATI* (all there is / alles, was ist). Er beinhaltet die Einheit des Vielfältigen und wird häufig als Kreis dargestellt, in dem die Jahreszeiten wirbeln. Blumen schieben Knospen, erblühen, verwelken und werden wiedergeboren. Blätter entfalten sich und flattern sogleich im Hauch des eisigen Todes.

Alles entsteht aus dem Äther heraus und kehrt eines schönen Tages wieder zu ihm zurück. Er ist eine Kraft, die aus sich selbst heraus erschafft, die Mitte, das Zentrum, der Stoff, aus dem alle Seelen entstanden sind, die in die Welt hinausziehen, um sich dann wieder hier zu versammeln. Er ist die Leere, die Dunkelheit des Todes, die Fülle und das Licht. Der Äther ist auch der Ort, den Sonne und Mond tagtäglich bei ihrem Tod passieren um wiedergeboren zu werden. Gleich einem Tor, das ewig und für jeden offen steht.

Wenngleich Raum und Zeit im Äther keine Bedeutung haben, ist alles in ständiger Bewegung. Akasha ist Wandel, Transformation, Wissen. Dort, jenseits aller Welten, werden die Seelen von Erinnerungen des Vorlebens befreit und auf ihr nächstes Leben vorbereitet. Weil der Äther zum Teil von den Erwartungen und dem Glauben der Seelen geformt wird, sehen und erfahren nicht zwei Seelen denselben Ort. Einige verweilen dort sehr lange, andere verlassen ihn schon nach kurzer Zeit. Im Grunde genommen ist der Äther jedoch kein Ort, sondern vielmehr ein Zustand, von dem aus die Verstorbenen durchaus die Lebenden sehen und Kontakt zu ihnen aufnehmen können.

Über kein anderes Element existieren derart viele Spekulationen wie über den Äther. Einige bezeichnen ihn als *Himmel* oder das *Paradies*, andere sehen in ihm den *Rosengarten, die Anderswelt* oder das *Land hinter den Nebeln*. Für mache ist er der *weiße Tod* oder der *ewige Schlaf*, das strahlende Licht, das der Dunkelheit des Schlafes folgt. Kein Lebender wird es jemals ganz genau wissen. Genauso phantastisch wie der Äther sind seine Spirits. Alle Wesen aus Mythologie und Dichtung werden ihm zugeordnet, die Einhörner, Sphinxen, Greife oder Pegasi genauso wie die Unholde und Scheusale. Sie alle sind die Bewahrer der Phantasie.

Der Äther ist ein Element, das nicht vernichtet werden kann. Im Gegensatz zu den anderen Elementen ist er ewig und unveränderlich, der Ursprung des Lebens und somit aller Elemente. Alles, was stirbt, und seien es ganze Sonnensysteme, wandelt sich im Äther und wird aus ihm heraus wiedergeboren. Alles Leben hat hier seinen Ursprung. Und hier endet es.

Es ist unnötig, mit dem Äther in Kontakt zu treten, da er ständig anwesend, ja sogar in jeder Seele vertreten ist. Er ist die wahre Heimat der Seelen. Die wenigen Menschen, die ihn sehen können, erfahren ihn meist als hellen Wirbel oder helle Spirale. Das Licht, das bei Meditationen zur Stärkung oder Reinigung aus dem Universum heraus visualisiert wird, ist Bestandteil des Äthers.

Dem Äther als Sinn zugeordnet wird das Ahnen. All die Dinge, die so gern als *übersinnlich* bezeichnet werden, aber als Anlage mehr oder weniger stark ausgeprägt in jedem Menschen vorhanden sind. Mit ein wenig Training kann dieser verschüttete, verleugnete, diffamierte und mit dem Bann des Misstrauens belegte Sinn hervorgeholt und ausgebaut werden.

Element Äther

Himmelsrichtung: Überall, Mitte und Rand, oben und unten

Tageszeit: Ewigkeit, Rhythmen

Jahreszeit: Das sich drehende Jahresrad

Farben: Weiß, Schwarz, alle Farben, Transparenz

Tier: Schlange, Schmetterling

Elementale: Phantasiewesen

Orte: Zwischen den Welten, überall und nirgendwo, magischer Kreis

Räucherwerk: Was immer gefällt

Werkzeuge: Kessel der Transformation

Göttinnen: Die Allmutter, die Urmutter

Götter: Akasha, der Blaue Gott, der Gehörnte, der Hirschgott, der Grüne Mann

Magie und Symbolik: Transparenz und Transformation, die Leere, Innen und Außen, Wandlung, Reinigung, Spirale, Geburt, Tod, Wiedergeburt

Lebensabschnitt: Zwischen den Leben

Sinn: Ahnen, manchmal Hören

Äthermeditation

Setzen Sie sich entspannt hin und atmen Sie ruhig und zentriert bis in den Unterleib hinein. Versuchen Sie, das Licht des Äthers zu sehen. Selbst in völliger Dunkelheit sind Sie von diesem warmen Licht umgeben. Spüren Sie das Prickeln, welches es auf der Haut hinterlässt, wenn es Sie durchströmt. Nehmen Sie dieses Licht in sich auf, damit Sie es für einen Neubeginn nutzen können. Stellen Sie sich dann die Seelen vor, die im leeren Raum versammelt sind. Eine davon ist Ihre, ganz begierig darauf, einen Körper zu bekommen, der laufen, essen, trinken, Freude und Leid empfinden und auch altern kann – selbst wenn es im Diesseits nicht mehr ganz so erstrebenswert sein mag wie in der Körperlosigkeit. Sie spielen Leben, werden geboren, sammeln Ihre Erfahrungen, reifen, sterben und verbinden sich wieder mit dem gestaltlosen Raum. So banal dieser Lebenslauf möglicherweise klingt, so lehrreich ist jedes Leben für Sie. Jede Inkarnation ist anders, so dass es zahllose Möglichkeiten gibt, das Leben zu erfahren. So viele, dass selbst sehr erfahrene Seelen nicht für sich in Anspruch nehmen können, restlos *alles* erlebt und gesehen zu haben.

Die einzig gleich bleibende Erfahrung ist das Lernen, ein Vorgang, der bei allen Inkarnationen viel Zeit in Anspruch nimmt. Das Lernen kann je nach Leben leicht und erfüllt oder auch entbehrungsreich und schmerzhaft sein. Es wird Sie aber nicht nach genügend Leben in einen erleuchteten Zustand versetzen, in dem es nicht mehr nötig ist, sich zu inkarnieren. Vielmehr ist es eine ewig fließende Quelle, aus der Sie hin und wieder trinken dürfen, ehe Sie wieder nach Hause zurückkehren.

Ätherritual

Dekorieren Sie mit Gegenständen, die jedes Element repräsentieren, etwa Federn für die Luft, Kerzen für das Feuer, Erdschale oder Salz für die Erde und einen Kelch oder Muscheln für das Wasser.

Stellen Sie sich eine Räucherung zusammen, die Ihre Lieblingsdüfte enthält und / oder für Sie den Äther repräsentiert und verräuchern Sie diese. Überreichen Sie jedem Element ein kleines Opfer. Für den Äther selbst zünden Sie weiße Kerzen an. Sie können auch eine magische Übung durchführen oder ein Lied singen. Ziehen Sie einen magischen Kreis um die Kraft besser zentrieren zu können. Rufen Sie die vier Winde oder Wachtürme an und bitten Sie den Äther oder die Göttin als Allumfassende, sich für Sie zu öffnen. Vielleicht sind Sie von hellem Licht umgeben oder ein Lichtstrahl durchfährt Ihren Körper vom Scheitel bis zur Sohle.

Dazu muss man wissen, dass es kein weißes Licht gibt, beziehungsweise die Farbe Weiß aus allen anderen Farben besteht. Ein helles weißes Licht, von dem vielfach die Rede ist, muss daher kein überirdisches, sphärisches oder „reines" Leuchten sein. Es kann durchaus alle Farben des Regenbogens und die Finsternis der Nacht in sich vereinen.

Dasselbe, als hell empfundene Licht wird auch häufig visualisiert um Kraft zu tanken oder eine Reinigung durchzuführen. Viele verbinden es mit Trost und Geborgenheit. Erkennen Sie, dass auch Sie ein Kind oder ein Teil dieser Macht sind und ein Recht auf diese Geborgenheit haben, ohne zuvor von Klerikern abgesegnet worden zu sein. Dieses Ritual endet mit der Verabschiedung der vier Winde und der Öffnung des Kreises.

Ätherräucherung: Zwei Teile Weihrauch, ein Teil Tonkabohne, ein Teil Eichenmoos.

Ätheraltar

Der Altar, der dem Äther geweiht ist, steht in der Kreismitte. Auf ihm sind alle Elemente vertreten. Die Erde im Norden wird durch ein Pentagramm oder eine Salzschale repräsentiert. Der Stab liegt im Süden für das Feuer. Im Westen steht der Kelch für das Wasser. Der Osten wird durch das Athame oder eine Feder vertreten. Ein Kessel im Zentrum steht synonym für den Kessel der Wandlung. Die Kerzen sollten weiss sein. Der Ätheraltar ist der Altar, an dem Magie praktiziert oder man sich mit Themen wie Reinigung, Verwandlung, Veränderung, Zyklen, Spiritualität sowie dem Übergang vom Leben zum Tod beschäftigt.

Rezepte

[i] *Allerheiligen* ist ein hoher katholischer Feiertag, der alljährlich am 1. November stattfindet. An diesem Tag wird seit ungefähr dem 7. Jahrhundert aller (bekannten oder unbekannten) Heiligen gedacht, denen kein eigener Feiertag gewidmet werden konnte.

Allerseelen ist ein katholischer Festtag (kein Feiertag), an dem der „weltlichen" Verstorbenen gedacht wird, Freunden, Verwandten oder Bekannten ebenso, wie denen, deren Seele sich noch im „Reinigungszustand" befindet. Im christlichen Glauben umfasst dies vor allem die „armen Seelen", die noch ihre kleineren „Sünden" im Fegefeuer abzubüßen haben und die Gläubigen zu mehr (und überwiegend finanzieller) Bußfertigkeit anregen sollen.

Man betet für die Verstorbenen, zündet Grablichter an oder schmückt die Gräber mit frischen Blumen. Daneben gibt es Lichterbräuche, Andachten und auch Spenden oder gute Taten, die den unerlösten Seelen den Aufenthalt im Fegefeuer verkürzen sollen.

Der *Volkstrauertag*, begangen an einem Sonntag zwei Wochen vor dem ersten Advent, meist Mitte November, gilt dem Gedenken der Gefallenen des Ersten Weltkrieges. Dieser Tag wurde in den 1920er Jahren ins Leben gerufen, um die Gräber der gefallenen Soldaten zu pflegen - und auch die Gräber deutscher Soldaten im Ausland zu erhalten. Er sollte dazu genutzt werden, sich die Folgen von Krieg und Gewalt bewusst zu machen.

Der *Totensonntag*, auch *Ewigkeitssonntag*, ist im evangelischen Kirchenjahr der Gedenktag der Verstorbenen. Er wurde um 1815 vom preußischen König Friedrich Willhelm III. als Feiertag zum *Gedenken der Entschlafenen* eingeführt und wird am Sonntag vor dem ersten Advent begangen. Anders als an Allerseelen werden nicht Tod / Vergänglichkeit thematisiert, sondern Tod / ewiges Leben. Die Menschen schmücken an diesem Tag die Gräber und gedenken der Verstorbenen. Der Totensonntag zählt zu den „stillen Feiertagen", an denen keine Veranstaltungen stattfinden dürfen.

Der *Buß-und Bettag* ist ein evangelischer Tag der Besinnung und hat seinen Ursprung in den Bußtagen des antiken Roms. Er wird jährlich am Mittwoch vor dem Totensonntag begangen und war von 1981-1995 ein gesetzlicher Feiertag. Eingeführt wurde der Buß- und Bettag im 15. Jahrhundert in der protestantischen Kirche in Straßburg. Gläubige sollen diesen Tag dazu nutzen, Fehler zu erkennen und einzugestehen und eine innere Bereitschaft zur Veränderung entwickeln. Eine göttliche Strafe ist kein Thema des Buß- und Bettages. Häufig wird er dazu genutzt, auf Ungerechtigkeiten und / oder soziale Mißstände hinzuweisen.

[ii] Die Vorstellung von der bezahlten Erwerbsarbeit als Lebensmittelpunkt ist tief so in der westlichen Kultur verankert, dass es als legitim angesehen wird, sie zu erzwingen – nicht zuletzt deswegen, weil sie für die breite Masse die einzige Geldquelle darstellt (und damit jede Form der Ausbeutung ermöglicht). Sanktionen gegenüber Verweigerern der krankhaften Arbeitsdisziplin werden nicht nur gutgeheißen, sondern sogar gefordert. Die Begründung ist denkbar einfach: Wer keiner Erwerbsarbeit nachgeht – unabhängig davon, ob er körperlich dazu in der Lage ist, seine Arbeitskraft überhaupt gebraucht wird, oder er nur für ein Butterbrot schuftet - soll auch nicht angemessen leben, denn er ist nicht mehr als ein Parasit, der es sich auf Kosten anderer gemütlich macht.

Strafandrohung ist dann auch häufig die einzige Motivation. Vom Selbstzweck (Nahrung, Obdach, Kleidung) ist Arbeit zum Machtinstrument und Prestigeobjekt mutiert, mit der einzigen Funktion, immer höhere Gewinne für eine kleine Elite zu erwirtschaften. Häufig erfüllt sie nicht einmal einen tatsächlichen Nutzen. Im Gegenteil gelten Berufe, die der Gemeinschaft dienlich sind, häufig als „gering qualifiziert" und werden dementsprechend schlecht entlohnt, während eine (meist gut bezahlte) „hohe Qualifikation" sich oft nur auf dem Papier gut macht, dabei aber keinen Wert für die Gemeinschaft hat. Es scheint, als würde Arbeit höher entlohnt, je geringer ihr Nutzen für die Menschen ist.

Niemals zuvor waren (Erwerbs-)Arbeit als Reputation und insbesondere der damit verbundene Lohn wichtiger als heute, denn für die breite Masse ist Arbeit die einzige regelmäßige Einkommensquelle - vor allem, seitdem es verboten ist, Land zu besiedeln und sich selbst zu versorgen.

Arbeit ist jedoch nicht nur gleichbedeutend mit Existenz und Absicherung, sie wird gar als soziale Pflicht definiert, als etwas zutiefst Moralisches und Dienst an der Gesellschaft, die den Menschen auf seine Arbeitskraft reduziert. Alles ist dem hohen Arbeitsdruck untergeordnet, Karriere, Erfolg und Wettbewerb bestimmen den Tagesablauf. Wer etwas verpasst hat, kann es für gewöhnlich nicht mehr nachholen. Und so läuft der Mensch einen großen Teil seines Lebens im Hamsterrad, ohne dieses überhaupt zu erkennen. Tatsächliches Potential bleibt dabei nur zu häufig unerkannt und ungenutzt.

📖 **Wissenswert:** Solange im Rahmen der Selbstversorgung alle Waren hauptsächlich für den Eigenbedarf produziert werden, kann der Mensch seinen Arbeitsrhythmus selbst bestimmen. Anders als die außer Haus geleistete Erwerbsarbeit mit ihren immer wiederkehrenden, stupiden Anforderungen, sind die Tätigkeiten in den Tagesablauf eingebunden und wurden kaum als „Arbeit" empfunden. Ebenso herrscht kein heilloses Überangebot.

Der Beruf ist heute der zentrale Dreh- und Angelpunkt des Individuums in der Gesellschaft, bestimmt den sozialen Status und die einzige zu erwartende Lebensperspektive. Dabei werden vor allem die Unterschicht und untere Mittelschicht schon früh auf ein produktives Leben im Niedriglohnsektor vorbereitet, ja regelrecht in schlecht bezahlte Berufe hinein gedrängt - und ein Entkommen daraus aktiv verhindert. Das Märchen vom sozialen Aufstieg durch Bildung, Fleiß und persönlichen Einsatz bleibt leider nur ein Märchen, genauso wie der angebliche „Fachkräftemangel" (nein, es herrscht kein Mangel, wenn man sich aus „nur" 50 Bewerbungen die Rosine herauspicken kann) oder die gerne angeführte „Bildungsferne", mit der Menschen ohne Hochschulabschluss als geistig minderbemittelt und / oder unqualifiziert hingestellt werden sollen.

Dabei ist Arbeit in ihrer jetzigen Form eine relativ moderne Erscheinung. Die zu festgelegten Zeiten außerhalb des Hauses entrichtete Lohnarbeit / Erwerbsarbeit existiert in dieser Form erst seit dem Beginn des Industriezeitalters. Vorher hielten sich Arbeit (Saat und Ernte) und Freizeit (Winter) ungefähr die Waage. Die ersten Arbeiter, die noch ein „Genug" kannten und nicht länger arbeiten wollten, als sie zum Leben brauchten, mussten regelrecht in die Arbeitsknechtschaft gezwungen werden. Nicht umsonst wurde die Schulpflicht eingeführt, die das Ziel hatte, bereits die ganz Kleinen an feste Zeiten, Disziplin und Gleichmacherei zu gewöhnen, was unter dem Deckmäntelchen der „Bildung" bis heute fortgeführt wird. Schon Kindergartenkindern wird ein Anforderungskatalog vorgegeben, den es zu erfüllen gilt und an den das Individuum sich anzupassen hat. Funktioniert dies nicht wie gewünscht, wird es aussortiert oder der Druck erhöht. Noch heute sinken auch die Löhne immer weiter, um stets den Zwang zur Erwerbsarbeit aufrecht zu erhalten.

In Deutschland ist die Vorstellung von Arbeit als einzigem Lebenssinn der modernen Leistungsgesellschaft ein Überbleibsel Preußens. Es dauerte Generationen, die krankhafte Arbeitsmoral in die Köpfe der Menschen zu pflanzen. Erst die jahrzehntelange Dressur zur Arbeit bei gleichzeitigem Wegfall sämtlicher Alternativen konnte dem Kapitalismus und später dem Konsumismus den Weg bahnen. Die ständige Beschäftigung mit Arbeit, beziehungsweise die Suche danach, stellt außerdem sicher, dass die Menschen nicht allzu häufig zum Nachdenken kommen.

Gleichzeitig mit dem monetären System wurden, von der verpflichtenden Versicherung bis hin zur Luxuskarosse, Notwendigkeiten geschaffen und eine beispiellose Konsumspirale in Gang gesetzt. Arbeit erzwingt immer auch Mehrarbeit: Um überhaupt leben zu können (Versicherungen, Lebensmittel, Miete, ja sogar für *Eigentum* werden Steuern verlangt), braucht der Mensch Arbeit. Um diese zu finden, muss er wiederum dahin ziehen, wo es ausreichend Arbeit gibt und die Lebenshaltungskosten entsprechend hoch sind. Bleibt er an einem Ort mit wenig oder schlecht bezahlter Arbeit, muss er sich auf ein bescheidenes Leben einstellen. Es entstehen also Mehrkosten für Miete, Berufskleidung, Arbeitsmittel, Arbeitswege. Zur Kompensation der Frustration und des fremdbestimmten Lebens kauft man sich etwas Nettes oder gönnt sich einen Urlaub, wofür wieder Mehrarbeit geleistet werden muss.

Motor ist dabei die Besessenheit von *Mehr*, mehr Arbeit, mehr Produktion, mehr Konsum (Steuereinnahmen), mehr Profit, mehr Wachstum. Politischer Erfolg wird am (Wirtschafts-)Wachstum gemessen, einem Wachstum, das vor allem auf Profit aufbaut und verheerende Nebenwirkungen mit sich bringt, von der industriellen Landwirtschaft und Intensivtierhaltung, bis hin zur

Atomkraft. Ohne ständiges Wachstum würde das ganze System in sich zusammenbrechen. Vor allem die Wirtschaft setzt dabei auf unbegrenztes Wachstum – bei endlichen Ressourcen. Darüber hinaus dient sie lediglich dazu, dem Großkapital durch Ausbeutung der Arbeiter die Privilegien zu sichern, den einfachen Menschen vor Ort bringt das Hohelied auf das „Wirtschaftswachstum" meist gar nichts.

Der moderne Mensch – so er nicht ins System hineingezwungen wird - kennt kein „Genug" mehr. Dabei werden die Menschen ohne es zu merken mit der schönen bunten Konsumwelt versklave, der ständig steigende Lebenshaltungskosten folgen. Frei nach dem Motto: Der Sklave ist am produktivsten, der sich frei in seinen Entscheidungen wähnt.

[iii] Ursprünglich erfunden als Mittel zum Tausch erfunden, vermehrt sich Geld durch Zins und Zinseszins selbst ohne zu arbeiten – und zwingt dadurch immer mehr Menschen in die Zinsknechtschaft (Zinsen existieren nur im Zusammenhang mit Schulden, ohne Schuldner gibt es keine Zinsen). Aber auch Menschen, die keine Schulden haben, zahlen durch die in Preise, Mieten, Steuern einkalkulierten *Kapitalkosten* indirekt Zinsen, die wiederum exponentiell zum Geldvermögen wachsen. Die meisten Menschen sehen nur die Zinsen, die sie auf ihr Guthaben bekommen, meist ohne auch nur zu annen, dass jeder arbeitende Bürger Zinsen für einen Kredit bezahlt, den er nicht aufgenommen hat: In Form ständig steigender Steuern finanziert er das Geld, das der Staat aufgenommen hat (Staatsverschuldung).

Während zinsfreies Geld die Möglichkeit schafft, durch Arbeit zu Wohlstand zu kommen, ermöglichen Zinsen es dem Reichen, durch den Fluss des Geldes von der Arbeit zum Kapital, der inzwischen rund ein Drittel des Volkseinkommens beträgt, ohne Arbeit noch reicher zu werden und schwächen gleichzeitig die Kaufkraft, denn viele Menschen müssen für weniger Gegenwert (ihrer Arbeit) immer mehr arbeiten. Als wäre das nicht genug, genießen Reiche allerlei Steuervorteile und werden finanziell entlastet. Für alle anderen sind bei fast gleichbleibendem Lohn aus dem *Zehnten* längst 50 % des Einkommens geworden, während die Preise stetig steigen. Lohnsteigerungen verpuffen, noch ehe sie beim Arbeitnehmer angekommen sind.

Die Folge: Arm bleibt arm, reich wird reicher. Die Zahl der *Working Poor*, der Menschen, die von ihrer Arbeit nicht leben können, wächst kontinuierlich. Ein Grundrecht auf ein Stück Land oder das bedingungslose Grundeinkommen könnten Abhilfe schaffen.

Ein weiteres Problem ist die Erschaffung von Geld in Papierform (Währung) aus dem Nichts heraus. Für dieses *Fiat-Geld*, auch *Zwangsgeld*, existiert kein realer Gegenwert, zum Beispiel in Form von Gold, der eine Sicherheit darstellen würde. Fiat-Geld stellt ein Schneeballsystem dar, das nur durch ständiges Wachstum in beide Richtungen – also übermäßiger Konsum und Schulden in Form von Kreditvergabe - am Leben erhalten werden kann. Zinssystem und Wirtschaft können überhaupt nur durch maßlosen Konsum existieren.

Fiat-Geld erleichtert dabei die Umverteilung des Vermögens von arm nach reich und von fleißig nach reich. Für die Profiteure (darunter hauptsächlich den Staat) bedeutet dieses System vor allem Macht und Einfluss, denn sie kontrollieren nicht nur den Geldfluss, sondern bestimmen auch über die Verteilung des Geldes. Um das Geldsystem zu bewahren, spuckt die Zentralbank immer mehr Geld aus und schreckt auch vor beträchtlichen Eingriffen in die private Freiheit der Bürger nicht zurück. Zu den Methoden der Enteignung zählen unter anderem Zwangsabgaben, Steuererhöhungen oder Geldentwertung. Auch die Einführung des Euro gehört zu den größten Enteignungsaktionen der Menschheitsgeschichte. Der nächste Schritt in Richtung einer vollständigen Kontrolle (nicht nur des Geldkreislaufs) wären Bargeldverbot und RFID-Chip.

Literatur

Eluan Ghazal, Schlangenkult und Tempelliebe

Patricia Monaghan, Lexikon der Göttinnen

Barbara G. Walker, Die weise Alte

Barbara G. Walker, Die spirituellen Rituale der Frauen

Barbara G. Walker, Die geheimen Symbole der Frauen

Edain Mccoy, Die keltische Zauberin

Igor Warneck, Ruf der Runen

Thomas Karlsson, Uthark

Inanna, Das Runenbuch für Frauen

Marian Green, Das geheime Wissen der Hexen

Starhawk, Der Hexenkult

Morgaine, Hexenfeste

Sabine Heinze, Symbole der Kelten

Silver RavenWolf, Halloween

Björn Ulbrich, Holger Gerwin, Die geweihten Nächte

Vera Griebert-Schröder, Franziska Muri, Vom Zauber der Rauhnächte

Riane Eisler, Kelch und Schwert

Hans Stucken, Das Seidhr-Handbuch

Zsuzsanna E. Budapest, Das magische Jahr

Zsuzsanna E. Budapest, Herrin der Dunkelheit, Königin des Lichts

Andrea Dechant, Julfest, Imbolc, Ostara, Beltane, Litha, Lammas, Mabon, Samhain, Geschichten vom Weihnachtsmann, Muttergöttinnen, Schamanen und Rentierdamen (eBooks)

Rudolf Simek, Götter und Kulte der Germanen